YVES SAINT LAURENT STYLE

STYLE

STYLE

Éditions
de La Martinière

Cet ouvrage est réalisé dans le cadre
de la rétrospective Yves Saint Laurent
organisée et produite par
le Musée des beaux-arts de Montréal
et les Fine Arts Museums of San Francisco
en partenariat avec
la Fondation Pierre Bergé-Yves Saint Laurent.

Commissaire général :
Florence Muller.
Commissaires associés :
Jill D'Alessandro
et Diane Charbonneau.

Montréal,
29 mai-28 septembre 2008

San Francisco,
1er novembre 2008-1er mars 2009

Les textes de Nathalie Bondil,
John E. Buchanan Jr. et Hamish Bowles ont
été traduits de l'anglais par Ariel Marinie.

Photographies :
Alexandre Guirkinger
Les croquis proviennent de
la Fondation Pierre Bergé-Yves Saint Laurent

Conception graphique :
Philippe Apeloig
assisté de Elamine Maecha

SOMMAIRE

YVES SAINT LAURENT

Lorsqu'en 2002 Yves Saint Laurent décida de mettre un terme à sa carrière, nous avons aussitôt formé le projet de créer une fondation. Ainsi est née la Fondation Pierre Bergé-Yves Saint Laurent, dont le but essentiel est de conserver 5 000 vêtements d'Yves Saint Laurent et plus de 50 000 dessins, croquis et objets divers.

Cette fondation, reconnue d'utilité publique, est chargée du rayonnement de l'œuvre d'Yves Saint Laurent. Nous sommes donc particulièrement heureux de cette rétrospective qui se tient à Montréal et à San Francisco. Rappelons que la première exposition Yves Saint Laurent eut lieu en 1983 à New York, au Metropolitan Museum of Art, à l'instigation de Diana Vreeland – il y a donc vingt-cinq ans. C'est dire combien nous sommes honorés de revenir en Amérique du Nord. Cette rétrospective montre un large éventail du travail de notre couturier. Nous verrons comment – et avec quel brio – il a succédé à Christian Dior et comment, au fil des années, il a trouvé et imposé son style. Disons-le à nouveau : les modes passent, le style demeure. Ce style est reconnaissable entre tous, mais il n'est pas inutile d'en tenter une analyse. Il y a tout d'abord le respect des femmes et de leur corps. Pas un vêtement n'a été créé pour assouvir des fantasmes. Tous ont été mis au service des femmes.

On a souvent dit que Chanel avait libéré les femmes. C'est vrai. Des années plus tard, Saint Laurent devait leur donner le pouvoir. Le pouvoir, on le sait, est détenu par les hommes ; aussi, en s'inspirant du vestiaire masculin, en faisant glisser des épaules des hommes sur celles des femmes le smoking, le caban, le blazer, le veston, le trench-coat, Saint Laurent le leur a transmis. Il a œuvré, socialement, plus que beaucoup d'autres, pour l'égalité des sexes et pour la reconnaissance d'une femme moderne, laquelle n'est pas un objet mais participe à la vie de son temps et affiche ses certitudes.

C'est en cela que l'œuvre d'Yves Saint Laurent va plus loin que celle d'un couturier. Il a quitté le territoire esthétique pour pénétrer sur celui du social. D'une certaine manière, il a entrepris une démarche de moraliste. C'est dans cette perspective qu'il faut voir cette exposition. Certes, Saint Laurent a voulu que les femmes soient belles et, tout autant qu'un autre – et souvent mieux –, il a su les magnifier, mais surtout il les a rassurées, leur a donné confiance en elles, leur a permis d'affronter la vie de tous les jours et, par-dessus tout, de s'affronter elles-mêmes.

Pierre Bergé

RÉTROSPECTIVE 1962–2002

Le Musée des beaux-arts de Montréal et les Fine Arts Museums of San Francisco sont heureux de collaborer avec la Fondation Pierre Bergé-Yves Saint Laurent à l'occasion de cette première rétrospective nord-américaine couvrant l'intégralité de l'œuvre d'Yves Saint Laurent. Vingt-cinq années se sont écoulées depuis l'ouverture de sa rétrospective révolutionnaire au Costume Institute du Metropolitan Museum of Art de New York en 1983. Yves Saint Laurent reste le grand couturier le plus influent de la seconde moitié du XXe siècle. Depuis les années 1960, il a transformé la haute couture traditionnelle, créant une nouvelle garde-robe pour la femme moderne et émancipée. Tout au long de ses quarante années de carrière, il n'a cessé de repousser les frontières du « design » vestimentaire, mêlant le monde de la mode et celui des arts. Épris de discipline, comme un classique, mais également provocateur, Yves Saint Laurent a mis son vaste vocabulaire au service d'une inspiration très libre, puisée dans les rues de Paris, de Londres et de New York aussi bien que dans les écrits de Shakespeare, de Proust et de Cocteau, ou dans les tableaux de Mondrian, de Matisse, de Braque et de Picasso.

Le survol de la carrière d'Yves Saint Laurent, depuis sa première collection, sortie juste après la création de sa propre maison en 1962, jusqu'à sa dernière ligne droite en 2002, permet de mettre en lumière son approche créative. Tout au long de sa vie professionnelle, Saint Laurent a continuellement poursuivi, réinterprété et perfectionné plusieurs idéaux. Travaillant dans la tradition moderniste, il a créé des principes vestimentaires intemporels et universels – les standards Yves Saint Laurent –, qui vont bien au-delà du trench-coat et du smoking et témoignent d'une utilisation très personnelle de la couleur, des lignes et de l'imagerie. Cette exposition et ce catalogue présentent les ensembles de façon thématique afin de montrer l'évolution de ces principes de base. Beaucoup de ces modèles (62 sur un total de 159) n'avaient encore jamais été exposés dans un musée.

Cette exposition a été conçue simultanément pour trois grandes métropoles – Paris, Montréal et San Francisco –, par une équipe internationale de conservatrices qui ont conjugué leur expertise et leurs sensibilités culturelles respectives. Tout d'abord, les musées et les conservatrices tiennent à remercier Yves Saint Laurent et Pierre Bergé pour leur enthousiasme devant ce projet. Nous remercions également l'historienne de mode et commissaire invitée française Florence Müller, qui a partagé sa passion et sa connaissance de la mode et de la haute couture françaises avec Diane Charbonneau, conservatrice des arts décoratifs contemporains au Musée des beaux-arts de Montréal, et Jill d'Alessandro, conservatrice adjointe du Caroline and H. McCoy Jones Department of Textile Arts aux Fine Arts Museums of San Francisco. Toutes deux sont parvenues à nous donner une vue d'ensemble très complète de la vision d'Yves Saint Laurent et de son talent unique et plein de vivacité.

De nombreuses personnes ont participé à la mise en œuvre de ce projet. La baronne Hélène de Ludinghausen, directrice des salons de haute couture Yves Saint Laurent pendant plus de trente ans, a ouvert la voie il y a quelques années en présentant Yves Saint Laurent et Pierre Bergé à John Buchanan. Nous remercions le personnel de la Fondation Yves Saint Laurent-Pierre Bergé, qui a aimablement ouvert les archives de la fondation aux conservatrices afin de leur permettre d'étudier l'œuvre du couturier à partir d'un point de vue novateur. Elles ont eu le privilège de collaborer avec Dominique Deroche, qui travaille avec la maison Yves Saint Laurent depuis plus de quarante ans, et Robin Fournier-Bergmann, qui a facilité l'exploration de ces archives en offrant son aide très précieuse. Sélectionner 160 modèles et leurs accessoires parmi une collection de 5 000 costumes et plus de 15 000 accessoires était une entreprise difficile, mais ce défi a vite tourné à la chasse au trésor grâce à l'assistance de Laurence Neveu et de Frédéric Verdure. Le dévouement et la patience de Mireille Prulhière méritent également une mention toute particulière. La réalisation de ce projet s'est déroulée sans heurt grâce aux talents d'organisatrice de Sophie Aurand. Nous remercions aussi les autres membres de la fondation qui ont participé à la préparation de cette exposition et de la publication qui l'accompagne. C'est à Nathalie Crinière, de l'agence NC, que l'on doit la présentation inspirée des modèles d'Yves Saint Laurent. Toutes et tous ont généreusement partagé leurs connaissances et leur passion pour l'œuvre d'Yves Saint Laurent.

L'ouvrage somptueusement illustré qui accompagne l'exposition a été réalisé par les Éditions de La Martinière sous la direction artistique éclairée de Philippe Apeloig. Il se distingue des précédentes publications consacrées à Yves Saint Laurent par la présentation de modèles inédits et de légendes détaillées, ainsi que par une chronologie illustrée. Avec une grande sensibilité dans l'interprétation photographique des modèles, Alexandre Guirkinger a réalisé des clichés tout spécialement pour cette publication. Nous tenons enfin à exprimer notre reconnaissance aux auteurs, Florence Müller et Hamish Bowles, dont les textes perspicaces nous apportent de précieux éclaircissements.

Nous espérons que cette exposition aura un impact durable sur le public. Connu pour l'originalité et la diversité de ses programmes d'expositions, le Musée des beaux-arts de Montréal s'est donné pour mission d'attirer un public varié par des expériences stimulantes, élaborées à partir de sources d'inspiration très diverses. Cette rétrospective, qui couvre toute la carrière d'Yves Saint Laurent, s'inscrit dans le cadre de cette mission tout en s'ajoutant aux activités de la communauté de créateurs, de conseillers locaux et de maisons de mode qui ont fait de Montréal un centre de la mode d'envergure internationale.

En ce qui concerne les Fine Arts Museums of San Francisco, le costume féminin – et plus particulièrement la haute couture française – occupe une place importante dans les vastes collections du Caroline and H. McCoy Jones Department of Textile Arts. Ces collections se sont enrichies au fil des années grâce à la générosité des femmes de San Francisco. Si l'on admet que les collections des musées reflètent les tendances artistiques et culturelles des villes où ils se trouvent, alors San Francisco appartient à Yves Saint Laurent. Aucun autre grand couturier n'est aussi bien représenté que lui dans les collections, avec plus de 150 modèles de haute couture. Le génie d'Yves Saint Laurent a permis à chaque femme d'exprimer sa propre individualité.

Au nom du Musée des beaux-arts de Montréal et des Fine Arts Museums of San Francisco, nous aimerions exprimer notre gratitude aux membres du personnel des musées qui, par leur dévouement sans faille, ont contribué au succès de cette exposition. Enfin, compte tenu de l'importance que nos deux musées nord-américains accordent à la notion de collaboration, nous tenons à dire notre joie d'avoir pu travailler sur cette remarquable exposition.

Nathalie Bondil Directrice du Musée des beaux-arts de Montréal
John E. Buchanan Jr. Directeur des Fine Arts Museums of San Francisco

UN TÉMOIN DE SON TEMPS

Pendant soixante années, Yves Saint Laurent a été le témoin de son temps. De l'atmosphère élégante des salons gris perle de Christian Dior à l'iconoclasme punk de la rue, Saint Laurent a su capter l'esprit de son époque avec une acuité juste, se présentant tour à tour comme un couturier extralucide, révolutionnaire, et comme le gardien de la flamme sacrée d'une ère d'élégance révolue. « Sa vie est une légende, écrivait Bernard-Henri Lévy en 1986. Son nom est un empire. » Vingt ans plus tard, son héritage, subtil mélange d'innovation et de tradition, d'impeccable sobriété et de modernité surprenante, de grands gestes de bravoure et de détails à peine chuchotés, lui confère une place prééminente au Panthéon de la mode.

En mars 1957, le *Time* publiait en couverture un portrait de Christian Dior, une paire de ciseaux de tailleur à la main. « À une époque aussi sombre que la nôtre, déclarait Dior, le luxe doit être défendu pouce par pouce. » L'une des photographies du reportage montre Dior et son équipe en train d'étudier l'effet d'un manteau de soirée en faille écarlate sur une robe de lin clair. À voir le chaos ordonné de l'atelier, avec son fouillis de toiles et de formes à chapeaux, ses rouleaux d'étoffe et ses plateaux revêtus de satin et de velours sur lesquels scintillent des bijoux fantaisie, on peut s'imaginer l'intensité du processus de travail. « Nous vivons sous le signe de l'éphémère, expliquait Dior. Seules la rigueur de la construction, la précision de la coupe et la qualité d'exécution nous séparent du déguisement. »

Silhouette mince et élancée, l'air profondément absorbé derrière ses lunettes, le jeune Yves Mathieu Saint Laurent fixe le reflet du mannequin dans le miroir de l'atelier. À l'époque, Saint Laurent faisait déjà figure de dauphin de la maison. Un an plus tard, après la mort prématurée de Christian Dior, le même jeune homme, timide mais inflexible, à peine âgé de vingt et un ans, se retrouvait sous les feux des projecteurs, appelé au balcon du temple de la haute couture de Dior, avenue Montaigne, pour y recevoir l'ovation du public à l'occasion de la présentation de sa première collection. Depuis plusieurs saisons, les modèles créés par Saint Laurent pour les collections Dior ne subissaient aucun changement après les essayages dans l'atelier. Sur la célèbre photo d'Avedon, où l'on voit le mannequin Dovima posant parmi des éléphants, la robe – *Soirée de Paris*, de la collection automne-hiver 1955, un fourreau de velours noir avec un ruban de satin duchesse ivoire noué sous le buste et retombant en cascade sur le côté – était une pure création Saint Laurent (Marlène Dietrich la commanda pour elle-même). Saint Laurent conservait l'esprit d'équipe qui régnait chez Dior, demandant conseil à celles que Cecil Beaton nommait « les trois Parques » : Mme Raymonde Zehnacker, qui supervisait l'atelier (chez Saint Laurent ce rôle fut tenu par Anne-Marie Munoz-Yague), Mme Marguerite Carré, le génie technique qui avait suivi Dior depuis Lelong, et l'énigmatique Mitzah Bricard, officiellement modiste, mais en réalité muse du couturier, chargée d'accessoiriser les modèles, qui donnait cet indéfinissable panache qu'était la griffe Dior. Le couturier Molyneux avait déjà remarqué l'œil infaillible et l'élégance de Mitzah Bricard qui apportait la touche originale à ses discrètes créations. Dior lui-même la considérait comme indispensable. « Elle était sa danseuse et sa courtisane, se rappelle Alexandre Liberman. Avec ses soies froufroutantes, ses poses, ses perles et ses idées bien arrêtées sur tout et rien, elle incarnait toute la séduction féminine. »

Chaque saison, Christian Dior et son équipe réinterprétaient et affinaient les best-sellers de la saison précédente pour les clientes, tout en enrichissant la collection de modèles spectaculaires qui montraient la nouvelle tendance. Ces créations plaisaient fort aux journalistes de mode, aux acheteurs des grands magasins américains ainsi qu'à une clientèle hardie. À ses débuts, Saint Laurent fit habilement référence à la Ligne A de la collection printemps-été 1955 de Dior. Rappelons que dès 1954, Saint Laurent avait soumis un portfolio de ses croquis à Michel de Brunhoff, le directeur de *Vogue* France, qui constata une étrange ressemblance de ses dessins avec ceux de la nouvelle Ligne A – que Dior n'avait pas encore dévoilée mais dont Brunhoff était déjà informé ; cela le conduisit à présenter le jeune homme de dix-sept ans à Christian Dior. Saint Laurent fut embauché sur-le-champ.

Pour sa première collection chez Dior, Yves Saint Laurent fit souffler un vent de légèreté et de jeunesse. Cette nouvelle silhouette, souple, évasée, aérienne – la fameuse collection Trapèze –, était très construite de l'intérieur. Ce fut un triomphe.

Le lendemain, les marchands de journaux proclamaient : « Saint Laurent a sauvé la France ! » *Vogue* décrivait en ces termes l'accueil euphorique réservé à la collection : « La joie et le soulagement étaient inouïs – les gens pleuraient, criaient, applaudissaient et se serraient la main. » « Le phénomène Saint Laurent succède au phénomène Christian Dior », pouvait-on lire dans *Vogue* France. Les cinq collections suivantes furent perçues par l'*establishment* comme trop « jeunes » pour la clientèle bourgeoise, en particulier la collection automne-hiver 1959, avec ses jupes boules resserrées. En 1960, les salons raffinés Dior virent débarquer la mode des blousons de motard noir en crocodile et leurs cols roulés. Après y avoir échappé un temps, Saint Laurent dut finalement accomplir son service militaire, laissant la direction artistique de Dior à Marc Bohan, lequel séduisit les clientes par un retour à des collections classiques et raffinées.

À son retour de l'armée, Saint Laurent, avec à ses côtés l'indomptable Pierre Bergé, créa sa propre maison de haute couture dans un hôtel particulier de la rue Spontini, loin de l'agitation des cafés mondains de l'avenue Montaigne. Pour la première présentation de sa collection, le 29 janvier 1962, le Tout-Paris avait été réuni dans les petits salons : la princesse Lee Radziwill, l'élégante sœur de la Première Dame, Helena Rubinstein (coiffée d'un chapeau melon péruvien), la célèbre danseuse Zizi Jeanmaire, la vicomtesse Jacqueline de Ribes et Aileen Plunkett (retranchée derrière des lunettes de soleil œil-de-chat), deux femmes du monde connues pour l'élégance de leurs soirées.
« La collection n'a guère surpris, sinon par sa sobriété », écrivit Ernestine Carter dans le *London Sunday Times*. « Saint Laurent n'a rien apporté de bien nouveau, observait *Vogue*, mais il y avait des beautés que l'on reverra sans doute souvent dans les réceptions chics à New York, Paris, Londres, Rome. » Le magazine *Life* soulignait cependant que la collection comprenait la meilleure gamme d'ensembles depuis Chanel. Saint Laurent confia à Dino Buzzi, journaliste au *Corriere della Sera*, qu'il ne travaillait pas pour voir figurer son nom dans la presse, mais pour que les femmes portent ses vêtements. En 1974, il expliquait à Polly Devlin, du *Vogue* britannique : « Je n'essaie pas de créer des vêtements révolutionnaires, je ne cherche pas à faire sensation, mais… je ne suis pas non plus statique dans ma pensée, dans mes émotions ou dans mon travail. »

Si les premières collections furent « très clientes », on décelait cependant déjà les bases de la nouvelle garde-robe de la femme moderne : le caban aux boutons dorés porté avec un pantalon clair et des babouches marocaines, les tuniques maharadjah et les turbans farfelus, ses vêtements inspirés de ses voyages imaginaires (Maroc, Espagne, Chine, Afrique, Russie). L'élégante retenue de Saint Laurent eut l'effet désiré. « […] on assista à une ruée de personnalités cosmopolites qui commandèrent six ou sept modèles à la fois », rapportait *Vogue*. La première cliente, la très élégante Patricia Lopez-Willshaw, grande mécène, commanda la robe de cocktail incrustée de jais, portant le numéro de griffe 00001. Comme tous ses grands prédécesseurs (Poiret, Piguet), Saint Laurent a créé des vêtements qui rassuraient et séduisaient ses clientes. En 1983, il observait : « Si l'on essaie de faire passer ses goûts, ses propres fantasmes, avant ceux des femmes, on ne crée que des déguisements. Il faut savoir conserver une certaine distance par rapport à ce que l'on fait, en restant tourné vers les autres – en l'occurrence, les femmes. »

Saint Laurent travaillait en drapant des étoffes autour des mannequins (choisis autant pour leur personnalité que pour leur beauté) qui, de la sensuelle Victoire Doutreleau – laquelle devint sa muse – à la voluptueuse Mounia, stimulaient sa créativité. « Je crois que j'attache plus d'importance au mouvement d'un corps qu'à la façon dont il est habillé, déclarait-il. Il y a des femmes qui, grâce à leur personnalité et à leur gestuelle, peuvent étonner par leur élégance malgré une tenue simple. » Plus tard, Loulou de la Falaise, fille de l'élégante aristocrate et bohème Maxime et petite-fille de sir Oswald Birley, portraitiste à la mode à la cour d'Angleterre, vint rejoindre le studio d'Yves Saint Laurent et y apporta sa fantaisie, son élégance et son excentricité. Tandis que plusieurs couturiers de sa génération s'efforçaient de capter l'esprit de leur temps au moyen d'expériences futuristes, Saint Laurent s'inspire dès 1965 de la peinture en rendant hommage à Piet Mondrian et à Serge Poliakoff. En 1966, les collections Op et Pop Art sont un clin d'œil à Andy Warhol et à Tom Wesselmann. On lisait dans *Vogue* : « [...] un succès plus glorieux que jamais [...]. Conçus pour la femme moderne, [ses vêtements] témoignent de ce désir si spécifiquement français de rendre la femme toujours plus chic et plus ravissante. »

De nouveaux développements allaient bientôt faire de Saint Laurent le couturier du moment. Sa découverte du Maroc, et plus particulièrement de Marrakech, où il acheta sa première maison (*El Hanch*, « le Serpent ») en 1968, introduisit une palette de couleurs radicalement nouvelle dans son œuvre. Les sobres gris et bleu marine, les beiges et les grèges si typiquement parisiens, les pastels fondus et les couleurs franches héritées de Dior cédèrent la place à des couleurs vives et à des combinaisons inattendues qui firent bientôt du couturier le plus grand coloriste de sa génération. En 1966, Saint Laurent ouvrit sa première boutique de prêt-à-porter Saint Laurent Rive Gauche, rue de Tournon. Dans la collection haute couture automne-hiver de cette année-là, il présenta le premier smoking pour femme qui révolutionna le monde de la mode. Suivirent dans la collection printemps-été 1967, le célèbre tailleur-pantalon et l'année suivante, la légendaire saharienne. Avec ces coups de maître, Saint Laurent créait en fait un uniforme féminin moderne qui n'était ni futuriste ni asexué. « Une femme habillée en homme doit être au sommet de sa féminité pour lutter contre un vêtement qui ne lui appartient pas », confiait-il à Joan Juliet Buck en 1983, faisant allusion à une photo de Marlène Dietrich prise dans les années 1930, où l'on voit l'actrice vêtue d'un costume masculin.

« Je voulais créer une base immuable, pour les hommes et les femmes indifféremment, déclarait-il à l'époque. C'était un choix tout à fait délibéré. J'ai remarqué que les hommes sont plus sûrs d'eux que les femmes parce que leurs vêtements ne changent pas... Les femmes, quant à elles, se sentent parfois un peu abandonnées, terrifiées, par une nouvelle mode ou une mode destinée exclusivement aux moins de trente ans. Je me suis rebellé contre ce phénomène, et, depuis, je me suis efforcé chaque année de perfectionner un style classique. C'est là mon refuge, mon point de repère. Je peux faire beaucoup d'autres choses, mais j'en reviens toujours à cela. »

En 1969, il habilla la duchesse de Windsor en hippie de luxe avec des patchworks, Saint Laurent fut surnommé « l'activiste de la couture française ». « Il comprend les jeunes et sait à quoi ils ont envie de ressembler, observait Gerry Dryansky. L'éclectisme de Saint Laurent, son besoin instinctif de s'approprier les idées de la rue en les passant au filtre de son génie, s'avérèrent la forme triomphante du modernisme. » Diana Vreeland qualifia l'inspiration inépuisable de Saint Laurent, de « tumulte de l'imagination ». La célèbre collection Années 1940 de 1971 fut une brillante évocation du glamour et de la coquetterie. Cette collection, si controversée fût-elle à l'époque dans la presse, reçut un immense succès et fut rapidement copiée par la rue.

Après les feux d'artifice de la collection Look des années 1940, Saint Laurent proposa une série de collections qui ressemblaient à des variations sur le thème du raffinement pragmatique et sur ses propres *leitmotive* – tailleurs-pantalons à la coupe impeccable, smokings de soirée, tenues d'après-midi très collet monté et robes de soirée à l'élégance triomphante. La magie éclatante de la collection russe de l'automne-hiver 1976 métamorphosa la silhouette alors à la mode. Le *New York Times* la qualifia de « révolutionnaire », et Anthony Burgess (auteur de *L'Orange mécanique*) notait : « Personne n'est obligé d'avaler la totalité de ce riche breuvage, personne ne le peut. Mais on peut le savourer à petites gorgées, recombiner ses différents ingrédients de façon à obtenir un cocktail plus doux. » Ces succès en firent l'héritier de Chanel et de Balenciaga. (Dans les années 1960, Chanel, avare de compliments, avait déjà déclaré que Saint Laurent était son seul véritable héritier.) En 1980, Gerry Dryansky écrivait dans *Vogue* que « ces collections étaient comme des réserves vitales en des temps de famine ».

Avec cette pensée en guise de mantra, Saint Laurent a passé la plus grande partie des années suivantes, jusqu'à l'arrêt de sa maison en 2002, à réinterpréter ses *leitmotive*, polissant et affinant inlassablement les silhouettes iconiques qui sont devenues sa signature.
Ses créations hiératiques, présentées parmi les dorures magnifiques du salon décoré par Garnier de l'Hôtel Intercontinental, peuvent être assimilées à des variations sur le thème de la perfection technique. Elles laissaient également entrevoir la complicité de Saint Laurent avec les innombrables petites-mains employées dans ses ateliers. « Quand je leur confie un croquis, elles reconnaissent instantanément le sens du tissu, dit-il. Elles le lisent comme une carte routière. » Ses créations ont donné à ses clientes de toutes générations de l'assurance, du panache, de la sensualité, de la coquetterie, du glamour et du style, lui évoquant sans cesse ses premiers souvenirs de l'élégance féminine.

Hamish Bowles

LE STYLE SAINT LAURENT

La Fondation Pierre Bergé-Yves Saint Laurent est une institution unique en son genre. Située dans un hôtel particulier de l'avenue Marceau, elle regroupe les salons, le studio de création, les bureaux et les ateliers de la maison de couture, des espaces d'« événementiels » et d'expositions ainsi que d'importants locaux d'archivage et de consultation des collections. Plus de quarante ans d'histoire de création Yves Saint Laurent se visitent en ce lieu, dans les réserves et les compactus chargés de 5 000 costumes (ensembles complets) et dans les expositions thématiques organisées par l'équipe muséale. Mais c'est beaucoup plus qu'un lieu de mémoire. Ce domaine vit au rythme de ses membres fondateurs qui l'animent toujours de leur regard passionné sur la mode. Dès les années 1970, Pierre Bergé et Yves Saint Laurent ont eu l'intuition de l'importance de transmettre au présent et pour le futur de la mode la quintessence du style de la maison de couture. Ils ont ainsi inventé la notion de patrimoine de mode qui depuis a fait école. Aucune maison de luxe aujourd'hui ne conçoit de nouveaux produits sans s'appuyer sur les éléments du passé. On appelle cela le respect des codes génétiques de la marque, l'interprétation de l'ADN de la griffe. Mais aucune autre maison ne possède de collections d'une telle richesse, constituées par son créateur même, au fil des années, saison après saison. Cette sélection donne une vision complète de l'œuvre du couturier et permet de retracer fidèlement tous les moments qui jalonnent une vie et une œuvre consacrée à la beauté de la femme. Elle accomplit en outre le souhait d'Yves Saint Laurent, qui déclarait au magazine *Elle* : « J'aimerais que dans cent ans on étudie mes robes, mes dessins[1]. »

Sans attendre une telle échéance, la rétrospective Yves Saint Laurent propose un regard sur la globalité d'une œuvre, exemplaire dans ses répercussions sur la mode contemporaine, riche en enseignements pour le temps de la création. L'importance des collections a permis de concentrer les choix sur les fondements du style du créateur, de confronter son œuvre avec l'époque et d'en retenir les exemples illustrant la révolution Saint Laurent. Quand, tout jeune, Yves Saint Laurent signe la ligne Trapèze chez Christian Dior en 1958, son entrée en mode est saluée comme un bouleversement par la presse. Derrière ce changement de proportion du vêtement de 1955, se profile une mutation radicale de l'institution de la haute couture. Elle se produit en accord parfait avec le moment, avec l'air d'un temps qui donne la parole aux jeunes. Yves Saint Laurent est jeune comme ceux qui prennent le pouvoir de la parole sur les barricades, comme Françoise Sagan et Bernard Buffet, ou comme les artistes de l'âge pop. Mais sa révolution ne procède pas de la démolition de l'institution qui l'a vue naître. Il se fait plutôt le passeur entre l'ancien et le nouveau monde de la mode, avec un pied dans l'un et le regard tourné vers l'autre. C'est ainsi qu'il se voit lui-même : « J'ai grandi dans un environnement très attaché aux traditions. En même temps, pourtant, j'ai voulu transformer tout cela, car j'étais tiraillé entre l'attrait du passé et le futur qui me poussait en avant[2]. »

Au cours de sa carrière, Yves Saint Laurent a créé de nombreux modèles devenus des icônes et des sujets de méditation pour les créateurs de mode. Parmi les premiers, le modèle Mondrian de 1965 contient un enseignement exemplaire : le vêtement ne peut se voir comme une sculpture mais au contraire comme un mobile, un objet en perpétuel mouvement, une structure souple aux multiples facettes. Dans sa biographie signée par Laurence Benaïm, le couturier le dit clairement : « J'ai compris que jusqu'alors la mode était raide et qu'il fallait dorénavant la faire bouger. » La haute couture d'avant, pratiquée chez Christian Dior, s'adresse à des femmes en total look, parées de beaux atours, magnifiques, mais figées dans des poses trop parfaites. Les années 1960, qui s'ouvrent avec le lancement de la maison Yves Saint Laurent, attendent autre chose de la mode. La haute couture est l'un des symboles de l'ordre bourgeois que les jeunes générations contestent : l'Angleterre commence à vivre au rythme du Swinging London ; à San Francisco, en 1967, les hippies se rassemblent pour le premier Human Be-in ; à Paris, les étudiants s'apprêtent à « faire » Mai 68. Tout bouge dans la danse, la musique et la contestation de l'âge pop. Dès 1968, Saint Laurent s'oppose à la vision trop conceptuelle adoptée par certains de ses confrères, ceux qui abordent le vêtement en architectes ou en sculpteurs : « La couture n'est pas un art, mais un artisanat. C'est-à-dire que son point de départ et son but, c'est du concret. Le corps de la femme et non pas des idées abstraites qui auraient un quelconque intérêt en soi. Une robe, ce n'est pas de l'architecture, c'est une maison : elle n'est pas faite pour être contemplée mais pour être habitée, et il faut que la femme qui l'habite se sente belle et bien dedans. Tout le reste n'est qu'élucubrations. » Pour construire ses robes, le jeune Saint Laurent réclame un mannequin vivant, un corps en mouvement, et non plus un mannequin de bois : « Un vêtement doit vivre, et pour le mettre en scène ensuite dans la vie courante, il me faut la présence d'un corps de femme. » Des femmes à la beauté singulière prennent place au côté du couturier qui s'attache à les magnifier : Victoire Doutreleau, Zizi Jeanmaire, Catherine Deneuve, Loulou de la Falaise, Betty Catroux… La projection mentale de leur idéalisation est donnée par le dessin. C'est le moment de la création à l'état pur. Marguerite Duras le dit avec toute sa poésie : « Une femme. Elle est là. Et lui, il est ici. Il dessine. Et la femme, la voilà habillée[3]. » Le couturier commence toujours par dessiner le visage d'une femme, puis les épaules ; à ce propos il précise : « Un vêtement tient par les épaules et la nuque. C'est ce qu'il y a de primordial. Cela donne le tombé du vêtement[4]. » Ensuite tout le modèle vient naturellement.

Yves Saint Laurent comprend très tôt que la mode ne peut se contenter d'embellir les femmes. Il faut aussi les rassurer, leur donner confiance, leur permettre de s'assumer dans le rôle nouveau qu'elles tiennent désormais dans une société pénétrée des idées du féminisme. La femme « libérée » de la fin du XXe siècle réclame une élégance d'un nouveau genre. Elle n'est plus l'ombre de son compagnon, dévouée à sa tâche d'épouse et de mère. Elle a pris en main sa destinée et se construit une identité hors du foyer familial. Elle doit convaincre de sa légitimité dans ce nouvel emploi à la première personne du singulier. Dès 1966, le couturier affirme : « L'élégance s'est transformée. La séduction a pris sa place. L'apprêté, l'amidonné, le trop parfait nous irritent. Une femme bien habillée, aujourd'hui, c'est celle qui sait construire un certain accord entre ses vêtements et sa personnalité. »
L'allure de la femme Saint Laurent est indéfinissable par sa diversité permettant d'exprimer les facettes complexes d'une personnalité. C'est une femme d'un monde aux frontières élargies, à la curiosité sans bornes, de New York à Katmandou, de Goa à Marrakech. Elle refuse les conventions de la bourgeoisie et se laisse tenter par les jeux interdits, prend le risque de sortir des sentiers balisés. Elle cherche à brouiller les pistes dans l'exercice d'une séduction piquante et n'est jamais là où on l'attend. Derrière son allure lisse, elle dissimule une nature fantasque, à l'image de Catherine Deneuve dans *Belle de jour*.

À la libération sexuelle de la fin des années 1960, succède un réel relâchement des mœurs et des looks. Les filles de Woodstock se laissent aller dans un renoncement trop facile à l'élégance. Ce mot sonne comme une erreur, un anachronisme ridicule. L'idéal hippie fait beaucoup de tort aux métiers du luxe. Yves Saint Laurent va leur donner un regain de vigueur avec la collection à scandale de l'été 1971. Il ramène la nécessité de la sophistication dans le style, en robes fluides, drapés et talons hauts. Katmandou n'est qu'un mirage, les gourous ne sont que des hommes d'affaires déguisés. Cette féminité glamour et impertinente se construit sur l'invention de la mode « rétro ». La mode suivra très vite en prenant le chemin des Puces, réapprenant les secrets du chic des années 1930, de l'allure des divines, Greta Garbo ou Marlène Dietrich.
En dessinant le futur immédiat de la mode, le couturier expose son intuition de l'époque, de la sensibilité naissante d'un moment qui sera la vérité de demain. Malgré son regard distant de rêveur, il sent vers où les choses vont. Marguerite Duras l'a compris : « Je veux dire qu'il fait ce qu'on ne savait pas qu'on attendait[5]. » Yves Saint Laurent invente les bases de la garde-robe moderne qui demeurent,

aujourd'hui, les fondements de la mode contemporaine. Avec son premier complet-veston-pantalon traduit au féminin, il offre le socle d'un vestiaire de femme d'action, en reprenant toutes les qualités du costume d'homme : le confort et la sécurité d'un vêtement bien construit, une armure moderne pour affronter le monde avec assurance. Il ne s'agit pas de singer les goûts masculins, ni de les copier, ni de les déviriliser. Point d'esprit suffragette dans cet emprunt au vestiaire masculin. Même s'il s'inspire de gangsters comme Al Capone avec les motifs de rayures et les cols à larges crans, le costume se féminise au contact de la mousseline de soie des blouses et des écharpes ceintures. En 1975, dans une célèbre photo parue dans *Vogue*, Helmut Newton immortalise la force d'attraction qu'exerce ce genre à la limite de l'androgynie. Dans une rue éclairée de réverbères d'un film noir, une femme aux cheveux plaqués à la Gomina pose crânement, une cigarette à la main, sanglée dans sa veste à épaule cigarette. Mais les jambes du pantalon qui s'élargissent en jupe et la blouse à col noué donnent toute son ambiguïté à la scène. Ce n'est pas une garçonne, mais une digne fille de Chanel qui, dans les années 1920-1930, restait féminine en pantalon de marin ou en veste de tweed anglais. « La Grande Mademoiselle » est l'un des maîtres dont se réclame Saint Laurent, avec Monsieur Dior, qui lui a tout appris des rites de la haute couture.

En 1966, le smoking transposé au féminin fait sensation quand il fait irruption dans les soirées, porté par des jeunes femmes heureuses de renoncer à l'usage suranné de la robe longue. Extraire un vêtement de son contexte d'origine revitalise la couture, par le choc de son contre-emploi. Avant cette décontextualisation du vestiaire masculin, Yves Saint Laurent avait exploré les qualités du costume de travail et des tenues de sport. Dès 1962, la blouse normande inaugure une généalogie de modèles aux origines fonctionnelles. Cette adéquation entre l'usage et la forme leur confère une évidence, une noblesse à l'épreuve du temps. L'esprit sport dope l'élégance citadine et bouscule la tradition du costume tailleur. Le caban de marin, le tricot, le manteau d'officier, le trench-coat écrivent un nouveau chapitre d'un livre commencé par Chanel dans les années 1910-1920, celui d'une allure intemporelle. Ils illustrent parfaitement l'aphorisme du couturier : « Mon rêve est de donner aux femmes les bases d'une garde-robe classique qui, échappant à la mode de l'instant, leur permette une plus grande confiance en elles-mêmes ». Avec cette révolution du nouveau genre masculin-féminin, le couturier habille le quotidien de ses contemporaines, celles qui peuvent s'offrir la griffe fameuse et aussi celles de la rue. « Les femmes de Saint Laurent sont sorties des harems, des châteaux et même des banlieues, elles courent les rues, les métros, les Prisunic, la Bourse », témoigne Marguerite Duras[6]. Quand elles veulent se rapprocher du rêve de la haute couture, les boutiques Saint Laurent Rive Gauche répondent à leurs attentes en proposant un style abordable. Celles qui redoutent de paraître trop habillées en haute couture adoptent avec enthousiasme cette nouvelle griffe. Lancé dans la boutique de la rue de Tournon, Saint Laurent Rive Gauche connaît la première réussite spectaculaire d'un prêt-à-porter de couturier. « La rue et moi, c'est une histoire d'amour », lance Saint Laurent en 1971, cinq ans après cette initiative de pionnier.

L'élégance, selon le couturier, c'est une femme heureuse avec un homme à ses côtés. Un pull et jupe noire avec un gros bijou faux suffisent à la rendre désirable. Mais celle qui joue du charme ambigu de l'androgynie ajoute à sa palette d'attraits l'étrangeté de la métamorphose d'un Docteur Jekyll en Miss Hyde. La femme protégée de la pression extérieure par ses habits de jour se transforme en affolante déesse sublimée par une « robe presque inavouable du soir. Extrêmement élégante, mais qui dévoile énormément le corps ». Elle est prête à jouer tous les rôles, tous les drames, tout le répertoire des héroïnes nées sous la plume de Shakespeare ou de Proust, peintes par Renoir ou Vélasquez. Le couturier la voit aussi comme une reconstruction cubiste d'une réalité multiple, comme un assemblage de papiers découpés de Matisse, comme une chimère de Cocteau. Mais, à la différence de ses écrivains ou peintres favoris, il travaille avec une matière mouvante, le tissu : « Vous pouvez faire un joli dessin, vous pouvez mettre dans un dessin toute la science de votre métier, si vous n'avez pas la matière, vous perdez votre robe. L'angoisse, ce n'est pas de s'interroger sur la place des poches, de la ceinture, sur la forme du décolleté, ou sur le volume, l'angoisse, c'est vous en face du tissu et de la couleur, vous qui devez, de la même manière que le peintre avec ses pinceaux, le sculpteur avec sa glaise, taper dans la matière. Et c'est la matière qu'il faut soumettre, pour qu'une robe corresponde à ce que vous imaginez. » Le plus difficile pour Saint Laurent, c'est d'attraper les couleurs qui hantent son imaginaire depuis son enfance à Oran et sa découverte du Maroc. Paris est la ville grise privée de couleurs. Alors le couturier s'embarque dans des voyages autour de sa table à dessin. Il traduit en robe son admiration pour l'art et la littérature. Il ramène de périples imaginaires en Russie, en Espagne ou en Inde des visions de femmes parées de costumes qui ont échangé la modernité contre le folklore. De grands aplats de couleurs travaillés comme un peintre en suites de ruptures retirent tout traditionalisme aux blouses et jupons slaves, aux gitanes en jupes de soie et blouse transparente, prêtes à fréquenter Saint-Germain-des-Prés ou Saint-Tropez. Des filles aux yeux étincelants sous leurs turbans brillent dans la pénombre sous l'objectif de Guy Bourdin. Les années 1970 s'achèvent et la sophistication lancée par le couturier est adoptée par la jeune génération des futures « battantes ». En carrures élargies par les paddings, elles affirment leur volonté de *carrier woman*. En veste, jupe, bottes et cape d'Yves Saint Laurent elles partent à la conquête du pouvoir dans l'entreprise. Au début des années 1980, le créateur dessine un style en trompe-l'œil qui enjolive leurs silhouettes avec des robes plus courtes, des décolletés plus profonds, des épaules larges.

À la fin du XXe siècle, après avoir construit la modernité dans le style, Yves Saint Laurent se tourne vers la quête idéale d'une garde-robe immuable, faite de beaux tailleurs, de belles jupes. « Aujourd'hui c'est la simplicité extrême qui me procure la plus grande joie. Arriver à ce que ce soit tout et rien à la fois », confie-t-il à Laurence Benaïm[7]. Après le défilé rétrospectif de 2002, le couturier ne pense qu'à la « femme moderne qui ne s'encombre de rien […]. Les hommes détestent les femmes déguisées. Il ne suffit pas d'avoir un pouf rouge et une touffe d'aigrette pour se faire remarquer. Ce qui importe, c'est la technique. Sinon on amasse du tissu, on l'accroche avec des fleurs et on met du paradis vert ». La haute couture doit aller vers la légèreté et la pureté et privilégier la sensualité. Le flou d'un côté, avec le frémissement des robes de mousseline qui font deviner un corps dans la transparence d'une couleur. Et puis les tailleurs, les smokings, les spencers, aux lignes soutenues mais aux revers désépaissis, des pantalons aux jambes larges et souples. Changer chaque saison de mode ne l'intéresse plus et n'a d'ailleurs jamais guidé sa création ; mais il a la tentation de concevoir ces prototypes qui ne se démoderont plus, comme un jean, le vêtement parfait. Interrogé en 1994 sur le point le plus important pour lui, Yves Saint Laurent répondait : « C'est le style. Je ne change pas, j'approfondis. Les coupes changent. Les modes passent, le style demeure[8]. »

Florence Müller

1. *Elle*, France, 27 janvier 1992.
2. *Yves Saint Laurent et la photographie de mode*, Paris, Albin Michel, 197[illegible].
3. Catalogue de l'exposition « Mode – 1968-1990 », Sezon Museum of Art, 14 novembre-26 décembre 1990.
4. *Elle*, France, 25 décembre 1995.
5. Catalogue de l'exposition « Mode – 1968-1990 », Sezon Museum of Art, 14 novembre-26 décembre 1990.
6. *Ibid*.
7. Laurence Benaïm, *Yves Saint Laurent*, Paris, Éditions Grasset, 1993.
8. *Glamour*, France, 1er mai 1994.

C42
C41
C40
C39
C38
C37
C36
C35
C34
C33
C32
C31
C30
C29
C28
C27
C26
C25

C24
C23
C22
C21
C20
C19
C18
PE 1991→AH 1991
C17
AH 1990→PE 1991
C16
AH 1990
C15
AH 1990
C14
PE 1990→AH 1990
C13
PE 1990

À LA POINTE DU CRAYON

Le coup d'envoi de chaque collection d'Yves Saint Laurent est donné par l'arrivée des dessins au studio. À ce moment, se matérialise l'acte créateur dans ce qu'il a de plus libre, de plus naturel et de plus surprenant, dans la spontanéité du couturier qui saisit par le croquis les images de robes se formant dans son imagination, sans concept ou projet préalable. Avec facilité, les dessins jaillissent en abondance avant de subir une sélection rigoureuse. À ses débuts, Yves Saint Laurent en dessinait jusqu'à 1 000 pour n'en retenir que 200. C'est le moment de jubilation lorsque tout est possible, que le rêve n'a pas été entravé par la logique de la matière textile. Mais ce qui fait la qualité d'un croquis d'Yves Saint Laurent, c'est justement sa proximité avec sa destination finale. Les croquis retenus possèdent toutes les indications dont les ateliers ont besoin pour couper et monter l'épure en toile à patrons, leur évitant la nécessité d'extrapoler ou de compromettre l'intention initiale, de déformer l'inspiration à l'état pur.

DU CROQUIS AU MODÈLE

TOUTES MES ROBES VIENNENT D'UN GESTE. UNE ROBE QUI NE REFLÈTE PAS OU NE FAIT PAS PENSER À UN GESTE N'EST PAS BONNE. UNE FOIS QU'ON A TROUVÉ CE GESTE EN QUESTION, APRÈS ON PEUT CHOISIR LA COULEUR, LA FORME DÉFINITIVE, LES TISSUS, PAS AVANT. EN RÉALITÉ, ON N'ARRÊTE PAS D'APPRENDRE DANS CE MÉTIER.

Yves Saint Laurent, cité par Laurence Benaïm, in *Yves Saint Laurent*, Paris, Grasset, 1993.

Comme l'esquisse d'un peintre, le croquis d'Yves Saint Laurent définit tous les points forts qui singularisent le modèle : le tracé général construisant la silhouette et l'articulation entre le corps et le vêtement. Mais il dit plus que cela : le croquis suggère le vêtement en mouvement sur un corps dynamique. Il prévoit l'attitude et anticipe les gestes. La robe de l'été 1958, créée chez Dior, est restée célèbre comme le modèle phare de la ligne Trapèze. Mais le jeune couturier cherche déjà à s'extraire de cette logique de la ligne saisonnière lancée par son maître Christian Dior, pour aller vers le règne du style, celui d'un buste libéré de toutes entraves par le décintré du trapèze. Ses esquisses prévoient à merveille l'expression corporelle : la jambe qui s'échappe d'une large fente, la courbe du dos ouvert dans l'austérité d'un fourreau, les vrilles tournoyantes d'une redingote ou d'une robe immaculée, le basculement du buste de la robe *Tulipe* de 1962 ou de 1964.

1

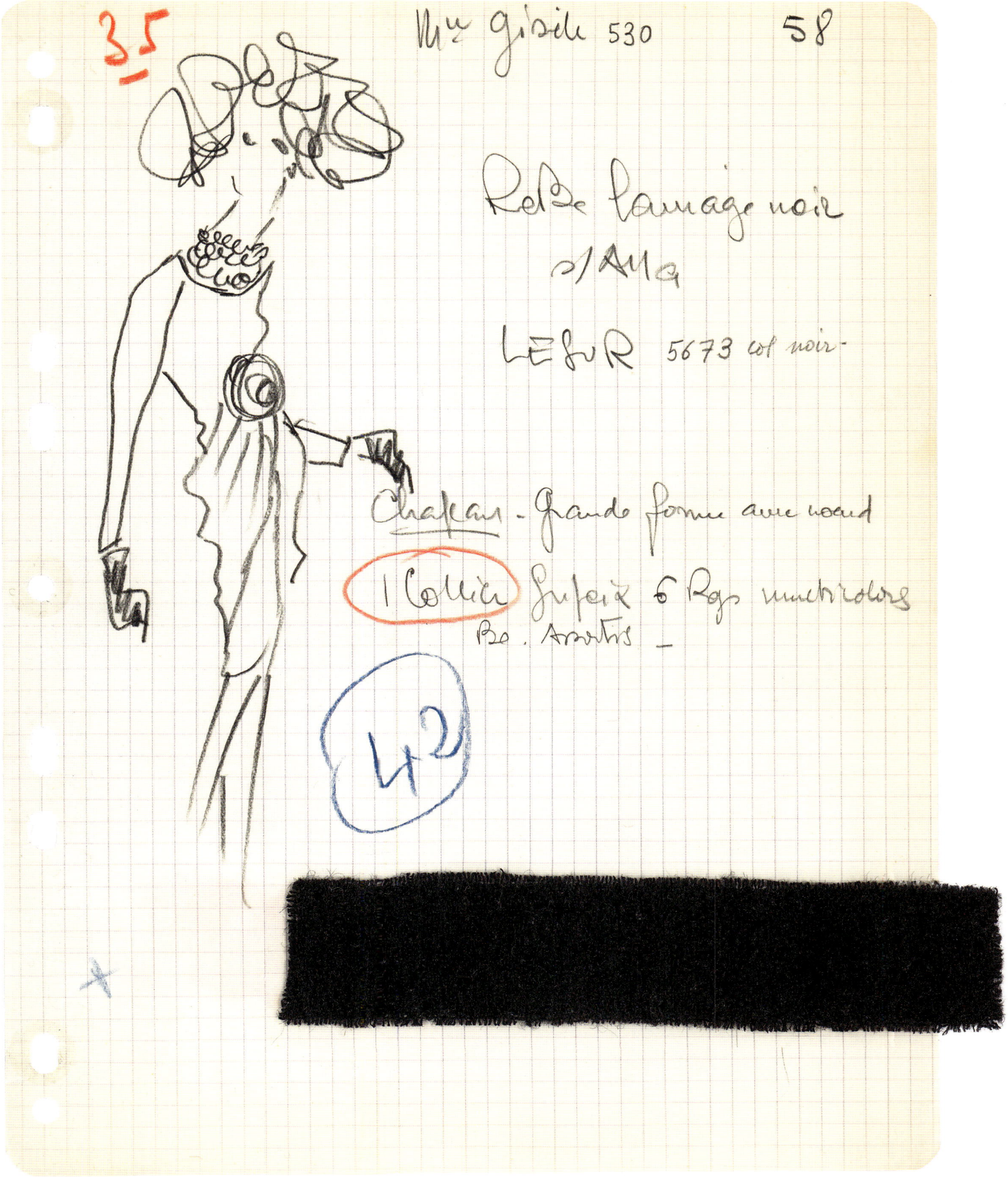
35
Mlle Gisèle 530
58
Robe lamage noir
s/Alla
LESUR 5673 col noir
Chapeau - Grande forme avec noeud
1 Collier Gripoix 6 Rgs multicolores
Bo. Assortis –
42

2

Simone 5515 27
13
62 Robe Habillée
Shantung naturel
PETILLAULT
6111 naturel
base en shantung noir
B-D-M 4051 noir
rose en Murel 6147 noir
5B Desmes 5612 180/30 Naturel
Capeline paille d'Italie et velours noir
gants noirs

3

Hamon.
Ceinture vernis noir

Anseline

5BS 2166/22
Jaune

36

M × 10.66

S. PIERRE

S/ MOUNIA

chapeau : petit pouf turban de velours VERT avec Noeud de velours NOIR sur le dessus – voilette de tulle NOIR point d'esprit nouée derrière le chapeau –

ROBE EN GRAIN DE POUDRE NOIR
MOREAU 981710
col et poignets velours noir
MOREAU 1000/NR

gants chevreau rose fushia –

1 collier dans le cou – Brodé épis en demi-cercle avec palme pendante de pierres irisées turquoise et mauve – sur ruban de velours NOIR –

escarpins crêpe NOIR drapés –

4

de chaque côté de la tête
2 branches GOOSSENS (B.D)
guirlande de
fleurs et Nœud
métal OR et
au milieu 1
fleur GOOSSENS
métal OR
(B.D)
134
4347
Musée
Jacqueline / Sadiya
Robe de gazar blanc
Abraham 8003/100
Blanc
1 grande broche GOOSSENS
sur la robe Nœud
cocarde de métal OR –
escarpins gazar blanc
assorti à la robe
talons en satin Blc

5

Musée
6939
53
Claudia / Jean Pierre.
Veste smoking de grain de poudre noir et satin revers.
Gandini 2672 col 3
6939bis J. Pierre.
Pantalon idem.
- ras de cou de strass diamants G. 36
Sandals plate forme Satin noire

6

45
Musée
7145
Robe drapée
de satin noir

7

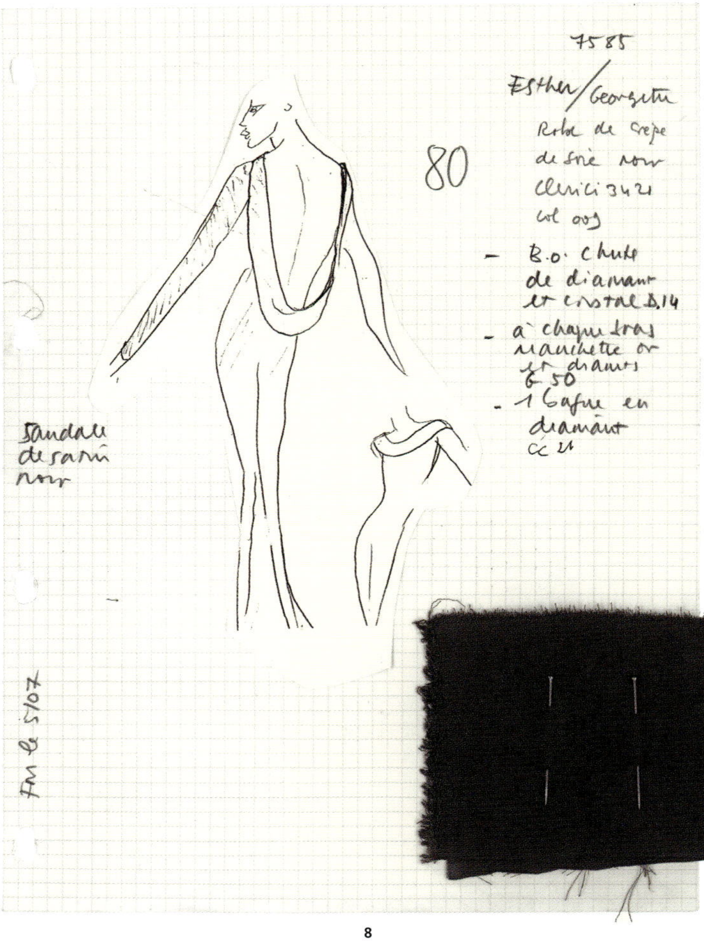
7585
80
Robe de crêpe
de soie noir
sandale
de satin
noir

8

L'ÉLÉGANCE, C'EST SE FAIRE REMARQUER DANS UNE ROBE NOIRE. C'EST L'AISANCE. C'EST L'ATTITUDE. CE QUI VIEILLIT UNE FEMME, CE NE SONT PAS SES RIDES OU SES CHEVEUX BLANCS, CE SONT SES GESTES. C'EST LÀ QUE MES ACCESSOIRES JOUENT UN GRAND RÔLE. UNE ÉCHARPE AVEC LAQUELLE ON PEUT JOUER, UN SAC EN BANDOULIÈRE QUI DÉGAGE LES MAINS – RIEN DE PLUS LAID QU'UN SAC TENU À BOUT DE BRAS. UNE CEINTURE SOUPLE – CHAÎNE TOUJOURS – QUI DONNE UN JOLI DÉHANCHEMENT, ET DES POCHES. MES ACCESSOIRES, CE SONT DES GESTES.

Yves Saint Laurent, cité par Laurence Benaïm, in *Yves Saint Laurent, op. cit.*

LE CORPS RÉVÉLÉ

UN CORPS DE FEMME NUE, QUE JE DOIS HABILLER SANS PORTER ATTEINTE À LA LIBERTÉ DE SES MOUVEMENTS NATURELS. BREF, MON MÉTIER EST LE DIALOGUE AMOUREUX DE CETTE FEMME NUE, AVEC TOUS LES SORTILÈGES DES ENROULEMENTS DE MES TISSUS.

Yves Saint Laurent, cité par Laurence Benaïm, in *Yves Saint Laurent, op. cit.*

Le tracé de savantes découpes ou le traitement audacieux de drapés exposent la beauté du corps féminin plus sûrement qu'une simple nudité. Les robes se muent en maillot de bain, une demi-robe n'est retenue que par quelques nœuds roses à la taille et aux hanches, les décolletés osent la chute vertigineuse jusqu'à la taille. Ces jeux de montré-dissimulé révèlent la puissance de la sensualité féminine : le dos de la femme lyre de 1970 apparaissant à travers une fenêtre grillagée de dentelle, les jambes de Zizi dans le pull-robe pailleté, les seins offerts dans leur écrin de velours noir.

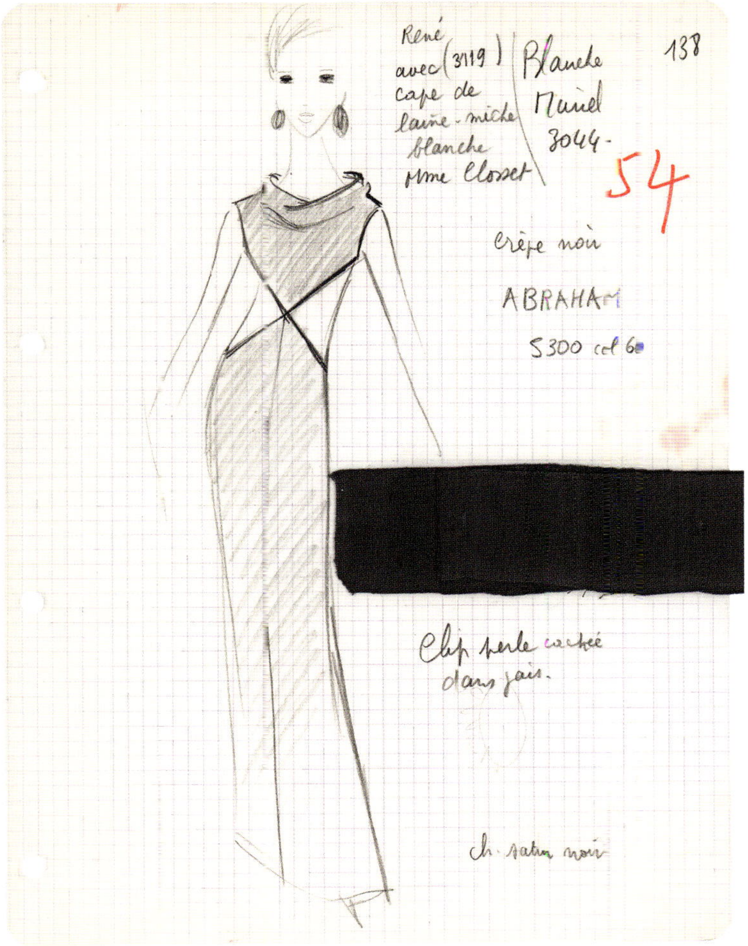
René
avec (3119)
cape de
laine-mèche
blanche
Mme Closset
Blanche
Muriel
3044.
138
54
crêpe noir
ABRAHAM
5300 col 6
Clip perle cachée
dans jais.
ch. satin noir

9

Zibeline
1656
117
Elsa
Catherine
Gandini 589.
Brivet 443 201.
- foulan velours bleu -
- sandales daim noir -

10

1205 X
Catherine / Edia
Robe fourreau dos nu
Jersey de soie noir
RACINE Byzance
paletot de plumes
blanches autruches
et plumes argentées
Mr Lemarié
Collier ras de cou gros pavés rectan.
B.O. cônes strass diamant
Sabbagh
2 bracelets (anciens) Goossens
argent et diamant
FM 29-12-82

11

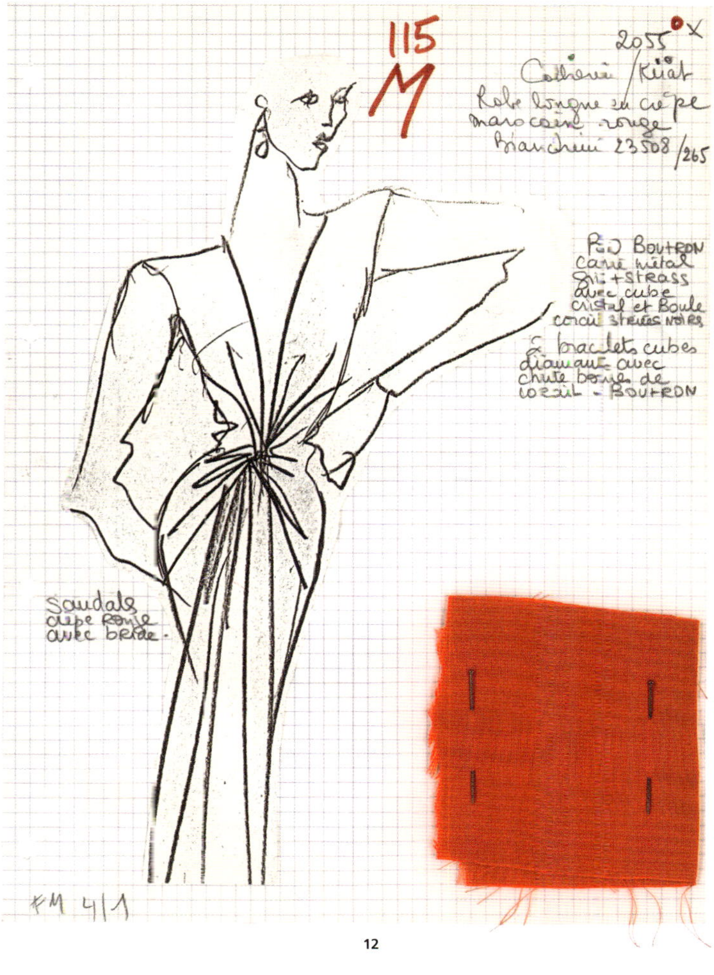
115
M
2055
Robe longue en crêpe marocaine rouge
Bianchini 23508/265
BOUTRON
cristal et Boule
bracelets cubes
BOUTRON
Sandales crêpe rouge avec bride.
FM 4/1

12

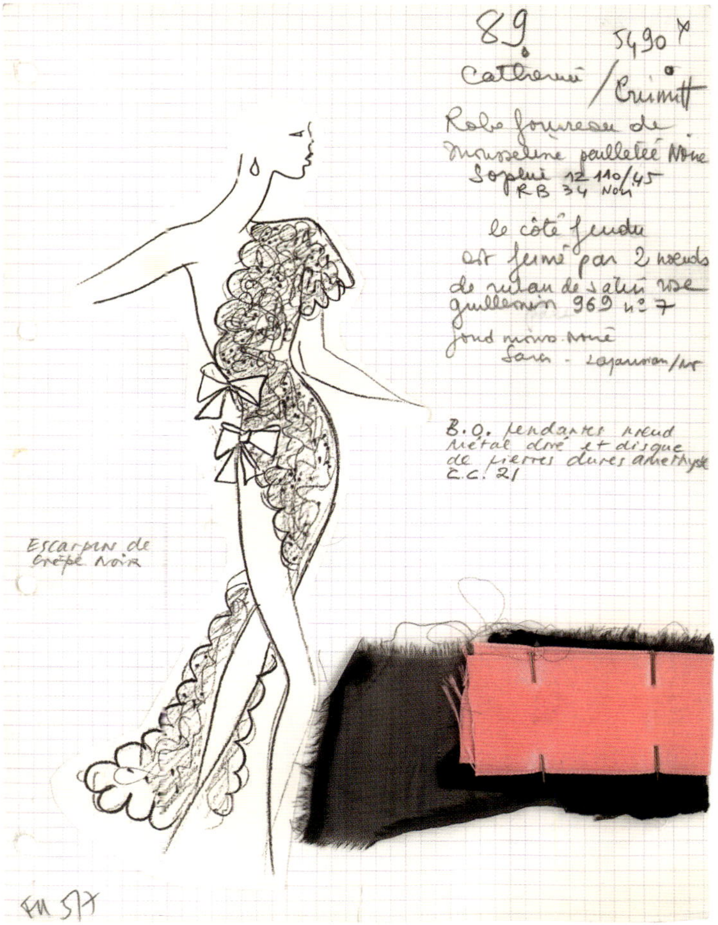
89
5490
Robe fourreau de mousseline pailletée Noire
RB 34 Noir
le côté fendu est fermé par 2 noeuds de ruban de satin rose
B.O. pendantes noeud métal doré et disque de pierres dures améthyste
C.C. 21
Escarpin de crêpe Noir

13

14_1

derrière la tête, 1 broche strass blé et 1 paire de boucle d'oreille strass blé posé en épis.

65 0 5277 X

Colliaume / Cirmut

Pull brodé organza noir

Bianchini 23190/Noir.

Brodée Lisbeth — cannage de paillettes noirs

B.O. longue, fleur de strass blanc avec chute et poire cristal. S13

2 bracelets maillons chaîne métal avec strass + boule de strass. S5

1 bague boule de strass blancs sur métal or. CC34

Escarpins satin noir avec clip fleur de strass blancs et gris SABAGH

FM 10/1

14_2

41
62698
x Eva. / Renée
Robe de velours noir Moreau 1002 NR et dentelle noire Marescot 41.AH 150 noir.
Ruban de satin noir Julien Faure 7221
BO - pendantes de diamants et perles blanches S.4
A sa droite une bague diamant et or (stock)
salomé à bride de satin noir fine

15

Musée
58
6246
x Magali / René
Robe de faille noir
Taroni 2112 NR
et velours noir
Moreau 1002 NR
Tulle Mario Hurel
27147 vl noir
- Bo. pendantes fleurs de diamants et perle S.10
Sandales à brides de satin noir

16

LA SILHOUETTE RECOMPOSÉE

MA RÈGLE ESSENTIELLE, C'EST D'ALLONGER LES FEMMES ET SURTOUT DE LES AMINCIR. APRÈS CELA, IL NE RESTE PLUS QU'À GROSSIR LEURS BIJOUX. ET ELLES SONT RAVIES!

Yves Saint Laurent, cité par Laurence Benaïm, in *Yves Saint Laurent*, Paris.

Le vêtement magnifie et amplifie par ses volumes inédits le corps naturel, finissant par l'affranchir de ses contours originaux. Il semble alors se libérer des lois de la gravitation et de l'anatomie : les jupes se gonflent en bulle, en boule, en nuages, en oriflammes... Mais pour une étonnante mariée de 1965, la robe en gros tricot protège le corps dans un cocon de laine infranchissable !

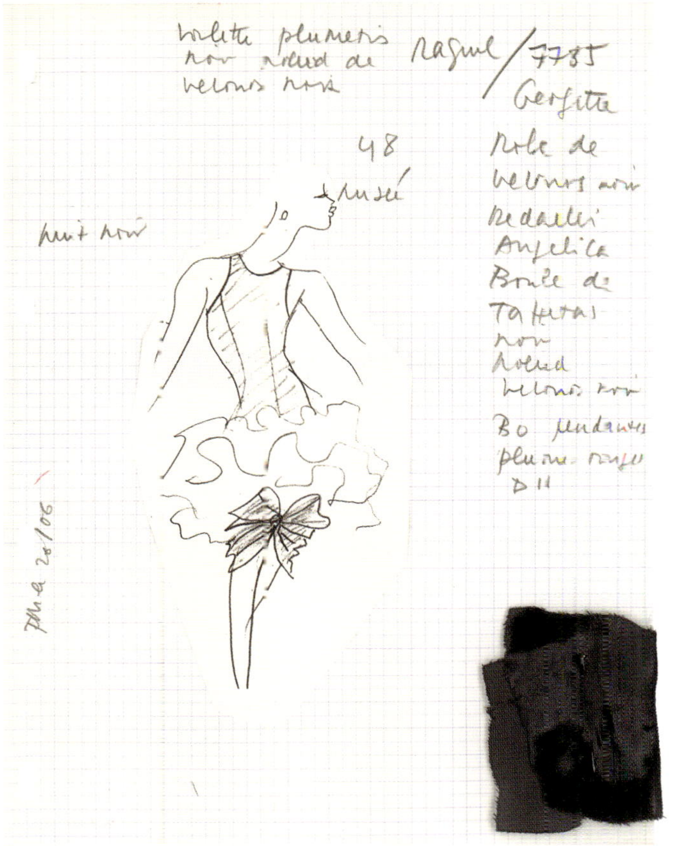
toilette plumetis noir nœud de velours rose
Raquel / 7785
Gerfitta
48
Musée
nuit noir
Robe de velours noir
Redaelli
Angelica
Boule de taffetas noir
Nœud velours noir
Bo pendants plume rouge
DH

17

2122
Atelier Mme Felisa
S/ Mercedes
cape de velours noir avec capuche de renard blanc
LEONARD 11862
col noir
83
3

18

99
2155 X
Mme Felisa
S/ Kirat
Robe de taffetas gris
Bianchini 2122
col libellule
B.O fleur strass centre jais et gants jais
2 Bracelets fines fleurs strass
Bague ronde strass bleu pâle et perle
satin noir et strass

19

60
5611 Y
Musée
Jacqueline / Katoucha
Robe courte en organza-satin façonné noir
Taroni 9516/215
Bo pendantes pierre verte et métal
(F.527)
Sandales SATIN NOIR
Bas clairs

20

21

1
Robe trapèze
Yves Saint Laurent pour Christian Dior
Printemps-été 1958
Lainage granité Rodier *. Chapeau de paille et velours. Gants et escarpins de cuir.
Metropolitan Museum of Art, New York, 1983. Palais des Beaux-Arts, Pékin, 1985. Musée des Arts de la mode, Paris, 1986. Galerie Tretiakov, Moscou, 1986. Musée de l'Ermitage, Saint-Pétersbourg, 1987. Art Gallery, Sydney, 1987. Sezon Museum of Art, Tokyo, 1990.
Publication
Paris Match, France, 1er mars 1958.

2
Robe habillée
Automne-hiver 1962
Lainage Lesur *. Chapeau de velours à nœud, pions d'oreilles de métal et perle fantaisie, colliers et bracelet de perles fantaisie. Gants et escarpins de daim.
Metropolitan Museum of Art, New York, 1983. Palais des Beaux-Arts, Pékin, 1985. Musée des Arts de la mode, Paris, 1986. Galerie Tretiakov, Moscou, 1986. Musée de l'Ermitage, Saint-Pétersbourg, 1987. Art Gallery, Sydney, 1987.
Publication
New York Times (dessin), États-Unis, 12 août 1962.

3
Robe de cocktail
Printemps-été 1964
Shantungs Pétillault * et Brossin de Méré *. Rose de soie Hurel *. Chapeau de shantung et velours, pions d'oreilles de perle fantaisie. Gants et escarpins de cuir.
Commandée par S.A.S. la princesse Grace de Monaco.
Musée des Arts de la mode, Paris, 1986. Art Gallery, Sydney, 1987.
Publications
Elle, France, 28 février 1964.
Vogue, France, avril 1964.
Vogue, États-Unis, mars 1964.
Harper's Bazaar, États-Unis, mars 1964.

4
Robe de cocktail
Automne-hiver 1982
Grain de poudre Dormeuil * et velours Moreau *. Ceinture de cuir verni Hamon *. Bibi drapé de velours, voilette de tulle, pendants d'oreilles de pierres, broche de strass et métal, gants de chevreau. Escarpins de crêpe.

5
Robe de mariée
Automne-hiver 1988
Gazar Abraham *. Boucles d'oreilles et broche de métal et cristal de roche de Goossens *. Escarpins de gazar.
Publication
Vogue, États-Unis, novembre 1988.

6
Smoking
Automne-hiver 1996
Grain de poudre Gandini * et satin. Ras de cou de strass et métal. Sandales de satin.
Fondation Pierre Bergé-Yves Saint Laurent, Paris, 2005.
Publication
Vogue, Italie, septembre 1996.

7
Robe du soir
Automne-hiver 1997
Satin de soie drapé Clerici *. Pendants d'oreilles de rocailles et strass de Boutron *. Sandales de satin.

8
Robe du soir
Automne-hiver 1999
Crêpe de soie Clerici *. Pendants d'oreilles, manchettes et bague de strass et métal. Sandales de satin.
Publication
Vogue, Italie, septembre 1999.

9
Robe du soir
Automne-hiver 1965
Crêpe de soie Abraham *. Pions d'oreilles de cabochons facettés, jais et métal. Escarpins de daim.
Publication
Vogue, États-Unis, septembre 1965.

10
Robe du soir
Automne-hiver 1970
Crêpe de laine Gandini *, cols de dentelle Brivet *. Turban de velours, pions d'oreilles de métal et strass, gants de daim. Sandales compensées de cuir verni et daim.
Metropolitan Museum of Art, New York, 1983. Palais des Beaux-Arts, Pékin, 1985. Musée des Arts de la mode, Paris, 1986. Art Gallery, Sydney, 1987. Musée de la Mode, Marseille, 1993.
Publications
Vogue, France, septembre 1970.
Harper's Bazaar, États-Unis, janvier 1979.

11
Robe du soir
Printemps-été 1983
Fourreau de jersey de soie Racine *. Collier de cabochons facettés et métal de Caillol *, manchettes de métal et strass de Goossens *, boucles d'oreilles de strass. Escarpins de crêpe de soie et strass.
Publication
L'Officiel, France, mars 1983.

12
Robe du soir
Printemps-été 1985
Crêpe de soie Gandini *. Pendants d'oreilles et bracelets de pâte de verre, métal et perles de verre. Sandales de crêpe de soie à brides.
Commandée par Nan Kempner.
Palais des Beaux-Arts, Pékin, 1985. Musée des Arts de la mode, Paris, 1986. Galerie Tretiakov, Moscou, 1986. Musée de l'Ermitage, Saint-Pétersbourg, 1987. Art Gallery, Sydney, 1987.
Publication
L'Officiel, France, mars 1985.

13
Robe du soir
Automne-hiver 1990
Dentelle brodée Sophie * et rubans de satin de soie Guillemin *. Pendants d'oreilles d'améthyste et métal. Escarpins de crêpe de soie.
Musée de la Mode, Marseille, 1993.
Publications
Harper's Bazaar, France, septembre 1990.
L'Officiel, France, septembre 1990.

14_1, 14_2
Tunique du soir,
hommage à Zizi Jeanmaire
Printemps-été 1990
Broderie de paillettes et tubes de Lisbeth *. Pendants d'oreilles et bracelets de strass et métal de Sabbagh *. Escarpins de satin de soie.
Commandée par la princesse Diane de Fürstenberg.
Fondation Pierre Bergé-Yves Saint Laurent, Paris, 2007.
Publications
Harper's Bazaar, France, mars 1990.
Vogue, États-Unis, avril 1990.
L'Officiel, France, mai 1990.

15
Robe du soir
Automne-hiver 1993
Velours Moreau *, dentelle brodée Marescot * et nœud de satin de soie Abraham *. Pendants d'oreilles de strass, perles fantaisie et métal. Salomés de satin de soie.
Musée de la Mode, Marseille, 1993.

16
Robe du soir
Automne-hiver 1993
Velours Moreau *, faille de soie Taroni * et bustier de tulle Rodolphe Simon *. Pendants d'oreilles de strass et métal de Sabbagh *. Salomés de satin de soie.
Musée de la Mode, Marseille, 1993.
Publications
Vogue, France, septembre 1993.
Interview, États-Unis, octobre 1993.

17
Robe du soir
Automne-hiver 2000, n° 48
Velours Hurel * et bouillonné de taffetas de soie Buche *. Voilette et nœud de velours, pendants d'oreilles de rocailles, plumes et métal. Salomés de satin de soie.

18
Ensemble du soir
Automne-hiver 1977
Cape de velours Léonard *, capuche de renard Garande *. Pull-over de maille. Pantalon de velours Léonard. Bonnet de velours et passementerie, lunettes de soleil. Gants et bottes de cuir et vison.
Metropolitan Museum of Art, New York, 1983. Palais des Beaux-Arts, Pékin, 1985. Musée des Arts de la mode, Paris, 1986.
Publication
L'Officiel, États-Unis, 1er octobre 1977.

19
Robe du soir
Automne-hiver 1981, n° 99
Taffetas Bianchini *. Pendants d'oreilles de strass, métal et perles fantaisie, bracelets de strass et métal. Escarpins de satin de soie et strass.
Metropolitan Museum of Art, New York, 1983. Musée des Arts de la mode, Paris, 1986. Sezon Museum of Art, Tokyo, 1990.

20
Robe du soir
Printemps-été 1991, n° 60
Organza façonné Taroni *. Pendants d'oreilles de métal et pierre fantaisie. Sandales de satin de soie.
Commandée par Mme Oscar de La Renta.

21
Robe de mariée
Automne-hiver 1965
Tricot de laine réalisé à la main de Closset * et rubans de satin de soie. Gants de cuir. Escarpins de satin de soie à boucles.
Musée des Arts de la mode, Paris, 1986. Galerie Tretiakov, Moscou, 1986. Musée de l'Ermitage, Saint-Pétersbourg, 1987. Art Gallery, Sydney, 1987.
Publications
WWD (dessin), États-Unis, 3 août 1965.
Paris Jour, France, 30 août 1965.
France-Soir, France, 29 août 1965.
Elle, France, 2 septembre 1965.

Dans les notices de modèles les astérisques renvoient aux spécialites des fournisseurs haute couture, dont la liste figure en page 249.

LA RÉVO- LUTION YVES SAINT LAURENT

Avec le complet pantalon et le smoking, Yves Saint Laurent habille la femme des symboles du pouvoir masculin. Ces tenues d'inspiration masculine signent une révolution dans l'histoire du costume, celle des femmes habillées en pantalon, de jour comme de nuit. La vision d'une femme androgyne à la silhouette fine, effilée, proche de celle d'un adolescent, reste toujours d'actualité, et le pantalon, un incontournable du vestiaire contemporain. Le vêtement de sport ou l'uniforme sont également réinterprétés en version féminine. Mais robes et jupes ne sont pas abandonnées aux oubliettes de l'histoire. Elles sont revisitées en fonction de la modernité de la condition féminine et d'une féminité faite de multiples facettes. Les détournements de la lingerie enrichissent la haute couture d'un thème jusqu'alors inconnu. Tous ces nouveaux principes d'habillement offrent un registre d'infinies interprétations qui les font revenir régulièrement dans les collections de l'avenue Marceau.

LE MASCULIN-FÉMININ

UNE FEMME N'EST SÉDUISANTE EN PANTALON QUE SI ELLE LE PORTE AVEC TOUTE SA FÉMINITÉ. PAS COMME UNE GEORGE SAND. UN PANTALON, C'EST UNE COQUETTERIE, UN CHARME SUPPLÉMENTAIRE, PAS UN SIGNE D'ÉGALITÉ OU D'AFFRANCHISSEMENT. LA LIBERTÉ ET L'ÉGALITÉ NE S'ACHÈTENT PAS AVEC UNE CULOTTE, C'EST UN ÉTAT D'ESPRIT.

Yves Saint Laurent, cité par Laurence Benaïm, in *Yves Saint Laurent*, *op. cit*

Les costumes croisés de 1967 ou inspirés de Broadway en 1978 donnent des airs d'affranchies aux femmes « insoumises ». La saharienne empruntée à l'Afrika Korps dès 1968, le trench-coat dès 1967, le blazer de 1971, la veste d'officier de 1967, le blouson d'aviateur constituent autant de détournements de l'uniforme qui provoquent le regard. Avec ses cabans marins, ses marinières ou ses blouses normandes dès 1962, puis ses vareuses, ses chasubles et ses jupes paysannes, Yves Saint Laurent intègre les qualités essentielles du vêtement de travail : fonctionnalité et intemporalité. L'overall, la blouse de peintre, le jumpsuit, le short, le pull à col roulé s'offrent comme des alternatives au tailleur-chemisier.

22

23

24

25

chapeau d'homme
Musée 21
4304
manteau en cashmere
2750 Col 3
4304 bis
pull col cheminée
style 166
Gants suède mauve grisé
B.O. clips D. ROUX - ovales
pierre OR cerclées de métal gris
rosado -
petite ceinture
fine de cuir
bleu avec
cœur vidé de
métal OR
poire blanche
sur la ceinture
escarpins très
montants
de suède NOIR
6 Bts 2097/31
8 Bts 2097/27
VM 1/7
26

27

28

1962
Pea jacket
gold buttons
white shantung
pants
Navy leather
sandal
29

30

blanc
1,80
1,20
Catherine
4119

31

Danielle
2007
veste +
robe
2068
Nicole

32

33

16
1030
Esther
sur
Dominique
jump-suit
Train Bleu
Byzance
noir
avec 1033
Jean Pierre
Dessus
7 Bts 2467
Noir brillant
plaque ?
écharpe blanche
homme

34

35

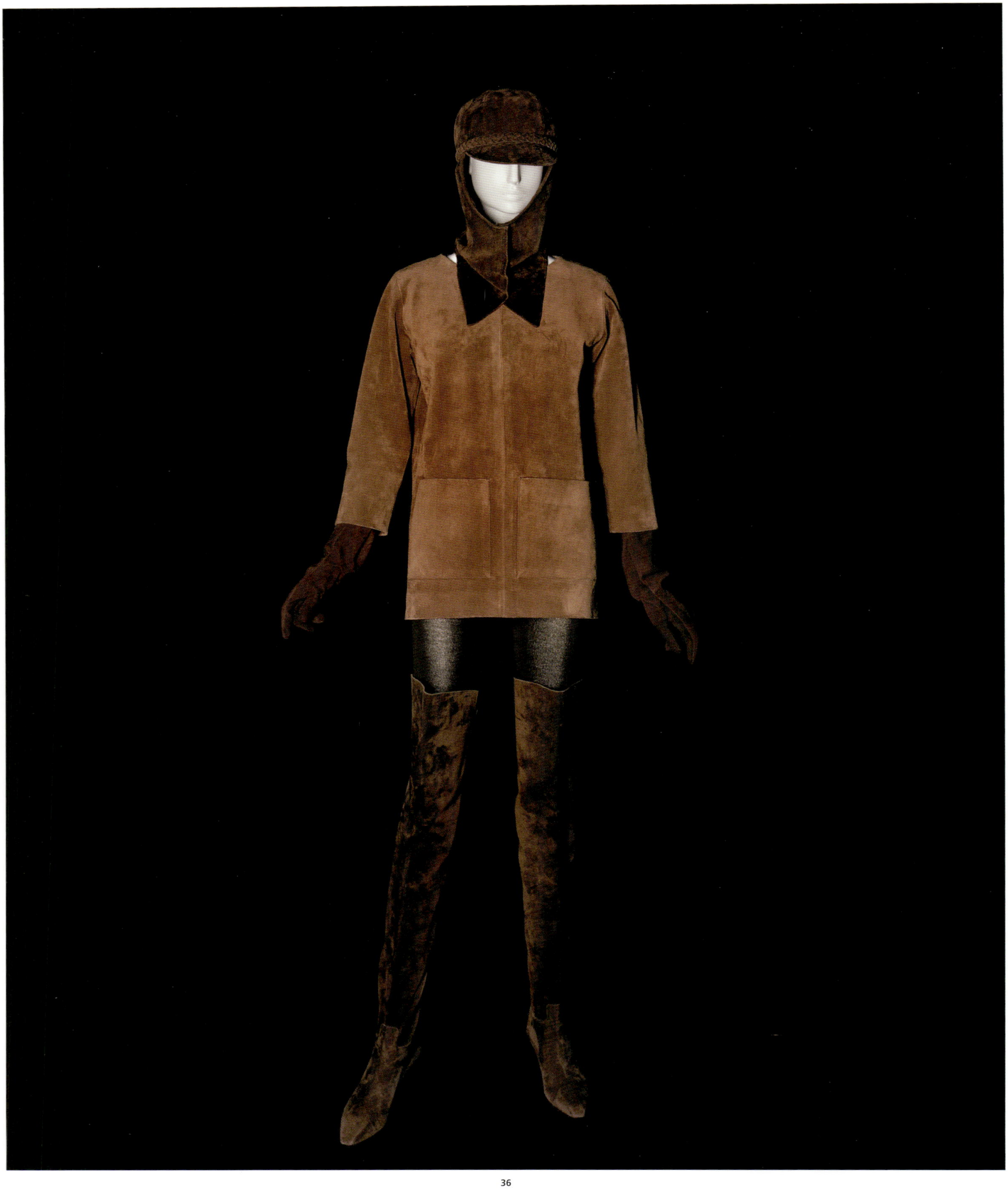

36

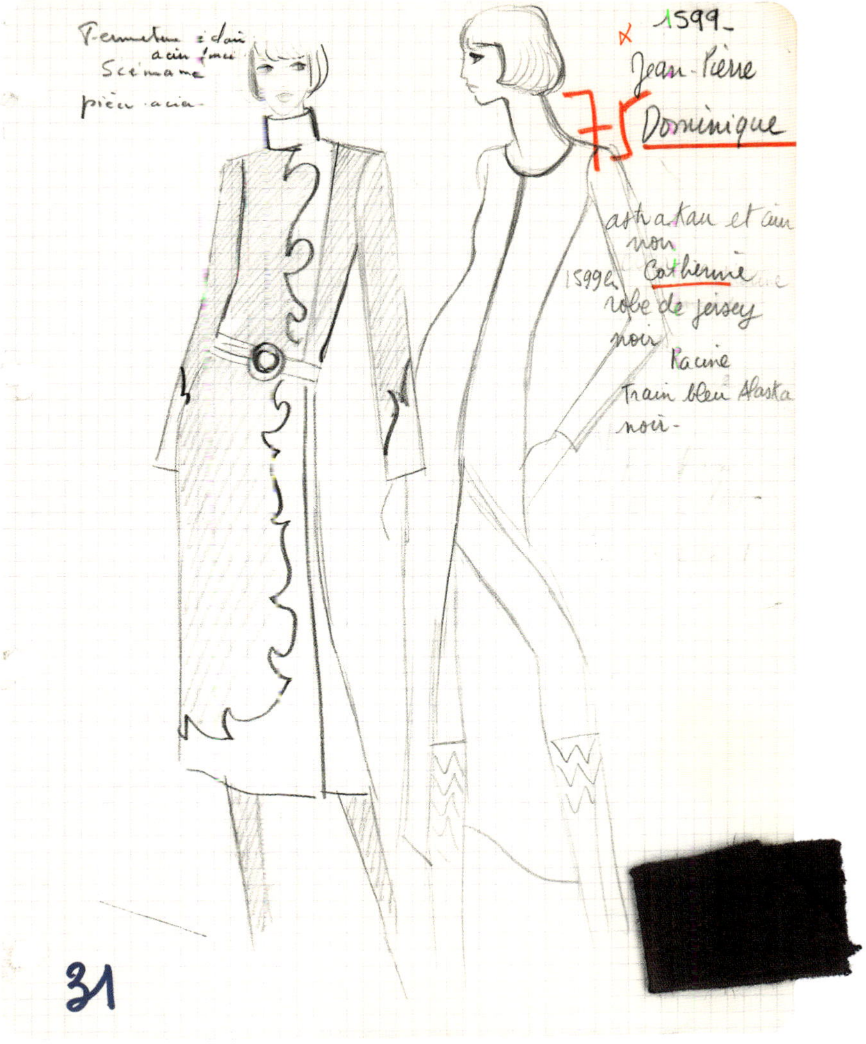
1599
Jean-Pierre
75
Dominique
noir
Catherine
robe de jersey
noir
Racine
Train bleu Alaska
noir
31

37

2106
68
Jean-Pierre
Jacqueline
short gabardine
blanc
PERCEVAL-SEKERS
4748 / blanc
Blazer gabardine
marine
DORMEUIL
981.778
Catherine 2106 bis
blouse bain de soleil
Parthenon marine
Bob blanc
1 carré de mousseline
écossaise Canard/jaune
noué deux fois autour
du cou
5213 /11
4
J

38

39

40

22
Tailleur-pantalon
Printemps-été 1967
Veste et pantalon de gabardine de laine rayée Raimon *. Chemise de coton. Cravate de soie, boutons de manchettes. Sandales de cuir verni.
Publications
Harper's Bazaar, États-Unis, mars 1967.
Life, États-Unis, 3 mars 1967.
L'Officiel, France, mars 1967.
Vogue, France, mars 1967.

23
Tailleur jupe
Printemps-été 1967
Veste, gilet et jupe de flanelle rayée Dormeuil *. Chemise de coton. Chapeau de feutre et gros-grain, boutons de manchettes. Escarpins de cuir à boucles.
Publications
Elle, France, 2 mars 1967.
Vogue, France, mars 1967.
L'Officiel, France, mars 1967.
WWD, États-Unis, octobre 1967.

24
Tailleur jupe
Automne-hiver 1975
Tweed chiné Besson *. Blouse à lavallière de crêpe de Chine Abraham *. Bonnet de tricot, boutons de manchettes de métal. Sandales de lézard.

25
Tailleur-pantalon
Printemps-été 1978
Lainage à chevrons Besson *. Blouse à lavallière et ceinture de crêpe de Chine Abraham *. Canotier de paille et nœud de taffetas, pions d'oreilles « escargots » de métal. Sandales de cuir.
Commandé par Mme Oscar Wyatt.
Metropolitan Museum of Art, New York, 1983. Palais des Beaux-Arts, Pékin, 1985. Musée des Arts de la mode, Paris, 1986. Galerie Tretiakov, Moscou, 1986. Musée de l'Ermitage, Saint-Pétersbourg, 1987. Art Gallery, Sydney, 1987. Sezon Museum of Art, Tokyo, 1990.
Publications
Vogue, France, mars 1978.
L'Officiel, France, avril 1978.

26
Ensemble de jour
Automne-hiver 1988
Manteau de cachemire Gandini *. Jupe portefeuille de daim. Pull de laine Michel Paris *. Chapeau de velours et passementerie, boucles d'oreilles de cabochon de métal. Gants et trotteurs de daim.
Commandé par Catherine Deneuve.

27
Tailleur-pantalon
Automne-hiver 1999
Tweed Holland & Sherry *, pull de laine. Pions d'oreilles en bois, gants de daim et cuir. Escarpins de daim.
Publication
Hola, Espagne, janvier 1999.

28
Ensemble de jour
Printemps-été 1962
Vareuse et jupe de jersey de soie Racine * Byzance. Chapeau de paille et gros-grain, foulard de twill. Sandales de satin de soie.
Commandé par S.A.R. la duchesse de Windsor.

29
Ensemble de jour
Printemps-été 1962
Caban de lainage Prud'homme *. Tee-shirt et pantalon de shantung Pétillault *. Pions d'oreilles de métal. Mules de cuir.
Metropolitan Museum of Art, New York, 1983. Palais des Beaux-Arts, Pékin, 1985. Musée des Arts de la mode, Paris, 1986. Galerie Tretiakov, Moscou, 1986. Musée de l'Ermitage, Saint-Pétersbourg, 1987. Art Gallery, Sydney, 1987. Sezon Museum of Art, Tokyo, 1990. Musée de la Mode, Marseille, 1993.
Publications
Observer, États-Unis, 5 juin 1977.
Paris Match, France, 4 décembre 1981.
Elle, France, 27 janvier 1992.

30
Ensemble du soir
Automne-hiver 1962
Blouse normande de satin et jupe de velours Brossin de Méré *. Chapeau de velours surpiqué, pions d'oreilles de lézard, métal et jais facetté, broche de métal et perles fantaisie. Gants et escarpins de daim.
Metropolitan Museum of Art, New York, 1983. Palais des Beaux-Arts, Pékin, 1985. Musée des Arts de la mode, Paris, 1986. Galerie Tretiakov, Moscou, 1986. Musée de l'Ermitage, Saint-Pétersbourg, 1987. Art Gallery, Sydney, 1987. Sezon Museum of Art, Tokyo, 1990.
Publications
Vogue, États-Unis, 1962.
Harper's Bazaar, États-Unis, septembre 1962.
Vogue, États-Unis, 15 septembre 1962
Vogue, France, novembre 1962.

31
Robe de cocktail
Printemps-été 1966
Broderie de paillettes de Malhia *. Sandales de cuir.

32
Tailleur jupe
Automne-hiver 1967
Jersey de laine Racine * Paris-Midi et ceinture de métal. Casquette de castor, cuir et métal. Mocassins de daim.
Commandé par Françoise Giroud.
Musée des Arts de la mode, Paris, 1986.

33
Ensemble de jour
Juillet 1968
Saharienne et bermuda de gabardine de coton Aquaviva *. Chapeau de daim, pions d'oreilles de corde et métal, ceinture d'anneaux de métal. Bottes de daim et cuir.
Commande spéciale pour le journal *Vogue* France.
Metropolitan Museum of Art, New York, 1983. Palais des Beaux-Arts, Pékin, 1985. Musée des Arts de la mode, Paris, 1986. Galerie Tretiakov, Moscou, 1986. Musée de l'Ermitage, Saint-Pétersbourg, 1987. Art Gallery, Sydney, 1987. Sezon Museum of Art, Tokyo, 1990. Musée de la Mode, Marseille, 1993. Fondation Pierre Bergé-Yves Saint Laurent, Paris, 2006.
Publications
Vogue (couverture), France 1968.
Paris Match, France, 4 decembre 1981.
Elle, France, 27 janvier 1992.
Vogue, Espagne, avril 2001.

34
Jumpsuit
Automne-hiver 1969
Jersey de laine Racine * Byzance. Escarpins de cuir verni à boucles de métal.
Commandé par Nan Kempner.
Fondation Pierre Bergé-Yves Saint Laurent, Paris, 2007.

35
Trench-coat
Automne-hiver 1995
Satin. Collier de métal. Gants et escarpins de satin.

36
Ensemble de jour
Automne-hiver 1963
Tunique, cagoule de daim. Collants de laine. Gants et cuissardes de daim.
Commandé par Niki de Saint-Phalle.
Metropolitan Museum of Art, New York, 1983. Musée des Arts de la mode, Paris, 1986. Galerie Tretiakov, Moscou, 1986. Musée de l'Ermitage, Saint-Pétersbourg, 1987. Art Gallery, Sydney, 1987.

37
Robe du jour
Automne-hiver 1970
Jersey de laine chinée Racine *. Bonnet de tricot. Bottes de cuir.
Commandée par Zizi Jeanmaire, Nan Kempner et Madeleine Renaud.
Fondation Pierre Bergé-Yves Saint Laurent, Paris, 2007.

38
Ensemble de jour
Printemps-été 1971
Blazer de gabardine de laine Dormeuil *. Short de gabardine de laine Perceval *. Sandales compensées de cuir verni.
Ensemble commandé par Betty Catroux.
Blazer commandé par Catherine Deneuve.
Publications
Marie-Claire, France, mars 1971.
L'Officiel, France, avril 1971.
Harper's & Queen, Grande-Bretagne, février 1971.

39
Ensemble de jour
Automne-hiver 2000
Tunique de jersey de laine Gandini *. Jupe de cuir Sonia *. Boa de renard. Chapeau de feutre et taffetas, gants de cuir, pions d'oreilles d'agate et cabochon facetté. Ghillies de cuir et daim.

40
Ensemble du soir
Automne-hiver 1984
Blouson de velours Moreau *. Broderie « YSL » de Lanel *. Pantalon de grain de poudre Gandini *. Turban de velours et strass, pions d'oreilles de cabochons facettés, strass et métal. Escarpins de satin de soie.
Commandé par Betty Catroux.

UNE SÉDUCTION AMBIGUË

LES FEMMES AVAIENT À L'ÉPOQUE UNE SÉDUCTION PARTICULIÈRE, PEUT-ÊTRE À CAUSE DE L'INQUIÉTUDE DE CE CLIMAT D'HOMMES, DE RÊVES ET DE HÉROS.

Yves Saint Laurent à propos de la collection de 1971, cité par Laurence Benaïm, in *Yves Saint Laurent, op. cit.*

La fameuse collection de l'été 1971 fait l'effet d'un choc en plein mouvement hippie et féministe. Elle réveille les souvenirs enfouis de la guerre et fait resurgir du passé une sophistication aux relents sulfureux. La séductrice passée par le filtre de l'histoire se livre aux amours interdites. Dans *Belle de jour*, Catherine Deneuve cache sous sa robe de fausse ingénue un tempérament de feu. La coquetterie, selon Yves Saint Laurent, se compose de pôles extrêmes, austère ou aguicheur, exprimant tantôt l'indifférence, tantôt la passion en robe sexy drapée aux hanches ou en bustier scintillant pour night-club. En 1968, Nan Kempner est arrêtée à l'entrée d'un restaurant parce qu'elle ose s'y présenter en ensemble du soir pantalon. Elle n'hésitera pas un instant à retirer son pantalon, ne conservant que sa tunique devenue une ultra-minijupe ! Le style petite fille en robe de pensionnaire noir et blanc rivalise avec l'esprit dessous-dessus fait de pièces de lingerie, corsets ou gaines transposés en robes habillées.

41

5031
Simone sur Ulla
61
20
Leleu
6225 noir
plastron lingerie
Allaman
Hamon ceinture vernis
noir 8567 1/2 cm plus large
avec manteau 5169
1re annulée
Scemama
2/ 1 paire boutons de manchette
Rf 2525/12

42

4108.
73
Blanche
Valérie
Abraham
5315/60
Col et poignets
de satin blanc.
Abraham 5315 col Bl.
Barbier
1 Camélias
Scemama
8 BAS jais noir 2448/18
1 paire BM jais et perle Bl.
67

43

44

45

46_1

46_2

47

48

49

50

41
Manteau du soir
Printemps-été 1971
Renard. Sandales de cuir verni.
Metropolitan Museum of Art, New York, 1983. Palais des Beaux-Arts, Pékin, 1985. Musée des Arts de la mode, Paris, 1986. Art Gallery, Sydney, 1987. Sezon Museum of Art, Tokyo, 1990.
Publications
Vogue, États-Unis, 15 mars 1971.
Vogue, France, mars 1971.
Elle, France, 1er mars 1971.
Newsweek, États-Unis, 29 mars 1971.

42
Robe du jour
Automne-hiver 1966
Lainage façonné Leleu *. Plastron et manchettes d'organdi Allaman *. Nœud de satin. Boutons de manchettes de métal et perle fantaisie, pions d'oreilles de perle fantaisie, ceinture de cuir verni Hamon *, collants lamés. Escarpins de cuir verni à boucles créés par Yves Saint Laurent et réalisés par Roger Vivier. Commandée par Claude Lalanne.
Publication
Glamour, États-Unis, avril 1967.

43
Ensemble du soir
Automne-hiver 1968
Tunique, pantalon et ceinture de satin de soie et passementerie. Col et poignets de satin de soie. Pions d'oreilles de perle fantaisie et jais, boutons de manchettes de perle fantaisie et jais. Bottines de satin. Commandé par Jane Fonda, Nan Kempner, Hélène Rochas et Diana Vreeland.
Fondation Pierre Bergé-Yves Saint Laurent, Paris, 2007.
Publication
Vogue, États-Unis, 1er septembre 1968.

44
Manteau du soir
Printemps-été 1971
Velours Rodolphe Simon *. Broderie « lèvres » de Mesrine *. Bracelets de strass et métal. Sandales compensées de cuir verni. Commandé par Marisa Berenson.
Musée des Arts de la mode, Paris, 1986. Art Gallery, Sydney, 1987.
Publication
Elle, France, 1er mars 1971.

45
Robe du jour
Printemps-été 1971
Jersey de soie Racine * Parthénon. Pendentif de strass et métal sur ruban de satin. Sandales compensées de cuir verni.
Publication
Vogue, États-Unis, 15 mars 1971.

46_1, 46_2
Robe du soir
Printemps-été 1980
Tulle et point d'esprit Hurel *, broderie « cœurs » de Lisbeth *. Ceinture de rubans de satin de soie. Coiffe de tulle pailleté, pendants d'oreilles de feuilles de métal, collier de perles fantaisie, gants de guipure, manchettes de strass et métal. Sandales à nœud de satin.
Musée des Arts de la mode, 1986, Paris.
Publication
Vogue, France, 3 janvier 1980.

47
Robe du soir
Automne-hiver 1981
Taffetas de soie Guillaud *. Pions d'oreilles et manchettes de strass et métal. Plume de soie peinte et paillettes Nina Wood *. Escarpins de satin et strass.
Metropolitan Museum of Art, New York, 1983. Palais des Beaux-Arts, Pékin, 1985. Sezon Museum of Art, Tokyo, 1990.

48
Robe du soir
Automne-hiver 1991
Dentelle laquée Marescot *, crêpe côtelé Taroni * et velours Rodolphe Simon *. Pendants d'oreilles de métal et perles fantaisie de Goossens *. Escarpins de dentelle.
Musée de la Mode, Marseille, 1993.
Publication
Vogue, France, septembre 1991.

49
Robe du soir
Printemps-été 1971
Crêpe de soie imprimé « camouflage » Abraham *. Boa de renard Pelletier *. Fleur de soie Fromentin *. Sandales de cuir verni.
Metropolitan Museum of Art, New York, 1983. Musée des Arts de la mode, Paris, 1986.
Publication
Vogue, Italie, juin 1971.

50
Robe « Belle de Jour »
Grain de poudre. Col et poignets de satin de soie. Ceinture de cuir verni, boutons de manchettes de perle fantaisie, strass et métal. Escarpins de cuir.
Portée par Catherine Deneuve dans *Belle de jour* de Luis Buñuel en 1967.
Musée des Arts de la mode, Paris, 1986. Fondation Pierre Bergé-Yves Saint Laurent, Paris, 2007.

LES FONDAMENTAUX POUR LE SOIR

C'EST EN PERFECTIONNANT LES VÊTEMENTS ESSENTIELS – POSITION MERVEILLEUSE –, QUE J'AI CRÉÉ MON STYLE, QUE JE SUIS DEVENU CE QUE JE SUIS, ET QUE, PAR LÀ, JE DÉPASSE LA MODE.

Yves Saint Laurent, cité par Laurence Benaïm, in *Yves Saint Laurent, op. cit.*

Les bases de la garde-robe moderne, caban, saharienne ou smoking, construisent les codes de la maison Yves Saint Laurent. Leur caractère fondamental dans l'identité de la griffe se prête à toutes les interprétations, démolissant ainsi les oppositions traditionnelles jour-soir. En version soir, le smoking adopte la transparence choquante d'une blouse laissant le buste nu sous la mousseline noire. Au-delà de l'effet *shocking*, Yves Saint Laurent fait l'apologie de la beauté de la peau nue voilée de soie et dédie à la Nudité sa collection de l'été 1999. Un débardeur « Marcel » détourné par la broderie de paillettes noires accompagne impertinemment un élégant tailleur. Les broderies d'or ou d'argent reprennent les torsades des pulls irlandais ou les aspérités du tweed en tubes ou paillettes. Le duffle-coat revisité en gazar ou le bermuda en grain de poudre se portent le soir avec aisance…

51

52

53

54

55

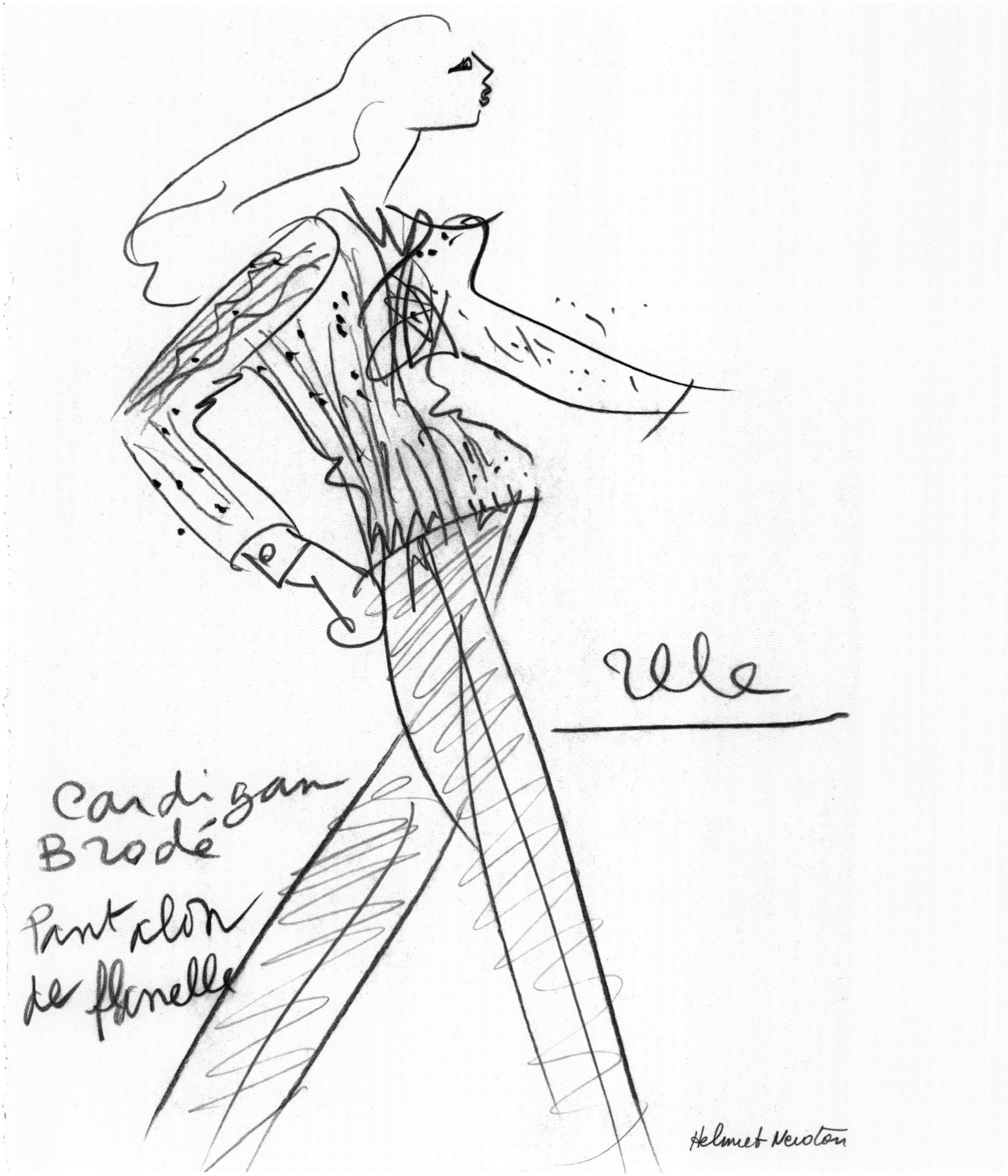

56

57

58

51
Premier smoking
Automne-hiver 1966
Veste et pantalon de grain de poudre et satin de soie Dormeuil *. Blouse de baptiste. Nœud et ceinture drapée de satin, boutons de manchettes de perle fantaisie, jais et métal. Bottines de satin de soie. Commandé par Françoise Hardy et Lady Smith.
Metropolitan Museum of Art, New York, 1983. Palais des Beaux-Arts, Pékin, 1985. Galerie Tretiakov, Moscou, 1986. Musée de l'Ermitage, Saint-Pétersbourg, 1987. Art Gallery, Sydney, 1987. Fondation Pierre Bergé-Yves Saint Laurent, Paris, 2005.
Publications
Vogue, France, septembre 1966.
Vogue, France, décembre 1966.
Glamour, États-Unis, avril 1967.

52
Ensemble du soir
Automne-hiver 1967
Tunique de veau velours Cuvreau * et manches de maille pailletée Marescot *. Jupe de jersey de laine Racine *. Pions d'oreilles et ceinture de métal. Escarpins de veau velours.
Commandé par Bettina Graziani, la princesse Lee Radziwill et S.A.R. la duchesse de Windsor.
Art Gallery, Sydney, 1987.
Publication
L'Officiel, France, 1er septembre 1967.

53
Robe du soir
Automne-hiver 1968
Mousseline de soie Bianchini * et plumes d'autruche Barbier *. Ceinture « serpent » de métal Denez *. Escarpins à brides de cuir verni.
Metropolitan Museum of Art, New York, 1983. Palais des Beaux-Arts, Pékin, 1985. Musée des Arts de la mode, Paris, 1986. Galerie Tretiakov, Moscou, 1986. Musée de l'Ermitage, Saint-Pétersbourg, 1987. Art Gallery, Sydney, 1987. Sezon Museum of Art, Tokyo, 1990. Musée de la Mode, Marseille, 1993.
Publications
Vogue, France, mars 1968.
Vogue, Grande-Bretagne, septembre 1968.
City, France, mai 1988.
Madame Figaro, France, juin 1994.

54
Smoking
Printemps-été 1970
Robe longue de crêpe-drap et satin de soie Abraham *. Bracelet de plastique et strass. Escarpins de cuir.
Musée des Arts de la mode, Paris, 1986.
Musée de la Mode, Marseille, 1993.
Publication
Vogue, France, 1er mars 1970.

55
Smoking
Automne-hiver 1999
Débardeur de mousseline pailletée Schlaepfer *, gansée de satin de soie Helsa *. Jupe longue de crêpe drap Bianchini *. Pendants d'oreilles de pierres et métal. Escarpins de satin.

56
Ensemble du soir
Automne-hiver 1973
Cardigan, broderie de paillettes, tubes et rocailles de Lesage *. Blouse à lavallière de mousseline Bianchini *. Pantalon de flanelle Gandini *. Escarpins de satin.
Commandé par Lauren Bacall, Betty Catroux, Catherine Deneuve et Françoise Giroud.
Metropolitan Museum of Arts, New York, 1983. Musée des Arts de la mode, Paris, 1986. Galerie Tretiakov, Moscou, 1986. Musée de l'Ermitage, Saint-Pétersbourg, 1987.

57
Smoking
Automne-hiver 1991
Veste, gilet et pantalon de grain de poudre Dormeuil *, gros-grain de soie Bucol *. Écharpe de mousseline de soie Gandini *. Pions d'oreilles de bois, strass et métal. Sandales de satin de soie.
Fondation Pierre Bergé-Yves Saint Laurent, Paris, 2005.
Publication
Marie Claire, France, septembre 1991.

58
Smoking
Printemps-été 1968
Veste et bermuda de grain de poudre et satin de soie Dormeuil *. Blouse de cigaline Bucol * et satin Dormeuil. Pions d'oreilles de jais, métal et perle fantaisie, fleur de coton laqué. Ceinture et escarpins à brides de cuir verni.
Metropolitan Museum of Art, New York, 1983. Palais des Beaux-Arts, Pékin, 1985. Musée des Arts de la mode, Paris, 1986. Galerie Tretiakov, Moscou, 1986. Musée de l'Ermitage, Saint-Pétersbourg, 1987. Art Gallery, Sydney, 1987. Sezon Museum of Art, Tokyo, 1990. Musée de la Mode, Marseille, 1993. Fondation Pierre Bergé-Yves Saint Laurent, Paris, 2005.
Publications
Vogue, France, mars 1968.
Vogue, États-Unis, 15 mars 1968.
L'Officiel, France, mars 1968.
Vogue, Grande-Bretagne, mars 1968.

LA PALETTE

Yves Saint Laurent est le créateur qui, à l'instar de Paul Poiret ou Elsa Schiaparelli, a osé les couleurs en faisant fi des règles traditionnelles dans l'histoire de la haute couture. En principe, un couturier choisit des couleurs qui vont bien au teint et ne risquent pas de heurter le regard. Mais Saint Laurent choisit ses tissus en composant une palette de peintre, très librement. Sa préférence va au rouge, au rose et au noir, et aux mélanges inattendus comme le bleu et le noir. Connu pour son registre étendu et osé de couleurs, Saint Laurent a pourtant une passion pour le noir, sa couleur favorite pour le jour. Il évite l'éclat des couleurs sous le soleil, leur préférant les teintes neutres et les réservant à la pénombre des salons, aux mystères de la nuit, aux sortilèges du soir.

LE MAROC

À CHAQUE COIN DE RUE, À MARRAKECH, ON CROISE DES GROUPES IMPRESSIONNANTS D'INTENSITÉ, DE RELIEF, DES HOMMES ET DES FEMMES OÙ SE MÊLENT DES CAFTANS ROSES, BLEUS, VERTS, VIOLETS. ET CES GROUPES QU'ON DIRAIT DESSINÉS ET PEINTS, QUI ÉVOQUENT LES CROQUIS DE DELACROIX, C'EST ÉTONNANT DE SE DIRE QU'ILS NE SONT EN FAIT QUE L'IMPROVISATION DE LA VIE.

Yves Saint Laurent, cité par Laurence Benaïm, in *Yves Saint Laurent, op. cit.*

Les premières collections étaient dominées par des coloris sombres ou monochromes. En découvrant le Maroc, Yves Saint Laurent retrouve la vivacité des couleurs de son enfance. Ses talents de coloriste explosent dans ses dessins aux teintes violentes ou authentiques, ocre, sable, terre et azur. Le spectacle de femmes se prélassant sur une plage, protégées du soleil par de chatoyantes étoffes aux motifs mélangés, lui fait l'effet d'un choc. Sa passion pour Marrakech vient en partie de la couleur et de la lumière exceptionnelle de la ville. La cape-burnous de 1969, le thème du voile de l'été 1988, la cape aux bougainvillées de 1989 racontent la richesse de sa palette marocaine. L'hommage à Bakst donne une vision élargie d'un Orient mythique.

59

60

61_1

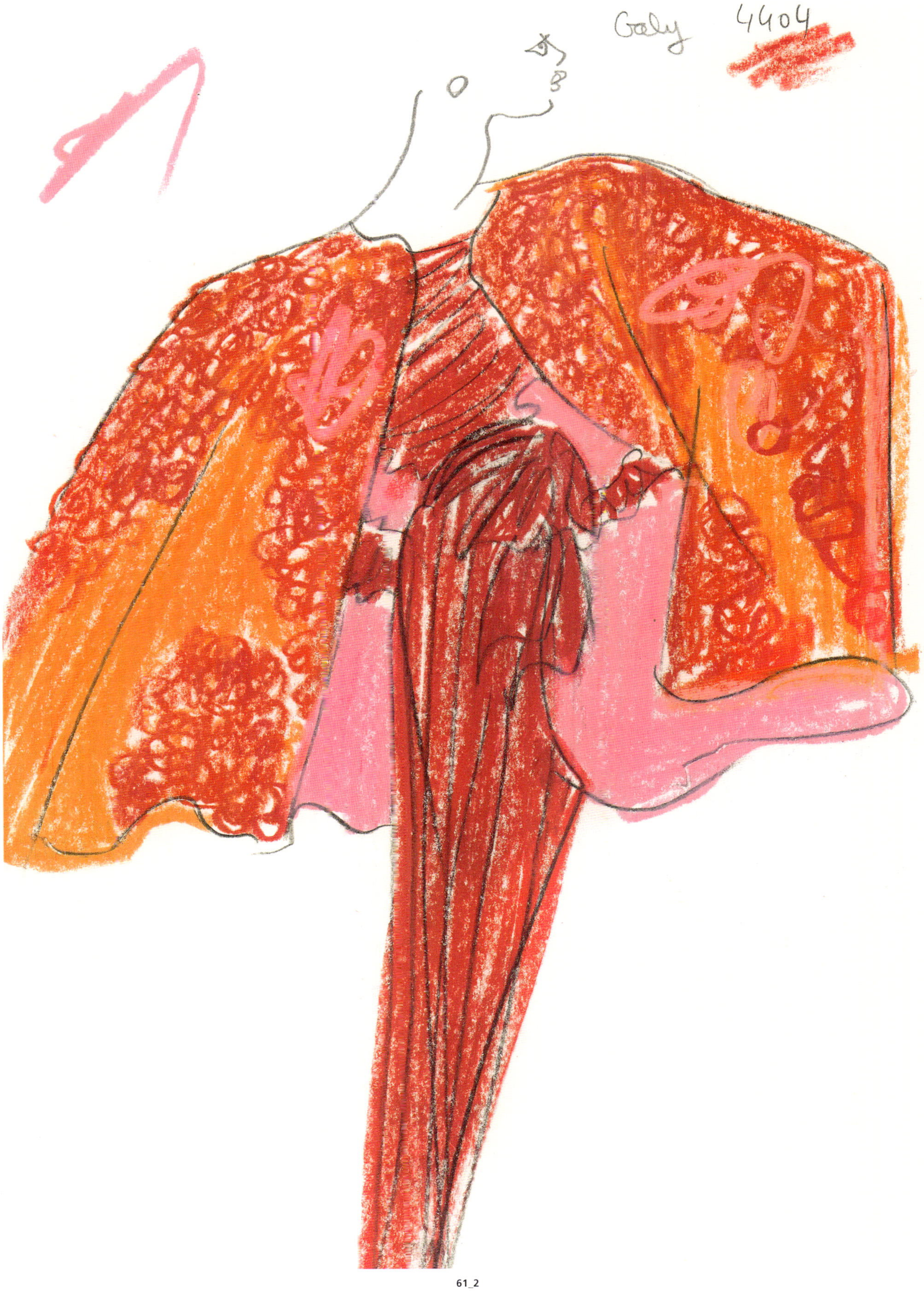

61_2

62

59
Ensemble du soir
Automne-hiver 1969
Cape de bure Daure *, passementerie Denez *. Robe de crêpe georgette et ceinture de cuir et métal. Collier et bracelet de métal, pendants d'oreilles de métal et nacre, turban de jersey de laine. Sandales de satin. Cape commandée par Lauren Bacall, Catherine Deneuve et Nan Kempner.
Metropolitan Museum of Arts, New York, 1983.
Musée des Arts de la mode, Paris, 1986.
Fondation Pierre Bergé-Yves Saint Laurent, Paris, 2006.

60
Ensemble du soir
Printemps-été 1988
Poncho, robe, ceinture et turban de mousseline Bianchini *. Sandales de satin. Commandé par Nan Kempner.
Musée de la Mode, Marseille, 1993. Fondation Pierre Bergé-Yves Saint Laurent, Paris, 2006.

61_1, 61_2
Ensemble du soir
Printemps-été 1989
Cape de gazar Abraham *. Broderie « bougainvillées » de Lesage *. Robe et ceinture de mousseline Saris *. Boucles d'oreilles de céramique, perle fantaisie, cabochon facetté et métal. Escarpins de satin.
Fondation Pierre Bergé-Yves Saint Laurent, Paris, 2005.
Publication
Town & Country, États-Unis, 1er juin 1989.

62
Ensemble du soir,
hommage à Léon Bakst
Printemps-été 1991
Sarouel de voile de coton. Étole d'organdi. Haut de perles en pâte de verre. Chapeau de passementerie, pendants d'oreilles d'émail, bracelets de perles de bois et métal, ceinture de passementerie et broche de perles d'émail, pâte de verre et métal. Sandales de cuir et passementerie.
Musée de la Mode, Marseille, 1993.
Fondation Pierre Bergé-Yves Saint Laurent, Paris, 2006.
Publication
Harper's Bazaar, Allemagne, janvier 1991.

LES VOYAGES IMAGINAIRES

JE SUIS TRÈS SEUL. J'EXERCE MON IMAGINATION SUR LES CONTRÉES QUE JE NE CONNAIS PAS. JE DÉTESTE VOYAGER. PAR EXEMPLE, SI JE LIS UN LIVRE SUR LES INDES, AVEC DES PHOTOS, OU SUR L'ÉGYPTE OÙ JE NE SUIS PAS ALLÉ, MON IMAGINATION M'EMPORTE. C'EST LÀ QUE JE FAIS MES PLUS BEAUX VOYAGES.
FAIRE TRAVAILLER MON IMAGINATION M'EST PRÉCIEUX. À PARTIR DE LA FEMME À LA PERLE DE VERMEER, J'AI IMAGINÉ LA ROBE QU'ELLE POUVAIT PORTER. ET JE CROIS QUE C'EST UNE DES PLUS BELLES ROBES QUE J'AI CRÉÉES.

Entretien avec Catherine Deneuve, *Globe*, France, 1er mai 1986.

La plupart des couturiers en manque d'inspiration entreprennent de lointains voyages pour se ressourcer. Yves Saint Laurent se passe de cette méthode de travail. Les images des pays lointains lui suffisent pour faire travailler son imagination, et lui laissent plus de liberté pour évoquer l'ailleurs selon ses désirs. Entre la Russie et l'Espagne, entre le Japon, l'Inde et la Chine, les références se croisent, se métissent et tissent de nouveaux liens qui résistent à toute analyse anthropologiste. La collection russe relance l'idée du fastueux dans la mode en 1976. Les Espagnoles de 1977 vêtues en dogaresses, en jupes gitanes ou corselets de velours à la Carmen, les Chinoises en robe d'impératrice ou parfumées à l'*Opium* de la même année, mandarines en kimono en 1994, ainsi que les Indiennes de 1969 ou 1982 racontent de façon spectaculaire ces voyages imaginaires.

64_1

Soir Co
rafia noir

SOiR - LO
53
68
67

66

65

63 68 67

66
65

65

(Non exposé)

64_3

PÉKIN, CEPENDANT, RESTE UN SOUVENIR ÉBLOUISSANT. CETTE CHINE, QUE J'AVAIS SI SOUVENT INTERPRÉTÉE DANS MES CRÉATIONS, JE L'AI TROUVÉE EXACTEMENT TELLE QUE JE L'AVAIS IMAGINÉE. IL ME SUFFIT D'AILLEURS D'UN LIVRE D'IMAGES POUR QUE MON ESPRIT SE FONDE DANS UN LIEU, OU UN PAYSAGE. JE NE CONNAIS L'ÉGYPTE QUE PAR DES PHOTOS. JE N'ÉPROUVE AUCUN BESOIN DE M'Y RENDRE. J'EN AI TELLEMENT RÊVÉ...

Yves Saint Laurent, *Elle*, France, 25 décembre 1995.

69

70

71

1524-
21

tunique
Abraham
3692/83
bordée du 89
Knickers satin
vert foncé
3692/67
Broderie soie Mesrines.

73

74

75

76

77

78

79

81

82

Soir
Blanche
Esther
AH 76-77 -

Esther.

9086.
ON
Blanche
s/ Kira. 67
Robe soir long.
Haut de velours noir.
Leonard 11862 col Nr.
Manches de satin orange
Abraham. 8600 col 7.
Cape de satin turquoise
Taroni 2569 col 6
Ruban satin fushia Ceinture
Ruban velours Bordeaux
100 96
Châle : Lamé or / Violet / bleu / fuschia / jaune.
BO rubis / émeraude

80_2

86

87

2572
106
Robe longue en
velours
noir et or
Abraham 9004-812
Col 260
- 80 clips papillons or Goossens
(1 grand + 1 petit)
- collier nombreux rangs
de médailles or Goossens
- 2 manchettes découpées
or - Roux -

88

89

63
Robe du soir
Printemps-été 1967
Broderie de Rhodoïd et perles de bois de Lanel *. Pendants d'oreilles de bois et métal, joncs de plastique et perles de bois. Coiffure de cheveux d'Alexandre de Paris *.
Metropolitan Museum of Art, New York, 1983. Palais des Beaux-Arts, Pékin, 1985. Musée des Arts de la mode, Paris, 1986. Galerie Tretiakov, Moscou, 1986. Musée de l'Ermitage, Saint-Pétersbourg, 1987. Art Gallery, Sydney, 1987. Fondation Pierre Bergé-Yves Saint Laurent, Paris, 2004.
Publication
WWD, États-Unis, janvier 1967.

64_1, 64_2, 64_3
Robe du soir
Printemps-été 1967
Broderie de Rhodoïd, perles de bois et cuivre de Lanel *. Pendants d'oreilles de bois et métal, joncs de plastique et métal, bracelet de cheville de perles de bois. Coiffure de cheveux d'Alexandre de Paris *. Commandée par la baronne Van Zuylen.
Metropolitan Museum of Art, New York, 1983. Palais des Beaux-Arts, Pékin, 1985. Musée des Arts de la mode, Paris, 1986. Galerie Tretiakov, Moscou, 1986. Musée de l'Ermitage, Saint-Pétersbourg, 1987. Art Gallery, Sydney, 1987. Musée de la Mode, Marseille, 1993. Fondation Pierre Bergé-Yves Saint Laurent, Paris, 2004 et 2006.
Publications
Vogue, États-Unis, mars 1967.
L'Officiel, France, mars 1967.
Vogue, États-Unis, novembre 1967.

65
Robe « Bambara »
Printemps-été 1967
Broderie de perles de bois et raphia de Lanel *. Pendants d'oreilles de métal et bois, manchette de perles de bois et raphia, joncs de bois. Coiffure de cheveux d'Alexandre de Paris *.
Metropolitan Museum of Art, New York, 1983. Palais des Beaux-Arts, Pékin, 1985. Galerie Tretiakov, Moscou, 1986. Musée de l'Ermitage, Saint-Pétersbourg, 1987. Art Gallery, Sydney, 1987. Fondation Pierre Bergé-Yves Saint Laurent, Paris, 2004 et 2006.

66
Robe des « Tropiques »
Printemps-été 1967
Broderie de perles de bois, Rhodoïd et raphia de Lanel *. Jupe de twill de soie Abraham *. Pendants d'oreilles de métal, bois et raphia, joncs de plastique. Coiffure de cheveux d'Alexandre de Paris *.
Metropolitan Museum of Art, New York, 1983. Palais des Beaux-Arts, Pékin, 1987. Musée des Arts de la mode, Paris, 1986. Galerie Tretiakov, Moscou, 1986. Musée de l'Ermitage, Saint-Pétersbourg, 1987. Art Gallery, Sydney, 1987. Fondation Pierre Bergé-Yves Saint Laurent, Paris, 2006.

67
Robe des « Tropiques »
Printemps-été 1967
Broderie de perles de bois et Rhodoïd de Lanel * et jupe de twill de soie Abraham *. Pendants d'oreilles de métal et bois, joncs de plastique. Coiffure de cheveux d'Alexandre de Paris *.
Metropolitan Museum of Arts, New York, 1983. Palais des Beaux-Arts, Pékin, 1985. Musée des Arts de la mode, Paris, 1986. Galerie Tretiakov, Moscou, 1986. Musée de l'Ermitage, Saint-Pétersbourg, 1987. Art Gallery, Sydney, 1987. Musée de la Mode, Marseille, 1993. Fondation Pierre Bergé-Yves Saint Laurent, Paris, 2006.

68_1, 68_2
Robe des « Tropiques »
Printemps-été 1967
Broderie de perles de bois et raphia de Lanel * et jupe de twill de soie Abraham *. Pendants d'oreilles de bois et métal, joncs de plastique, ras de cou de perles de bois. Coiffure de cheveux d'Alexandre de Paris *.
Metropolitan Museum of Art, New York, 1983. Palais des Beaux-Arts, Pékin, 1985. Musée des Arts de la mode, Paris, 1986. Galerie Tretiakov, Moscou, 1986. Musée de l'Ermitage, Saint-Pétersbourg, 1987. Art Gallery, Sydney, 1987. Fondation Pierre Bergé-Yves Saint Laurent, Paris, 2006.

69
Ensemble du soir
Automne-hiver 1977
Paletot de ciré matelassé Pennel * et passementerie Leroux *. Pantalon de velours Chatillon *. Chapeau de ciré, velours et plumes, pendants d'oreilles de passementerie et métal, ceinture de passementerie, gants de cuir et fourrure. Bottes de daim, vison et passementerie.
Metropolitan Museum of Art, New York, 1983. Palais des Beaux-Arts, Pékin, 1985. Musée des Arts de la mode, Paris, 1986. Galerie Tretiakov, Moscou, 1986. Musée de l'Ermitage, Saint-Pétersbourg, 1987. Art Gallery, Sydney, 1987. Sezon Museum of Art, Tokyo, 1990. Fondation Pierre Bergé-Yves Saint Laurent, Paris, 2006.

70
Ensemble du soir
Automne-hiver 1977
Paletot de damassé Abraham * à poignets de renard, pantalon de velours Chatillon * surpiqué. Bandeau de ciré noué, pendants d'oreilles de métal, gants de cuir et fourrure. Bottes de daim et passementerie.
Metropolitan Museum of Art, New York, 1983. Palais des Beaux-Arts, Pékin, 1985. Musée des Arts de la mode, Paris, 1986. Galerie Tretiakov, Moscou, 1986. Musée de l'Ermitage, Saint-Pétersbourg, 1987. Art Gallery, Sydney, 1987. Musée de la Mode, Marseille, 1993. Fondation Pierre Bergé-Yves Saint Laurent, Paris, 2006.
Publication
Madame Figaro, France, 28 octobre 1988.

71
Ensemble du soir « Opium »
Automne-hiver 1977
Ciré. Broderie de paillettes et pantalon de broché et passementerie. Collier de passementerie et plastique, pendants d'oreilles de métal, chapeau de ciré. Gants et escarpins de cuir.
Fondation Pierre Bergé-Yves Saint Laurent, Paris, 2006.

72
Ensemble du soir
Automne-hiver 1970
Tunique et pantalon de satin Abraham *, broderie de Mesrine *. Ceinture de velours Bianchini *, boucle de métal et pierre de Péral *. Bottes de daim.
Fondation Pierre Bergé-Yves Saint Laurent, Paris, 2006.
Publication
Vogue, France, septembre 1970.

73
Ensemble du soir
Automne-hiver 1994
Manteau-mandarin de matelassé de soie Abraham * et passementerie perlée Leroux *. Robe de mousseline Abraham. Pendants d'oreilles et bracelet de métal de Goossens *. Sandales de satin et métal.
Fondation Pierre Bergé-Yves Saint Laurent, Paris, 2006.

74
Robe du soir
Printemps-été 1977
Gazar Abraham *, velours Léonard * et pompons de tulle Fromentin *. Ceinture de ruban de satin Guillemin *. Voile de tulle, fleur de soie. Pendants d'oreilles de jais et collier de cristal Labeyre *, gants de satin. Escarpins de satin, à lisérés et lacets de cuir.
Musée des Arts de la mode, Paris, 1986.

75
Ensemble du soir
Printemps-été 1977
Blouse de mousseline filetée Bucol *. Jupe de mousseline façonnée et rayée Abraham *, ruban de satin Rodolphe Simon *. Pendants d'oreilles et collier de perles fantaisie, passementerie et verre. Sandales de cuir tressé. Commandé par Marisa Berenson.
Publication
L'Officiel, France, 1er mars 1977.

76
Ensemble de cocktail
Printemps-été 1977
Corselet de faille moirée Taroni *. Bermuda de coton. Châle Hurel *. Pendants d'oreilles, collier et bracelets de passementerie et métal, fleur de soie. Sandales de satin à liséré et lacets de cuir.
Metropolitan Museum of Art, New York, 1983. Palais des Beaux-Arts, Pékin, 1985. Musée des Arts de la mode, Paris, 1986. Galerie Tretiakov, Moscou, 1986. Musée de l'Ermitage, Saint-Pétersbourg, 1987. Art Gallery, Sydney, 1987. Fondation Pierre Bergé-Yves Saint Laurent, Paris, 2006.
Publication
WWD, États-Unis, 22 octobre 1976

77
Costume de torero
Automne-hiver 1979
Broché lamé Abraham * et velours Léonard *, garniture de pompons et rubans de satin. Blouse de mousseline Gandini *, à jabot et ruban de satin Lemarié *. Ceinture de passementerie. Chapeau de satin et velours, pendants d'oreilles de métal et strass. Sandales de satin à liséré et lacets de cuir.
Metropolitan Museum of Art, New York, 1983. Musée des Arts de la mode, Paris, 1986. Galerie Tretiakov, Moscou, 1986. Musée de l'Ermitage, Saint-Pétersbourg, 1987. Art Gallery, Sydney, 1987.

78
Robe du soir
Automne-hiver 1979
Cape de gazar Abraham *, velours Hurel * et passementerie Leroux *. Robe de velours Bianchini * et gazar Abraham. Papillon Nina Wood *, bracelets de strass et métal, collier de perles et passementerie. Sandales de satin et lacets de cuir à pompons.
Metropolitan Museum of Art, New York, 1983. Palais des Beaux-Arts, Pékin, 1985. Musée des Arts de la mode, Paris, 1986. Galerie Tretiakov, Moscou, 1986. Musée de l'Ermitage, Saint-Pétersbourg, 1987. Art Gallery, Sydney, 1987. Fondation Pierre Bergé-Yves Saint Laurent, Paris, 2006.
Publication
Vogue, États-Unis, octobre 1979.

79
Ensemble de jour
Automne-hiver 2000
Spencer de laine et cachemire Dormeuil *. Gilet de velours Moreau * bordé de crêpe satin Buche *. Pantalon taille haute de flanelle Holland & Sherry. Chapeau de feutre, cuir et velours, boucles d'oreilles d'agathe et cabochon de strass de Goossens *, gants de daim. Escarpins de cuir et daim, lacets de cuir.

80_1, 80_2
Robe du soir
Automne-hiver 1976
Haut de velours Léonard *, manches de satin Abraham *. Jupe de satin Taroni * bordée d'un ruban de velours Rodolphe Simon *. Ceinture de ruban de satin. Turban de velours frappé imprimé. Châle de mousseline lamé Abraham à franges Leroux *, pendants d'oreilles de pierre et métal, manchettes de métal et strass. Sandales de cuir.
Metropolitan Museum of Art, New York, 1983. Palais des Beaux-Arts, Pékin, 1985. Musée des Arts de la mode, Paris, 1986. Galerie Tretiakov, Moscou, 1986. Musée de l'Ermitage, Saint-Pétersbourg, 1987. Art Gallery, Sydney, 1987. Sezon Museum of Art, Tokyo, 1990. Fondation Pierre Bergé-Yves Saint Laurent, Paris, 2006.
Publications
Time, États-Unis, 9 août 1976.
Vogue, États-Unis, octobre 1976.

81
Ensemble de jour
Automne-hiver 1976
Manteau de bure gansé Besson *. Blouse d'étamine de laine Staron *. Jupe de lainage Moreau *. Ceinture de daim Hamon *. Calotte de daim Poulain * bordée de renard Garande * et passementerie, châle d'étamine de laine, gants de cuir. Bottes de daim.
Metropolitan Museum of Art, New York, 1983. Palais des Beaux-Arts, Pékin, 1985. Musée des Arts de la mode, Paris, 1986. Art Gallery, Sydney, 1987. Fondation Pierre Bergé-Yves Saint Laurent, Paris, 2006.
Publication
Time, États-Unis, 9 août 1976.

82
Ensemble du jour
Automne-hiver 1976
Pelisse de daim Curreau * brodée, doublée de castor Garande *. Tunique d'étamine de laine Staron *, broderie de Lesage *, passementerie Leroux *. Jupe de drap de laine Moreau *. Ceinture et gants de daim, foulard d'étamine de laine, toque de vison. Bottes de daim et cuir.
Jupe et tunique commandées par Hélène Rochas.
Metropolitan Museum of Art, New York, 1983. Palais des Beaux-Arts, Pékin, 1985. Musée des Arts de la mode, Paris, 1986. Fondation Pierre Bergé-Yves Saint Laurent, Paris, 2006.

83
Ensemble du soir
Automne-hiver 1976
Gilet de velours Gandini * et martre zibeline Garande *. Blouse de mousseline lamée Bianchini *, passementerie Leroux *. Jupe de faille de soie Abraham *, ruban de velours Rodolphe Simon *, ceinture de passementerie Hamon *, velours et strass. Châle mousseline de soie lamée Abraham, plumes de faisan, franges Leroux, turban de panne Abraham, pendants d'oreilles de perles fantaisie, strass et métal, manchettes de velours, métal et strass. Escarpins de lézard.
Metropolitan Museum of Art, New York, 1983. Palais des Beaux-Arts, Pékin, 1985. Musée des Arts de la mode, Paris, 1986. Galerie Tretiakov, Moscou, 1986. Musée de l'Ermitage, Saint-Pétersbourg, 1987. Art Gallery, Sydney, 1987. Sezon Museum of Art, Tokyo, 1990. Musée de la Mode, Marseille, 1993. Fondation Pierre Bergé-Yves Saint Laurent, Paris, 2006.

84
Ensemble du soir
Automne-hiver 1976
Manteau de lamé Abraham *, broderie de jais de Lesage *, garniture de vison Garande * et passementerie Leroux *. Toque de fourrure, pendants d'oreilles de pierre et métal, gants de cuir et vison. Bottes de cuir.
Metropolitan Museum of Art, New York, 1983. Palais des Beaux-Arts, Pékin, 1985. Musée des Arts de la mode, Paris, 1986. Galerie Tretiakov, Moscou, 1986. Musée de l'Ermitage, Saint-Pétersbourg, 1987. Musée de la Mode, Marseille, 1993. Fondation Pierre Bergé-Yves Saint Laurent, Paris, 2006.
Publications
Vogue, États-Unis, décembre 1976.
Jours de France, France, décembre 1976.

85
Ensemble du soir
Automne-hiver 1976
Boléro de velours Gandini *. Jupe de moire Gandini et velours Buche *. Broderie de jais de Lesage *. Blouse de mousseline Bianchini * . Turban de satin Abraham *, pendants d'oreilles de strass, métal et jais, bracelets de métal et strass. Sandales de satin, liséré et lacets de cuir.
Metropolitan Museum of Art, New York, 1983. Palais des Beaux-Arts, Pékin, 1985. Musée des Arts de la mode, Paris, 1986. Galerie Tretiakov, Moscou, 1985. Musée de l'Ermitage, Saint-Pétersbourg, 1987. Art Gallery, Sydney, 1987. Sezon Museum of Art, Tokyo, 1990. Fondation Pierre Bergé-Yves Saint Laurent, Paris, 2005.

86
Ensemble du soir
Automne-hiver 1969
Tunique et pantalon de soie lamée Abraham *, broderie de Mesrine *. Boucles d'oreilles de perle fantaisie et strass. Escarpins de cuir.

87
Tailleur du soir
Automne-hiver 1981
Broderie de paillettes, pierres et chenille de Lesage *. Pendants d'oreilles, bagues et bracelets de pâte de verre et métal, plumet. Sandales de cuir.
Metropolitan Museum of Art, New York, 1983. Musée des Beaux-Arts, Pékin, 1985. Musée des Arts de la mode, Paris, 1986. Galerie Tretiakov, Moscou, 1986. Musée de l'Ermitage, Saint-Pétersbourg, 1987. Art Gallery, Sydney, 1987. Musée de la Mode, Marseille, 1993. Fondation Pierre Bergé-Yves Saint Laurent, Paris, 2006.
Publication
Vogue, États-Unis, janvier 1981

88
Robe du soir
Automne-hiver 1985
Panne lamée Abraham *. Boucles d'oreilles, collier de Goossens * et manchettes de Roux *. Escarpins de satin.
Art Gallery, Sydney, 1987.
Musée de la Mode, Marseille, 1993.
Fondation Pierre Bergé-Yves Saint Laurent, Paris, 2006.

89
Robe du soir
Automne-hiver 1991
Drapé lamé. Bracelets de métal. Escarpins de cuir et strass.
Musée de la Mode, Marseille, 1993.
Fondation Pierre Bergé-Yves Saint Laurent, Paris, 2006.
Publication
Harper's Bazaar, Allemagne, décembre 1991

COULEURS ET MATIÈRES

LE ROUGE, C'EST LA BASE DU MAQUILLAGE, CE SONT DES LÈVRES, LES ONGLES. LE ROUGE, C'EST UNE COULEUR NOBLE, UNE COULEUR DE PIERRE PRÉCIEUSE – LE RUBIS – ET C'EST UNE COULEUR DANGEREUSE ; IL FAUT PARFOIS JOUER AVEC LE DANGER. ROUGE, C'EST RELIGIEUX ET C'EST LE SANG ET C'EST ROYAL. C'EST PHÈDRE, ET UNE MULTITUDE D'HÉROÏNES. ROUGE FEU ET ROUGE COMBAT, LE ROUGE EST UN COMBAT ENTRE LA VIE ET LA MORT.

Yves Saint Laurent (6 décembre 1983), cité par Laurence Benaïm, in *Yves Saint Laurent, op. cit.*

Les règles traditionnelles d'harmonie des couleurs sont renversées par les nouveaux contrastes lancés par le couturier. Les tonalités s'entrechoquent et dynamisent l'éclat des robes : turquoise-rose, vert-orange, noir-bleu. Les teintes ainsi réveillées osent les dissonances qui révolutionnent le sens de la couleur dans la mode. Le couturier favorise la violence dans le mélange des tons.

90

91

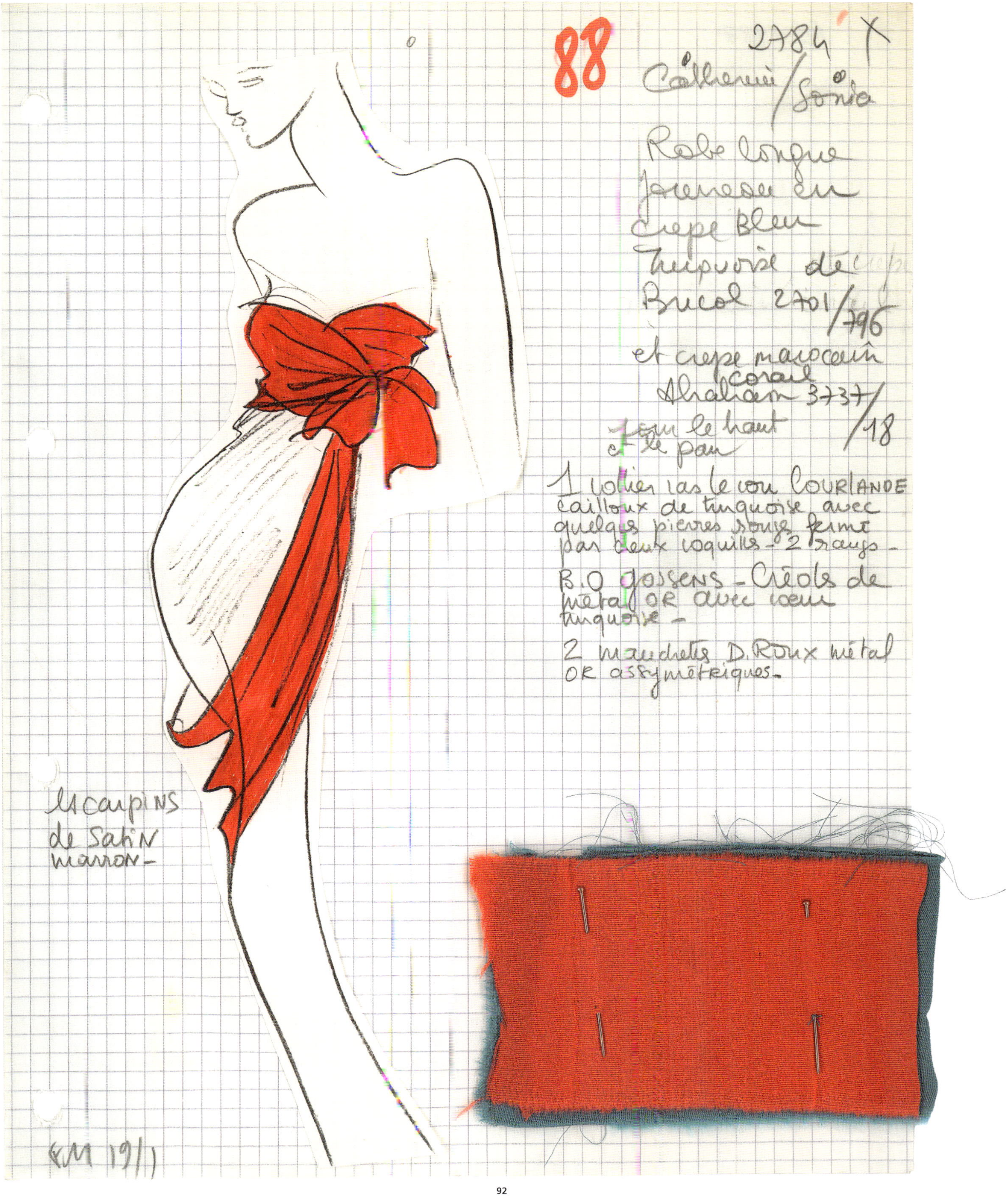
88
2784 X
Catherine / Sonia
Robe longue
en
crepe Bleu
Turquoise de
Bucol 2701/796
et crepe marocain corail
Abraham 3737/18
pour le haut et le pan
1 collier ras le cou COURLANDE
cailloux de turquoise avec
quelques pierres rouge fermé
par deux coquilles - 2 rangs -
B.O GOSSENS - Créols de
métal OR avec coeur
turquoise -
2 manchettes D.ROUX métal
OR assymétriques.
escarpins
de satin
marron -
EM 19/1

92

93

94

95

96_1

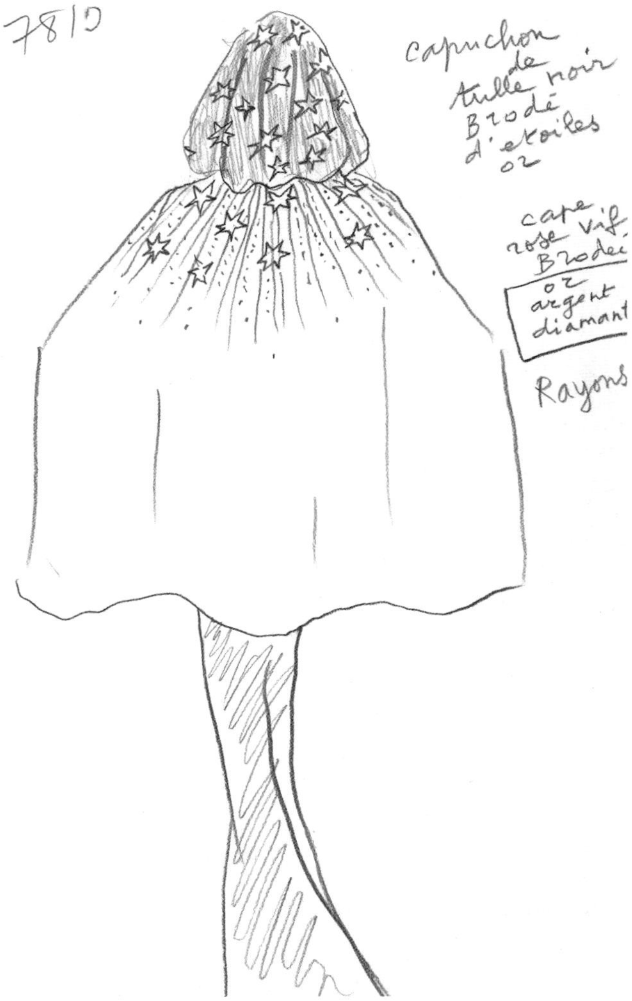
7810
capuchon de tulle noir
Brodé d'étoiles
02
cape rose vif
Brodé
02
argent diamant
Rayons

96_2

97

90
Robe du soir long
Printemps-été 1969
Blouse d'organza Bucol *. Jupe de patchwork de Brossin de Méré *. Ceinture de ruban de satin Guillemin *. Sandales de cuir.
Commandée par Nan Kempner, Hélène Rochas et S.A.R. la duchesse de Windsor.
Metropolitan Museum of Art, New York, 1983. Musée des Arts de la mode, Paris, 1986. Art Gallery, Sydney, 1987. Fondation Pierre Bergé-Yves Saint Laurent, Paris, 2007.
Publication
Elle (couverture), France, 5 mai 1969.

91
Ensemble du soir
Printemps-été 1970
Robe et manteau de crêpe. Collier de passementerie, métal et perles. Escarpins de cuir.
Commandé par Nan Kempner.
Fondation Pierre Bergé-Yves Saint Laurent, Paris, 2007.

92
Robe du soir
Printemps-été 1987
Crêpe Abraham * et Bucol *. Boucles d'oreilles de plastique et métal de Goossens *, ras de cou plastique et pierres de Courlande *, manchettes de métal de Roux *. Escarpins de satin.
Art Gallery, Sydney, 1987.

93
Ensemble du jour
Automne-hiver 1989
Paletot de lainage Garigue * gansé Trégal *. Blouse de crêpe Taroni *. Jupe de jersey de laine Racine *. Ceinture de veau velours. Chapeau de velours et feutre, pendants d'oreilles de bois, gants de cuir. Bottes de brocart.
Commandé par Sao Schlumberger.

94
Ensemble de cocktail
Printemps-été 1989
Veste de brocart lamé Abraham *. Blouse et pantalon de crêpe Abraham. Ceinture de mousseline Saris *. Pendants d'oreilles de céramique et pâte de verre de Baschet *, broches de strass de Sabbagh *. Escarpins de satin.

95
Ensemble du soir
Automne-hiver 1992
Paletot, robe et ceinture de satin Abraham *. Pendants d'oreilles à cabochon de verre facetté et pampille de rocailles de Leroux *. Sandales de faille et strass.
Musée de la Mode de Marseille, 1993.

96_1, 96_2
Ensemble du soir
Automne-hiver 2000
Cape de satin Buche * et tulle Sophie *, broderie « étoiles » de paillettes, rocailles et fils de métal de Lesage *. Gilet de satin et velours Gandini *. Jupe de crêpe Taroni *. Boucles d'oreilles de pierres et métal. Escarpins de dentelle et paillettes.

97
Ensemble du soir
Printemps-été 2002
Cape de gazar Abraham * doublée de taffetas Buche *. Robe de mousseline Bianchini *. Pendants d'oreilles et bague de strass et métal de Goossens *. Sandales de satin.

GÉOMÉTRIE

COMMENT J'AI ADAPTÉ LES LIGNES RIGIDES SUR UN CORPS DE FEMME QUI BOUGE, JE NE PEUX LE DIRE.

Yves Saint Laurent

En noir et blanc ou en couleur, en losanges, triangles, carrés, lignes, points et plans, les motifs élargissent les possibilités de l'imprimé et de la broderie. La géométrie anime la surface des robes ou des chemisiers en un jeu optique vibrant. L'utilisation des pois de dimensions variables de la collection de l'été 1992 modifie les proportions de chaque partie du tout formé par ce total look.

98

99

5122
Blanche
Amanda
82
Abraham
44.329/74
55

100

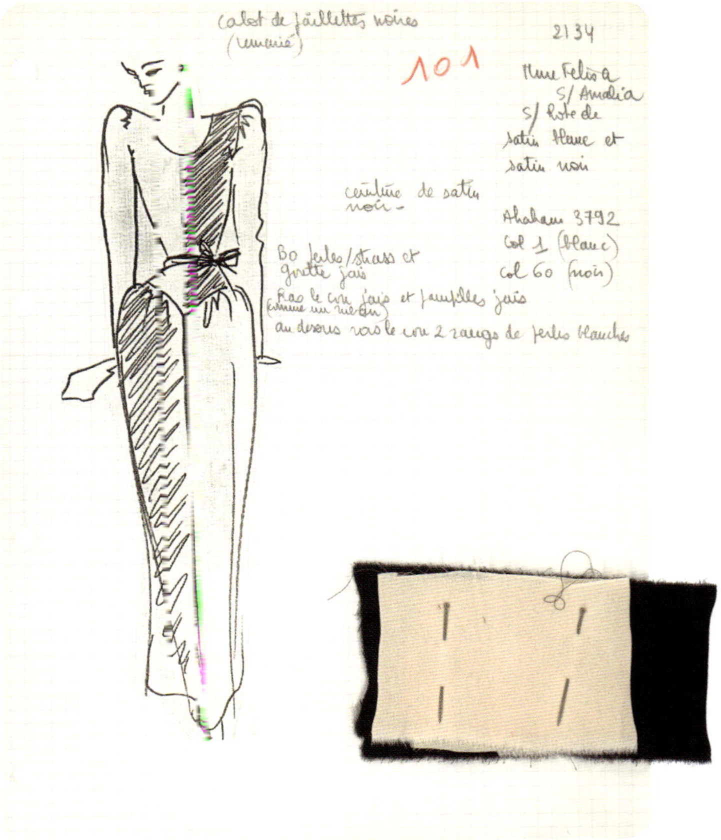
Calot de paillettes noires
(remanié)
2134
101
Mme Felisa
S/ Amalia
S/ Robe de
satin blanc et
satin noir
ceinture de satin
noir.
Abraham 3792
Col 1 (blanc)
Col 60 (noir)
Bo perles/strass et
goutte jais
Ras le cou jais et paillettes jais
(comme un médaillon)
au dessous ras le cou 2 rangs de perles blanches

101

J'AIME L'OR, UNE COULEUR MAGIQUE, POUR LE REFLET D'UNE FEMME, C'EST LA COULEUR DU SOLEIL. J'AIME LE ROUGE, AGRESSIF ET SAUVAGE. LES COULEURS FAUVES DU DÉSERT. MAIS POUR MOI, LE NOIR EST UN REFUGE PARCE QU'IL EXPRIME CE QUE JE VEUX. AVEC LUI TOUT DEVIENT PLUS SIMPLE, PLUS LINÉAIRE, PLUS DRAMATIQUE.

Yves Saint Laurent, cité par Laurence Benaïm, in *Yves Saint Laurent, op. cit.*

102

103

98
Robe du soir
Automne-hiver 1968
Lainage Abraham *. Ceinture de passementerie. Pions d'oreilles de perle fantaisie et métal. Escarpins de cuir.
Commandée par Nan Kempner.
Fondation Pierre Bergé-Yves Saint Laurent, Paris, 2007.

99
Tailleur « Op'Art »
Printemps-été 1966
Veste et jupe de lainage à chevrons Lesur *. Ceinture et gants de cuir. Escarpins de cuir verni à boucles de métal créés par Yves Saint Laurent, réalisés par Roger Vivier *.
Commandé par Leslie Caron.
Publications
Vogue, États-Unis, 1er mars 1966.
Elle, France, 10 mars 1966.

100
Robe de cocktail
Printemps-été 1969
Crêpe Abraham *. Pions d'oreilles de perle fantaisie et émail. Sandales de cuir verni.
Commandée par Nan Kempner.
Fondation Pierre Bergé-Yves Saint Laurent, Paris. 2007.
Publication
Epoca, Italie, 2 février 1969.

101
Robe du soir
Automne-hiver 1979
Crêpe satin Abraham *. Pendants d'oreilles de perle fantaisie, jais et strass, ras de cou de passementerie et perles de jais, sautoir de perles fantaisie et nœud de satin. Sandales de satin.
Commandée par Nan Kempner.
Metropolitan Museum of Art, New York, 1983. Palais des Beaux-Arts, Pekin, 1985. Fondation Pierre Bergé-Yves Saint Laurent, Paris, 2007.
Publication
Vogue, France, septembre 1979.

102
Ensemble du soir
Automne-hiver 1984, n° 147
Domino de faille Taroni * et bustier d'organza Bianchini *, broderie de Brossin de Méré *. Jupe de satin Abraham *. Ceinture de passementerie sur moire Taroni. Pendants d'oreilles de métal, strass, cabochon et perle fantaisie de Sabbagh *, bracelets de métal, strass et cristal, gants de cuir et tulle. Sandales à bouton de strass.
Palais des Beaux-Arts, Pékin, 1985. Musée des Arts de la mode, Paris, 1986. Galerie Tretiakov, Moscou, 1986. Musée de l'Ermitage, Saint-Pétersbourg, 1987. Art Gallery, Sydney, 1987. Sezon Museum of Art, Tokyo, 1990.
Publications
Vogue, Italie, 1er septembre 1984.
Harper's Bazaar, États-Unis, 1er septembre 1984.

103
Robe de cocktail
Printemps-été 1992
Gazar Abraham *. Capeline de paille brodée de sequins, pendants d'oreilles en céramique de Baschet *. Escarpins de crêpe.
Publication
Joyce, France, mars 1992.

LES SOURCES LYRI-QUES

Visionnaire et créateur jouant avec les couleurs, les formes et les matières, Yves Saint Laurent se renouvelle constamment en respectant les principes de l'élégance classique européenne. La femme Yves Saint Laurent magnifiquement habillée ne cède jamais à la facilité du déguisement. Mais le style Saint Laurent plonge aussi ses racines dans l'exercice du spectaculaire et d'une certaine théâtralité. Ce sens de la somptuosité éclate dans une multitude de thèmes nourris par la curiosité artistique et littéraire et par une vaste culture. L'élan créateur s'épanouit librement dans l'expression de ses sources lyriques.

À TRAVERS LE TEMPS

LA NOSTALGIE EST UN RÊVE ÉVEILLÉ. JE SUIS UN GRAND RÊVEUR.

Yves Saint Laurent

Les références à l'histoire résistent aux décodages faciles car elles ne sont jamais des citations littérales. Les ors des boiseries baroques se transforment en robes au croisement entre l'étiquette du paraître et l'art décoratif du XVIIe ou du XVIIIe siècle. La robe de velours noir de 1980 évoque une époque imaginaire entre Moyen Âge et Renaissance, qui n'aurait connu ni le corset ni le vertugadin. La collection de l'hiver 1997 s'inspire plus explicitement de la cour des Valois, mais point de fraises ni de buscs pour une reine Catherine re-lookée avec de souples fourreaux noirs.

104

105

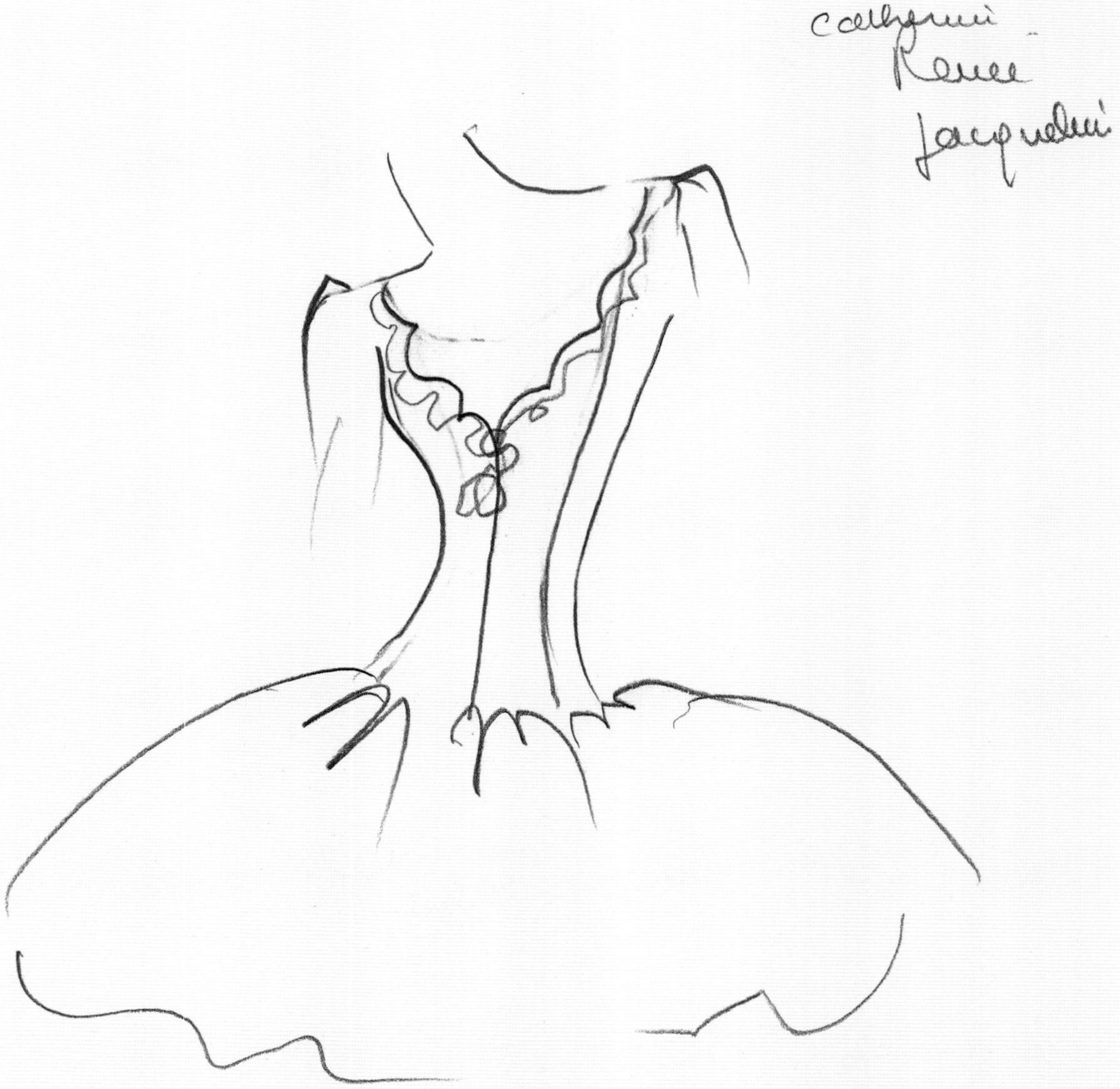

106

107

108

104
Robe du soir
Automne-hiver 1980
Velours Buche * et satin façonné Abraham *. Ceinture de passementerie Leroux *. Voile de tulle, couronne de passementerie et cabochons, collier et manchettes de métal et pierres *. Escarpins de velours noir.

105
Ensemble du soir
Automne-hiver 1984
Veste de velours Moreau *, broderie « camées » de rocailles, tubes et fil métallique de Lesage *. Pantalon de grain de poudre Dormeuil *. Pendants d'oreilles et manchettes de métal et cabochons de Goossens *, coiffe de plumes, métal et pierres. Escarpins de crêpe drapé et bouton de strass.
Musée des Arts de la mode, Paris, 1986.

106
Robe du soir
Automne-hiver 1990
Moire façonnée Abraham *, broderie « arabesques » de cristal de Lesage *. Pendants d'oreilles de métal, strass et cristal. Sandales de satin.

107
Robe du soir
Automne-hiver 1997
Velours Buche * et satin Clerici *. Pendants d'oreilles de métal, diamant et perles fantaisie de Baschet *, bague de pâte de verre, métal et strass. Escarpins de velours.

108
Robe du soir « Holbein »
Automne-hiver 1997
Satin de soie Clerici * et velours Buche *, broderie de pierres de Lesage *. Pendants d'oreilles de métal, perles et pierres, gants de daim et ragondin Lavabre Cadet *. Escarpins de velours
Publication
Elle, États-Unis, 1er octobre 1997.

AU FIL DE L'ART

MONDRIAN, C'EST LA PURETÉ ET L'ON NE PEUT PAS ALLER PLUS LOIN DANS LA PURETÉ EN PEINTURE. CETTE PURETÉ QUI REJOINT CELLE DU BAUHAUS. LE CHEF-D'ŒUVRE DU XXE SIÈCLE, C'EST UN MONDRIAN.

Yves Saint Laurent, cité par Laurence Benaïm, in *Yves Saint Laurent, op. cit.*

Yves Saint Laurent et la Fondation Pierre Bergé-Yves Saint Laurent conservent d'importantes collections d'œuvres d'art de toutes les époques. Dans son enfance, Yves Saint Laurent peignait, et la peinture reste très naturellement à ses côtés, en filigrane, lorsqu'il crée ses collections.
Le couturier a rendu hommage à l'œuvre des artistes qu'il admirait en transposant la matière picturale en matière textile. Certains modèles reprennent les recherches sur la lumière en mouvement de l'impressionnisme. D'autres retrouvent la pureté des tableaux de Mondrian ou de Poliakoff par un savant travail d'incrustations de jersey. La collection Pop Art, avec des emprunts à Wesselmann, fait tomber les barrières entre art et mode dans l'esprit d'un Andy Warhol. Aux sources du cubisme, des créations saluent l'œuvre révolutionnaire de Picasso ou de Braque. Les applications complexes de tissu interprètent une variation textile des papiers découpés de Matisse. Les sujets mêmes des tableaux prennent vie dans le mouvement des vêtements brodés en hommage à Van Gogh ou à Renoir.

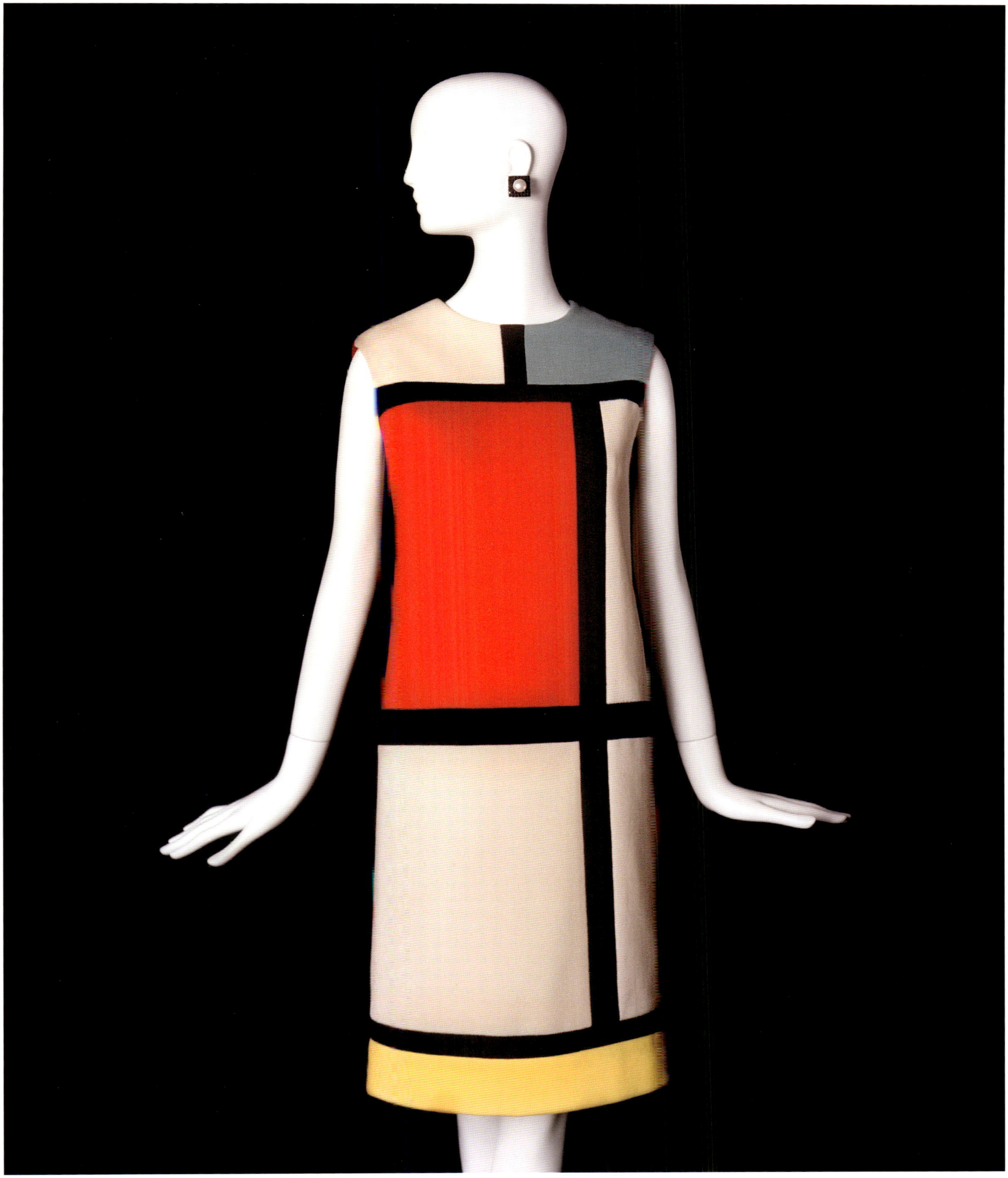

109

Esdine
3154
211
70 muriel
Paris
Midi
rouge vif
gris foncé
aubergine
1 foulard
gants blancs
pendantif sur chaine
Scemama
emeraude et rubis
56

110

111

112

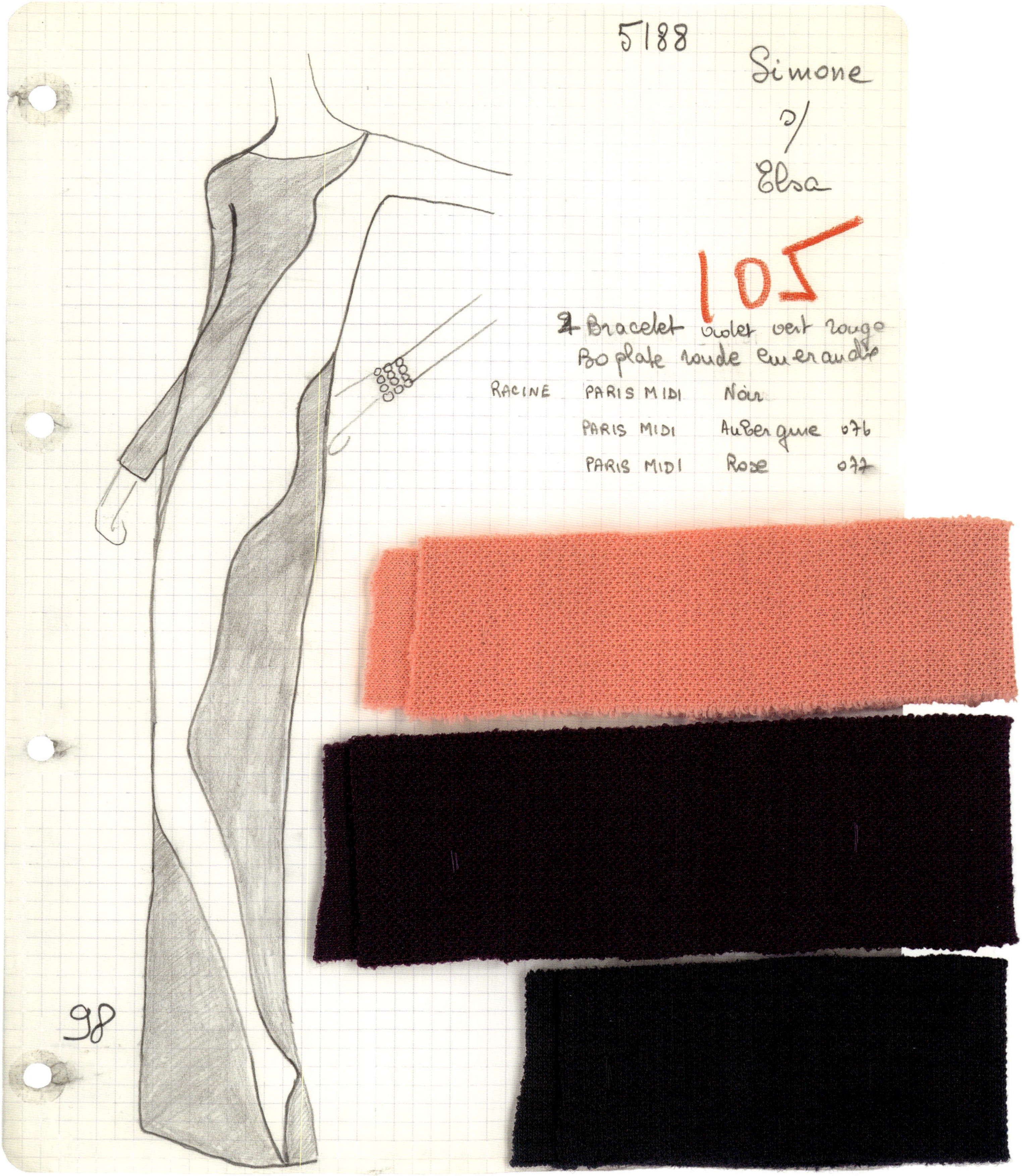
5188
Simone
Elsa
105
Bracelet violet vert rouge
Bo plate ronde emeraude
RACINE PARIS MIDI Noir
PARIS MIDI Aubergine 076
PARIS MIDI Rose 077
98

113_1

113_2

PICASSO, C'EST LE GÉNIE À L'ÉTAT PUR.
ÇA ÉCLATE DE VIE ET DE FRANCHISE. PICASSO N'EST PAS LA PURETÉ. IL EST LE BAROQUE. IL A PLUSIEURS COURSES, PLUSIEURS ARCS, PLUSIEURS FLÈCHES À SON ARC.

Yves Saint Laurent, cité par Laurence Benaïm, in *Yves Saint Laurent, op. cit.*

114

115_1

2166
Esther
avec collerette de
tulle blanc

115_2

2165
Esther
Bouquet de
roses à la
main
Robe de mariée
en patchwork
cocarde en satin
rose sur la queue
de cheval
B.O perles pendantes
et strass

115_3

116

117

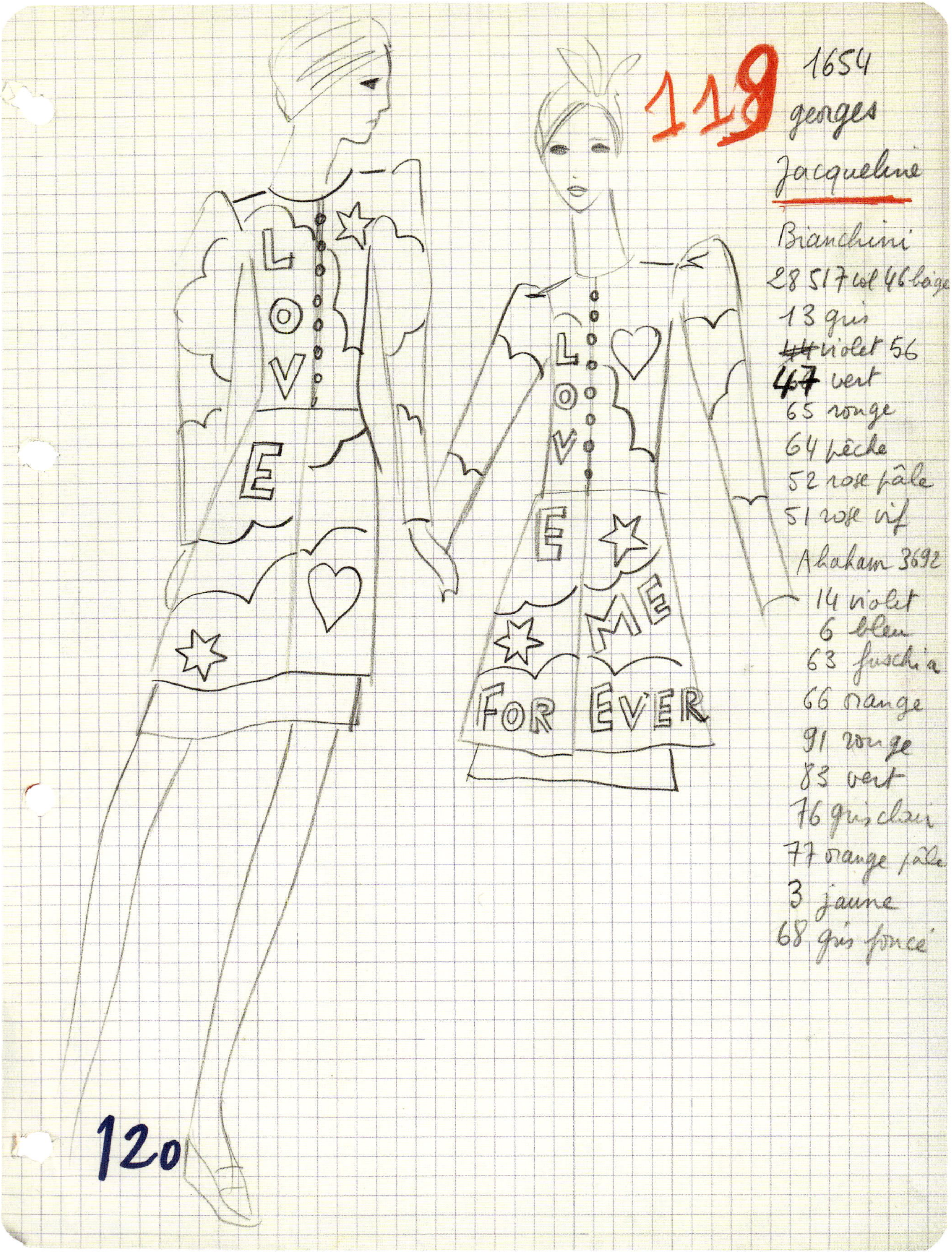

119
1654
georges
Jacqueline
Bianchini
28 517 col 46 beige
13 gris
~~44~~ violet 56
47 vert
65 rouge
64 pêche
52 rose pâle
51 rose vif
Abraham 3692
14 violet
6 bleu
63 fuschia
66 orange
91 rouge
83 vert
76 gris clair
77 orange pâle
3 jaune
68 gris foncé
LOVE
LOVE ME FOR EVER
120

118

119

Le Marchand
14 BS 1698/19
Jais
123
2098X
Mme Felisa
s/ Kinat
Robe de taffetas
bleu et blanc
Büche 103 col Blanc
Taroni 3057 col 817
Bleu
Jupon de taffetas
bleu
Ceinture Noeud de
velours NOIR -
B.O céramique noire
rocaille Bleu noir,
pierre irisée Bleue et
rubis-

120

121

122

123

124

125

126_1

127_1

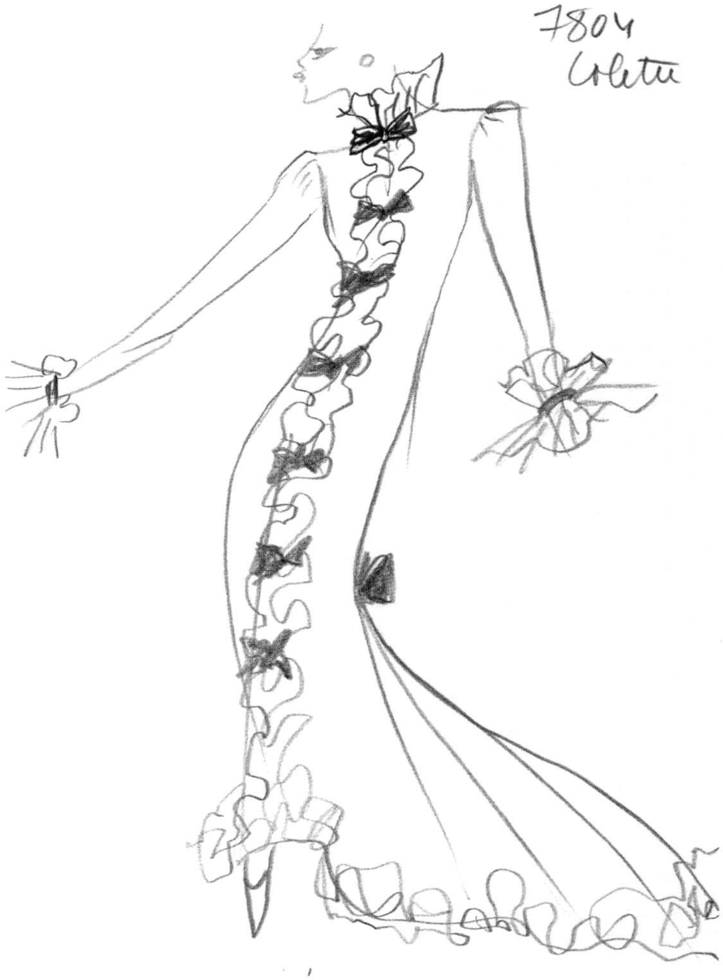

127_2

126_2

109
Robe de cocktail,
hommage à Piet Mondrian
Automne-hiver 1965
Empiècements de jersey de laine Racine *. Pions d'oreilles de jais facetté et perle fantaisie. Escarpins de cuir verni à boucles de métal créées par Yves Saint Laurent, et réalisés par Roger Vivier *.
Metropolitan Museum of Art, New York, 1983. Palais des Beaux-Arts, Pékin, 1985. Musée des Arts de la mode, Paris, 1986. Galerie Tretiakov, Moscou, 1986. Musée de l'Ermitage, Saint-Pétersbourg, 1987. Art Gallery, Sydney, 1987. Sezon Museum of Art, Tokyo, 1990. Musée de la Mode, Marseille, 1993. Fondation Pierre Bergé-Yves Saint Laurent, Paris 2004.
Publications
Vogue (couverture), France, septembre 1965.
Vogue, États-Unis, septembre 1965.
The Connoisseur (couverture), États-Unis, février 1990.

110
Robe de cocktail,
hommage à Serge Poliakoff
Automne-hiver 1965
Empiècements de jersey de laine Racine * Paris Midi. Pions d'oreilles de passementerie et jais facetté. Escarpins de cuir verni à boucles de métal créés par Yves Saint Laurent et réalisés par Roger Vivier *.
Metropolitan Museum of Art, New York, 1983. Art Gallery, Sydney, 1987. Sezon Museum of Art, Tokyo, 1990.

111
Robe de cocktail,
hommage à Piet Mondrian
Automne-hiver 1965
Empiècements de jersey de laine Racine * Paris Midi. Pions d'oreilles de jais facetté et perle fantaisie. Escarpins de cuir verni à boucles de métal créés par Yves Saint Laurent et réalisés par Roger Vivier *.
Metropolitan Museum of Art, New York, 1983. Palais des Beaux-Arts, Pékin, 1985. Musée des Arts de la mode, Paris, 1986. Galerie Tretiakov, Moscou 1986. Musée de l'Ermitage, Saint-Pétersbourg, 1987. Art Gallery, Sydney, 1987. Fondation Pierre Bergé-Yves Saint Laurent, Paris, 2004.
Publications
Femme Chic, France, janvier 1965.
Elle (couverture), France, 27 janvier 1992.

112
Robe de cocktail,
hommage à Tom Wesselmann
Automne-hiver 1966
Jersey de laine Racine * Paris Midi, « visage » incrusté. Pions d'oreilles de jais facetté et perle fantaisie, collants lamés. Escarpins de cuir verni.
Metropolitan Museum of Art, New York, 1983. Palais des Beaux-Arts, Pékin, 1985. Musée des Arts de la mode, Paris, 1986. Galerie Tretiakov, Moscou, 1986. Musée de l'Ermitage, Saint-Pétersbourg, 1987. Art Gallery, Sydney, 1987. Sezon Museum of Art, Tokyo, 1990. Fondation Pierre Bergé-Yves Saint Laurent, Paris, 2004.
Publications
Life, États-Unis, octobre 1966.
Vogue, France, décembre 1983.

113_1, 113_2
Robe du soir long,
hommage à Tom Wesselmann
Automne-hiver 1966
Jersey de laine Racine * Paris Midi, « corps » incrusté. Collants lamés. Escarpins de cuir verni.
Metropolitan Museum of Art, New York, 1983. Palais des Beaux-Arts, Pékin, 1985. Musée des Arts de la mode, Paris, 1986. Galerie Tretiakov, Moscou, 1986. Musée de l'Ermitage, Saint-Pétersbourg, 1987. Art Gallery, Sydney, 1987. Sezon Museum of Art, Tokyo, 1990. Fondation Pierre Bergé-Yves Saint Laurent, Paris, 2004.
Publications
Life (couverture), États-Unis, septembre 1966.
Paris Match, France, 6 février 1992.

114
Robe de cocktail,
hommage à Pablo Picasso
Automne-hiver 1979
Satin Carlatto * et velours Léonard *, broderie « visage » de paillettes, tubes et rocailles de Lesage *. Turban de velours à feuille de paillettes, pendants d'oreilles de métal et strass, bracelets de métal, perles et strass. Sandales de satin à nœuds de gros-grain et tulle « point d'esprit ».
Metropolitan Museum of Art, New York, 1983. Palais des Beaux-Arts, Pékin, 1985. Musée des Arts de la mode, Paris, 1986. Galerie Tretiakov, Moscou, 1986. Musée de l'Ermitage, Saint-Pétersbourg, 1987. Art Gallery, Sydney, 1987. Sezon Museum of Art, Tokyo, 1990. Fondation Pierre Bergé-Yves Saint Laurent, Paris, 2004.
Publications
Vogue, France, septembre 1979.

115_1, 115_2, 115_3
Ensemble du soir,
hommage à Pablo Picasso
Automne-hiver 1979
Blouse et ceinture de tulle « point d'esprit » Hurel *. Jupe « Arlequin », patchwork de satin, faille et velours de Brossin de Méré *. Pions d'oreilles d'émail et strass, ceinture de satin. Escarpins de satin.
Enfants :
Garçon : veste et pantalon « Arlequin », patchwork de taffetas de Brossin de Méré et garniture de tulle. Chapeau de velours. Souliers de cuir verni.
Fille : robe « Arlequin », patchwork de taffetas de Brossin de Méré et garniture de tulle. Chapeau de velours et plume, pendants d'oreilles de strass, perles fantaisie et métal. Souliers de cuir verni.
Metropolitan Museum of Art, New York, 1983. Palais des Beaux-Arts, Pékin, 1985. Musée des Arts de la Mode, Paris, 1986. Galerie Tretiakov, Moscou, 1986. Musée de l'Ermitage, Saint-Pétersbourg, 1987. Art Gallery, Sydney, 1987.

116
Robe du soir
Automne-hiver 1969
Crêpe georgette Abraham *. Étole de crêpe georgette Abraham. Sculpture « buste » de cuivre galvanisé créée par Claude Lalanne.
Metropolitan Museum of Art, New York, 1983. Musée des Arts de la mode, Paris, 1986. Galerie Tretiakov, Moscou, 1986. Musée de l'Ermitage, Saint-Pétersbourg, 1987. Art Gallery, Sydney, 1987. Sezon Museum of Art, Tokyo, 1990. Musée de la Mode, Marseille, 1993. Fondation Pierre Bergé-Yves Saint Laurent, Paris, 2004.
Publications
Paris Match, France, 23 août 1969.
Vogue, France, décembre 1983.

117
Robe du soir
Automne-hiver 1969
Crêpe georgette Abraham *. Étole de crêpe georgette Abraham. Sculpture « taille » de cuivre galvanisé créée par Claude Lalanne.
Metropolitan Museum of Art, New York, 1983. Musée des Arts de la mode, Paris, 1986. Galerie Tretiakov, Moscou, 1986. Musée de l'Ermitage, Saint-Pétersbourg, 1987. Art Gallery, Sydney, 1987. Sezon Museum of Art, Tokyo, 1990. Musée de la Mode, Marseille, 1993. Fondation Pierre Bergé-Yves Saint Laurent, Paris, 2004.
Publications
Paris Match, France, 23 août 1969.
Elle, France, 27 janvier 1992.

118
Robe de mariée
Automne-hiver 1970
Manteau et jupe de velours Bianchini *, broderie d'incrustations de satin. Turban de velours drapé, gants de cuir. Sandales compensées de satin.
Metropolitan Museum of Art, New York, 1983. Musée des Beaux-Arts, Pékin, 1985.

119
Robe du soir,
hommage à Henri Matisse
Automne-hiver 1980
Haut de velours Moreau * et faille moirée Taroni *, broderie « feuilles » d'applications de satin, taffetas, gazar, velours et faille de Brossin de Méré *. Ceinture de satin Brossin de Méré. Pendants d'oreilles et collier de plastique et strass, bracelets de cabochons et métal. Sandales de satin à nœuds.
Musée des Arts de la mode, Paris, 1986. Galerie Tretiakov, Moscou, 1986. Musée de l'Ermitage, Saint-Pétersbourg, 1987. Art Gallery, Sydney, 1987. Sezon Museum of Art, Tokyo, 1990. Fondation Pierre Bergé-Yves Saint Laurent, Paris, 2004.
Publication
Vogue, France, septembre 1980.

120
Robe du soir,
hommage à Henri Matisse
Automne-hiver 1981
Taffetas Taroni * et Buche *, volants de taffetas de Lemarié *. Ceinture de velours Buche. Pions d'oreilles de céramique, perles, pierres et verre facetté. Escarpins de daim surpiqué.
Metropolitan Museum of Art, New York, 1983. Palais des Beaux-Arts, Pékin, 1985. Musée des Arts de la mode, Paris, 1986. Galerie Tretiakov, Moscou, 1986. Musée de l'Ermitage, Saint-Pétersbourg, 1987. Fondation Pierre Bergé-Yves Saint Laurent, Paris, 2004.
Publication
Vogue, France, décembre 1983.

121
Ensemble du soir,
hommage à Henri Matisse
Automne-hiver 1981
Blouse roumaine d'étamine de laine Dormeuil *, broderie de paillettes, tubes, rocailles, soie et chenille de Lesage *. Jupe de velours Dormeuil. Fez de taupé, ceinture de velours, jais et passementerie Leroux *. Escarpins de velours.
Musée des Arts de la mode, Paris, 1986. Galerie Tretiakov, Moscou, 1986. Musée de l'Ermitage, Saint-Pétersbourg, 1987. Art Gallery, Sydney 1987. Sezon Museum of Art, Tokyo, 1990. Fondation Pierre Bergé-Yves Saint Laurent, Paris, 2004.
Publication
Vogue, États-Unis, janvier 1982.

122
Ensemble *Les Iris*,
hommage à Vincent Van Gogh
Printemps-été 1988
Veste, broderie de paillettes, tubes, rocailles et rubans de Lesage *, jupe de crêpe de soie. Pions d'oreilles de céramique, gants de satin. Chapeau de paille et soie. Escarpins de faille.
Sezon Museum of Art, Tokyo, 1990. Musée de la Mode, Marseille, 1993. Fondation Pierre Bergé-Yves Saint Laurent, Paris, 2004.
Publications
L'Officiel, France, mars 1988.
Elle, France, 27 janvier 1992.

123
Ensemble *Les Tournesols*,
hommage à Vincent Van Gogh
Printemps-été 1988
Veste, broderie de paillettes, tubes, rocailles et rubans de Lesage *, jupe de crêpe de soie. Pions d'oreilles de céramique, gants de satin. Chapeau de paille et soie. Escarpins de crêpe.
Sezon Museum of Art, Tokyo, 1990. Musée de la Mode, Marseille, 1993. Fondation Pierre Bergé-Yves Saint Laurent, Paris, 2004.
Publications
L'Officiel, France, mars 1988.
Elle, France, 15 février 1988.

124
Robe du soir,
hommage à Georges Braque
Printemps-été 1988
Crêpe de soie Gandini *, broderie « colombe » de paillettes et rocailles de Lesage *. Boucles d'oreilles « colombes » de strass et métal et bracelet de cristal de roche et métal de Goossens *. Escarpins de satin.
Fondation Pierre Bergé-Yves Saint Laurent, Paris, 2004.
Publications
Paris Match, France, 12 février 1988.
Vogue, États-Unis, avril 1988.

125
Robe du soir,
hommage à Georges Braque
Printemps-été 1988
Satin de soie Gandini *, broderie « colombes et guitare » de paillettes, tubes, rocailles et daim de Lesage *. Escarpins de satin.
Sezon Museum of Art, Tokyo, 1990. Fondation Pierre Bergé-Yves Saint Laurent, Paris, 2004.
Publications
Vogue, États-Unis, avril 1988.
Harper's Bazaar, Allemagne, mai 1988.

126_1, 126_2
Ensemble du soir,
hommage à Georges Braque
Printemps-été 1988
Cape de drap de laine Garigue* (126_1) ou de gazar (126_2), broderie « visage » d'ottoman, paillettes et rocailles de Lesage *. Robe, foulard et ceinture de mousseline Bianchini * et Saris *. Collier de métal et strass de Goossens * et boucles d'oreilles « colombes » de métal et strass Sabbagh *. Escarpins de faille.
Fondation Pierre Bergé-Yves Saint Laurent, Paris, 2004.
Publications
Paris Match, France, 12 février 1988.
Tatler, Grande-Bretagne, avril 1988.

127_1, 127_2
Robe de mariée,
hommage à Auguste Renoir
Automne-hiver 2000
Moiré Bucol *, volants de taffetas Buche * et tulle point d'esprit Hurel * de Lemarié * et nœuds de ruban de velours. Pendants d'oreilles de métal et strass de Baschet *. Salomés de satin, à lacets de cuir.

LA LITTÉRATURE

J'AI FAIT TOUTE UNE COLLECTION EN HOMMAGE À SHAKESPEARE. UNE BLOUSE ÉVOQUAIT LA CHEMISE DE HAMLET, UNE ROBE DE SOIE ROUGE, CELLE DE LADY MACBETH ; C'ÉTAIT UNE RÉMINISCENCE DU MOYEN ÂGE, MAIS TOUT À FAIT MODERNE. SOUVENT, JE PENSE AUSSI À EMMA BOVARY. CE PERSONNAGE EST EXTRÊMEMENT CONTEMPORAIN. MME BOVARY EXPRIME LE DÉSARROI DES FEMMES QUI EST LE MÊME AUJOURD'HUI QU'IL Y A UN SIÈCLE. JE TROUVE SUBLIME VIVIEN LEIGH DANS *UN TRAMWAY NOMMÉ DÉSIR*. SON PERSONNAGE FRAGILE VÊTU D'UNE SOMPTUEUSE DÉFROQUE ME FASCINE.

Entretien avec Catherine Deneuve, *Globe*, France, 1er mai 1986.

Lecteur passionné des chefs-d'œuvre de la littérature classique, Yves Saint Laurent fait surgir sur le podium ses héros, Lady Macbeth ou Oscar Wilde en costume aesthetic de velours noir. Apollinaire, Louis Aragon, Elsa Triolet ou Jean Cocteau laissent leurs paroles en écritures brodées aux accents surréalistes.

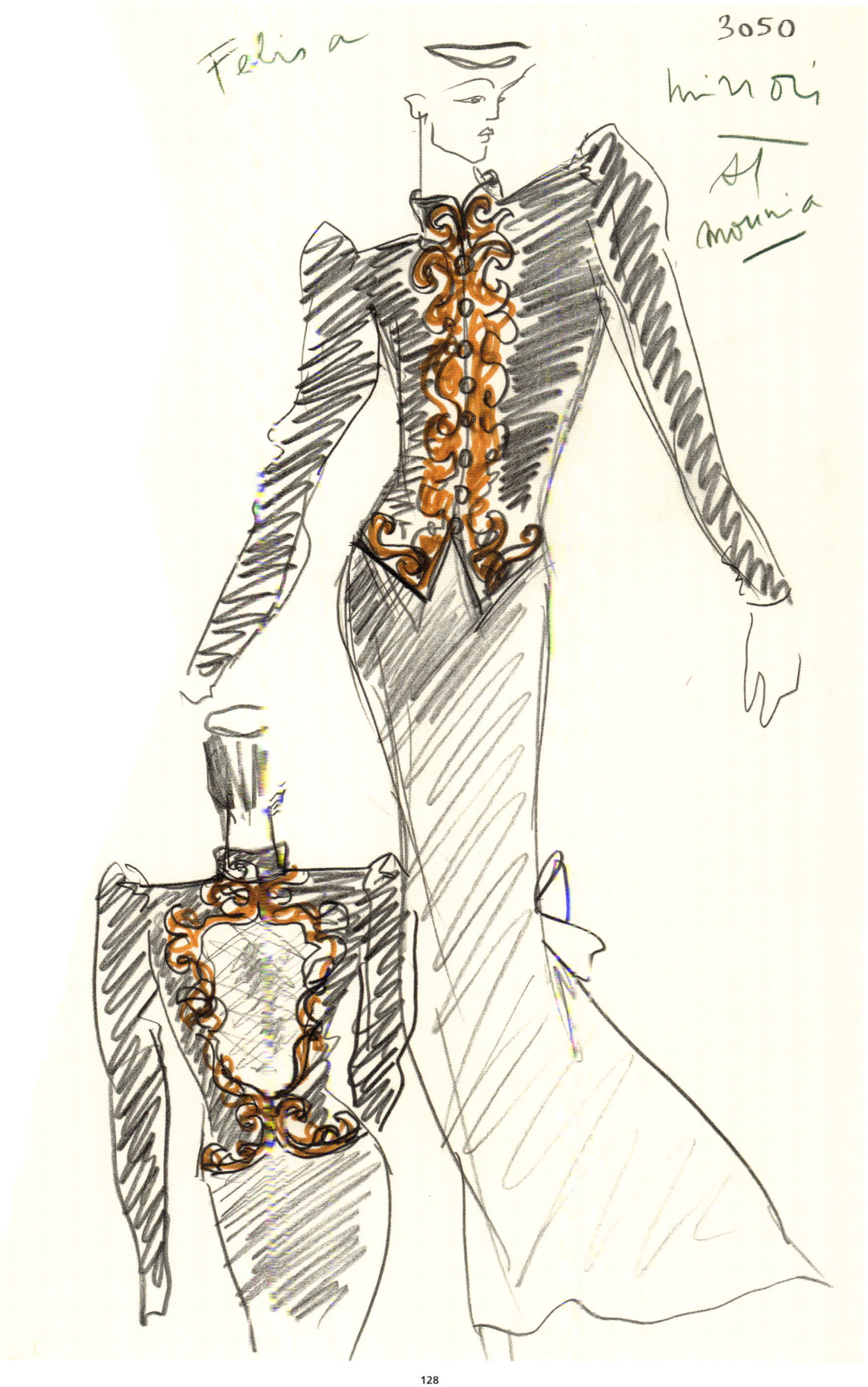

128

129_1

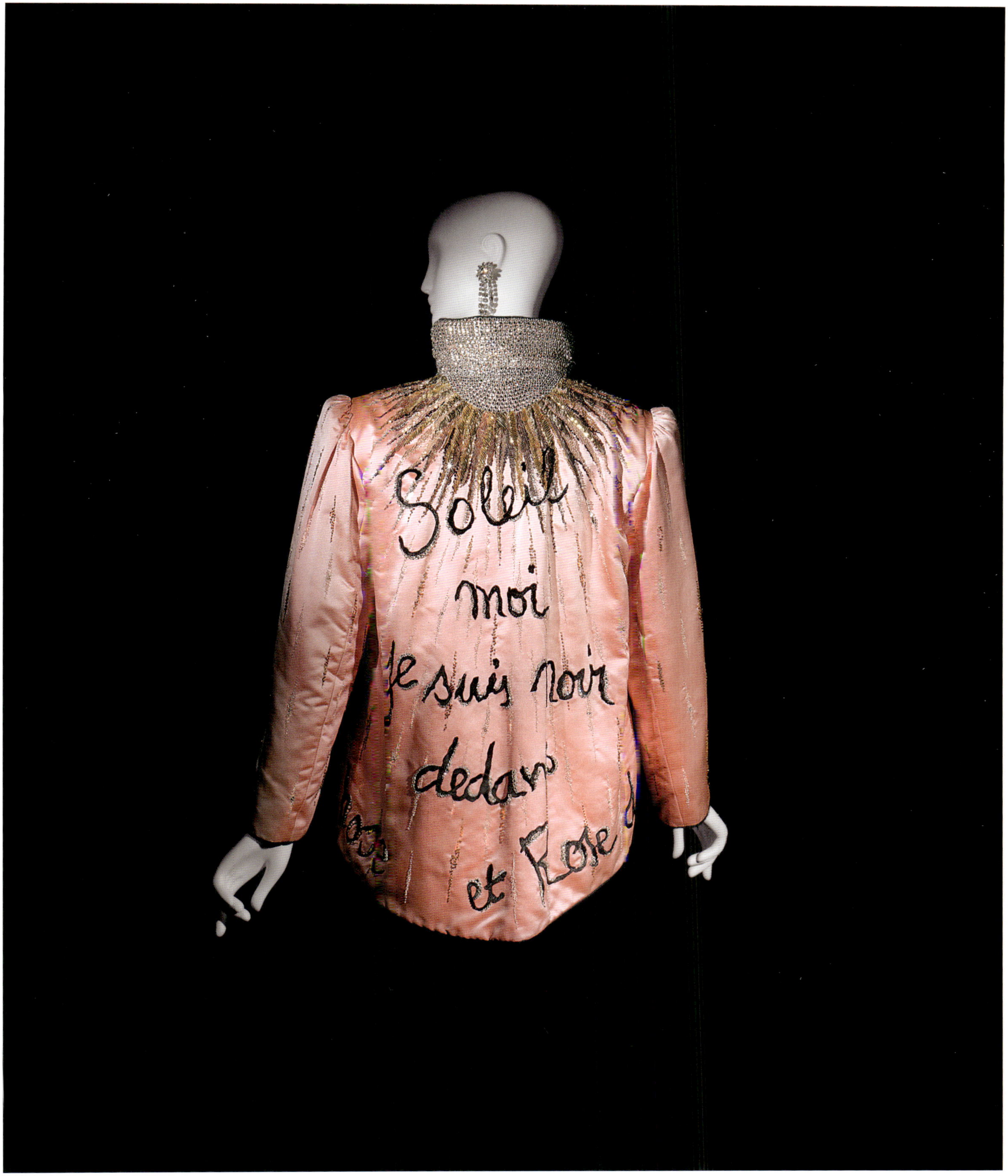

129_2

130

131

132

133

128
Ensemble du soir
Automne-hiver 1978

Veste de velours Léonard *, broderie de strass, fil métallique, plastique de Lesage *, jupe de velours Léonard. Toque de velours et satin, pendants d'oreilles de métal et cabochons de strass. Escarpins de faille.

Metropolitan Museum of Art, New York, 1983. Palais des Beaux-Arts, Pékin, 1985. Musée des Arts de la mode, Paris, 1985. Galerie Tretiakov, Moscou, 1986. Art Gallery, Sydney, 1987. Sezon Museum of Art, Tokyo, 1990.

129_1, 129_2
Ensemble du soir,
hommage à Jean Cocteau
Automne-hiver 1980

Paletot de satin Léonard * et de velours Moreau *, broderie de paillettes, fil métallique et strass de Lesage *. Robe de velours Moreau. Pendants d'oreilles, bracelets de métal et strass de Sabbagh *, sautoir de perles et métal de Caillol *, sautoirs de perles fantaisie. Escarpins de satin.

Metropolitan Museum of Art, New York, 1983. Palais des Beaux-Arts, Pékin, 1985. Galerie Tretiakov, Moscou, 1986. Musée des Arts de la mode, Paris, 1986. Art Gallery, Sydney, 1987. Sezon Museum of Art, Tokyo, 1990. Musée de la Mode, Marseille, 1993.

Publications
Vogue, Italie, septembre 1980.
Jardin des modes, France, janvier 1984.
Elle, France, 15 février 1988.

130
Ensemble du soir,
hommage à Guillaume Apollinaire
Automne-hiver 1980

Velours Moreau * et Buche *, broderie de strass de Lesage *, pompons de jais Leroux *. Ceinture Hamon * de daim à boucles strassée, pendants d'oreilles de métal et strass de Sabbagh *, sautoirs et ras de cou de jais facetté, perles fantaisie et strass. Sandales de satin à liséré et lacets de cuir.

Musée des Arts de la mode, Paris, 1986. Art Gallery, Sydney, 1987. Sezon Museum of Art, Tokyo, 1990.

Publications
Vogue, Allemagne, janvier 1980.
Vogue, Italie, septembre 1980.

131
Ensemble du soir,
hommage à Louis Aragon
Automne-hiver 1980

Veste de velours Moreau * et Gandini *, broderie de paillettes, perles et fil métallique de Lesage *. Blouse de soie façonnée Abraham *. Jupe de velours Buche *. Pendants d'oreilles et bague de métal, pierre, strass et perles fantaisie de Goossens *. Sandales de satin à nœud, lacets de cuir.

Metropolitan Museum of Art, New York, 1983. Palais des Beaux-Arts, Pékin, 1985. Musée des Arts de la mode, Paris, 1986. Galerie Tretiakov, Moscou, 1986. Art Gallery, Sydney, 1987. Sezon Museum of Art, Tokyo, 1990.

Publication
L'Officiel, France, 9 janvier 1980.

132
Smoking,
hommage à Oscar Wilde
Automne-hiver 1983

Veste et gilet de velours Moreau *, gansé de satin cuir Abraham *. Blouse de satin Taroni * et Buche *. Knickers de jersey de soie Racine *. Cravate de satin, boucles d'oreilles de cabochons de strass de Boutron *, boutons de manchettes « cœur » de métal et strass. Sandales de velours à brides et lacets de satin.

Musée de la Mode, Marseille, 1993.

133
Robe de mariée,
hommage à William Shakespeare
Automne-hiver 1980

Damassé Abraham *, satin Taroni *, lamé Bucol * et Bianchini *, ganse Merieux *. Couronne et voile de résille lamée. Pendants d'oreilles de résille et paillettes, perles et strass, manchettes de métal et pâte de verre, bagues, ras de cou et croix de strass, sautoirs de perles, strass et jais, broche de métal et perles. Escarpins de brocard lamé.

Metropolitan Museum of Art, New York, 1983. Palais des Beaux-Arts, Pékin, 1985. Musée des Arts de la mode, Paris, 1985. Galerie Tretiakov, Moscou, 1986. Musée de l'Ermitage, Saint-Pétersbourg, 1987.

Publications
Vogue, France, septembre 1980.
Vogue, France, décembre 1983.

LE GLAMOUR

DES SOUVENIRS HEUREUX AUSSI, TOUS LES COSTUMES ET LES DÉCORS QUE J'AI DESSINÉS POUR LE THÉÂTRE ET L'OPÉRA. J'HÉSITAIS ENTRE LE THÉÂTRE ET LA MODE. C'EST LA RENCONTRE AVEC CHRISTIAN DIOR QUI M'A ORIENTÉ VERS LA MODE.

Yves Saint Laurent, *Glamour*, France, 1er mai 1994.

Yves Saint Laurent, enfant, se destinait au théâtre. Il en avait eu la révélation en assistant à Oran, en 1947, à une représentation de *L'École des femmes* de Molière, mise en scène par Louis Jouvet, dans des décors de Bérard. Une idée l'obsède alors : se rendre à Paris pour faire des costumes de théâtre. Son engagement chez Christian Dior allait changer sa destinée. Mais le goût du spectacle reste très vif dans ses collections. Il aime la théâtralisation de la femme revue d'une façon moderne par le cinéma de Hollywood. Il s'empare du glamour des stars pour réinventer l'esthétique de la vamp.

134

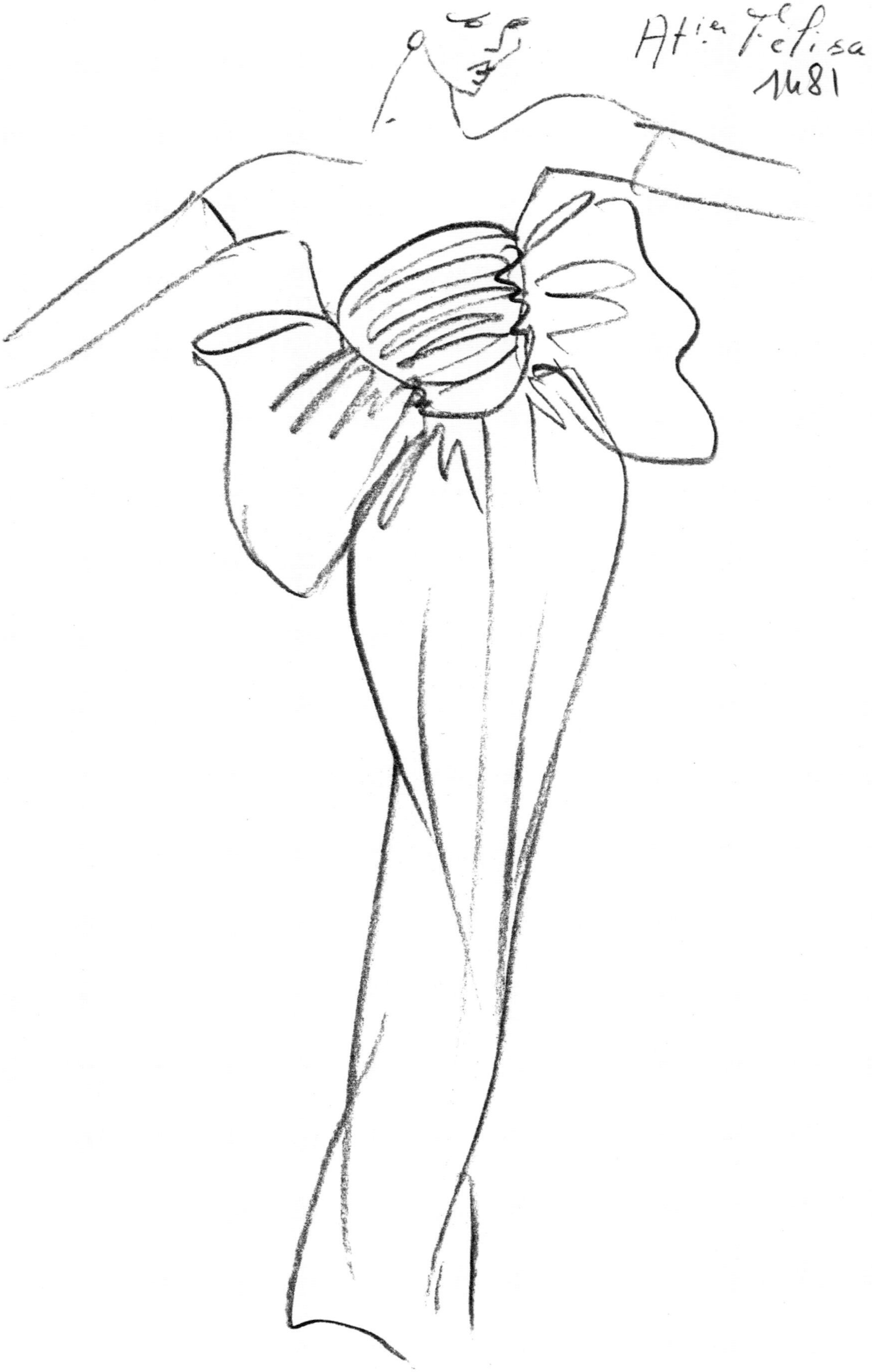

135

Dessus.
Feutre d'homme blanc
écharpe de mousseline blanche -
Pochette en crêpe de chine blanc
1118
Jean Pierre
S/ Anita
13
Ceinture lézard blanc
Costume croisé en gabardine blanche
Dormeuil 981286
col blanc

136

137

138

139

134
Robe du soir,
hommage à Marilyn Monroe
Printemps-été 1990
Mousseline pailletée Schlaepfer *, pompons brodés de Lisbeth *. Bague cabochon de verre. Escarpins de satin de soie. Commandée par Catherine Deneuve.

Publication
Harper's Bazaar, France, mars 1990.

135
Robe du soir
Automne-hiver 1983
Bustier et nœud de satin duchesse Abraham *. Jupe de velours Moreau *. Ras de cou de cabochons facettés et métal, pendants d'oreilles et manchettes de métal et strass. Sandales de crêpe de soie.

Musée des Arts de la mode, Paris, 1986. Galerie Tretiakov, Moscou, 1986. Musée de l'Ermitage, Saint-Pétersbourg, 1987. Art Gallery, Sydney, 1987.

Publications
F.A.Z. (couverture), Allemagne, 28 novembre 1986.
Harper's Bazaar, États-Unis, mars 1991.
Vogue, Espagne, juin 2001.

136
Tailleur-pantalon
Printemps-été 1979
Veste et pantalon de gabardine de laine Dormeuil *. Blouse de satin de soie Taroni *. Pions d'oreilles et boutons de manchettes de métal et perle fantaisie. Escarpins de satin.

Publications
L'Officiel, France, 1er mars 1979.
Vogue, États-Unis, 1er avril 1979.

137
Robe du soir
Automne-hiver 1998
Crêpe de soie Gandini * et ruban de velours Rodolphe Simon *. Pendants d'oreilles de métal et perles fantaisie de Baschet *, bague cabochon de verre. Sandales de satin de soie à boucles de strass.

138
Ensemble du soir
Printemps-été 2001
Manteau de gaze Bianchini *, garniture de plumes d'autruche de Lemarié *. Robe de crêpe satin Buche *. Pendants d'oreilles de métal et strass. Sandales de crêpe de soie.

Publications
Vogue, Grande-Bretagne, avril 2001.
Vogue, Espagne, avril 2001.

139
Robe du soir long
Printemps-été 2001
Tulle Rodolphe Simon *, ruban de satin Guillemin *, fleur d'organza de Lemarié *. Pendants d'oreilles de perles fantaisie et métal. Sandales de cuir.

Publications
Elle, France, février 2001.
Vogue, Espagne, avril 2001.
Elle, mai 2001.

ANIMALES

PLUME ET MOUSSELINE COMME UNE CARESSE.

Yves Saint Laurent

L'opulence des matières traduit un exotisme original, loin des citations de cartes postales. La femme se pare de chefs-d'œuvre de plumes et de pelages en trompe-l'œil. L'animal exotique de haute couture ne finit pas empaillé, mais s'apprivoise en mousseline, en cuir-crocodile ou en imprimés ou broderies évoquant fourrures, ramages d'oiseaux ou écailles de poisson.

140

141

142

143

144

145

146

147

140
Ensemble du soir
Automne-hiver 1964
Manteau, broderie de paillettes, fil métallique et chenille de Rébé *. Jupe de lainage Fournier *. Pions d'oreilles de perle fantaisie. Gants et escarpins de daim.
Metropolitan Museum of Art, New York, 1983. Palais des Beaux-Arts, Pékin, 1985. Musée des Arts de la mode, Paris, 1986. Galerie Tretiakov, Moscou, 1986. Musée de l'Ermitage, Saint-Pétersbourg, 1987. Art Gallery, Sydney, 1987. Sezon Museum of Art, Tokyo, 1990. Musée de la Mode, Marseille, 1993.
Publications
Harper's Bazaar, États-Unis, septembre 1964.
Vogue, France, décembre 1983.

141
Robe du soir
Automne-hiver 1982
Crêpe de soie Abraham *. Créoles de rocailles de Goossens *, bracelets de plastique et pierres de Rieux *. Sandales de crêpe à nœud plissé.
Commandée par la comtesse de Ribes.
Metropolitan Museum of Art, New York, 1983. Musée des Arts de la mode, Paris, 1986. Galerie Tretiakov, Moscou, 1986. Musée de l'Ermitage, Saint-Pétersbourg, 1987. Art Gallery, Sydney, 1987. Sezon Museum of Art, Tokyo, 1990. Musée de la Mode, Marseille, 1993.

142
Ensemble de jour
Automne-hiver 1990
Robe et châle de cachemire Abraham *. Toque de renard, ceinture Lemarchand * et gants de daim. Pendants d'oreilles de métal. Escarpins de cuir.
Publication
Hola, Espagne, 1er janvier 1990.

143
Ensemble du soir
Printemps-été 1986
Cardigan, broderie de paillettes, tubes et rocailles de Lesage *. Robe de jersey de soie Racine *. Pions d'oreilles Roux * et bague de métal martelé de Goossens *, gourmettes de strass. Sandales de satin.
Cardigan commandé par Hélène Rochas.

144
Robe du soir
Automne-hiver 1987
Broderie de plumes d'autruche de Lemarié * et ruban de satin Guillemin *. Pendants d'oreilles de cristal de roche et métal, collier de perles fantaisie, cristal de roche, cabochons de pierres, corail et métal, bague de pierre et métal de Goossens *. Escarpins de satin.

145
Robe du soir
Printemps-été 1983
Broderie « écailles » de paillettes, tubes, rocailles et strass de Lesage *. Pions d'oreilles à cabochons de jais et strass de Goossens *, manchettes de perles facettées, jais et métal de Bouton *, bracelet de cheville de strass de Goossens. Sandales de satin à cabochon de pierres et strass.
Metropolitan Museum of Art, New York, 1983. Palais des Beaux-Arts, Pékin, 1985. Musée des Arts de la mode, Paris, 1986. Galerie Tretiakov, 1986. Musée de l'Ermitage, Saint-Pétersbourg, 1987. Art Gallery, Sydney, 1987. Sezon Museum of Art, Tokyo, 1990. Musée de la Mode, Marseille, 1993.

146
Ensemble
Automne-hiver 2000
Cape de plumes de coq de Lemarié *. Robe de panne de velours laqué Ghioldi *. Pions d'oreilles de strass, cabochons et métal. Escarpins à nœuds de satin.
Publication
Vogue, France, septembre 2000.

147
Ensemble du soir
Automne-hiver 1990
Manteau, broderie de plumes de faisan et vautour de Lemarié *. Robe de mousseline Abraham * et Bianchini *. Pendants d'oreilles et manchettes de métal et cristal. Escarpins de satin.
Musée de la Mode, Marseille, 1993. Fondation Pierre Bergé-Yves Saint Laurent, Paris, 2006.
Publication
Elle, Allemagne, mars 1992.

FLORA

J'ADORE LES ARBRES, LES FLEURS.
J'AI RETROUVÉ CE CLIMAT DE MON ENFANCE
À MARRAKECH, ET À TANGER.
LA VÉGÉTATION EST TRÈS IMPORTANTE PARCE
QUE CELA APPORTE BEAUCOUP DE SÉRÉNITÉ.

Yves Saint Laurent

Des brassées de fleurs et de feuilles, fuyant le triste destin des parterres ordonnés, composent un éloge à une nature riche et surprenante. Les bouquets de roses font vibrer les robes d'air et de lumière, à la Watteau ou de l'impressionnisme. En 1999, Laetitia Casta incarne une mariée mythologique, déesse Flora ou Vénus de Botticelli. Yves Saint Laurent promène sa collection de l'été 1990 dans le jardin de Guermantes, rendant hommage à Proust, son auteur favori.

148_1

2 ROSES derrière la tête (rose vif et orange)
2 roses clairs de chaque côté des oreilles -
52757
Musée
78
Jacqueline / Eléonore
Robe de taffetas impri-
-mé fond rose pâle
Abraham 5813 640
taffetas chaîne
Col 40
jupon de tulle fuchsia et rose pâle
3 ROSES posées sur le devant du décolleté - 1 Rose, 1 orange et 1 rose pâle - 1 rose vif dans le dos
B.O longues de petites perles de verre irisées B22
escarpins satin rose vif - (CABINE)
KM 10/1

148_2

149

Robe du soir long
en piqué noir
jupe brodée de zinnias
roses, rouges et oranges
veste boutonnée da
le dos et ceinturée
de satin noir
52

150

151

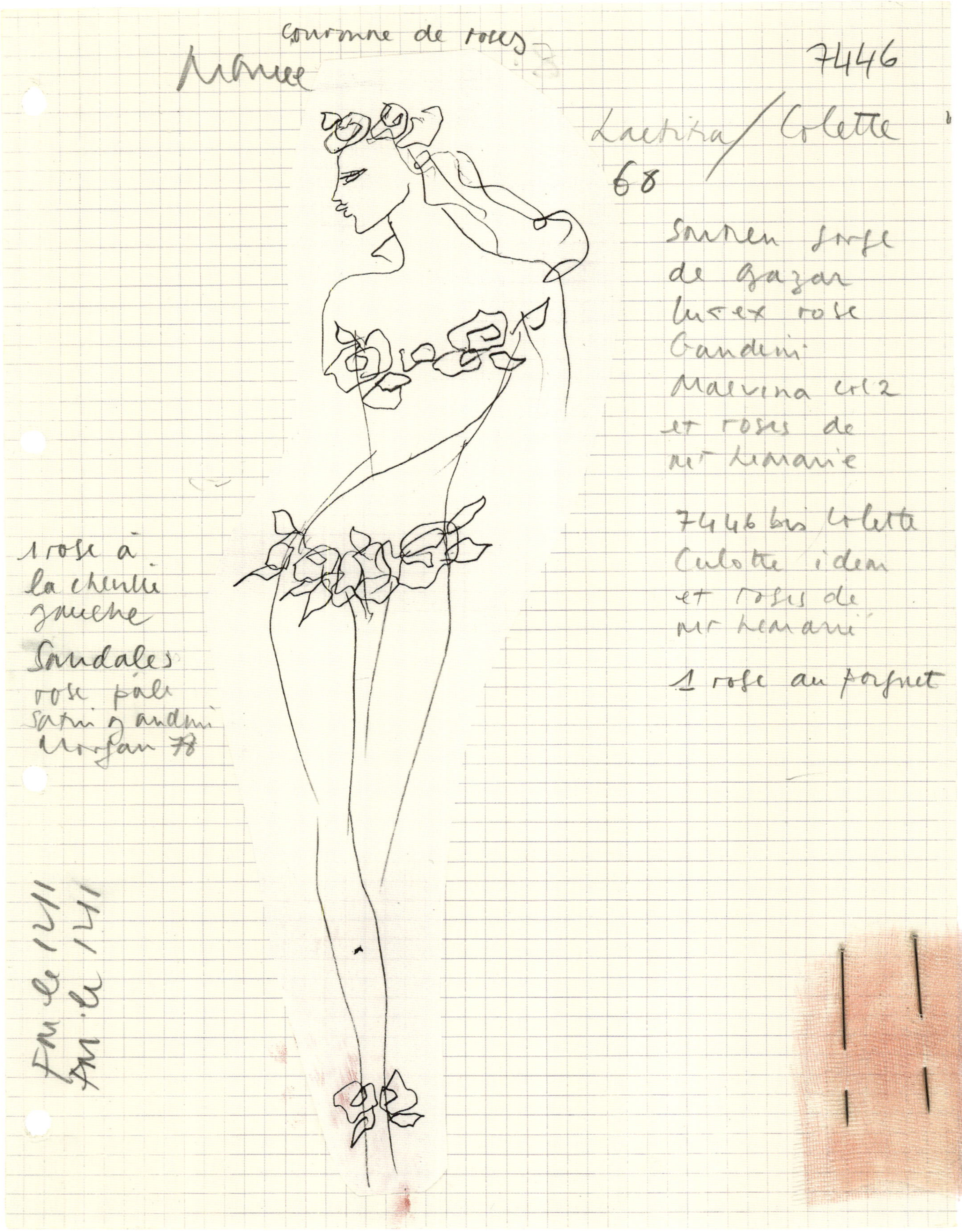
Couronne de roses
Mariée
7446
Laetitia / Colette
68
Soutien gorge
de gazar
lurex rose
Gandini
Malvina col 2
et roses de
Mr Lemarié
7446 bis Colette
Culotte idem
et roses de
Mr Lemarié
1 rose au poignet
1 rose à
la cheville
gauche
Sandales
rose pâle
satin Gandini
Morgan 78

152_1

152_2

153

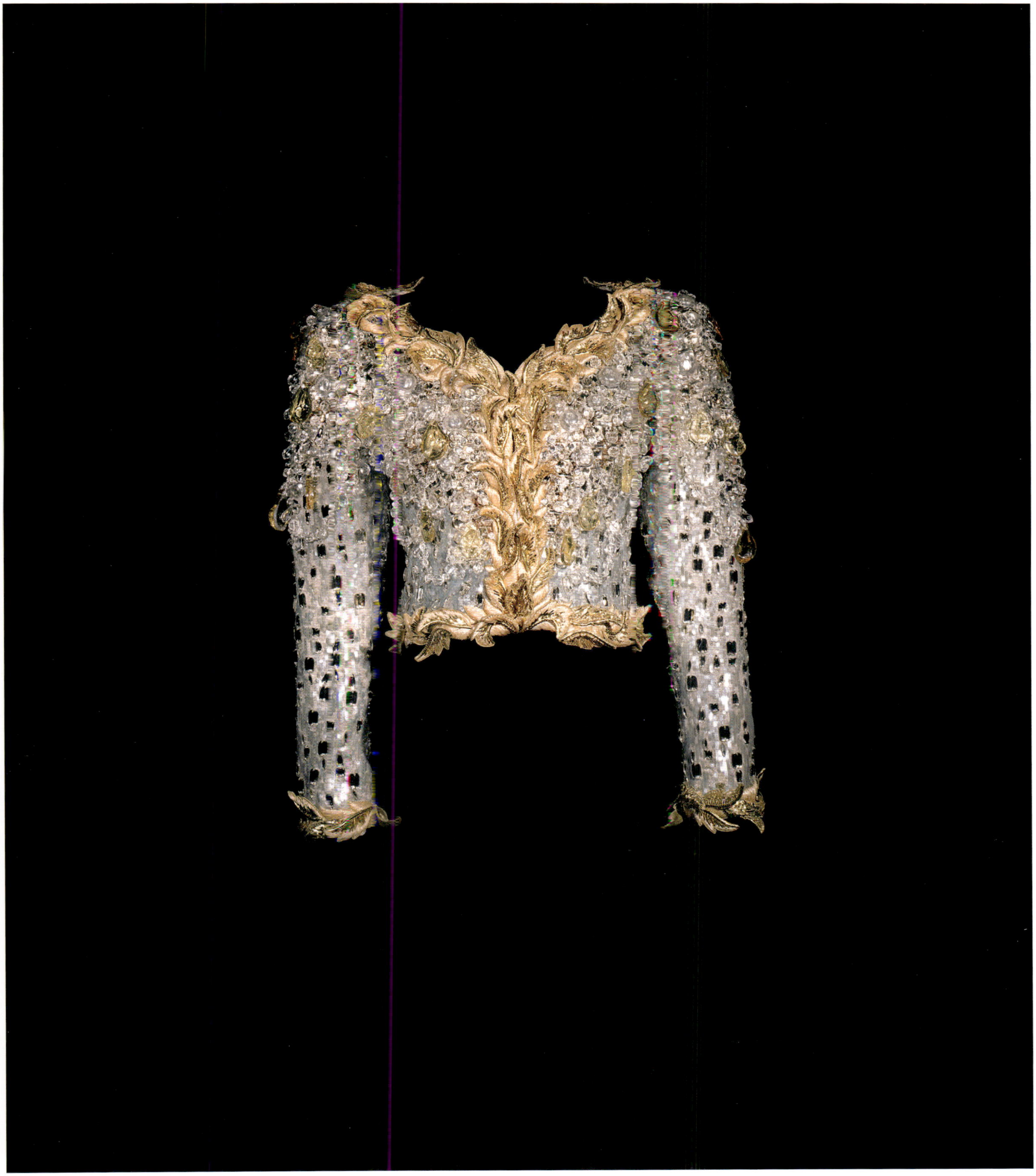

154_1

155

METTRE EN MOUVEMENT DES CHOSES STATIQUES SUR UN CORPS DE FEMME.

Yves Saint Laurent, *Paris Match* 12 février 1988.

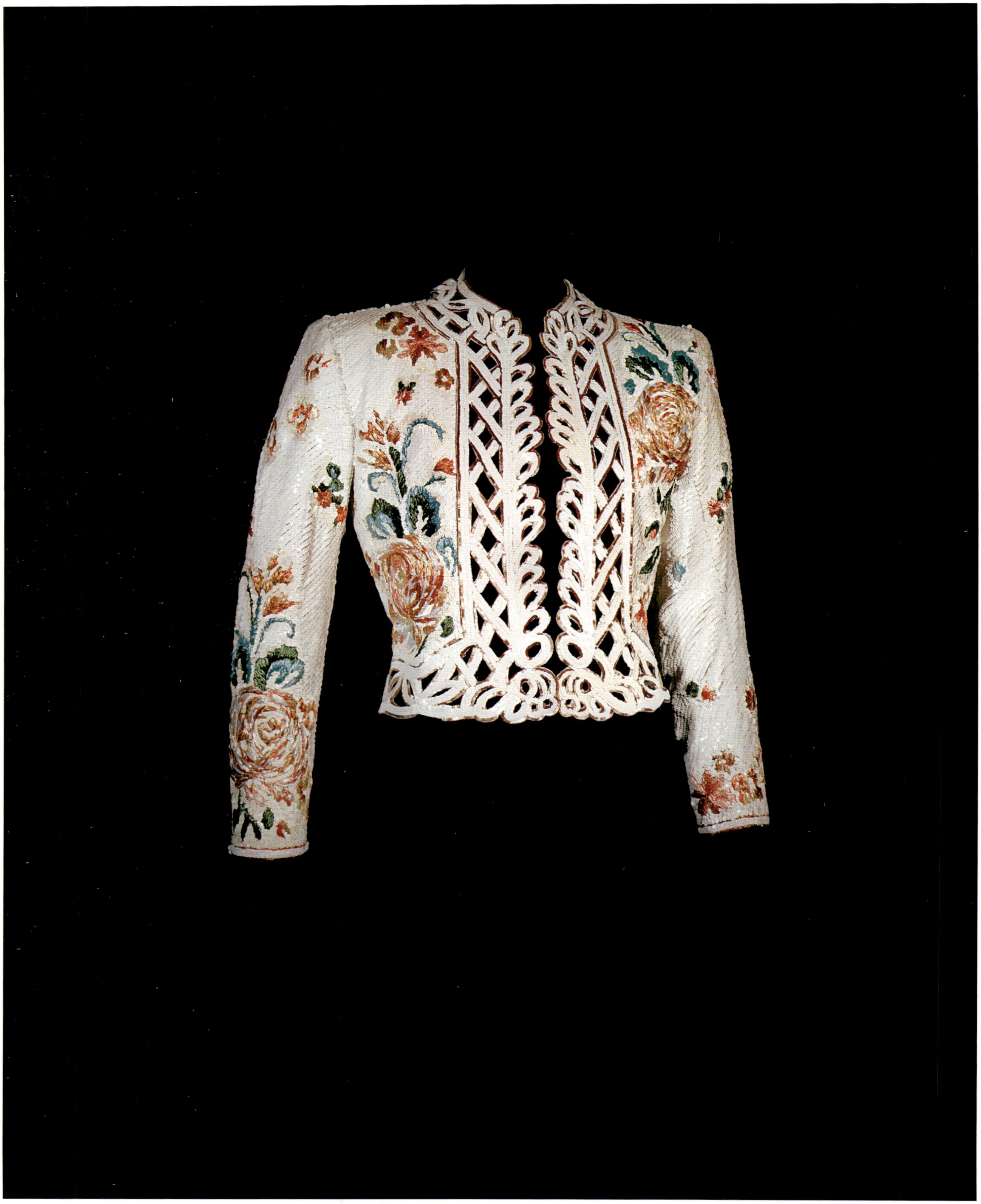

157

156

Musée
113
5295
Georges / Edia Arianne
Veste brodée Lesage
(fond organza satin Blc
Abraham 8008/100
or, cristal et bleu glacier
5295 bis - Robe de satin
blanc - Gaby -
Abraham 3889/Blc
B.O chute de perles blanches
et perles de verre sur métal OR
courbette de perles - CJ4
1 ceinture flots de rangs de
perles blanches avec pépites OR
fermée par plaque de perles et
OR avec chute devant de plusieurs
rangs.
1 bague fleur de diamants
miroir.
Sandales
satin
Bleu ciel
bracelets
diamants
collants
clairs

154_2

148_1, 148_2
Robe du soir,
hommage à Christian Dior
Printemps-été 1990
Taffetas chiné Abraham *, roses de Lemarié *. Pendants d'oreilles de métal et perles de verre. Escarpins de satin.

149
Robe de cocktail,
hommage à Marcel Proust
Printemps-été 1990
Organdi Abraham *. Pendants d'oreilles de céramique, métal, verre et pierre, bague de métal émaillé et strass, bague de cristal de roche et métal, coiffure de fleurs. Sandales de satin à brides.

150
Robe du soir
Printemps-été 1962
Piqué de coton Moreau *, broderie de soie et rocailles de Rébé *. Pions d'oreilles de plastique, bracelet de jais et strass. Gants et sandales de satin.
Don de la comtesse de Ribes.
Metropolitan Museum of Art, New York, 1983.

151
Robe longue
Printemps-été 1986
Taffetas chiné Abraham *. Pions d'oreilles « étoile » de métal et strass de Goossens *, bague de métal et cabochons de cristal et strass de Caillol*, bracelet de métal, perles et strass de Sabbagh *. Sandales de satin.
Musée des Arts de la mode, Paris, 1986. Galerie Tretiakov, Moscou, 1986. Musée de l'Ermitage, Saint-Pétersbourg, 1987. Art Gallery, Sydney, 1987. Sezon Museum of Art, Tokyo, 1990.

152_1, 152_2
Robe de mariée
Printemps-été 1999
Haut, coiffe, bracelet et bracelet de cheville de roses et feuilles de Lemarié *. Traîne de gazar Gandini *. Sandales de crêpe.
Publication
Le Point, France, janvier 1999.

153
Robe du soir
Printemps-été 1997
Broderie de fleurs et feuilles de paillettes, rocailles et organza de Lesage *, ruban de satin Guillemin *. Pendants d'oreilles de métal, pierres et strass de Boutron *. Sandales de satin.

154_1, 154_2
Veste du soir,
hommage à ma Maison
Printemps-été 1990
Broderie de paillettes, plastique et cabochons de verre facetté de Lesage *.
Sezon Museum of Art, Tokyo, 1990.
Publication
L'Officiel, France, 1er mars 1990.

155
Veste du soir
Printemps-été 1991
Broderie « fleurs » de perles fantaisie et de soie de Lanel *.

156
Veste du soir
Printemps-été 1995
Broderie « papillons » de tulle, paillettes et rocailles de Montex *
Publication
Harper's Bazaar, Italie, mars 1995.

157
Veste du soir
Printemps-été 1992
Broderie « fleurs » de paillettes et raphia de Lesage *.
Publications
Vogue, France, mars 1992.
Harper's Bazaar, Italie, mars 1992.

C36
C35
C34
C33
C32
C31
C30
C29
C28
C27
C26
C25

C24 PE 1994→AH 1994
C23 AH 1993→PE 1994
C22 AH 1992→PE 1993
C21 PE 1992→AH 1992
C20 AH 1991→PE 1992
C19 AH 1991

BIO-GRAPHIE

BIOGRAPHIE

1936

Yves Saint Laurent est né le 1er août 1936 à Oran, en Algérie, où il passa toute sa jeunesse [1, 2]. Il y poursuivit ses études jusqu'au baccalauréat, puis quitta Oran pour Paris.

1953

À l'âge de dix-sept ans, il montre ses dessins à Michel de Brunhoff, directeur de *Vogue*, qui lui en retient plusieurs pour son magazine.

1954

Après un séjour dans une école de couture, il obtient le premier prix du concours du Secrétariat de la laine pour une robe de cocktail.
Michel de Brunhoff le présente alors à Christian Dior qui l'engage. Il devient donc le collaborateur de Dior jusqu'à la mort de ce dernier, en 1957.

1

2

3

1958

Il rencontre Pierre Bergé. Yves Saint Laurent confie : « Il a été une rencontre extraordinaire, il avait tout ce que je n'avais pas. Enfin il a été très important pour moi. Sans lui je n'aurais pas connu tout ce que j'ai connu. Il m'a libéré de ma timidité. Sa force était pour moi quelque chose d'important, je pouvais me reposer sur lui quand j'étais essoufflé. Pierre Bergé, c'est l'histoire de ma vie. »
Il obtient l'oscar Neiman Marcus.
En janvier, il présente sa première collection chez Dior. La « Trapèze » connaît un succès foudroyant. Du jour au lendemain Yves Saint Laurent devient célèbre[3].
De 1958 à 1960, Yves Saint Laurent crée six collections chez Dior, où il continue de travailler. « C'est Monsieur Dior qui m'a appris les bases essentielles de ce métier ainsi que sa dignité », dira-t-il.

1959

Pour la première fois, Yves Saint Laurent dessine des costumes pour le théâtre (*Cyrano de Bergerac*, ballet de Roland Petit) ; il continuera d'exercer cette activité avec succès tout au long de sa carrière.

1961

Ne pouvant réintégrer la maison Dior après l'interruption de son travail due à son service militaire, il annonce son intention d'ouvrir sa propre maison de couture.
En septembre, Yves Saint Laurent ouvre avec Pierre Bergé sa propre maison de couture dans un deux-pièces rue La Boétie, à Paris.
Il bénéficie de l'appui financier de l'Américain J. Mack Robinson qui, grâce à son dynamisme et à une confiance inébranlable dans le talent du jeune créateur, est immédiatement séduit par le projet.
En décembre, Yves Saint Laurent dessine la première robe signée de son nom, pour Mme Arturo Lopez-Willshaw.
Le graphiste Cassandre crée le logotype Yves Saint Laurent[4].

1962

Le 29 janvier, Yves Saint Laurent présente sa première collection, qualifiée par le magazine *Life* comme « la meilleure collection de tailleurs conçue depuis Chanel »[8].
Il propose l'adaptation audacieuse d'un célèbre vêtement français, le caban, ainsi que la blouse normande.

1964

Le travail pour le théâtre l'occupe toujours beaucoup : il dessine les costumes pour *Le Mariage de Figaro* et *Il faut passer par les nuages*, par la compagnie Renaud-Barrault.

4

5

1965

Il présente la célèbre robe « Mondrian », premier hommage d'inspiration artistique.
Diana Vreeland résume la collection avec des propos enthousiastes : « [elle est] achevée, subtile, ravissante, française et très féminine ».

1966

La collection printemps/été montre les « Marins », l'un des thèmes de prédilection d'Yves Saint Laurent : tailleur-pantalon, caban et robe tee-shirt rayée.
Le premier smoking pour femme révolutionne la mode[6].
S'inspirant des tendances artistiques de l'époque – et d'Andy Warhol en particulier –, il lance les robes « Pop Art »[5].
Le 26 septembre Yves Saint Laurent ouvre sa première boutique de prêt-à-porter Saint Laurent Rive Gauche, rue de Tournon, dans le VIe arrondissement de Paris.

6

7

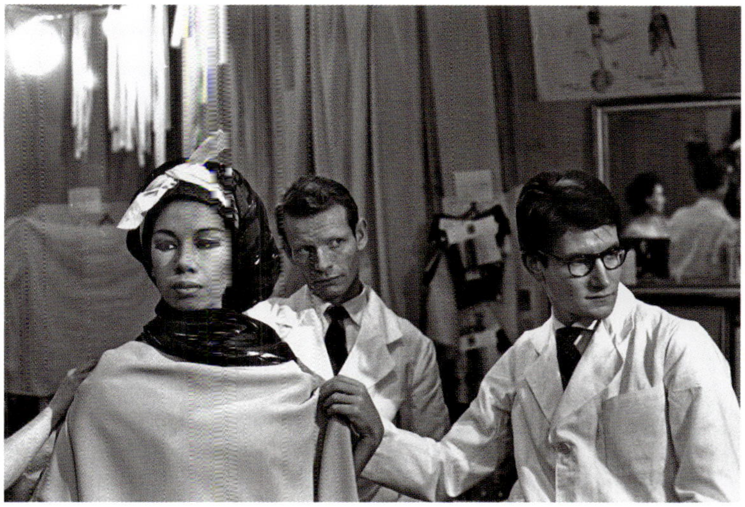
8

BIOGRAPHIE

1967

Premier hommage important à l'Afrique avec une collection étonnante de créativité [10]. C'est également l'année du tailleur-pantalon. Le créateur habille Catherine Deneuve dans le film *Belle de jour* de Luis Buñuel.

1968

Première saharienne, les « Transparences », le jumpsuit [7,11].

1969

Collaboration avec l'artiste Claude Lalanne [9].

1971

Yves Saint Laurent présente la collection dite « Collection 40 », en réaction aux nouvelles tendances de la mode : épaules carrées, manches bouffantes et semelles compensées, ainsi que la célèbre veste courte de renard vert. « Elle m'a été inspirée par Paloma Picasso, un jour où je l'avais vu arriver dans une fête avec un turban, des chaussures compensées, une robe de sa mère des années 1940, outrageusement maquillée. Elle m'a fait une extrême impression. »
Yves Saint Laurent pose nu pour le photographe Jean-Loup Sieff [12].

1972

Andy Warhol peint les quatre portraits d'Yves Saint Laurent.

1974

En juillet, la maison de couture déménage au 5, avenue Marceau, dans le XVIe arrondissement de Paris, dans un hôtel particulier à décor Second Empire.

1976

Triomphe de la collection russe.
« Tout avait été dessiné en couleurs, les moindres détails, chaussures, chapeaux... C'était la première fois que je travaillais comme cela, comme un grand élan de création. Cette collection avait été faite au moment où on disait que la haute couture était finie. Or, elle voulait encore dire quelque chose. Inspirée des Ballets russes et des opéras de Verdi pour le soir. Je crois que c'est le plus grand succès que j'ai eu [13]. »

1977

Collection « Les Chinoises » et lancement de son nouveau parfum *Opium* [14].

9

10

11

12

1978

Yves Saint Laurent dessine les décors et les costumes pour *L'Aigle à deux têtes* de Jean Cocteau au théâtre de l'Athénée.

1979

Collection hommage à Pablo Picasso et Serge de Diaghilev.

1981

Yves Saint Laurent crée l'uniforme de Marguerite Yourcenar pour son entrée à l'Académie française[17].
Collection hommage à Matisse.

1983

Le Metropolitan Museum of Art de New York, sous la direction de Diana Vreeland, organise une importante rétrospective : « Yves Saint Laurent – 25 Years of Design ». C'est la première fois qu'un hommage de cette importance est consacré à un créateur vivant[15].

1985

Yves Saint Laurent est invité au palais des Beaux-Arts de Pékin pour présenter une rétrospective, « Yves Saint Laurent, 1958-1985 »[16].
Le 12 mars, le président de la République, M. François Mitterrand, lui remet au palais de l'Élysée les insignes de chevalier de la Légion d'honneur.
Le 23 octobre, Yves Saint Laurent reçoit l'oscar de la Mode.

1986

Pour sa réouverture, le musée des Arts de la mode de Paris présente un hommage à Yves Saint Laurent, « 28 années de création ». Exposition « Yves Saint Laurent » à la galerie Tretiakov à Moscou, en décembre.

1987

Exposition « Yves Saint Laurent » au musée de l'Ermitage à Saint-Pétersbourg, en février.

1988

Hommage à Vincent Van Gogh avec *Les Iris* et *Les Tournesols*. Ce sont les deux plus chères vestes créées par Yves Saint Laurent.

1990

Le Sezon Museum of Art de Tokyo organise en novembre et décembre une rétrospective « Yves Saint Laurent 1958-1990 », ainsi qu'une exposition de dessins de théâtre et une exposition de photographies de mode.

13

14

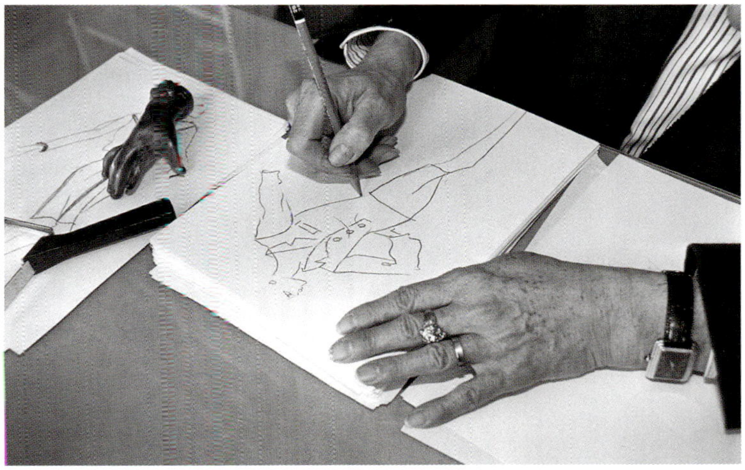

17

15

16

BIOGRAPHIE

1998

Célébration des quarante ans de création d'Yves Saint Laurent.
Yves Saint Laurent est choisi pour organiser le spectacle de la finale de la Coupe du monde de football. Trois cents mannequins défilent devant 80 000 spectateurs et plus de deux milliards de téléspectateurs[23].
Yves Saint Laurent et Pierre Bergé apportent leur mécénat à la restauration de l'aile des peintures françaises de la National Gallery de Londres, qui porte leur nom.

1999

Le 2 juin, à New York, le Council of Fashion Designers of America décerne à Yves Saint Laurent un « Lifetime Achievement Award ».

2001

Le 24 mars, Yves Saint Laurent reçoit à Palerme la Rosa d'Oro, qui récompense une personnalité de la culture.

2002

Le 7 janvier, la maison de haute couture organise une conférence de presse au cours de laquelle Yves Saint Laurent annonce son souhait d'arrêter son métier de couturier.
Le 22 janvier : dernier défilé rétrospectif au Centre Georges-Pompidou, retraçant ses quarante années de création devant un parterre de personnalités, et présentation de sa dernière collection printemps-été 2002[21, 22].
Le 31 octobre, fermeture de la maison de haute couture.
Le 5 décembre, la Fondation Pierre Bergé-Yves Saint Laurent est reconnue d'utilité publique par décret, paru au *Journal officiel*.
Le 31 décembre, ils achètent l'hôtel particulier du 5, avenue Marceau, qui deviendra le siège de la Fondation[20].
Désormais, Yves Saint Laurent se consacre aux activités et expositions de cette Fondation. Tout le patrimoine Saint Laurent depuis 1962 est conservé dans ce lieu : 5 000 vêtements, 15 000 accessoires et des milliers de croquis.

2004

Le 10 mars, la Fondation ouvre ses portes au public avec l'exposition « Yves Saint Laurent, dialogue avec l'art » : quarante-deux modèles et cinq toiles de maître témoignent de la relation étroite d'Yves Saint Laurent avec l'art[18, 19].

20

18

19

21

22

23

24

ANNEXES

INDEX CHRONOLOGIQUE DES MODÈLES

1999
Printemps-été
Robe de mariée, 224-225
Automne-hiver
Robe du soir, 38
Smoking, 89
Tailleur-pantalon, 60

2000
Automne-hiver
Ensemble, 215
Ensemble de jour, 71, 125
Ensemble du soir, 147
Robe de mariée (hommage à A. Renoir), 189
Robe du soir, 49

2001
Printemps-été
Ensemble du soir, 205
Robe du soir long, 206

2002
Printemps-été
Ensemble du soir, 148

Fournisseurs haute couture

Tissus
Abraham, Alleman, Aquaviva, Besson, Bianchini, Brivet, Buche, Bucol, Carlatto, Chatillon, Clerici, Daure, Dormeuil, Fournier, Gandini, Garigue, Ghioldi, Guillaud, Helsa, Holland & Sherry, Hurel, Leleu, Léonard, Lesur, Marescot, Moreau, Pennel, Perceval, Pétillault, Prud'homme, Racine, Raimon, Rodier, Rodolphe Simon, Saris, Schlaepfer, Sophie, Staron, Taroni

Cuir et peaux
Cuvreau, Poulain, Sonia

Passementerie
Denez, Leroux, Merieux, Trégal

Tricot
Closset, Michel Paris

Fourrures
Garande, Lavabre Cadet, Pelletier

Rubans
Guillemin

Brodeurs
Brossin de Meré, Lanel, Lesage, Lisbeth, Malhia, Mesrine, Montex, Rébé

Plumassiers
Barbier, Lemarié

Paruriers
Fromentin, Nina Wood

Bijoux
Baschet, Boucron, Caillol, Courlande, Denez, Goossens, Lapeyre, Péral, Rieux, Roux, Sabbagh

Souliers
Roger Vivier

Coiffures
Alexandre de Paris

Ceintures
Hamon, Lemarchand

Fondation
Pierre Bergé-Yves Saint Laurent

Achevé d'imprimer en juillet 2008
sur les presses de Graphicom à Vérone
Dépôt légal : mai 2008
ISBN : 978-2-7324-3775-0
Imprimé en Italie

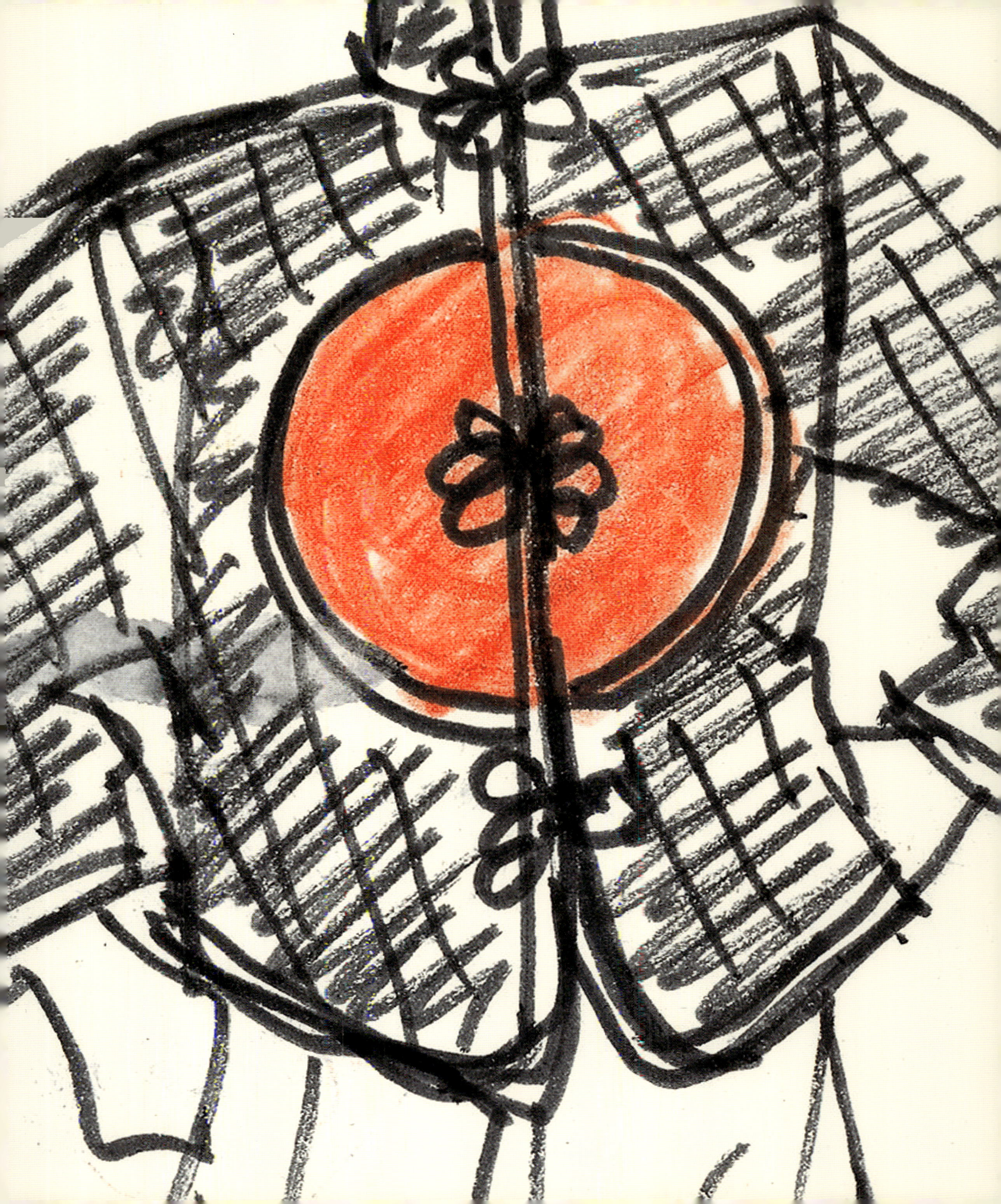

Les yeux d'Elsa

8 Great Steps to Workshe

1. *Pick the right function for the job.*
   - Beware of differences between functions that ha[illegible] purposes (ROUND and TRUNC, AVERAGE and MEDIAN, to name some of the most commonly misused functions).

2. *Watch for common sources of error. Avoid:*
   - Division by zero
   - Rounded or truncated values used in multiplication formulas
   - Circular references

3. *Make sure you have given each function everything it requires.*
   - Enclose text values that are used as arguments, as well as keywords, in quotation marks.
   - Don't use quotation marks on range names or on TRUE or FALSE.
   - Use parentheses in matching pairs.

4. *Verify all references to data.*
   - Make sure that arguments refer to cells or ranges that hold the values needed by the function.
   - Use range names for clarity, but don't assume that the name refers to the correct range until you recheck it.
   - Don't name a cell that holds a formula or use that name in other formulas unless you fully understand the underlying math.
   - Use absolute and relative addressing correctly to prevent errors that might arise if you edit the sheet later.

5. *Test each formula.*
   - Resolve any error messages in cells that contain formulas. (There's a list of error messages in Chapter 2.)
   - Watch for incorrect results, including values that appear out of bounds or otherwise unreasonable.
   - Revise your formulas until the sheet works as expected.

6. *Test the sheet.*
   - Generating graphs from ranges in the sheet can be a quick visual check on the reasonableness of results. (See Chapter 10.)

7. *If you make changes to a sheet, recheck and retest it.*

8. *If you think Excel goofed, think again.*

A Guided Tour of Excel 5

Gerald E. Jones

SYBEX®
San Francisco • Paris • Düsseldorf • Soest

Guided Tour Book Concept: David Kolodney
Acquisitions Editor: Joanne Cuthbertson
Developmental Editor: Richard Mills
Editor: Brenda Kienan
Assistant Editors: Michelle Khazai, Valerie Potter, Kris Vanberg-Wolff
Technical Editor: Richard Nollet
Book Designer: Claudia Smelser
Production Artists: Helen Bruno, Nadja Lazansky, Dan Schiff
Page Layout and Typesetting: Len Gilbert, Dina F Quan
Proofreader/Production Assistant: Sarah Lemas
Indexer: Ted Laux
Cover Designer: Joanna Kim Gladden
Cartoonist and Cover Illustrator: Steve Björkman

Screen reproductions produced with Collage Plus.

Library of Congress Card Number: 94-66405
ISBN: 0-7821-1547-0

Manufactured in the United States of America
10 9 8 7 6 5 4 3 2 1

Acknowledgments

A team of dedicated professionals worked to develop and produce this book. At SYBEX, thanks to Richard Mills, developmental editor; Brenda Kienan, editor; and Rick Nollett, technical editor. Special thanks to Peter Nathan, Senior Decision Support Analyst at Paramount Pictures, for suggesting some of the examples. Fred Gallegos of the U.S. General Accounting office first introduced me to the pitfalls of spreadsheet analysis in his book *Audit and Control of Information Systems*, and I am indebted to him for his professional advice. Personal thanks to Georja Oumano Jones, whose talent and energy are always an inspiration.

Contents at a Glance

Table of Contents

CHAPTER 2 Letting Excel Do Your Math 23

CHAPTER 3 Controlling Program and Document Windows 47

Introduction

This book aims to provide you with the kind of learning experience you would have if a living, breathing Excel expert were looking over your shoulder as you work at the computer. The expert is me, the author, represented by the tour guide characters and notes in the page margins. This ever-helpful person is ready to serve as your tour guide through the wondrous world of Excel.

My intention is to provide friendly advice at crucial points—without getting in your way. The essential stuff—the procedure for actually doing a particular task—is given in the text as a sequence of concise, numbered steps. For the most part, it's a no-nonsense approach. You get just what you need to get the job done, recognizing that you don't have any time to waste.

You can skip what the tour guide has to say, especially if you are in a hurry to get results. But if you want to be aware of the pitfalls, the technical details, or the finer points of the topic, look to him for insight—and sincere encouragement.

Light-hearted though it might seem, this format came about as a result of some serious thinking at SYBEX. We asked a lot of people like you who buy this type of book what kind of treatment they would prefer. It wasn't clever jokes, "free" software, or even loyalty to the reputation of a particular publisher that won the day. Most people replied that they value the advice and insight of an author who has first-hand, professional experience with the computer application being discussed. They told us they want concise, straightforward explanations from someone who knows.

You hold in your hand the result of our efforts to deliver just that. Personally, I was delighted to be able to write about Excel for one of the first titles of this new series, because I think Excel is one of the most powerful yet easy-to-use personal computing tools I've ever worked with.

Microsoft Excel is the most popular spreadsheet software yet developed. Using Excel is like having a math whiz trapped inside your computer. This whiz lives to take orders from you alone. All you have to do is learn how to state your needs precisely enough so that you can trust the answers the program will give you. Excel is also easy to learn, and it presents the results of the math it does for you in neatly printed tables and colorful charts.

Why the need for expert advice? If Windows and Excel are so easy to learn and to use, why do you need this book?

Cautionary Tales about Spreadsheets

Consider the truism that the pen is mightier than the sword. When you turn on your computer instead of picking up a pen, your chances of doing some real damage are far, far greater.

To illustrate, here are some cautionary tales about spreadsheets that looked fine, but weren't. All of the stories are supposedly true, but they have attained the status of computer-inspired folklore. Each of them demonstrates the potentially huge impact of a single error in a worksheet formula (the kind of math problem you give Excel):

- A financial analyst for a bank used the wrong formula for compound interest in preparing a projection of profits from an investment portfolio. As a result, the profit forecast was overstated. A few months later when the profits didn't materialize, the customer and the bank's officers were disappointed, to put it mildly. The analyst had a lot of explaining to do.
- A national sales manager included price discounts in one product line but neglected to include them in a formula that produced the sales forecast for related products. Because of the discounts, the actual sales for these products were much higher than the forecast. The company started to lose business, however, because the production quotas were too low and the plant could not keep up with demand. The sales manager—and the forecast—are history.
- Engineers at a firm that was bidding on a multimillion-dollar project overlooked the effect of rounding in their formulas. Their bid—which took them over a year to prepare—was way off, and a competing firm got the contract. The engineers of the biggest write-off in the life of the firm took pay cuts and thought themselves lucky.

Whether you're using Excel to balance your checkbook or the national budget (and in that effort I wish you well), the tips in this book should give you more confidence in your numbers.

How to Use This Book

The material in this book has been written to provide answers quickly and in plain English. You don't have to read it all, or in any particular order.

Most of the stuff that you really ought to know for getting started with Excel is in the first chapter. If you want, you can read that and learn the rest as you go.

You'll find a special troubleshooting guide in the *last* chapter (Chapter 13). If you're perplexed, but unsure of the cause (you don't know which topic to look up in the index), you might skim the tips in this chapter, then look up the cross-references to other chapters for more information.

Inside each chapter, I break up the material into short topics—each with a headline that describes the goal you are seeking, such as "Locating Data with Cell Addresses." These headings are listed in the table of contents. You should be able find what you're looking for quickly so you can get to the information you need fast.

When you see the tour guide character in the margin, the accompanying text usually is some kind of tip, warning, or other helpful observation. Especially if you're having difficulty getting something to work as advertised, look here for help. Also, this character often points out things that might require close attention in the book's illustrations.

Sidebars Are for Side Trips

If something gets really involved, I set it off in a clearly marked box so that you can read around it. If you're trying to find background information or exceptions to the rules, you should look in here.

Care to Follow Along?

All of the explanations of procedures are presented as examples with numbered steps. You don't have to do them on the computer yourself, since the important menus and screens are usually shown right in the book.

But you might find it instructive to follow along reading the book as you work with Excel. Since most of the resulting screen displays are shown in the book, you can compare what you did and see that things work as described here.

By the way, anything that you have to type at the keyboard or select from a menu is shown in **bold** in this book. And I've used a kind of shorthand for certain keys on the keyboard. The Enter key is represented by the symbol ↵. The Control key is abbreviated Ctrl.

There's also a special shorthand for sequences of menu selections. Instead of saying, "Select Open from the File menu," I'll just say, "Select **File ➤ Open**." Commands strung together with the ➤ symbol are always given in the order you choose them. Also, where appropriate, I mention alternative instructions for keyboardists.

In many cases, there are several ways of doing the same thing in Excel. The first time I discuss something, I'll show you either the quickest way or the way that's easiest to remember. Along the way, I point out shortcuts. In fact, there's a whole chapter on shortcuts (Chapter 9).

Sometimes, when there are several ways of doing something, and I've already covered the various options, I'll describe the procedure in a more general way that covers all the possibilities. For example, I might say, "Select **OK**," instead of "Click the **OK** button or press ↵." In effect, what I'm saying is, do it the way you want as long as you get that result.

What Else Do You Need to Know?

I don't expect you to have any previous experience with Excel. But the program should already be installed on your computer.

If it's not, the short version of the installation procedure is:

1. Start Windows.
2. Put the first installation disk in drive A (or B).
3. Select **File ➤ Run** in Program Manager.
4. Then type **a:setup** (*or* **b:setup**, if you've placed the installation disk in drive B).
5. Select **OK**.

The MS Excel Setup program will do the rest, asking you to insert the other disks when it needs them. Follow the program's suggestions on options unless you have a good reason not to. If something other than the default installation is required for doing the steps in a particular chapter, those features and instructions for installing them are described at that point.

If the above procedure does not result in a successful installation, please get technical help.

To use this book, you only need to know the basics about Windows and how to run applications. You'll be ahead of the game if you already know how to use your mouse. Know how to click, drag, and double-click (although I explain dragging when you need to do it in the early chapters). You should also know how to select commands from pull-down menus and how to set options in dialog boxes, although much of this gets explained in specific examples along the tour.

Please Talk Back to the Tour Guide!

Please let us (SYBEX and me) know whether we've achieved our objective of a more accessible, enjoyable, and helpful guide to Excel. If you think I could make something clearer or if, despite our diligent efforts, you spot an error, please write:

Gerald Jones
c/o SYBEX Inc.
2021 Challenger Drive
Alameda, CA 94501

I'll try to incorporate your suggestions in the next edition of this book.

All Aboard...

I believe it's a modern Chinese proverb that the journey of a thousand spreadsheets begins with a single click. Here's to your voyage of discovery through the deep forests—and bright vistas—of Microsoft Excel!

CHAPTER 1

What's in a Worksheet?

Featuring

- Locating data in worksheet cells
- Adding a column of numbers with AutoSum
- Generating sequences of values with AutoFill
- Changing number formats
- Applying ready-made appearance formats with AutoFormat
- Clearing values by dragging the fill handle
- Undoing actions
- Saving your work to disk

Ahem, we tour guides pride ourselves on our banter, which aims to be both entertaining and educational. No kidding, this Excel is a wizard beneath the sheets! *Sheet* is short for *worksheet*—like a sheet of grid-ruled paper. *Spreadsheet* is another name for the same thing—the basic working document of Excel.

The goal of this book is to guide you fearlessly through the wonderful world of Excel. Excel is a computer program that, among other things, can keep track of lots of numbers and do all kinds of math with them.

In this chapter you'll learn how to store numbers and other useful stuff in the basic working document of Excel, the worksheet. You'll also discover how to let the computer do all your math so that you can do other things with your time.

Some of you DOS die-hards have your computers set up so that Windows doesn't load automatically. Okay, fine. Here's a quick DOS command that will start both Windows *and* Excel. At the C:› prompt, just type **win excel**.

Starting the Application

Assuming that you've installed Excel successfully on your computer, here's how to get started:

1. Start Windows. (Depending on the way your computer is set up, Windows may start automatically, and you can skip this step.) The Program Manager desktop will appear (Figure 1.1).
2. Double-click the Microsoft Office program group.

FIGURE 1.1

When you start Windows, the Program Manager desktop will appear.

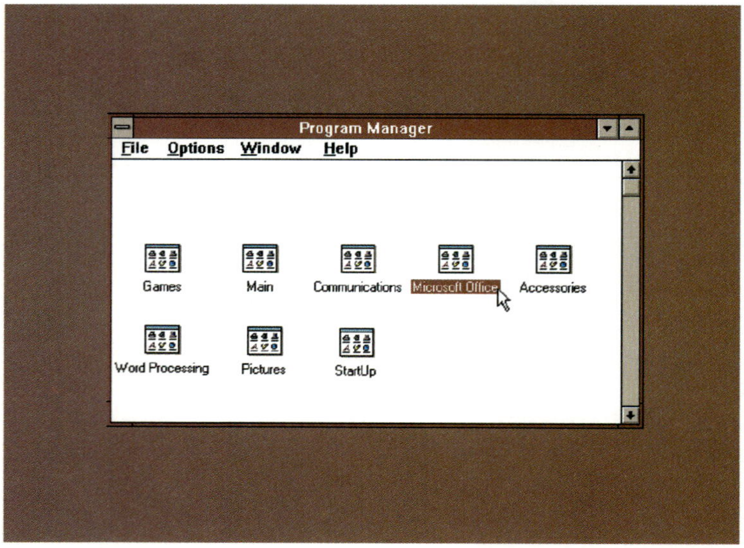

3 Double-click the Microsoft Excel application icon.

The Excel application will start, and you will be presented with a blank worksheet (Figure 1.2).

FIGURE 1.2

When Excel starts, the program presents a blank worksheet.

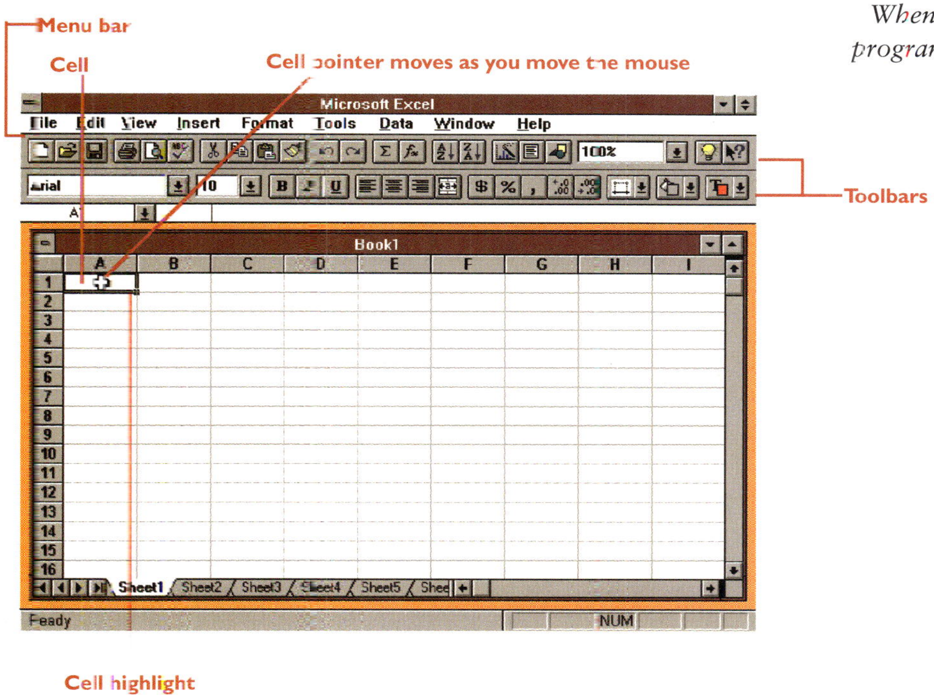

Finding Your Way among the Columns and Rows

Take a close look at the worksheet in Figure 1.2. It's arranged by columns and rows. The columns go up and down; the rows go across.

This orderly arrangement is a way of storing things so that you—and the Excel program—can find them again. And to help you figure out where you are, Excel provides a *cell pointer*, which moves around the worksheet as you move the mouse.

I don't know about you, but I find the term *cell* a bit chilly. Don't worry, you don't have to live there. A cell is just a place to store your stuff. If it makes you more comfortable, call it a "cubbyhole."

Locating Data with Cell Addresses

Columns are identified by letters, starting with A, across the top of the sheet.

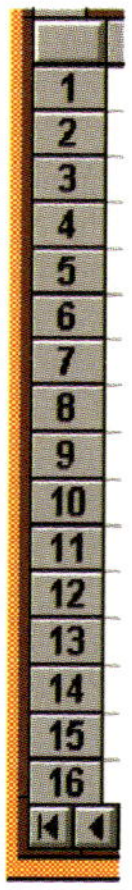

Rows are identified by number, starting with 1 and running down the left side of the sheet.

Notice in Figure 1.2 that the intersection of each column and row forms a small box. Each box is a storage location for one piece of stuff, such as a number. Each box is called a *cell*. Each cell—every storage box—has an *address*. The address of a cell is the letter of its column and the number of its row, the column always first. So the address of the top left cell in the sheet is A1.

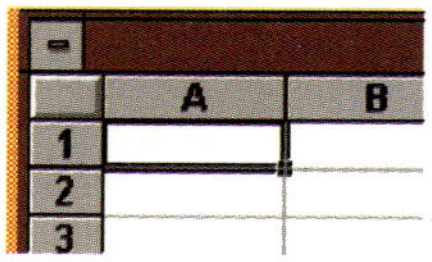

Each cell has its own address, and no two cells have the same address. If you tell Excel that you want the stuff you stored in cell D5, the program will use the contents of the box at the intersection of column D and row 5.

What's in a Cell?

The stuff that you store in a cell can be numbers (called *values*), letters of the alphabet, a mixture of numbers and letters, or some of that math you want Excel to do for you. Each cell can only store *one piece* of stuff—one number value, for example.

Here's an example we can all relate to: If I gave you $10, you could record that amount in a cell. Watch the examples to see how my disbursements to you accumulate.

Making an Entry in a Cell

To enter a number (a value) into a cell, you just:

1. Move the mouse so that the cell pointer is on the cell. When the mouse pointer is inside the sheet, it becomes the cell pointer—a fat plus sign.

2. Click the left mouse button to select the cell: In this case, move the pointer to cell B2 and click the left button of the mouse. An outline will appear around the cell (called the *cell highlight*), indicating that you've selected it to hold your stuff.
3. Type the value: In this example, press the number keys 1 and then 0.
4. Press ↵ (the Enter key). The value will appear in the cell, and the cell highlight will drop down to the next-lower cell.

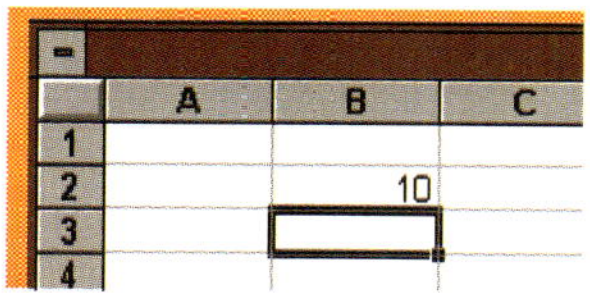

With my (okay, *your*) $10 in it, the little cell is all filled up. It can't hold any more. That's fine, because you want to be able to keep track of the different amounts you receive from me, and there are lots and lots of cells to store them in. So, if I gave you $20 more, you'd record that in a *different* cell.

If you're a maestro of the keyboard, you will be happy to learn that rather than clicking your cell selection with the mouse you can move the cell highlight around the sheet by pressing the arrow keys: ← → ↑ ↓.

Entering a Column of Numbers

Typically, you will want to enter a series of data items, one column at a time. For example, you might enter different amounts of money that you received on different days. Notice that when you pressed ↵ to enter the first entry, the cell highlight dropped down to the next cell, ready for the next entry in the column:

1. With the cell highlight in B3, type **20**.

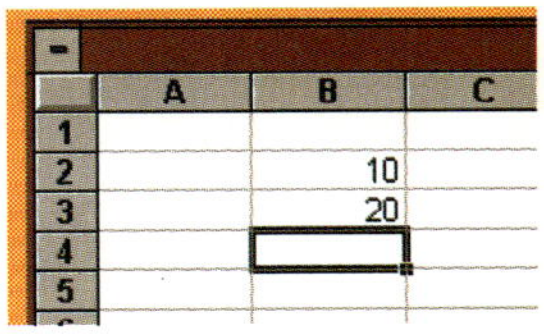

2. Press ↵. The value will appear in cell B3, and the cell highlight will drop down to cell B4, ready for another entry in that column.

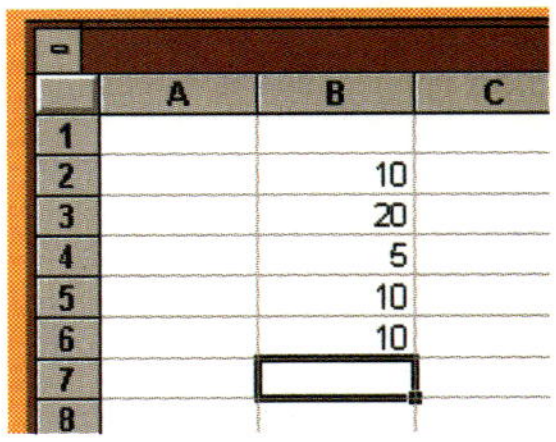

3. Continue to type entries, pressing ↵ after each: **5**, **10**, and **10**. As you make entries, the cells in the column will fill up.

If the cell highlight does not drop down to the next-lower cell after you press ↵, someone has changed the default (standard) settings of your program. To reset this option, select **Tools ➤ Options** from the menu bar. The Options dialog box will appear. Click the index tab **Edit**. Click the option **Move Selection After Enter** (so it is marked with an X). Then select **OK**.

Adding a Column of Numbers

Excel can add a column of numbers in a wink—whether there are two or 2,000 values involved.

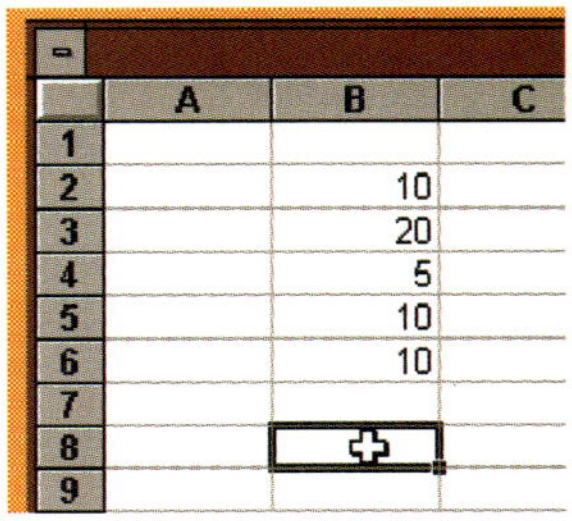

1. Click a cell at the foot of the column: In this case, click cell **B8**.

2 In the toolbar, double-click the **AutoSum** tool.

The button with the Greek letter sigma (Σ) is called the *Auto-Sum* tool, and it does just that: It *auto*matically *sum*s, or adds, the numbers in the column above the cell you select to hold the answer (see Figure 1.3).

Tips for Using AutoSum

To generate a total, you can select a cell and *double-click* the AutoSum tool *only* if the selected cell is at the foot of a column or the end of a row and you want to include all the numbers in that column or row. In short, double-click AutoSum if you want the bottom line.

If the total is not at the bottom or at the side, click AutoSum *once*, then drag the line of "crawling ants" around the group of cells you want summed. Next, press ↵.

To accept an entry, instead of pressing ↵, you can click the Confirm (✓) button, which appears near the center of the screen, just above the worksheet window. When you click ✓ to accept an entry, the cell highlight won't move, as it usually does when you press ↵. To reject an entry before you've pressed ↵ or clicked ✓, you can press Esc or click the Cancel (×) button. There's more about these buttons in Chapter 2.

If you don't see the toolbars, you (or somebody else who was playing with your computer) hid them. To display them again, select **View➤ Toolbars**. Make sure that the names **Standard** and **Formatting** are checked in the Toolbars dialog box, then select the **OK** button. The default set of tools should come out of hiding.

When you point to a tool with the mouse and pause for a moment, a ToolTip will appear, showing the name of the tool. Also, an explanation of the effect of using the tool will appear in the status bar at the bottom of the screen, as shown in Figure 1.3.

FIGURE 1.3

You can add a column of numbers by selecting a cell at the bottom of the column and then double-clicking the Auto-Sum tool with your mouse.

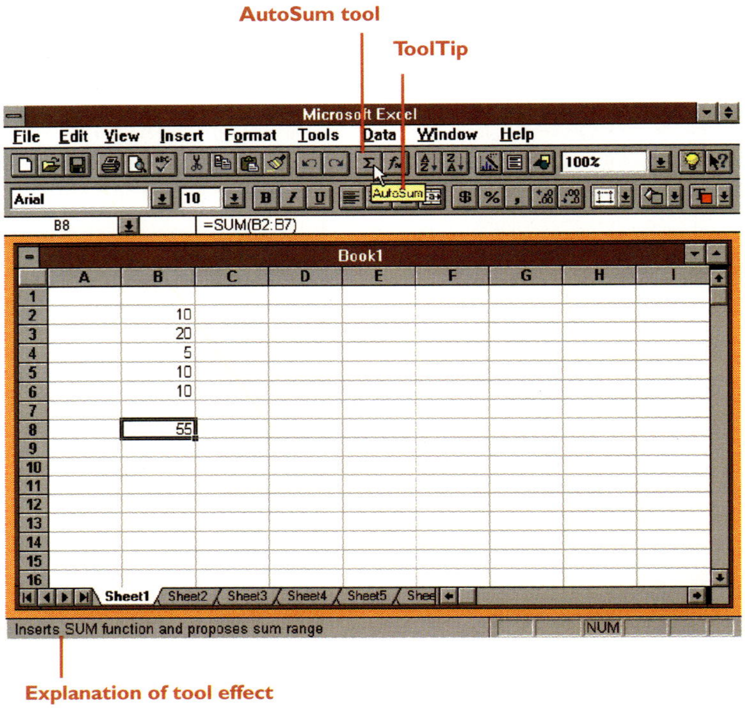

Automatic recalculation is a real boon to human relations—and a compelling reason to let Excel do your work for you. Time was, making a change to a page of calculations was downright annoying. For example, it used to be a chore to deal with someone like me who insists, "Wait a minute, pal. That third bill I handed you was a fifty—not a five." With Excel to do the work, you can smile and avoid a fight with three keystrokes (if you count pressing ↵).

Recalculating a Result

Normally (unless you set the program otherwise), Excel will recalculate your worksheet any time you make a change to an entry. You can demonstrate this for yourself with the column of numbers you just entered.

1. Click cell B4.
2. Type 50.
3. Press ↵. The new value will be entered into B4, the cell highlight will drop down, and the total will be recalculated, as shown in Figure 1.4.

FIGURE 1.4

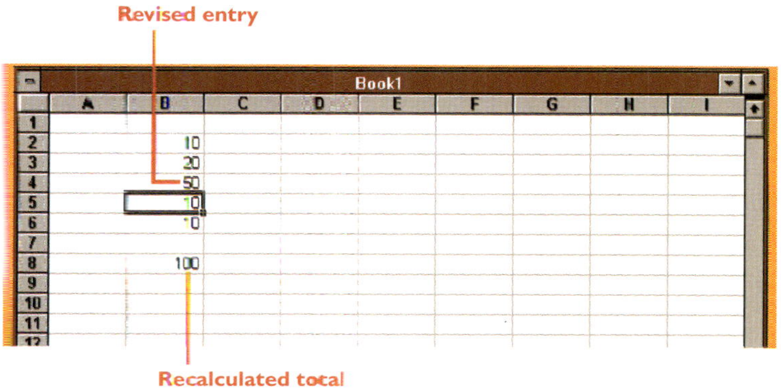

When you change one of the entries in a summed column, Excel automatically recalculates the total for you.

You think that was nifty? I'm telling you, you can make Excel your own personal math slave, no questions asked. I give it all my number-crunching homework, which it does quickly and with no complaints. Think of it: All my pencils still have erasers! What's more, I know that, if I build a worksheet correctly, Excel's arithmetic will always be correct.

Excel Produces Information from Data

The stuff you put in cells is *data*—one *data item*, or piece of data, in each cell. Data is what you put in. *Information* is what you get out.

The total that Excel produced when you clicked the AutoSum tool is useful information when it appears along with the column of numbers it sums. That's the purpose of Excel—to generate information from the data you provide.

Labels Are Text Data

Data can be letters as well as numbers. In Excel a group of letters in a cell is called a *label* because that's what such letters are typically used for—to label the numeric entries in a sheet. (Another term for label is *text*. A good working definition of text is any entry that is the name of something, rather than an amount or a math problem.)

A single data item has no meaning by itself. Information tells you something useful, for example: "How much do you owe me?"

Labels Can Be Alphanumeric

A label can include both letters and numbers (can be *alphanumeric*), as in TOTAL1. For example, a label could be used for a model number— which might include special characters—such as SPEEDO-101. Number entries, or numeric data, cannot include any letters or special characters, except for

- currency symbols ($100)
- commas separating thousands (1,000,000)
- leading plus or minus signs (+ or – in front of the number)
- decimal points (100.00), slashes (/), or hyphens (–) in dates (1/2/99 or 1-2-99)
- percent signs (%) after percentages
- scientific notation (1E+08 in Excel means 1.0×10^8)

Confused about the distinction between data and information? Here's an illustration. This is data: 5105238233. This is information: 510 523-8233 (the phone number at SYBEX). The word "data" is the plural of the Latin *datum*, meaning "fact." In popular English usage today, it's okay to use the word as a singular, collective noun: The data is correct.

Entering a Label

You can add labels to the worksheet for the days of the week. And Excel has a feature that will do much of the work for you.

1. Click cell **A2.**
2. Type **Monday**.

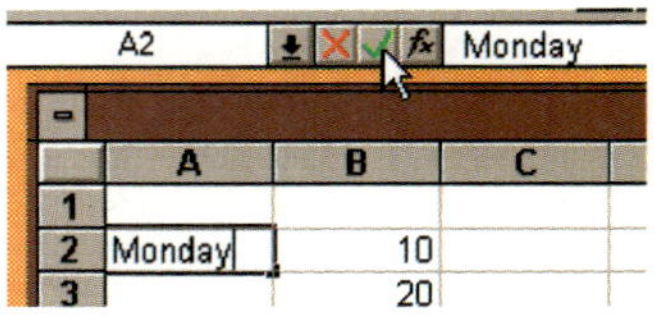

3. Instead of pressing ↵, click the ✓ button. The label Monday will appear at the left edge of the cell, but the cell highlight won't move. (You can accept an entry either way, but it will be convenient to leave the cell highlight where it is for your next action.)

Generating Date Labels Automatically

Now, let Excel generate the labels for the other days of the week:

1. Move the pointer to the bottom right corner of the cell highlight. When the pointer is positioned over the small square in that corner, it will change to a solid plus sign.

2. With the pointer shaped like a solid plus sign, *drag* the right corner of the cell down to **A6.** Excel will fill the rest of the cells with the other days of the week, in correct sequence, as shown in Figure 1.5.

Remember when I was giving you all that money? Let's say I was giving you one payment per day. By adding labels, you can keep track of how much I give you each day, so that you could answer annoying questions like: "How much did I give you on Tuesday?"

FIGURE 1.5

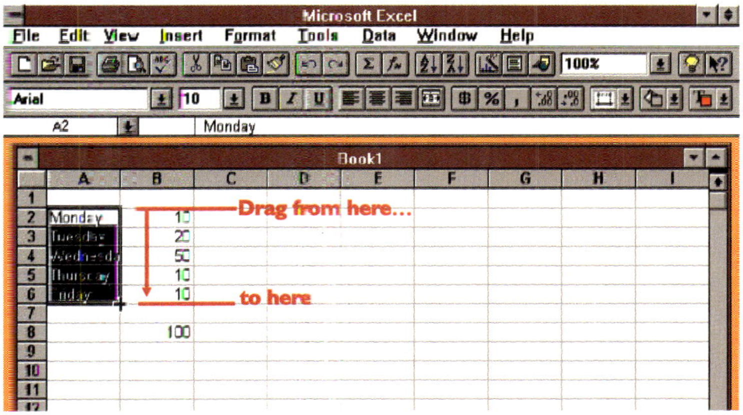

When you drag your mouse from the lower-right corner (fill handle) of the cell labeled Monday *(A2) to the lower-right corner of A6, Excel fills in the other days of the week automatically.*

AutoFill Is Automatic Filling

This feature is called *AutoFill:* Excel *auto*matically *fill*ed the cells you selected (by dragging over them) with the days of the week.

Dragging is an essential skill. Don't worry, it's not cruel and can be fun: Grab the little critter and move it to the starting point. Press its left button and hold it down as you move the mouse in a little race to the finish line. Then let go of the button.

The small square in the bottom right corner of the cell highlight is called the *fill handle*. This Excel feature has a dual function, depending on which direction you drag it.

- Drag the fill handle away from the cell to copy its contents into adjacent cells (perhaps incrementing values in a series, as shown in the example).

  or

- Drag the fill handle back up through the cell to clear (erase) its contents.

Correcting Cell Overflow

Text over-flowing cell borders is a serious possibility, when you consider that each cell in a sheet can contain as many as 255 characters.

In the example shown in Figure 1.5, the label Wednesday is too long. It won't fit into cell A4. All the characters are in there somewhere—you just can't see some of the letters because they *overflow* into the cell. Here's a quick way to remedy the situation:

1. Move the pointer up to the right boundary in the column heading (the right edge of the column that's too narrow). The pointer will change into a vertical bar with a double-arrow.
2. Double-click.
3. Excel will adjust the width of the column to accommodate the longest entry, as shown in Figure 1.6.

When the pointer has this double-arrow shape, you can also drag the column to any desired width. You can adjust the height of a row by dragging the boundary below the row number (see Figure 1.7).

FIGURE 1.6

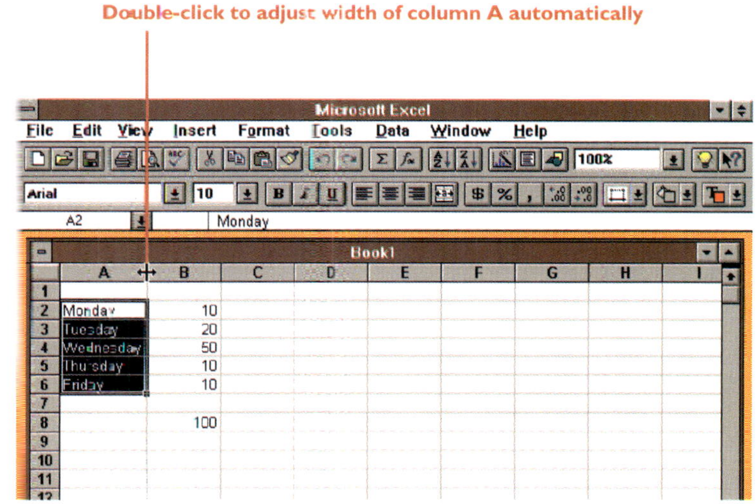

When you move the mouse pointer to the right boundary of the column heading, the pointer changes into a double arrow. When you double-click, Excel adjusts the column width automatically so all the entries in the column will fit.

FIGURE 1.7

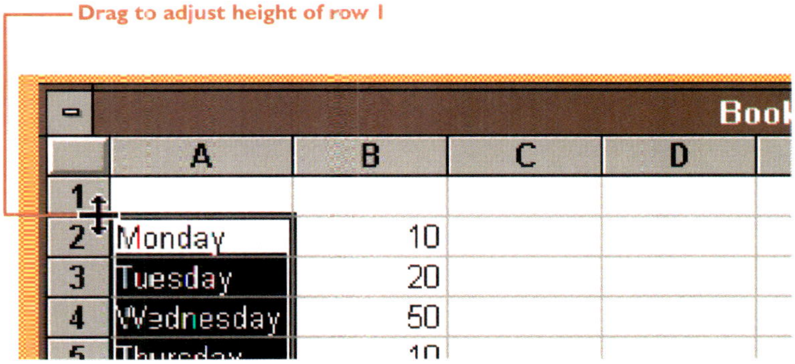

You can adjust row height by dragging the double-arrow pointer up or down near the row numbers.

Changing the Style of Your Number Entries

Number formatting is just one aspect of display *style*, which can also include appearance options such as font and color. In the case of numbers, formatting helps you understand: One hundred *what*? Since the value of the ruble isn't too stable these days, I'd like to make it clear that my generous contributions to you are in dollars.

By default, the numbers you enter into the sheet are displayed in a format called *General*, which is rather plain. A *number format* is an option that controls the appearance of numeric data on the screen and in printouts. Because your entries are meant to be in dollars, your sheet will be more understandable if you can change the number format to include the currency sign.

Making Selections

In Excel, as in most other Windows applications, you must *select* a thing before you can change it—by using commands from the menu bar, for example. Select a cell and its contents by clicking it. Select a column, a row, or several columns or rows by dragging the cell highlight from one corner of your selection to the other.

Using the Currency Style Tool

Excel provides a quick way to change from General number formatting to one of several available Currency formats.

1. Drag the cell pointer (the fat plus sign) from cell **B2** to cell **B8**, as shown in Figure 1.8.
2. In the lower toolbar, click the **Currency Style** tool.

After you click the Currency Style tool, the numbers you selected in the sheet will be shown in dollars and cents, as shown in Figure 1.8.

FIGURE 1.8

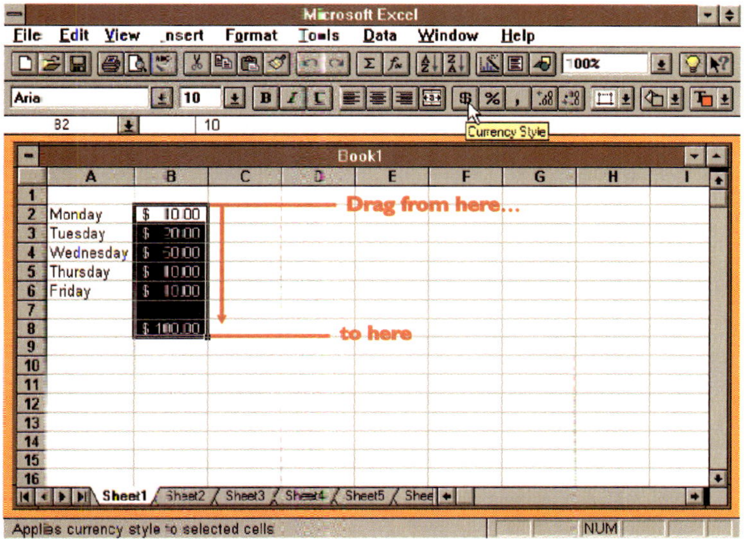

Drag the cell pointer from cell B2 to cell B8 to select the column of numbers. Then, click the Currency Style tool to display the amounts as dollars.

Adding Explanatory Labels

This sheet could use a couple of additional labels.

1. Click cell A8.
2. Type Total.
3. Press ↵.
4. Click cell A1.
5. Type How Much Do I Owe Gerald?
6. Press ↵.

The label identifies the number data. (Nice of you to acknowledge the source of your income!) With these illustrative labels, anyone looking at your sheet will know and understand the history of our transactions. That's the mark of good worksheet design: concise, useful information at a glance.

Notice that the address of the text you entered in step 5 is cell A1, even though the characters extend into adjacent cells in that row:

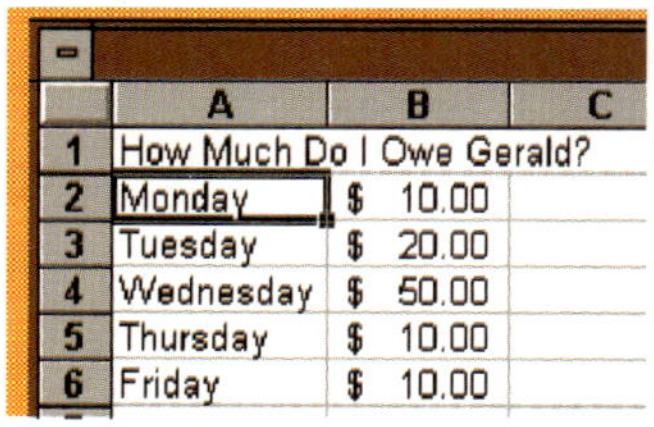

	A	B	C
1	How Much Do I Owe Gerald?		
2	Monday	$ 10.00	
3	Tuesday	$ 20.00	
4	Wednesday	$ 50.00	
5	Thursday	$ 10.00	
6	Friday	$ 10.00	

You can't apply AutoFormat to a selection that includes only empty cells. The program must be able to detect a table (columns and rows of data) in your selection. Furthermore, you might not always be satisfied with the result of using AutoFormat. Like other ready-made solutions, the final appearance will depend on how closely your sheet follows the arrangement of a "typical" table. For example, the program expects totals in the last column, in the last row, or both.

Using AutoFormat to Improve the Appearance of Your Sheet

As it stands, the sheet is informative, but still rather plain in appearance. You can fix that quickly by using the Excel feature AutoFormat.

1. Drag the cell pointer from cell **A1** to cell **B8**, highlighting the entire sheet that you've built.
2. From the menu bar, select **Format**. The Format pull-down menu will appear.
3. From the Format pull-down menu, select **AutoFormat** (Figure 1.9).

The AutoFormat dialog box will appear, listing sets of ready-made appearance selections in the Table Format box on the left, along with a pictorial preview in the Sample box on the right.

FIGURE 1.9

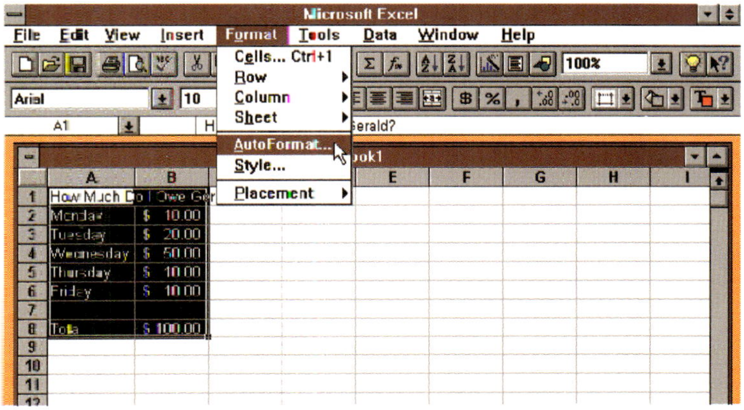

Drag the range A1:E8, then select Format ➤ AutoFormat.

4 In the Table Format list box, select Colorful 2. A preview will appear in the Sample box:

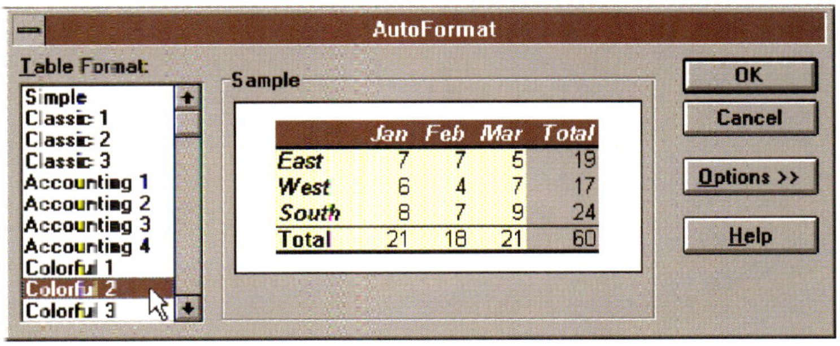

5 Select OK to close the dialog box. The ready-made format selections will be applied to your sheet. (While your sheet is highlighted, the selected area is shown in reverse video.)

6 To release the selection so that you can see the correct colors applied by AutoFormat, click anywhere outside the selection (Figure 1.10).

FIGURE 1.10

To deselect the worksheet, click anywhere outside the highlighted cells.

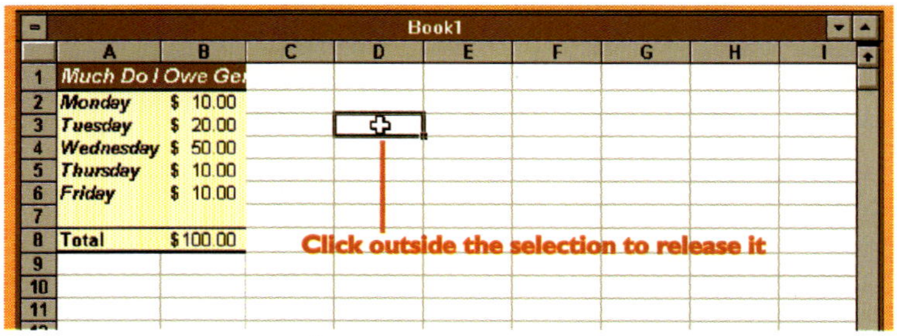

Adjusting Column Width by Dragging

The result of using AutoFormat is a big improvement, but the title (which is held in cell A1) is all bunched up. You can fix this by adjusting the column width. Instead of double-clicking to adjust the width automatically, you can drag the column border to any width you desire.

1. Move the cell pointer to the right edge of the column A heading. The pointer will change to a double-tipped arrow.
2. Drag the right edge of column A about two column widths to the right, as shown in Figure 1.11.

FIGURE 1.11

You can drag the right edge of column A farther to the right to widen the column to any desired width.

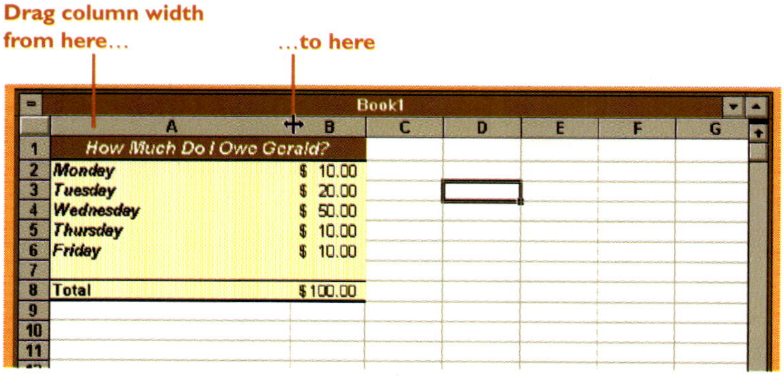

Printing Your Worksheet

You can now print your worksheet so that you have a paper record, or *hard copy*.

1. Make sure your printer is connected and switched on.
2. In the toolbar, click the **Print** tool (located near the top-left corner of the screen, beneath the View command).

The whole sheet will be printed. If you are using a monochrome printer, Windows will convert the color display to shades of gray.

The conversion of a color worksheet display to monochrome printout is handled not by Excel but by the Windows *printer driver*, a program that controls the specific model of printer that is connected to your computer. The printer driver is activated when you install your printer through the Control Panel of Windows. So, if you don't like the way colors have been converted, don't blame Excel; it's a Windows thing.

Clearing Data Entries with the Fill Handle

Recall that you can clear the data from a selection of cells by dragging the fill handle upward.

1. Drag the cell pointer from **B2** to **B6**, highlighting all of the number data (money contributions).
2. Move the pointer to the bottom-right corner of cell B6 (the fill handle). The pointer should change to a solid plus sign.
3. Drag the plus sign up—back over the entries, from bottom to top, as if wiping a slate clean (see Figure 1.12).

The number values will be *cleared*, or erased.

In any worksheet, you can *clear*, or erase, the data without affecting the math. That's a handy way to reuse a sheet (or, better, another copy of a sheet). As explained here, you can use the fill handle to clear the data so that there's no record of our transactions.

FIGURE 1.12

To remove the entries in column B, highlight them, move the pointer to the bottom-right corner, then drag the pointer up to the top entry.

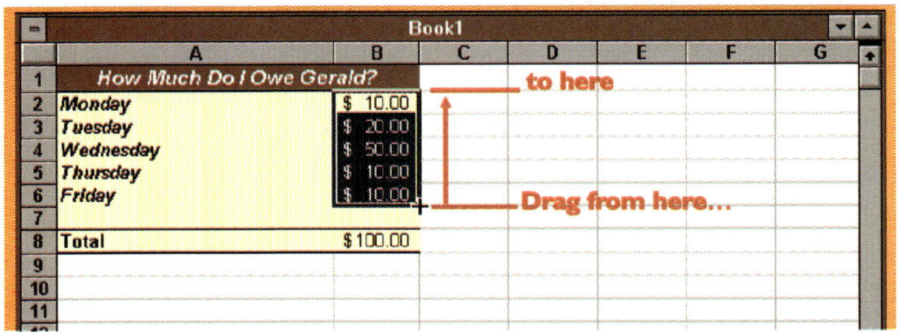

Remember: Clearing with the fill handle erases the data, but *not the formatting!* If I started giving you money again (watch out!), you could reuse this sheet rather than starting from scratch. Excel will even calculate the total without any further work on your part. How's that for recycling?

Reversing Your Decisions by the Undo Command

Few actions in Excel are irreversible—provided that you act quickly, before you do anything else.

1. From the menu bar, select Edit. The Edit pull-down menu will appear.
2. From the Edit pull-down menu, select Undo Clear. The data entries you cleared with the fill handle will be restored. (See Figure 1.13.)

FIGURE 1.13

The Edit menu. The pointer is over the Undo command, which will cancel the last action you did (Clear, in this case).

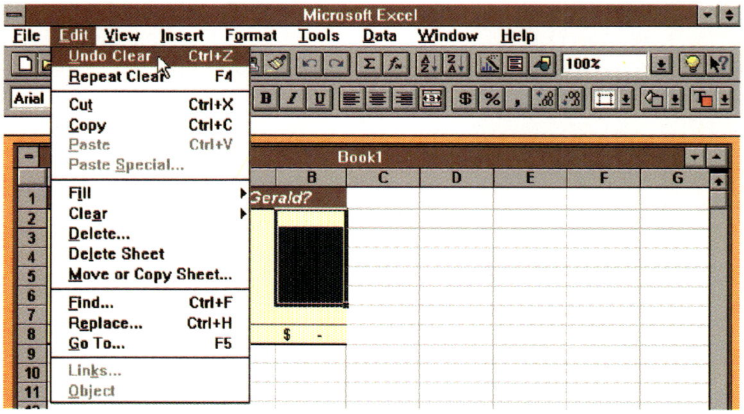

Saving Your Worksheet Document to Disk

At the conclusion of each work session, as well as at intermediate points after you've entered a significant amount of data, you should save your work to disk.

1. Click the **Save** tool (the button with a diskette on it at the top-left of the screen).

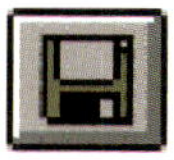

2. The Save As dialog box will appear. Click its **OK** button.
3. The Summary Info dialog box will appear. Click its **OK** button.

Your work will be saved with the file name BOOK1.XLS.

Do, undo—frankly, my head is spinning! Perhaps we could put off this discussion to a more mutually convenient time? But I hate for you to lose this valuable work. You do know, don't you, that if you turn your computer off without saving your work to disk, all your stuff will go to data heaven, whence there is no return in this life? The moral: Save early and save often. Otherwise, even the tiniest glitch in electrical power could blast your valuable information to kingdom come!

Coining Workbook File Names

The BOOK1 file name refers to an Excel document called a workbook, which can be a stack of many sheets. The .XLS is the DOS file extension indicating an Excel Workbook. There's more about workbooks in the chapters that follow.

BOOK1 is the default file name, which is assigned here automatically by the program. This is handy for people like me who would otherwise waste valuable playtime trying to come up with some clever name. You don't have to be satisfied with the default name. Type anything you want, as many as eight characters, before selecting OK. You can let Excel add the required .XLS extension.

After familiarizing yourself with the material in this chapter, you might want to go it alone for awhile. Experiment with using Excel to record and total your monthly expenses, your income, or your golf scores. If you find yourself wanting to extend your skills with Excel, you might profitably consult the chapters that follow.

This chapter covers most of the tools and techniques you need to be productive with Excel. Many worksheet tasks are no more complicated than totaling columns of numbers, for which you now should be well prepared.

CHAPTER 2

Letting Excel Do Your Math

Featuring

- Basic rules for writing formulas and functions
- Understanding range references and names
- Verifying formula results
- Copying formulas and values with AutoFill
- Entering fractional numbers
- Dealing with cell overflow and error messages

This chapter is sprinkled with definitions of Excel terminology that can be useful to you not only in reading this book, but also in consulting Excel's Help system.

To access online help while using Excel, press F1. The program will display information on the task you're trying to do. You can click on any term that is highlighted in Excel's online help, and its definition will pop up. For other nifty features of Excel's Help system—including the Tip Wizard—see Chapter 9.

In this chapter you'll get acquainted with formulas. A *formula* is a math problem that you want Excel to solve.

Much of this chapter is about formulas in general—setting them up and getting them to work correctly. If you're already familiar with basic formula writing and you want to do more ambitious calculations, you might skim this chapter and then skip ahead to Chapter 4.

Assuring Correct Results with AutoSum

Chapter 1 introduced the handy AutoSum tool, which provides a quick way to total a series of numbers—literally at the click of a button.

Much of the time, you can simply click the cell that will hold the answer and double-click this button. However, this shortcut doesn't always work. AutoSum generates a formula for addition, and in some circumstances that formula may be incorrect.

This is an example of an important general rule: Don't assume that using the AutoSum tool—or entering any other type of formula—will always give you a correct result. To determine whether AutoSum has produced a correct total, you have to know something about the formula it generates automatically.

Reopening a Workbook File

Look again at the example sheet from Chapter 1 (Figure 1.12). To reopen its workbook file, follow these steps:

1. Start Excel.
2. Select the File pull-down menu.
3. Select the name of the workbook file: BOOK1.XLS. The program will open the file and display Sheet1 (the top sheet in the workbook) in the document window.

Opening a File That Isn't Listed

Normally, the names of the last five files you used will appear at the bottom of the File menu. If the BOOK1 file isn't listed there, here's how to open it:

1. Select the **File** pull-down menu.
2. Select **Open**. A list of file names will appear in a dialog box.
3. Double-click the file name in the list. (This has the same effect as clicking once on the file name and then selecting OK.)

Inspecting a Formula

With Sheet1 of the file BOOK1.XLS open,

- Click the cell that holds the total: **B8**.

Notice that the notation B8 appears in a box just above the sheet and to the left. This is the Name box, which normally shows the address of the currently selected cell (see Figure 2.1).

To the right of the Name box is the *formula bar*. It shows the contents of the cell you have selected. Right now, cell B8 holds a math instruction for Excel:

    =SUM(B2:B7)

This is a formula. Remember, you don't have to do the calculating. You just need to know how to ask Excel to do it for you.

When you want Excel to do your calculating for you, you must be very precise about your request. *Syntax* is a specific way of writing something, or in this case, a precise way of entering formulas into cells. Why is syntax so important? You won't get a correct answer unless you follow the rules of syntax.

The *formula bar* shows the stuff that's stored in the last cell you clicked. This can be a number, a label, or a math problem (a formula or a function). If the formula bar shows a number or a label, that's just what appears in the cell. But, if the formula bar shows a formula, the *result* of calculating the formula is displayed in the cell. So, just by glancing at a worksheet, you can't tell right away which cells contain values and which contain formulas.

Basic Rules for Writing Formulas

A formula in Excel usually has at least three elements: an equal sign, a function name, and an argument. These elements are illustrated in Figure 2.2.

FIGURE 2.1

The sample worksheet from Chapter 1 with cell B8 selected

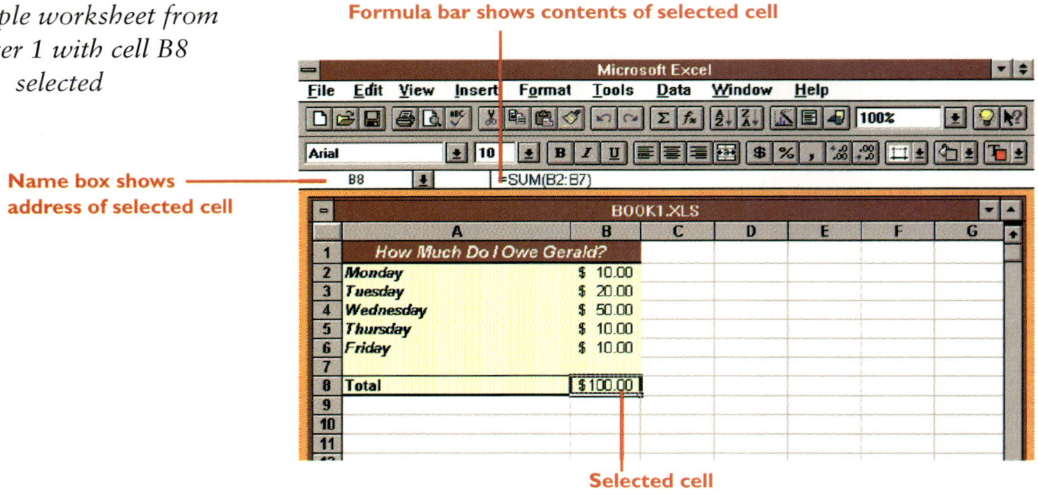

FIGURE 2.2

Most Excel formulas have three parts: an equal sign, a function name, and an argument.

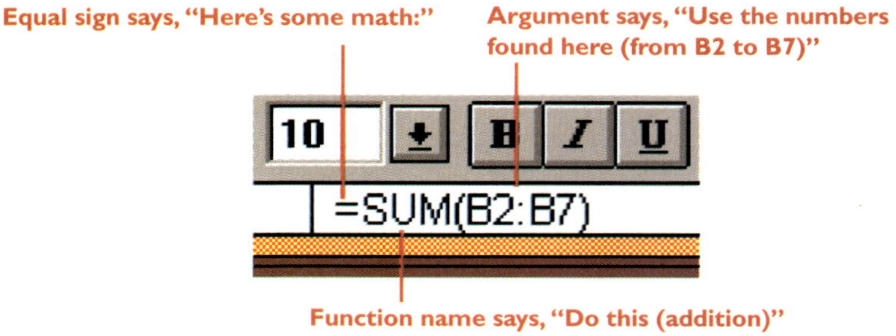

Equal sign A formula always begins with an equal sign (=). It tells Excel, "Do this math!"

Function name A function name—SUM, in this case—is shorthand for a more complicated formula that Excel already knows how to do. This chapter covers SUM, which adds a series of numbers, and AVERAGE, which averages a series of numbers. Many more functions can be found in Chapters 4 and 5.

Argument The cell references enclosed in parentheses form an *argument*. With functions such as SUM and AVERAGE, the arguments describe a group, or *range*, of cells that hold values. In general, an argument gives Excel some numbers to process, or at least tells Excel where to find numbers to input to a function. Some functions don't have arguments (more about this shortly).

Those of you who are entering Excel from Lotus-land have been trained to begin a formula with the "at" sign (@) instead of the equal sign. Never fear; Excel will extend a helping hand. If you enter @ to begin a formula, the program will translate it automatically to =. (It's just another way Excel eats Lotus for lunch. Lotus programs chomp back, however, by translating = to @.)

In the example, AutoSum generated the formula

=SUM(B2:B7)

This formula simply means, "Sum the numbers in the range from cell B2 through and including B7." Excel does the work and puts the answer in the cell that contains the formula—B8, in this case.

Excel is pickier about function names than it is about = and @. It likes the ones that are the same in Lotus—such as SUM—but it spits out the ones that are different—such as AVG instead of AVERAGE. Although Excel will translate functions when reading Lotus worksheets, you'll have trouble if you try to enter Lotus functions directly into an Excel sheet.

Understanding Range References

The argument in the example above is the range B2:B7. When you specify a range, you are selecting the contents of its cells. The colon (:) means "and all cells through and including."

To summarize, a *range* is a rectangular block of cells defined by its first cell and its last cell. The first cell is in the upper-left corner of the range and the last cell is in the lower-right corner of the range. (You can specify any two opposite corners, but Excel will translate your entry to show the first and last cells—in that order.) Figure 2.3 shows the range B2:D4

FIGURE 2.3

The range B2:D4 is selected.

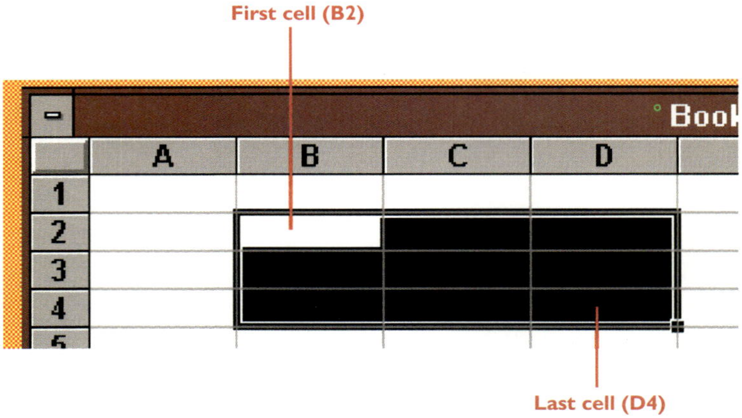

In another accommodation to Lotus lovers, Excel will politely translate the .. syntax used in Lotus range definitions to the : it requires. So Lotus users can enter **B2..B7** as compelled by force of habit, and Excel will translate the entry to B2:B7.

A range can also be a single column or row. In a column, the first cell is at the top and the last cell is at the bottom of the range, as it is in the AutoSum example. In a row, the first cell is at the left end and the last cell is at the right end of the range. Figure 2.4 shows the range B2:D2.

FIGURE 2.4

The range B2:D2

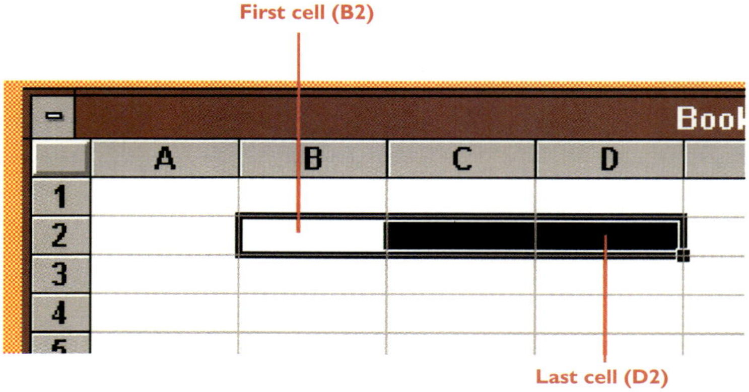

Verifying the Correctness of Formula Results

One way to tell whether a calculated answer is correct is to inspect the formula that produced it. When you inspect a formula, you should ask yourself:

- Does the formula begin with an equal sign? (All formulas generated by AutoSum will have this, but you want to be thorough.)
- Is the function name correct? (If you entered a correct function name, Excel will capitalize all its letters. If Excel doesn't capitalize the function name, it doesn't recognize the function.) Also, does it describe the result I want? Did I use the right function for the job? (AutoSum always generates SUM, so you wouldn't use AutoSum if you wanted an average instead.)
- Does the specified range contain the correct set of data? (This question may be the most important one with AutoSum.)

In the example, the range of numbers to be added extends from B2 to B7, which seems to be correct. However, AutoSum does not always pick the range correctly. In the next section, you'll learn how to avoid problems with AutoSum.

Watch out! To generate a total, you can select a cell and *double-click* the AutoSum tool only if the selected cell is at the foot of a column or end of a row and you want to add all the numbers in that column or row. In short, double-click AutoSum if you want the bottom line.

Avoiding Errors with AutoSum

Recall that the AutoSum procedure covered in Chapter 1 is a shortcut—namely, *double-clicking* on the tool. This is speedy and works fine—most of the time.

There's a more conservative approach to using AutoSum in which you select the range to be summed:

1. In the example sheet, click cell **B8** to select it.
2. Click the **AutoSum** tool just *once*. If Excel can find a column of numbers above or a row to the left of the selected cell, it will highlight the column with a moving dotted line, as shown in Figure 2.5.

FIGURE 2.5

The moving dotted line indicates the range to be summed.

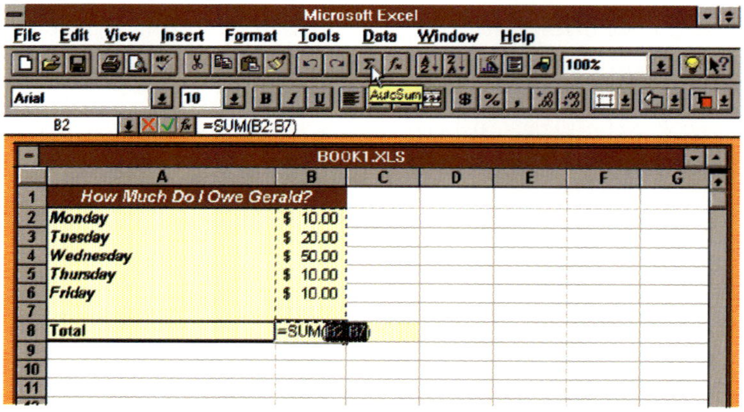

The gang at Microsoft calls the moving dotted line "the crawling ants." You can drag the industrious little ants anywhere on the screen to define the range you want Excel to sum.

3. Drag the moving dotted line anywhere on the screen to redefine the range you want Excel to sum. The cell addresses in the formula (shown in the formula bar) will change as you drag the highlight.
4. When the moving dotted line encircles the range you want, press ↵ to accept the formula or click the Confirm (✓) button just to the left of the formula bar.

   or

   To abort the operation—and reject the formula—press Esc or click the Cancel (×) button:

Entering a Formula to Calculate Averages

As an example of a formula you type yourself, consider the bowling scores of four people who played three games.

Opening Another Sheet in the Same Workbook

This table of averages can be set up as a separate sheet in the workbook BOOK1.XLS, which is already open. To open another sheet:

- Click one of the index tabs at the bottom of the document window—Sheet2, in this case.

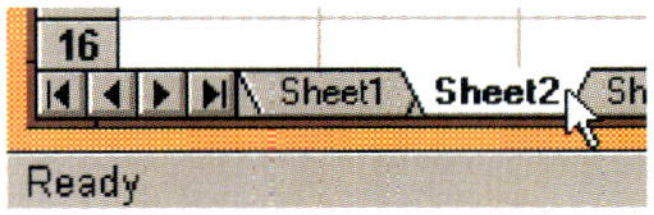

A blank worksheet will open. Here's the table of players and bowling scores after it has been created in Sheet2. Notice that the averages have yet to be calculated:

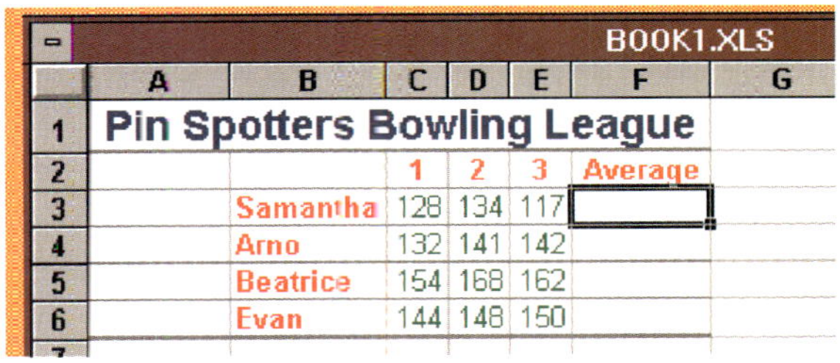

To get the average for Samantha's three games, you would click cell F3 and type this formula:

```
=AVERAGE(C3:E3)
```

As you begin to type, your entry appears in the formula bar. (You can type formulas in either lowercase or uppercase letters. In formulas, it doesn't make any difference. However, use lowercase: Excel will capitalize the letters of the function name if it is correct.) When you press ↵ or click ✓, the calculated average will appear in the selected cell (the result of clicking ✓ is shown here):

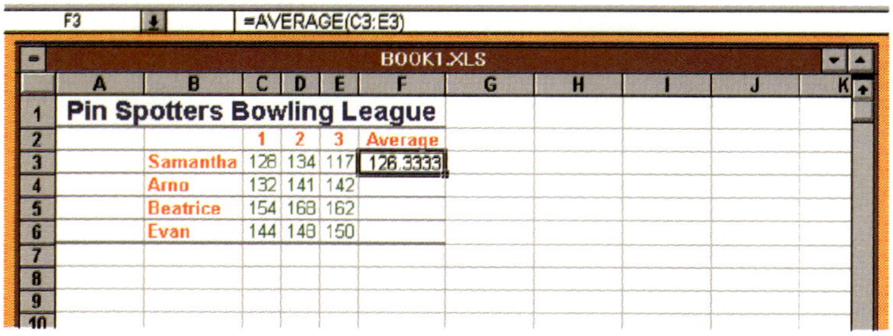

Editing the Contents of a Cell

There are two basic ways you can begin to edit the contents of a cell:

- Click the cell once. Its contents will appear in the formula bar. Then, edit the entry in the formula bar using the techniques described below.

  or

- Double-click the cell. Its contents will appear both in the cell and in the formula bar. If you wish, you can edit the entry in either place, using the techniques described below.

Once you've opened a cell, you can use any of the following editing techniques:

Inserting a Character

To insert a character either in the formula bar or in an open cell:

1. Click the exact insert location in the text or number you want to edit. A flashing vertical line will appear.

2. Type the character(s) to be inserted.
3. Press ↵ or click ✓.

Replacing a String of Characters

To replace a group of adjacent characters (a *string*) in either the formula bar or in an open cell:

1. Move the pointer into the open cell or into the formula bar. The pointer will become an I-beam-shaped cursor.
2. Press the mouse button and hold it down as you drag the I-beam across a string of characters. The characters will become highlighted (shown in reverse video), indicating that they are selected for replacement.
3. Type the replacement characters.
4. Press ↵ or click ✓.

Deleting a Character

To delete a character in either the formula bar or in an open cell:

- Press Del to delete the character to the right of the insertion point.

  or

- Press Backspace to delete the character to the left of the insertion point.

  or

- Press either Del or Backspace to delete characters that you've already highlighted (by dragging over them).

For example, suppose that you typed AVG in the formula bar instead of AVERAGE. To edit the formula name:

1. Drag the I-beam cursor over the letter G in the formula bar.

Remember that the effects of pressing ↵ or clicking ✓ are slightly different. Normally (unless you reset Excel's options), the cell highlight will *drop down to the next-lower cell* when you press ↵, ready for the next data entry in that column. However, if you accept a data entry instead by clicking ✓ in the formula bar, the cell highlight will *stay in the same cell.* In general, it will be faster and more convenient to press ↵ when you are typing a series of data entries. Click ✓ instead when you want to perform some other operation on one cell immediately after typing data into it, such as typing a number and then clicking the Currency tool to display it as a dollar amount.

2. Type the replacement characters **ERAGE.** (In formula names and in cell references, it makes no difference whether you type lowercase or capital letters. Excel will capitalize correct function names.)

3. Press ↵ or click ✓.

Copying and Incrementing Values with AutoFill

Recall from Chapter 1 that the little square in the lower-right corner of the cell highlight is called the *fill handle*. When you move the pointer to it, the pointer changes to a solid plus sign. Then, if you drag the handle into an adjacent cell (or cells), the contents of the first cell will be copied into the other cell(s).

This AutoFill feature can involve *automatic incrementing* of values as well as copying. This is demonstrated in Chapter 1. With the text *Monday* in the first cell, you can drag the fill handle to increment the copies in the adjacent cells. These adjacent cells became *Tuesday*, *Wednesday*, *Thursday*, and *Friday*.

Copying a Formula and Incrementing Its Arguments

Return to the bowling scores example. Suppose you want to copy the AVERAGE formula so that Excel will calculate the average scores for the other bowlers:

1. Click cell **F3**, which holds the AVERAGE formula.
2. Drag the fill handle from cell **F3** down to cell **F6**, as shown in Figure 2.6. When you release the mouse button, different results will appear in each of the cells F3:F6.

FIGURE 2.6

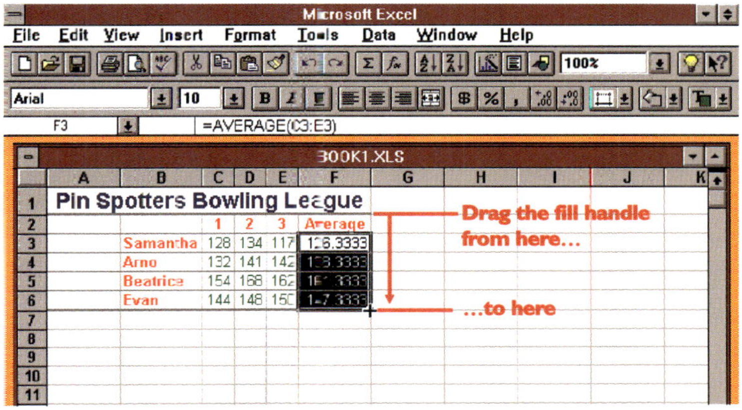

Drag the fill handle down the column and Excel will copy the formula to the adjacent cells, automatically incrementing the cell addresses.

Here AutoFill increments the cell addresses in the formula so that each copy refers to the correct row. For example, if you click cell F6 and look in the formula bar, you will see that the copied formula has been adjusted to

=AVERAGE(C6:E6)

The range C3:E3 in the original formula (which referred to Samantha's scores) has been adjusted to refer to Evan's scores.

To recap, when using AutoFill if the first cell contains a date or a formula, it will be incremented as it is copied. If it contains a numeric value or another type of label it will simply be copied.

Copying and Incrementing Numeric Values

AutoFill can also increment numeric values—provided that your initial selection contains *two* values. The copies will be increased or decreased each time by the difference between these two values. If the value in the first cell is greater than the value in the second cell, the value of each copy will be decreased. If the value in the first cell is less than the value in the second cell, the value of each copy will be increased.

Excel will calculate the difference between the two original cells, then increment the values in the rest of the selected cells by that amount.

Here's how it works:

1. Select two adjacent cells that contain values.
2. Drag the fill handle down the column or across the row. The copies will be incremented by the difference between the two values.

For example, if the first two values in a row were 2 and 4, you could select them and drag the fill handle to the right to fill the rest of the row with 6, 8, 10, 12, 14, 16, and so on to the end of the dragged range (see Figure 2.7).

FIGURE 2.7

To use AutoFill, select two adjacent cells containing numeric values, then drag the fill handle to the right to fill a row, downward to fill a column.

Formulas Need Not Contain Functions

A formula need not include a function name. Functions are just shorthand for longer formulas. You can type a formula that does arithmetic, using the following symbols for each type of operation:

+	Addition
–	Subtraction
*	Multiplication

/	Division
m^n	Exponentiation (raise the value *m* to the *n*th power; 2^3 = 2^3)

So, instead of =SUM(B2:B7), you could type

```
=B2+B3+B4+B5+B6+B7
```

Constants Are Values That Never Change

A cell address (such as B2) in a formula refers to the data stored in that cell. You can also include specific number values in formulas, such as

```
=B2+1
```

This formula would add the constant 1 to the value in cell B2 and put the result in the cell that holds the formula.

A cell address in a formula is a *variable* because its value will change if the contents of the cell change. An actual number value in a formula is a *constant*. (If this sounds like high-school algebra—you're right. But, from now on, Excel will do your homework!)

Entering Decimals, Fractions, and Fractional Exponents

It's perfectly okay to use decimal values and fractions as constants in formulas.

Also, there is no symbol in Excel for the arithmetic operation of extracting roots, but you can do this with an exponent that's a fraction. For example, taking the square root of 64 is the same as raising it to the power $\frac{1}{2}$. You will get the correct answer (8) if you enter

```
=64^0.5
```

Notice that the decimal in this formula is less than 1. You could enter it as .5 instead of 0.5, but preceding the decimal point with a 0 should make the formula easier for you to read. Excel will add the 0 if you don't.

However, trying to use a fraction for the exponent seems to produce an incorrect result:

```
=64^1/2
```

This formula results in 32 instead of 8! The reason is that Excel will do some kinds of arithmetic before it goes on to do other kinds—rather like putting on your socks before your shoes. In this case, Excel looks at the exponent first, then does the division, as though the formula said, "64^1 divided by 2."

Understanding the Sequence of Calculation

The order in which Excel does different kinds of arithmetic is called the *order of operations*, which sounds serious but just means that the program will do arithmetic in this order, from first to last:

+ or –	Evaluating signed constants
^	Exponentiation (raising to powers or extracting roots)
*	Multiplication
/	Division
+	Addition
–	Subtraction

If there are two or more operations of the same kind in a formula, Excel will do them in left-to-right order. This is called the *order of evaluation*. Just as you can in an algebra equation, you can control the order of evaluation by enclosing in parentheses an expression that must be evaluated before the others, as described in the text.

Changing the Order in Which Formulas Are Processed

In an Excel formula—just as in an algebra equation—you can change the order of operations, the order of evaluation, or both by using parentheses to enclose anything that you want Excel to do first.

For example, you could get the right answer in the fractional exponent example by changing the formula to

```
=64^(1/2)
```

This formula says, "Divide 1 by 2, then raise 64 to that power."

Rules for Using Parentheses

In any formula, parentheses must be used in pairs. Use as many as you want in one formula—one pair *nested* within another—but you'll cause an error if you use one without the other! For example, you could nest values in parentheses as follows:

```
=((B2+B3)*3)/2
```

The operations within the innermost pair of parentheses will be done first, and so on proceeding outward. So the formula above says, "Add the value at B2 to the value at B3. Multiply that by 3. Then divide that by 2."

When in doubt, count those parentheses! When you type a formula in the formula bar, Excel will thank you by flashing, or highlighting any correctly matched pair of parentheses. If you omit one of the critters and then press ↵ or click ✓ to accept the formula, Excel will brusquely reject it with the warning "Error in formula" or "Parentheses do not match."

Naming Ranges

Range references such as B2:B7 tend to clutter up your formulas. The cell addresses themselves don't tell you anything about the values they hold unless you look back at the sheet.

Excel has a much more understandable way of referring to ranges—you can give them names. Of course, this is especially handy if the name you pick describes the data that's stored there.

Entering a Range Name in the Name Drop-Down Box

Here's how you would name a range in the bowling example:

1. Select the range C3:E3. These are Samantha's game scores.
2. At the top left of the screen, click the Name drop-down box. (You need not click the ↓ button to open the box; just click on the cell reference shown there.) The reference will be highlighted for replacement.

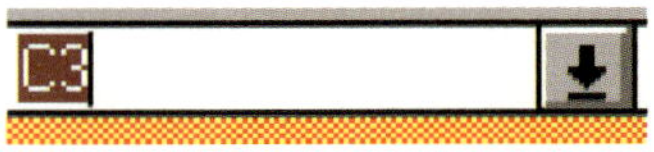

3. Type the name you want to assign to the selected range: samantha, in this case.
4. Press ↵. The name will appear in the cell reference box.

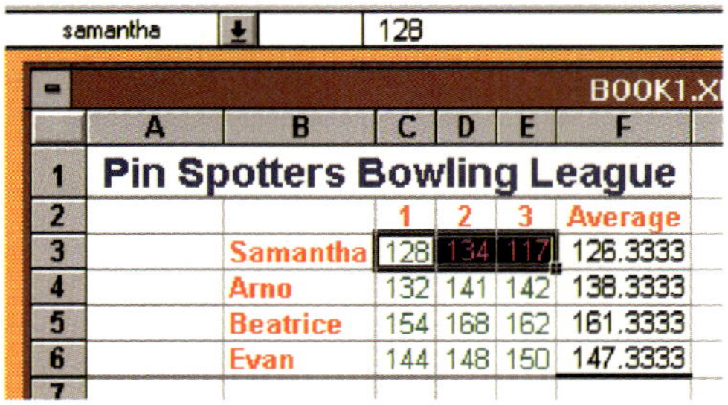

5. Repeat these steps to name other ranges in the sheet.

Using a Range Name as an Argument

Once you've assigned a range name, you can use that range name in formulas. For example, to get the average in cell F3, instead of

=AVERAGE(C3:E3)

you could enter

=AVERAGE(SAMANTHA)

To Excel, it makes no difference whether you use specific addresses or range names. But naming those ranges gives you a real advantage: When you go back to check your results, you'll more easily remember how you built the sheet.

There's a caution about using range names in formulas and as arguments in functions. You can't use AutoFill and expect Excel to match the names to the new ranges. If you copy =AVERAGE(SAMANTHA) by dragging the fill handle, you'll get an exact copy of that formula in each of the cells.

Selecting Range Names from the Name Drop-Down Box

Whenever you need to select a range name that you have already defined, you can use the Name drop-down box:

1. Click the ↓ button to open the Name drop-down box. A list of all the range names in the sheet will appear. (The names shown here were added previously by the same procedure described above.)

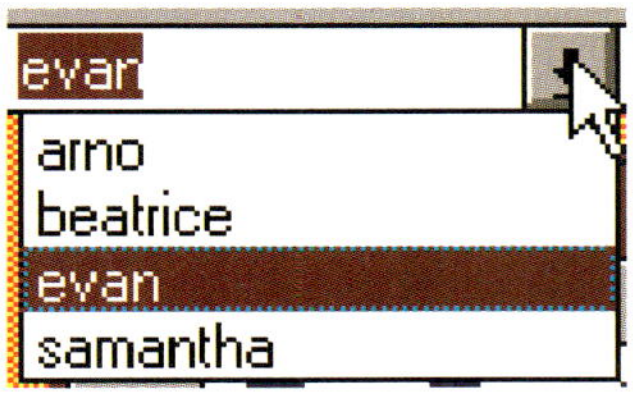

2. Click a range name to select it.

You can use this method of selection to insert range names as arguments in functions, to enter references in dialog boxes, and so on.

Making Data Entries Flow into a Selected Range

When you're entering data into a range, there's a quick alternative to clicking each cell or moving from cell to cell with the arrow keys:

If you highlight a range before typing in entries, Excel will fill a column at a time, advancing one cell each time you press ↵.

1. Drag the range. (That is, click on the upper-left corner of the range and keep holding the mouse button down as you move the cell pointer to the lower-right corner, then release the mouse button.) The range you dragged across will be highlighted.
2. Type your first entry. It will go into the top left cell of the highlighted range.
3. To enter values quickly, press ↵ (instead of clicking ✓) and the selection will move to the next cell, ready to receive the next entry in that column.
4. Continue typing, pressing ↵ after each entry.

When you press ↵ after typing the last entry in a column, the selection will move to the top of the next column to the right. When that column is filled, entries will begin at the top of the next column in the selection.

So, if you drag the range first, data will flow into it as you type, as shown in Figure 2.8.

Correcting Cell Overflow

Quite another kind of flowing can happen in a single cell if the formula there produces a result that is too wide for the column. This is called *overflow*. Excel lets you know about overflow by displaying this indicator in the cell:

#######

FIGURE 2.8

Typed data will flow into the highlighted range.

Next entry goes here

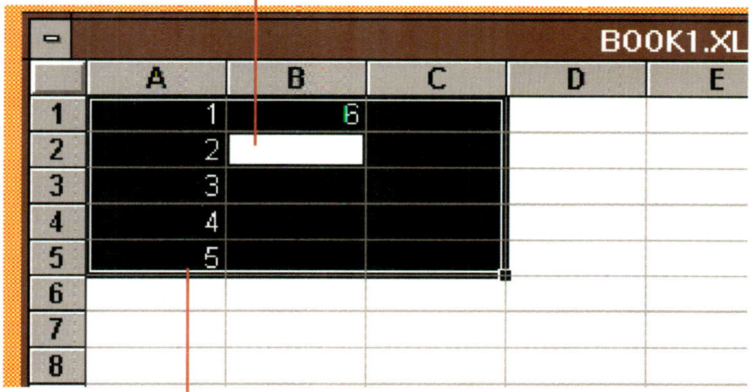

Data flows into the range one column at a time as you type

When you see such a string of pound signs (#), it does not mean that the formula has produced an error—the result is just too long to fit in the cell. As explained in Chapter 1, you can:

- Adjust the width of a column in which ####### appears by dragging the right column border (up in the area of the column letters).

  or

- Double-click the right border and Excel will adjust the width to fit the longest entry in the column.

Deciphering Error Messages in Cells

The situation is much different if you see *one* pound sign in a cell followed by some kind of message. In this case, Excel is reporting an error that occurred when calculating the formula you entered in that cell. For example, you might see this:

#DIV/0!

This is Excel's way of saying, "You can't make me divide by zero!"—something it has been programmed not to do. (The result of dividing any number by 0 is undefined, for practical purposes.)

You might also see

#NAME?

This error message states, "I don't recognize that function or range name." This happens when you start an entry with an

Recognizing Other Error Messages

Here are some other error messages that might appear in cells that contain formulas:

Excel Shows	Excel Means
#N/A!	"Your formula refers to a cell that doesn't have a value in it yet, so I can't give you an answer."
#NULL!	"Your formula said that these ranges overlap, but they don't."
#NUM!	"There's a problem with a number, but I can't tell what it is."
#REF!	"Your formula refers to some cell I've never heard of."
#VALUE!	"There's something wrong with the argument in your formula."

equal sign (telling Excel to expect a formula to follow) but you don't provide a correct function name. Former Lotus users might get this message when they enter function names that are valid in 1-2-3 but that Excel will reject. (You can make Excel translate them, however, as described in Chapter 9.)

Correcting Cell Overflow from Typing

Another kind of overflow can happen when you're typing. If you type a text entry that's too long for the current width of the selected cell, one of two things will happen (neither with disastrous results).

- In the first situation, if the cell to the right of your entry has nothing in it, the entry will extend into that cell. However, its address is still just the first cell:

- In the second situation, if the cell to the right of your entry has data in it, the display in the first cell will appear cut off at its right edge. However, all of your data is in there; you just can't see it (see Figure 2.9).

To display all of the entry, double-click the right border of the column heading, and Excel will adjust the column width to fit the overflow item.

This chapter, in effect, is the short story of formulas—you get the gist, but you miss some important details. You'll find much more about formulas and functions in Chapters 4 and 5. But first, Chapter 3 shows you how to find your way around as you start building larger and more complex worksheets.

Chapter 3 is all about navigation—within worksheets and workbooks, as well as in the Windows file system. If you know this stuff already, you might skim the chapter and go on to Chapter 4. (There are some navigation shortcuts in Chapter 9.)

FIGURE 2.9

Example of cell overflow from a text label that is too long

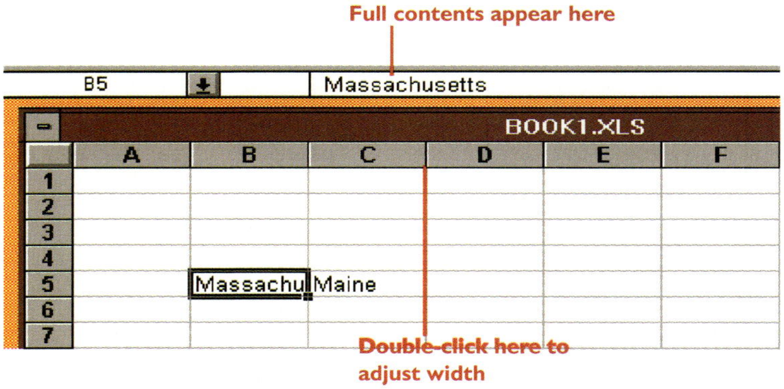

Here the entry in cell B5 is too long to fit in the column, and since the adjacent cell is filled, the long entry cannot extend into the next cell. The full entry, *Massachusetts*, appears in the formula bar.

CHAPTER 3

Controlling Program and Document Windows

Featuring

- Moving around in a sheet
- Searching for and replacing data
- Navigating from the keyboard
- Controlling views and document windows
- Working with multiple sheets and workbooks
- Sharing data among sheets
- Navigating disk directories

This chapter covers worksheet *navigation*—finding your way around—within worksheets as they grow larger than one screenful, within collections sheets in workbooks, and among workbook files as they begin to accumulate in the storage space of your computer's disk drive.

How Big Can a Sheet Be?

When you start Excel, the *document window* shows you nine columns (lettered A–I) and 16 rows (numbered 1–16). (You'll see 18 rows if you maximize the window or 25 rows in full-screen mode, but more on this shortly.) This is often enough work space for everyday problems. You could think of it as the top half of a printed letter-sized page.

The document window is like a camera viewfinder that shows you only a small part of a much larger area (see Figure 3.1). If you press PgDn, you'll be looking at the bottom half of that letter-sized page. So the two screens (PgDn, PgUp) give you about the same amount of space as an accountant's workpaper. Some people might never have to explore beyond that.

FIGURE 3.1

The document window is your viewfinder on a much bigger worksheet.

How far can you go? Well, if the biggest sheet you could make were the size of a bedsheet, the part you could see through the window would be about *one tenth* the area of a postage stamp!

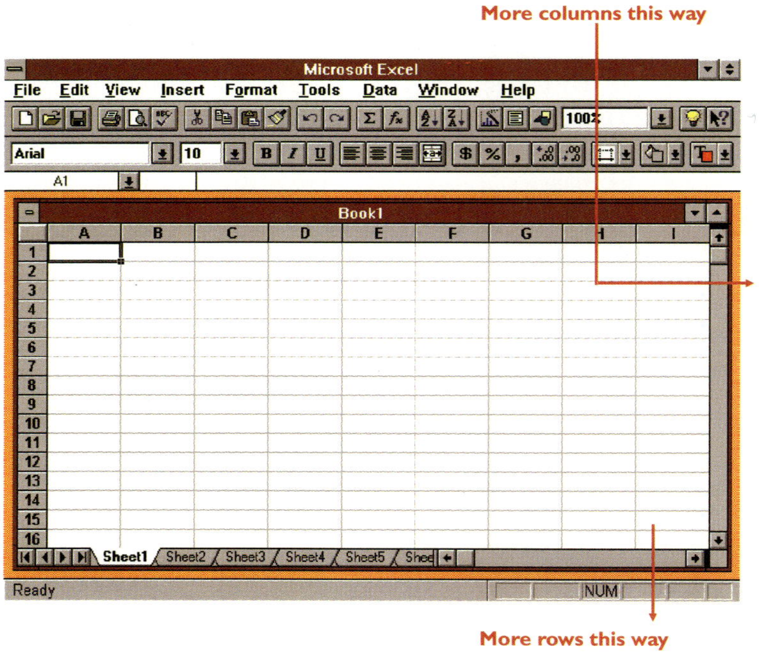

A worksheet can be very large, but it's not limitless. One Excel sheet can have as many as 256 columns and 16,384 rows. (After column Z, the 26th column, double letters identify columns AA–IV.)

Jumping to the Last Cell in a Sheet

You need not scroll across the expanse of the sheet to get to distant cells. You can jump there with a single command.

Try going to the last cell in the sheet:

1. From the Edit menu, select Go To (or press F5). The Go To dialog box will open.
2. Type the address of your destination cell in the Reference box, as shown in Figure 3.2. To go to the last cell, you would type the address iv16384. (The letters can be either lowercase or capitals.)

FIGURE 3.2

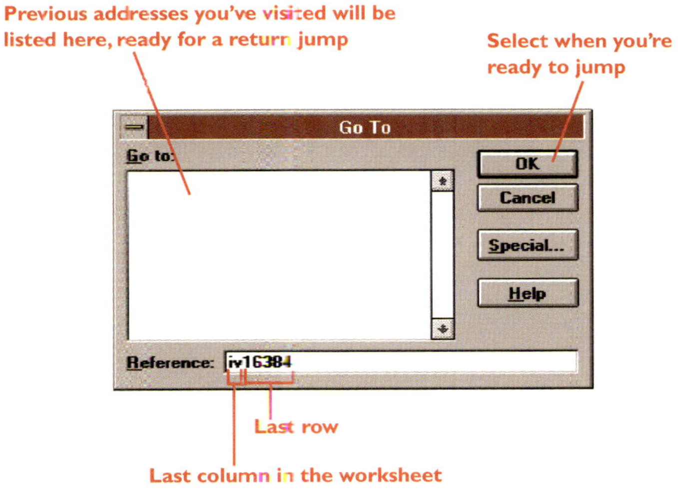

The Go To dialog box lets you jump to distant cells.

3. Select OK. The cell pointer will jump to the address you entered (Figure 3.3).

FIGURE 3.3

The last cell in an Excel worksheet is cell IV16384.

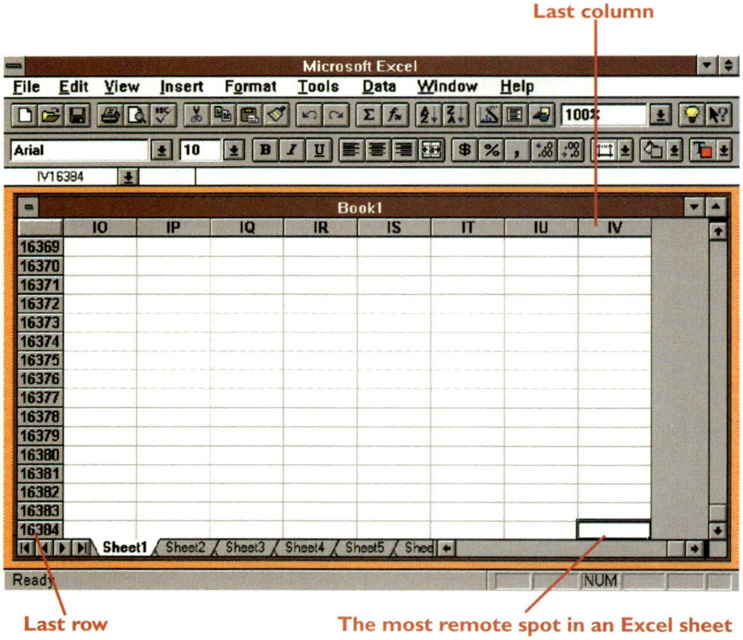

Returning Quickly to the Top of a Sheet

Sometimes, like now, you get to ignore those dollar signs. Selecting **$A$1** just means, "Cell A1, and I *really* mean A1!"

Having jumped to any cell, you can return to the top of the sheet by following these steps:

1. Select Edit ➤ Go To again. This time, the address $A$1 (the top cell in the sheet—home) is already entered in the Reference box:

2. Select **OK** to accept this address and jump back.

You can also press **Ctrl-End** to go to the last cell that contains data in a sheet, **Ctrl-Home** to jump back to the first cell.

Moving Around a Sheet by Scrolling

Moving your window viewfinder around the sheet is called *scrolling*. There are several ways to do this:

- Dragging the cell pointer
- Dragging the scroll box
- Clicking the scroll buttons

Dragging the Cell Pointer

You can move around on the sheet as you drag the cell pointer to select a range. You might do this if the first cell in the range is in view, but the last cell is somewhere outside the document window. Here's how to do it:

1. Starting at the first cell in the range you want to select, drag the cell pointer off the screen in the direction of your destination in the sheet. The sheet will appear to move as it scrolls within your viewfinder. It will keep scrolling as long as you continue to hold the mouse button down. As you drag, the range you are selecting grows and grows in reverse video until the whole view of the sheet is black.
2. Release the mouse button when you get where you want to go—usually the last cell in the range.
3. Perform a command or other operation on the range you selected.

4. To see the range in its true colors (canceling the reverse-video highlighting), click anywhere within the sheet, which releases the selection.

Dragging the Scroll Box

The two gray bars at the bottom and right sides of the document window are the *scroll bars* (see Figure 3.4). The bar at the bottom controls movement left and right; the bar on the side controls up and down movement.

You can gauge your position in the sheet by the location of the moving boxes in the scroll bars.

Within each scroll bar, a *scroll box*, a kind of square slider, indicates the current position of the viewfinder within the sheet. The view is at the end of the sheet when the slider has gone as far as it can in either direction.

Here's an important distinction: When you drag the cell pointer off the screen, as described above, you are both making a selection and scrolling the display. But, when you use the scroll bars to adjust the display, you are not selecting any data with this action.

FIGURE 3.4

The scroll bars let you move around a worksheet easily.

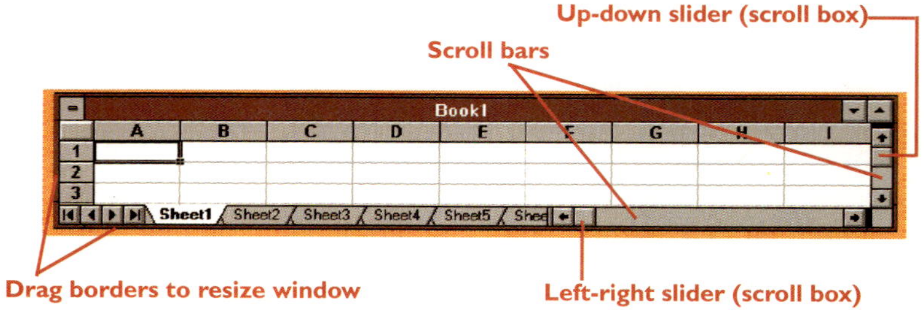

The scroll bars work like the tuning controls on some FM stereos: There's a coarse adjustment for covering a distance quickly, as well as a fine-tuning control for smaller increments (see Figure 3.5). Use the coarse first, then the fine.

FIGURE 3.5

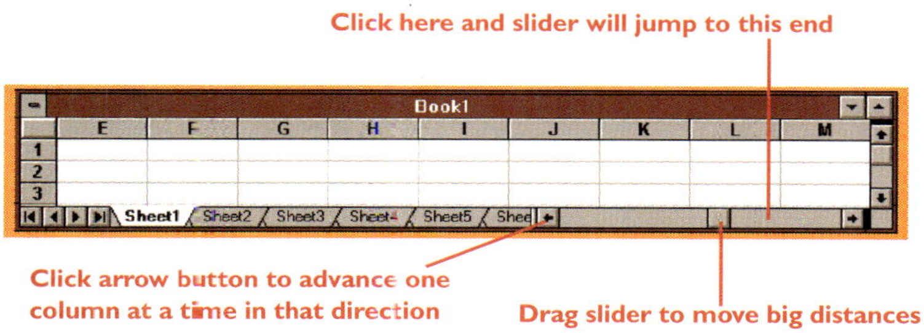

The scroll bars give you fine control over your movements, as well as the ability to cover a large distance quickly.

- To make coarse adjustments, covering larger distances, drag the scroll box.

  or

- To advance even more quickly, click inside the bar at either of its ends and the scroll box will make a big jump in that direction.

Clicking the Scroll Buttons

After adjusting the scroll box to get in the right neighborhood, you can go to a specific address:

- Click one of the arrow buttons at either end of the scroll bar. Clicking an arrow button once advances the view one column or one row in the direction of the arrow.

Searching for Specific Data in a Sheet

Sometimes, you want to find a specific data item, but you don't know its location in the sheet. By using a menu command, you can type the data, and Excel will search for it, then readjust the worksheet view, if necessary, to display the first cell that holds it.

To make Excel search for specific data:

1. From the menu bar, select **Edit ➤ Find** (or press **Ctrl-F**). The Find dialog box will open.
2. Type the item you're looking for in the Find What box. Figure 3.6 shows the various options you can choose in the Find dialog box.
3. Select options in the Find dialog box if you want to restrict the search.
4. Select **Find Next** (*or* press **Shift-F4**). If it finds matching data, Excel will move to the cell that holds the first item it finds. The Find dialog box will remain open.
5. If you want to look at the next instance of the same item, select **Find Next** again, and Excel will jump to the next match.
6. Select **Find Next** to find the next instance.

   or

   Select **Close** to end the search and close the Find dialog box.

   or

FIGURE 3.6

The Find dialog box lets you search for specific data.

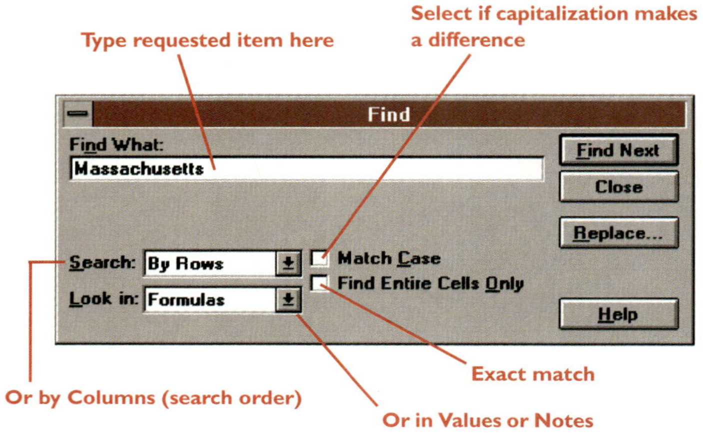

If there are no matches from a search, Excel will report, "Cannot find matching data." Select **OK** to close the message box and then **Close** to end the search.

Searching for and Replacing Data in a Sheet

Often you must search for something in order to replace it with something else. For example, you might want to change all instances of the text label First Quarter to Second Quarter when you are updating a report.

To search and replace:

1. From the menu bar, select **Edit ➤ Replace** to open the Replace dialog box.
2. Replace works much like Find: Type the old version of the data in the Find What box and the new version in the Replace With box, as shown in Figure 3.7.
3. To start the search, select the **Find Next** button. If Excel finds a match for the old data, it will take you to the first matching cell. The dialog box will stay open.

FIGURE 3.7

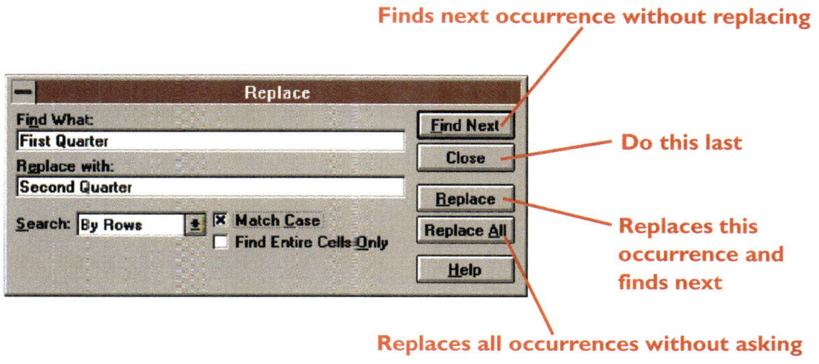

Use the Replace dialog box to search and replace. You can search and replace globally or selectively.

4. If you want to replace the old data shown, select **Replace** to replace the item and find its next occurrence.

   or

   To continue without replacing the currently displayed item, select **Find Next**.

   or

   To replace all instances of the old data without having Excel ask you for confirmation each time, select **Replace All**. Excel will do all the replacements and then close the dialog box.

5. If you didn't select Replace All, select **Close** when you're done.

Navigating from the Keyboard

If you prefer, you can move around a sheet by pressing keys rather than by using the mouse. As with the scroll bars, pressing keys to move around in the sheet simply adjusts the view; you are not making any selection.

Some frequently used key commands are listed in the following table. To enable these key commands:

- Press the Scroll Lock key. The little light above the key should be on. (You can press the key again at any time to turn Scroll Lock off.)

On some keyboards, you must use the navigation keys on the *numeric keypad*, which looks like a set of calculator keys.

To use the keypad for navigation:

- Press the Num Lock key to turn off its indicator light. (When you want to resume entering numbers, press Num Lock again.)

Windows aficionados may think keyboard navigation crude, but these controls can come in handy at difficult times. For example, if you have a notebook computer that doesn't have a built-in pointing device, the keys will save you if you leave home in a hurry without a mouse in your pocket. Also, for reasons beyond my ken, some types of computer glitches can disable the mouse but don't neces-sarily crash the program. If this happens, the keyboard may still work. You can often ease your way out of this difficulty by using the keys to save your work, close the program in an orderly fashion, then restart Windows.

On other keyboards, such as the IBM Enhanced layout, there's a separate set of navigation keys so that you can leave Num Lock on all the time, if you want.

The *status bar* at the bottom of the Excel screen also tells you when **Scroll Lock**, **Caps Lock**, and **Num Lock** are on.

Key Command	Movement
PgUp	Up the height of one window (usually 16 rows, 18 if maximized, 25 in full screen)
PgDn	Down one window
Ctrl-PgDn	With Scroll Lock off: Next sheet in workbook
	With Scroll Lock on: Moves horizontally, one screenful to the right in the current sheet
Ctrl-PgUp	With Scroll Lock off: Previous sheet in workbook
	With Scroll Lock on: Moves horizontally, one screenful to the left in the current sheet
↑	Up one row
↓	Down one row
←	Left one column
→	Right one column
Ctrl-Home	With Scroll Lock off or on: First cell in the same sheet (usually A1)
Ctrl-End	With Scroll Lock off or on: Last cell that contains data in the sheet
Home	Top-left corner of the window
End	Bottom-right corner of the window

Finding Keyboard Help

These are just a few of Excel's navigation keys. To make a real study of the rest of them:

1. From the menu bar, select **Help** ➤ **Contents** ➤ **Reference Information** ➤ **Keyboard Guide**. A list of topics will appear.
2. Click the category of information you want from the list of topics. A Help screen with descriptions of all the navigation keys for that category will appear.
3. To exit the Help window, select **File** ➤ **Exit** from its menu bar.

If you have a keyboard with only 10 function keys, use **Alt-F1** for **F11** and **Alt-F2** for **F12**.

Activating Alternate Navigation Keys for 1-2-3 Users

If you are an experienced user of Lotus 1-2-3, your transition to Excel can be made easier if you activate 1-2-3 key controls. To do this:

1. From the menu bar, select **Tools** ➤ **Options**. The Options dialog box will appear.
2. Click the index tab **Transition**. Transition options will appear.
3. Select options that enable **Navigation Keys**, **Formula Evaluation**, and **Formula Entry** by 1-2-3 key commands. (If you need an explanation of the options, select the **Help** button in this dialog box.)
4. Select **OK**.

Finding Help on Excel 4 Key Equivalents

If you are upgrading from Excel 4 for Windows, you will notice that some of the key assignments have changed. To find

Help on these differences:

1. From the menu bar, select Help ➤ Contents ➤ Reference Information ➤ Keyboard Guide.
2. Click the topic Microsoft Excel 4.0 and Microsoft Excel 5.0 Key Differences
3. To exit the Help window, select File ➤ Exit from its menu bar.

Viewing Large Sheets in Split Windows

Dealing with a large sheet can be inconvenient, particularly if you try to jump or scroll between two parts of a sheet that are separated by some distance.

Consider a sheet that holds a check register. The sheet expands downward as each check is recorded. For ease of reference, the account balance and subtotals are shown at the top of the sheet, where they stay in place rather than continually moving downward at the bottom of the check entries.

Excel makes it possible to *split* such a sheet so that you have two viewfinders. Each view can be adjusted independently of the other.

Those clever people at Microsoft call the split view of a window a *pane*. Splitting divides a document window into two or four panes. You can scroll the panes separately to view different portions of a sheet on the same screen.

Splitting a Sheet Horizontally

To split a sheet horizontally:

1. Place the cell pointer in the first cell of the row above which the split will appear.

2. From the menu bar, select **Window ➤ Split**. Here's the result for the check register example:

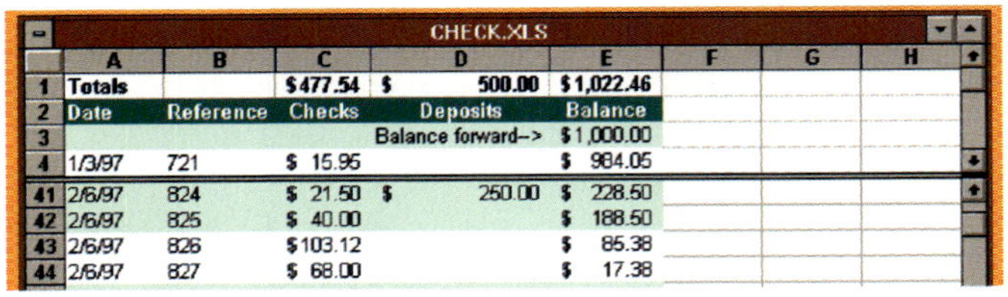

Notice that separate vertical scroll bars have appeared above and below the split. You can now adjust each view separately.

Restoring a Full-Windowed View

To remove the split and restore the single document window:

- From the menu bar, select **Window ➤ Remove Split**.

Splitting a Sheet Vertically

You can also split a sheet vertically so that the two halves scroll left and right independently:

1. Place the cell pointer at the top of a column (except column A).
2. From the menu bar, select **Window ➤ Split**. A vertical split will appear to the left of the column you selected.

Splitting a Window into Four Panes

To create a four-way split:

1. Select any cell that's not on an edge or in one of the corners of the sheet.

2. Select **Window ➤ Split**. Two split lines will appear—one vertical and one horizontal. The result is four independently scrollable panes. Figure 3.8 shows a window split into four panes.

FIGURE 3.8

A four-way split

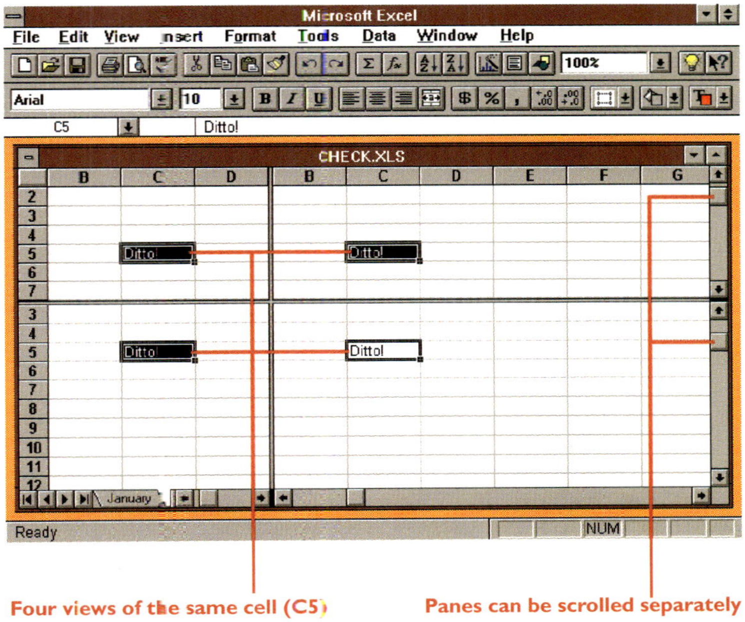

Because the views overlap, the cell **E11**, "Ditto!", appears in each of the four panes. Here's a Tip: You can change the position of a split line by dragging it.

Controlling Split Windows

By splitting a sheet window into panes, you can create a pane with headings that don't change and another pane with entries that scroll. In the check register example, the top three rows should always be displayed. Therefore, that pane should be *frozen* so that it can't be scrolled.

To freeze the view in a window:

1. Use the procedure described above to create a split view.

Splitting and freezing can be permanent! Actually, it's not as dangerous as it sounds. Just remember that splits and frozen panes will be saved in the workbook file, so these features will reappear when you open the sheet again. (Come to think of it, that's not bad at all! You can always remove a split with **Window ➤ Remove Split** and unstick a pane with **Window ➤ Unfreeze Panes**.)

2. Scroll the split view so that the portion of the sheet you want "frozen" is displayed.
3. From the menu bar, select Window ➤ Freeze Panes. The split line will become thin and fixed in place, and you will not be able to scroll the pane closest to the top of the sheet.

When you freeze a window pane, a single set of scroll bars will appear. Adjusting these scroll bars affects only the bottom portion of the sheet, while the top portion stays the same. Figure 3.9 shows a split window with the top pane frozen.

Opening Multiple Windows on the Same Sheet

A convenient alternative to splitting a window—particularly if your sheets grow very large—is to open multiple views (or windows) of the same sheet. Here's how:

1. Make sure that the sheet you want to view in the new window is shown in the current document window.

FIGURE 3.9

The top three rows of the check register sheet have been frozen so that they won't scroll. The lower pane, below the split line, can still be scrolled.

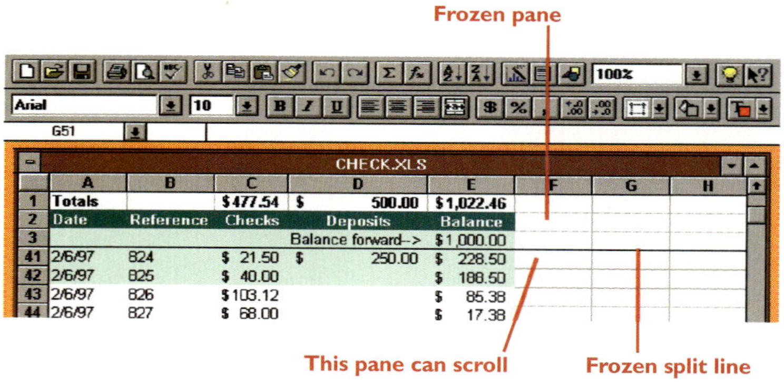

(If not, click its sheet tab, shown at the bottom of the window.)

2. From the menu bar, select **Window ➤ New Window.** Another viewfinder (document window) will open, through which you can look at a different portion of the current sheet.

At first, the new window will be the same as the original view. However, you will be able to scroll and size the new window separately. This makes it possible to compare and work with widely distant parts of the same sheet.

Figure 3.10 shows a large worksheet. It has about 20 columns and more than 100 rows. A second window has been opened with the **Window ➤ New Window** command so that different parts of the sheet can be worked on at the same time.

FIGURE 3.10

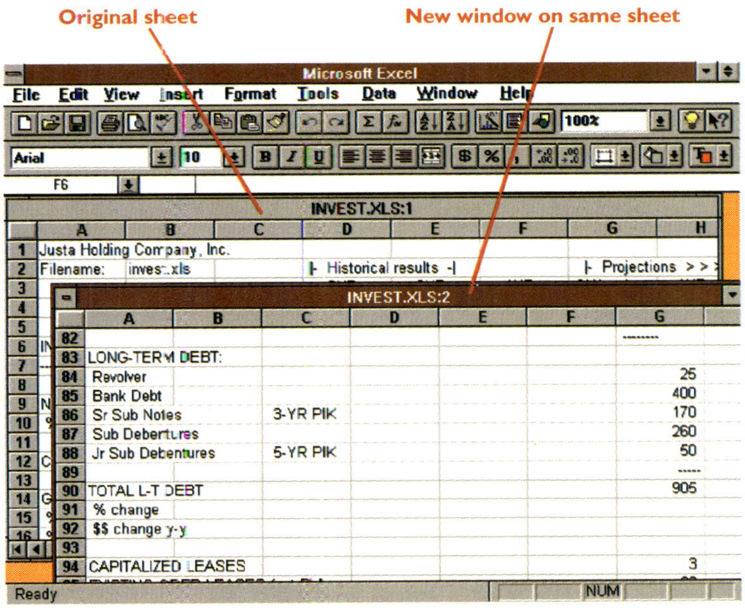

Here a second window has been opened to show another portion of the same, large worksheet.

Remember, no matter how many windows you open with **Window ➤ New Window**, each is a view of *the same sheet*. If you make a change in one, it will show up in all the others. (See also "Working with Multiple Workbooks" in this chapter.)

The new window in this case is titled INVEST.XLS:2 and the original view is INVEST.XLS:1. You can repeat the command to add as many windows as you like (limited only by the amount of memory in your computer). The program will add :3, :4, :5, and so on to the title of each new window.

Arranging Windows on Your Desktop

Having several windows open at the same time can be downright confusing unless you know how to rearrange them on the screen, or *desktop*, to suit your work methods.

New windows are normally shown *cascaded*, or layered on top of one another. You can drag the windows around the screen by their title bars, but this layering can be inconvenient—especially if you need to compare entries in different parts of a sheet or workbook.

To remedy this, whenever you have multiple windows open:

1. From the menu bar, select Window ➤ Arrange. The Arrange Windows dialog box will open.

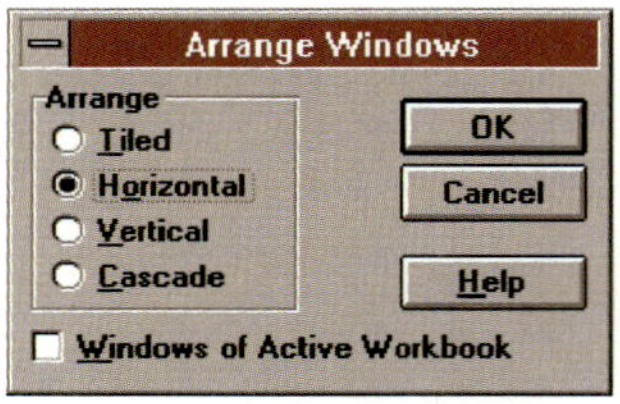

2. Select one of the Arrange options to position the open windows:

   - The Tiled option makes all windows visible, placed side-by-side in a best-fit for the screen.
   - Horizontal shows full rows, as in the example below.

- Vertical displays full columns, side-by-side.
- If multiple documents are open, marking the check box Windows of Active Document causes the arrangement you select here to affect only the active document.

3. Select OK.

Figure 3.11 shows that big-sheet investment example with two windows open on the same sheet, but arranged horizontally rather than cascaded (as shown in Figure 3.10).

FIGURE 3.11

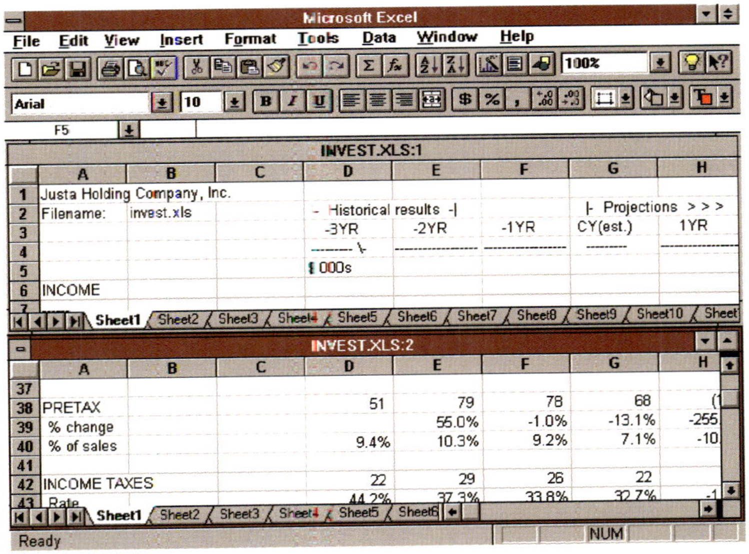

Here the big-sheet investment example appears in two windows that are arranged horizontally.

Notice that scroll bars appear only in the active window. To adjust the scrolling of another window, click in to make it active, and a pair of scroll bars will appear by which you can adjust the view.

Switching among Open Windows

The *active window*, or the window you're currently working in, is shown with the background of its title bar in color. To work in a different window that's visible on the screen:

- Click anywhere inside that window.

Figure 3.12 shows three tiled windows of the same sheet, with the first view active.

FIGURE 3.12

Three windows of the same sheet displayed in a tiled arrangement

The title bar of the active worksheet appears in a bright, solid color.

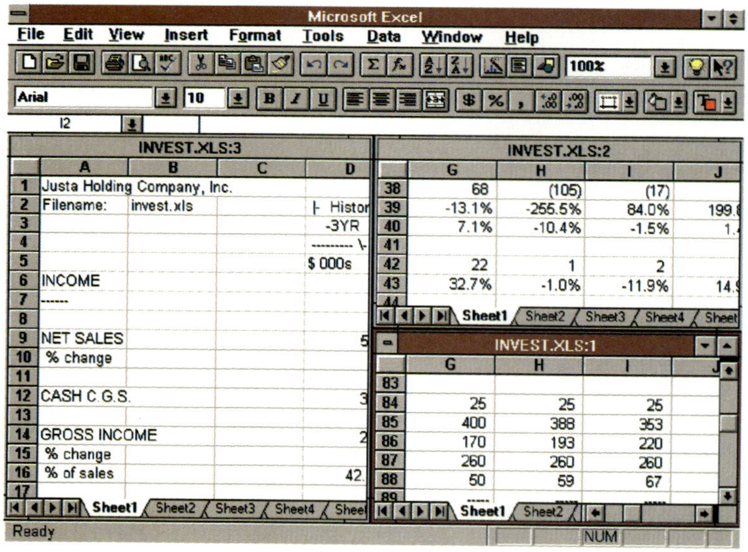

Other Ways to Switch among Windows

There are two other ways to switch among open windows. These methods can be particularly handy when windows are cascaded, or overlapping:

1. Press Ctrl-F6 to switch to the next active window in number sequence.
2. You can press Ctrl-F6 repeatedly to cycle among the open windows until you've activated the one you want.

or

1. Select the Window menu. The titles of all the open windows will be listed near the bottom of the menu. A check mark (✓) indicates which one is currently active.
2. From the pull-down menu, select the title of the window you want to activate.

Enlarging or Reducing the View

Another way to survey a sheet is to *zoom*, or adjust the magnification of your viewfinder. There are several ways to enlarge or reduce the view.

Using the Zoom Control Box

The drop-down box in the top toolbar is called the *Zoom Control* box. Here's how it works:

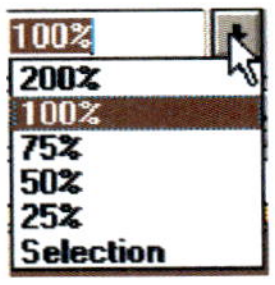

1. Click the ↓ button on the right side of the Zoom Control box to open it. A list of magnification percentages will appear.
2. To enlarge the view, select 200%.

   or

   To reduce the view, select 75%, 50%, or 25%. The view of the sheet will be resized to the percentage you selected.

Figure 3.13 shows a zoomed view of 200 percent.

FIGURE 3.13

A sheet displayed at 200 percent magnification

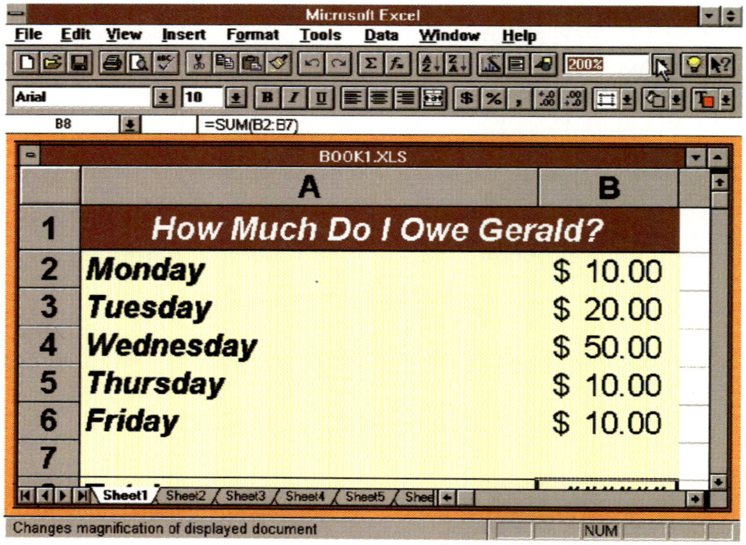

To restore the sheet to its default size by any of these methods, reset the Zoom factor to 100 percent.

Enlarging or Reducing the View by a Specific Percentage

You are not limited to the percentages listed in the Zoom Control box. To zoom the view by a different percentage:

1. Drag the number percentage in the Zoom Control box.
2. Type a value from 10–400. (Values less than 100 reduce the view; values greater than 100 enlarge it.)
3. Press ↵.

Sizing a Selection to Fit the Document Window

Using the Zoom Control box, you can also enlarge or reduce any range of cells to fit within the borders of the current document window:

1. Drag the range you want to view.

2. Click the ↓ button to open the Zoom Control box.
3. Click Selection. The range you dragged will be resized to fill as much of the current document window as possible.

Using the Zoom Command

Zooming can also be done by making selections from the menu bar, which is a useful alternative if you can't use the mouse.

1. Select a cell in an area you want to inspect.
2. From the menu bar, select View ➤ Zoom. The Zoom dialog box will appear.

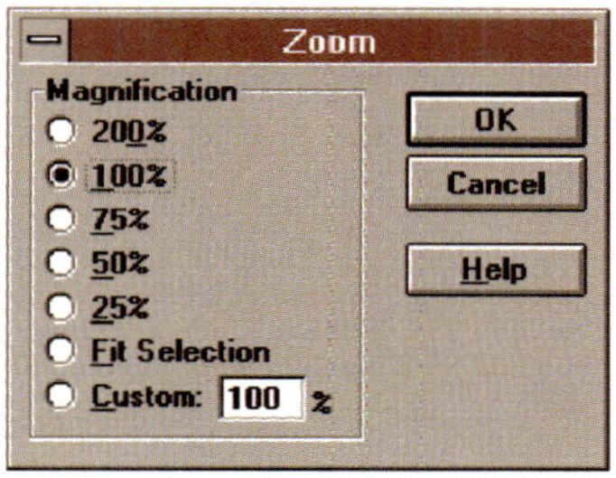

3. Select the magnification percentage you want:
   - More than 100 percent moves in for a close-up.
   - Less than 100 percent pulls back for a broader view.
   - You can get magnifications greater than 200 percent by typing a value in the Custom text box.
   - If you want, you can select the Fit Selection option and Excel will size the view so that all of your sheet fits the window.
4. Select OK. The magnified view will appear on your screen.

Other Zoom Methods

You can add the Zoom In and Zoom Out tools to any toolbar, if you wish. From the menu bar, select **View ➤ Toolbars ➤ Customize**. The Customize dialog box will appear. Select the category **Utility**. A selection of buttons will appear. Drag the Zoom box, Zoom In, and Zoom Out tools from the dialog box and drop them on any toolbar that is displayed on the screen. Then, select **Close** to close the dialog box.

You can also zoom the view in Preview mode (when you click the **Print Preview** tool or do **File ➤ Print Preview**). See Chapter 8 for details.

When you open another sheet, the data in the sheet you were working on is still in the computer's memory and will be displayed whenever you reopen the sheet by clicking its index tab. When you switch sheets, the program will not prompt you to save the data, because you are not closing the document file—you are just turning the page, so to speak, in the same document. For the data in any of the sheets to be retained permanently, you must save the workbook file to disk whenever you select **File ➤ Close** or **File ➤ Exit**.

Using Multiple Sheets

Sometimes you may want to work with a set of sheets that have to do with the same thing. It can be convenient to work on the set of sheets as a group. Think of them as sheets of paper that you would clip together. If you had a check register, each sheet might hold the transactions for one month.

Multiple Sheets in Excel Workbooks

An Excel workbook is, in effect, a stack of sheets. Normally, a workbook holds 16 sheets—one for each of the 12 months and one for each of the 4 quarters of the year.

The sheets in a workbook are identified by the index tabs at the bottom of the document window. To open one of these sheets:

- Click the index tab of the sheet you want to open (such as Sheet2). This sheet will fill the document window.

Renaming a Sheet

You need not be content with the default sheet names shown on the index tabs. To rename a sheet:

1. Double-click its index tab.

   or

   From the menu bar, select **Format ➤ Sheet ➤ Rename**. The Rename Sheet dialog box will appear:

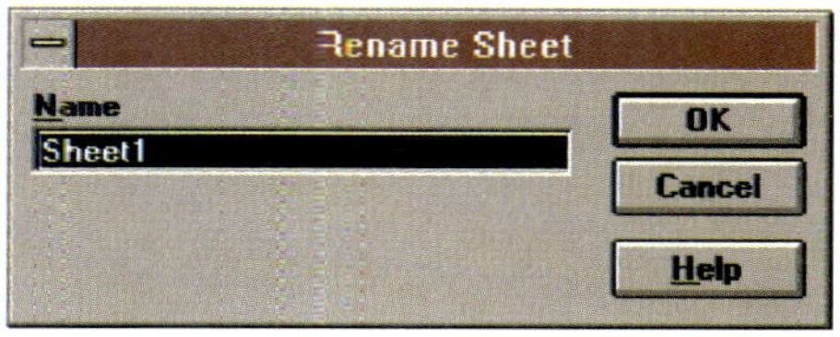

2. Type the new sheet name in the Name text box.
3. Select **OK**. The name you typed will appear on the sheet's index tab.

Scrolling among Sheets in the Same Workbook

You can quickly move among sheets in the same workbook by clicking the *tab scrolling* buttons, which appear in the lower left corner of the workbook document window. These buttons and their effects are shown in Figure 3.14.

FIGURE 3.14

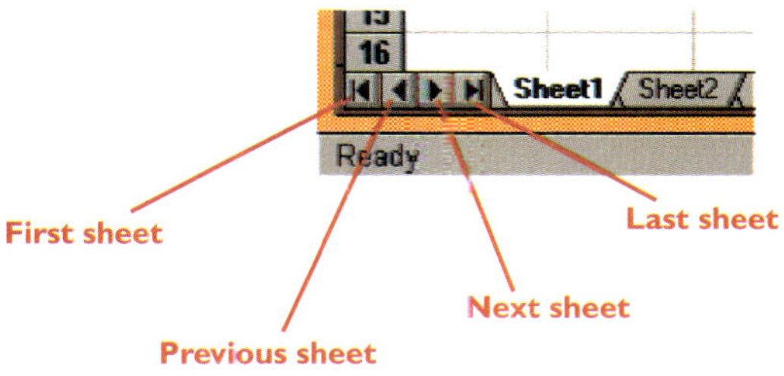

Use these tab scrolling buttons to move among sheets in the same workbook.

Adding Sheets to a Workbook

If you need more than 16 worksheets in a workbook, you can add them. The number of new sheets is limited only by the amount of memory available. (However, the maximum number that can be set as a default for new workbooks is 255. The command for resetting the default number of sheets is Tools ➤ Options ➤ General, and the option is Sheets In New Workbook.) Here's how to add a sheet:

- Press Ctrl as you drag a worksheet index tab to the right in the row of tabs. (This copies the current sheet, which can be blank.)

  or

- Press Shift-F11.

  or

- From the menu bar, select Insert ➤ Worksheet.

  or

  Point to the tab of the current sheet, click the right mouse button, and from the shortcut menu select Insert ➤ Worksheet.

The new, blank sheet (such as Sheet17) will open. Its position in the stack will be on top of the worksheet (to the left of its index tab) that was open when you performed the command.

Working with Multiple Workbooks

If necessary, you can have several document windows open at the same time. Each document window can contain a different workbook, and each workbook can contain many sheets.

Dealing with Memory Constraints

The number of workbooks you can have open at a time is limited by the amount of memory in your computer. That's the amount of available memory, so if you have other applications running, you might close them to increase the amount of memory that is available to Excel.

You can also increase the memory area by adding virtual memory in Windows:

1. If necessary, use a program such as DEFRAG (an MS-DOS utility) to defragment your hard disk.
2. In the Windows Control Panel, select **386 Enhanced ➤ Virtual Memory ➤ Change**.
3. Increase the amount of disk space that can be used as an extension of RAM by typing a new value in KB (kilobytes).
4. Select **OK** to close the Virtual Memory dialog box.
5. Select **OK** to close the 386 Enhanced dialog box.
6. Close the Control Panel by double-clicking its Control box (top left corner).

Be careful! Defragmenting your hard disk can be tricky, especially if you have programs that use software-locked copy protection or if you are using a disk compression utility such as DoubleSpace. If you are not familiar with Windows system maintenance, get someone to help you.

To open a new workbook:

- Select **File ➤ New ➤ Workbook**, then **OK**.

  or

- Press Ctrl-N.

  or

- Click the **New Workbook** tool. 

A new document window will open, which Excel will call Book2 (or the next available number). Unlike sheets you add by the **Insert ➤ Worksheet** command, this is a *separate document* and—initially, anyway—has no relation to other windows you may have open at the time.

You can choose **File ➤ New** (or its equivalent) repeatedly to open as many windows as your computer's memory will hold.

Switching among Document Windows

After you open the ninth window, the selection **More Windows** will appear in the Window pull-down menu. When you do this command, a list of titles of all the open windows will appear for your selection.

When you have multiple document windows open, you can switch among them in any of the following ways:

- If the window you want to activate is visible on the desktop, click its title bar or anyplace inside the window.

  or

- From the menu bar, select **Window ➤ *Title***. (A ✓ is displayed beside the title of the currently active window.)

Saving Workbook Files

Each workbook, or active document window, must be saved to disk separately. Here's how:

1. Make the window active by clicking it or selecting **Window ➤ *Title***.

2. Select **File ➤ Save**.

   or

   Click the **Save** tool. 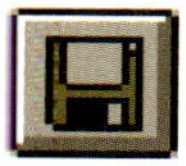

3. If this is the first time you have saved the document, the Save As dialog box will appear. Select **OK** to accept the program-assigned file name (Book2, Book3, etc.)

   or

   Type a file name and select **OK**. (You need not type the .XLS extension. Excel will add it automatically.)

Arranging Multiple Open Document Windows

You can arrange workbook windows on the desktop in the same ways described in this chapter for manipulating multiple-windowed views of the same sheet. When you have multiple document windows open:

- Use any of the options of the **Window ➤ Arrange** command.

  or

- Drag the title bar of any window on the screen to reposition it.

Figure 3.15 shows three windows, each containing a different document file.

Hiding Open Document Windows

When you have several document windows open at once (whether they are views of the same sheet or different

FIGURE 3.15

Three different workbooks open in three separate windows allow you to compare information easily.

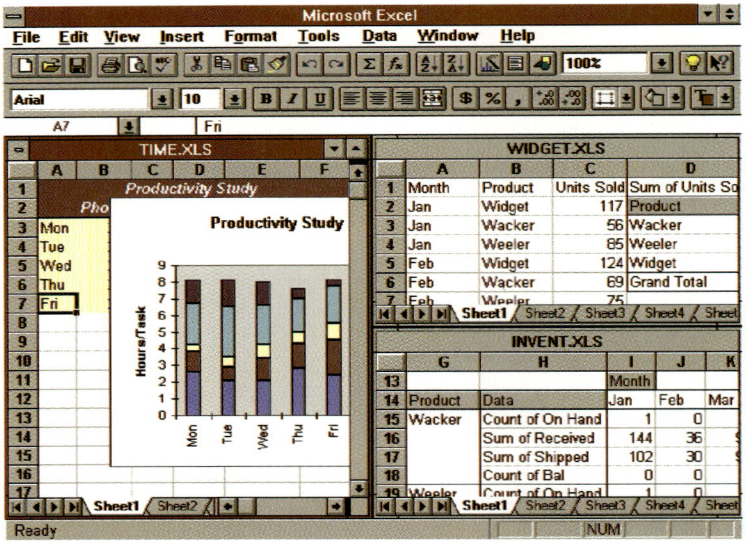

It is possible to hide *all* the documents on the desktop, leaving you with only the Excel toolbars and the **File** and **Help** commands on the menu bar. In this case, to make windows reappear, select **File ➤ Unhide**, select the name of the workbook file to display, then **OK**.

workbooks), you might want to reduce the clutter on your screen.

To completely hide a window from view without closing it:

1. Activate the window by clicking it or by selecting **Window ➤ *Title***.
2. From the menu bar, select **Window ➤ Hide**. The window will disappear from the screen. Also, its name will no longer appear on the list of open titles in the Window pull-down menu.

To make a hidden window reappear:

1. From the menu bar, select **Window ➤ Unhide**. The Unhide dialog box will appear, displaying a list of titles of hidden document windows.
2. Select the name of the workbook from the list.
3. Select **OK**.

Minimizing Document Windows

An alternative to hiding a document window is to shrink it to an icon. To shrink a workbook sheet display:

- Click the window's **Minimize** button (found on the right end of its title bar).

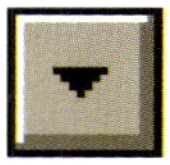

or

- Press Ctrl-F9.

The window will shrink to an icon, identified by its title.

Depending on the positions of other open windows, the window icons may be covered by them. You can find the shrunken windows by selecting their titles from the Window pull-down menu or by pressing Ctrl-F6.

To restore a shrunken window:

- Double-click its icon.

or

- From the menu bar, select **Window** ➤ ***Title***.

or

- Press Ctrl-F6 to highlight the title of the icon, then press Ctrl-F5.

Shrinking a workbook window to an icon has two benefits. First, it gets the thing out of your way temporarily. Second, and perhaps more important, it reduces the amount of memory Excel can give to it and puts it last in line for its turn in the computer processor. So, if you're doing heavy calculations in an open sheet and memory is limited, things might move along faster if you reduce the other windows to icons.

Maximizing Document Windows

Just as shrinking a window reduces it in both size and importance, maximizing a window (Figure 3.16) will make it bigger on the screen and give it the most importance in processing and the greatest share of memory.

To maximize a window:

- Click its **Maximize** button. 

  or

- Press Ctrl-F10.

FIGURE 3.16

A maximized document window is both larger and higher in processing and memory allocation.

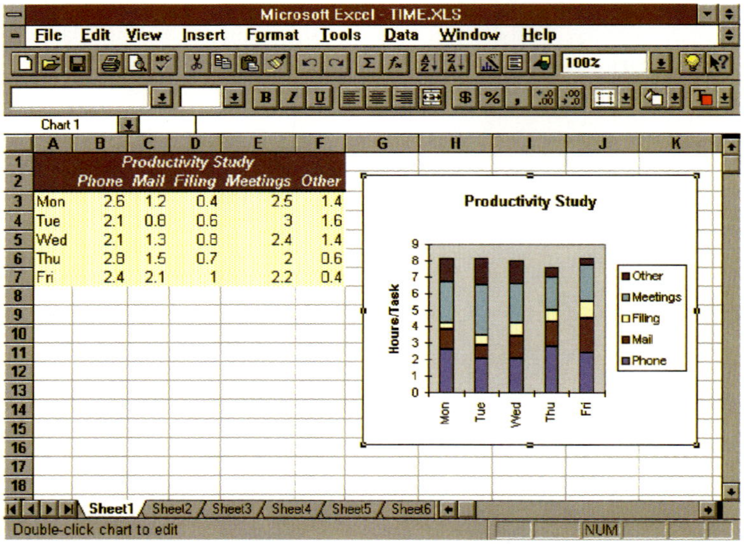

Restoring Maximized Windows

To restore the default view of a window that has been maximized:

- Click its **Restore** button. 

  or

- Press Ctrl-F5.

Displaying a Window in Full-Screen Mode

Excel has another viewing option that makes a document window even larger than Maximized view, filling the screen with only the current sheet and the Excel menu bar.

Enlarging a Sheet to Fill the Screen

To view the current sheet in Full-Screen mode:

- From the menu bar, select View ➤ Full Screen. The view of the sheet will be enlarged to fill the screen, as shown in Figure 3.17.

FIGURE 3.17

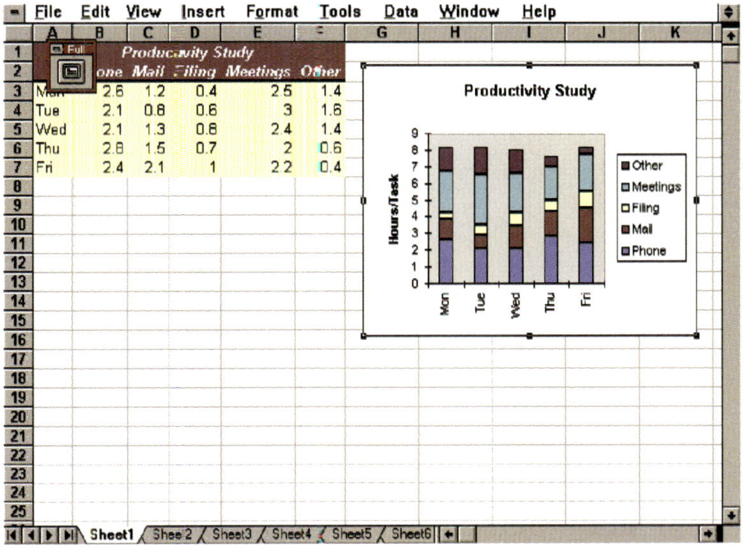

Full Screen mode

The **View ➤ Full Screen** command enlarges the current sheet to fill the screen, with only the menu bar visible above it.

Restoring the Default View

Once a Full Screen mode has been turned on, you can restore the default view of the sheet as follows:

- Select **View ➤ Full Screen**.

  or

- Click the **Full Screen** tool.

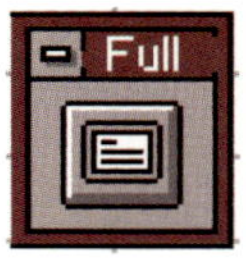

Sharing Data among Open Sheets

Excel lets you share data among open sheets. You might want to do this to carry totals from several sheets to a sheet that summarizes them. Sheets that have values or formulas in common are *linked* so that updating the shared value or formula in one sheet will also change it in the other sheets. A data item that is shared between two or more sheets is called a *3-D reference*.

To pick up the contents of a cell in another sheet:

1. Open both sheets.
2. Select the cell or the range that holds the data.
3. From the menu bar, select **Edit ➤ Copy**.
4. Activate the sheet that will receive the data.
5. Select the cell or range that will receive the data.
6. From the menu bar, select **Edit ➤ Paste Special**. The Paste Special dialog box will appear.
7. In the dialog box, select the **Paste Link** button.
8. To release your selection, click any other cell in the sheet, or press Esc.

When you copy data between sheets, Excel inserts a *link reference* into the receiving sheet location, as shown in Figure 3.18.

FIGURE 3.18

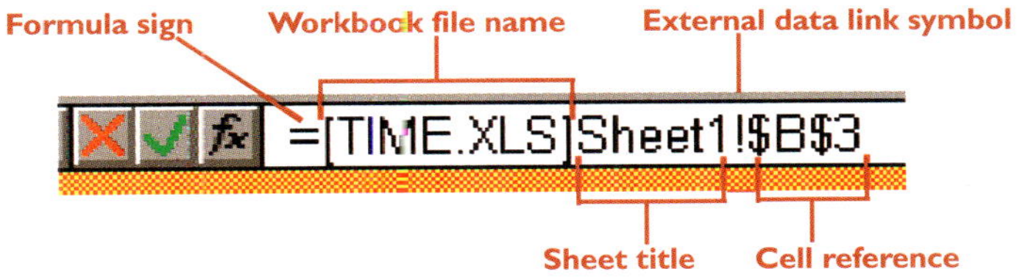

Use this syntax to link the contents of a cell to another sheet.

The equal sign (=) indicates that this is a formula. It is followed by the name of the other workbook or sheet (SHEET3, in this case). Then there's the external data-link symbol, the exclamation point (!), followed by the address or name of the cell or range that holds the data you want to insert in the current sheet.

If you know the specific locations and use the correct syntax, you can type the link reference as a formula even if the source files aren't open. However, for data links to work properly, the references must be to sheets that are in workbooks already saved on disk. There's much more about data linking in Chapters 4 and 12.

Navigating the Directory Tree of Your Disk

Another kind of navigation is required when you get a file from disk (File ➤ Open) or save a sheet or workbook to a file (File ➤ Save or File ➤ Save As).

To provide an orderly way of storing files, computer disks are subdivided into directories. A *directory* is a category for grouping files. Each directory can have other directories, called *subdirectories*, under it.

You can think of the arrangement of directories as an upside-down tree. The top directory—or starting point—is called the *root*. In some lists of files, the root is marked by the backslash symbol (\). (The \ symbol is also used as a separator between directory names.) Directories "grow" downward from the root, branching to form subdirectories. Figure 3.19 shows an example of how directories and subdirectories are organized.

FIGURE 3.19

Files can be stored at the root or under any directory or subdirectory.

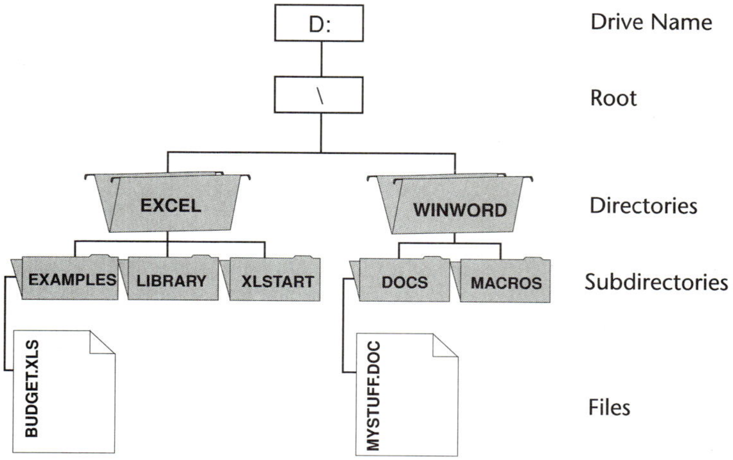

A subdirectory is a branch, or subcategory, of a disk directory. The directory from which the subdirectory branches is called its *parent*. (Another term for *directory* is *folder*, the thing you'd use to hold paper files.) The parent of all directories, or the starting point of the directory tree, is called the *root*, and its name is \.

Finding the file or storage location you want involves navigating the directory tree. For example, here is how you begin the process of opening an existing file in Excel:

1. From the menu bar, select **File ➤ Open**. (Or, click the **Open** tool.) The Open dialog box will appear, as shown later in Figure 3.20.

Notice that the Open dialog box is almost identical to the Save and Save As dialog boxes, because both sets of commands access the file directory system of your computer.

The **File ➤ Open** command is preset to look at the directory EXCEL, where Excel expects to find .XLS files. However, you can store files anywhere you want. You can even set up other directories for different clients or for different projects.

Let's say you wanted to open the ready-made workbook file BUDGET.XLS, which is stored in the subdirectory EXCELCBT. Since you know the *path* through the directory tree, you could type your request in the File Name text box, like this:

D:\EXCEL\EXCELCBT\BUDGET.XLS

This request says, "Starting at the root of drive D (D:\), go to the EXCEL directory, then the EXCELCBT subdirectory, and get the file BUDGET.XLS."

It can be more convenient to navigate the Open dialog box, though, especially if you don't know the file name in advance. Fortunately for ease of navigation, all Windows file-access dialog boxes work the same way—even in different applications.

Having selected **File ➤ Open** (or its equivalent), here are the rest of the steps for navigating the file system and opening a file (refer to Figure 3.20):

2 *Select the file type:* In most cases, you just want to double-check that the **Microsoft Excel Files** (*.**XL***) option is preselected. However, you can click the ↓ button on the List Files Of Type drop-down box to select from a list of other file types, including Lotus 1-2-3 Files (*.WK*). (The * in the file name is a *wildcard*, meaning that any characters can go in that spot.)

3 *Select the disk drive:* In the Drives box, select the name of the disk drive where the files are, or will be, stored. Drives A and B are usually floppy disk (diskette) drives. The main hard disk is usually drive C, possibly with an auxiliary drive D. A network server might be designated S.

4 *Select the subdirectory:* In the Directories box, double-click the name of the subdirectory you want. If the subdirectory belongs to a different directory, double-click the root (\), then double-click the directory, double-click the subdirectory, and so on down the tree until you arrive at the subdirectory you want. After you

I admit that the directory tree can seem an odd concept at first, not easy to visualize. Perhaps you also wonder, "Why bother?" But would you throw everything you own into the same closet? It gets to be a mess, and what's worse, stuff can get lost in there! The directory tree is a method of organization, and picky as that sounds, it's the single most useful thing you can learn about your computer.

FIGURE 3.20

The Open dialog box. The numbered steps show how you can navigate the dialog box to locate and open a file.

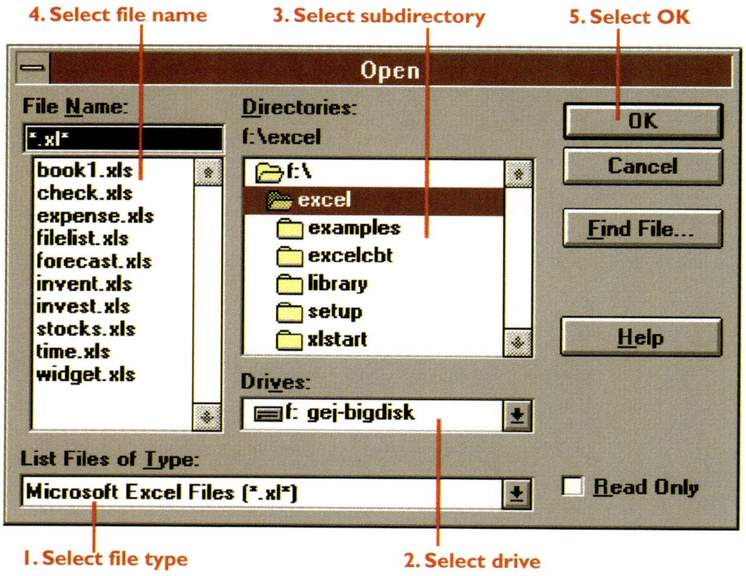

have selected a subdirectory, the files *having the extension type you specified* will be listed beneath the File Name box.

5. *Select the file name* you want from the list by double-clicking it. Or, just type the name of the file you want in the File Name box and select **OK**.

This chapter digresses a bit to cover some of the navigational challenges you will meet when you start constructing larger and more ambitious worksheets and systems of worksheets. The next chapter resumes the discussion of formulas begun in Chapter 2.

CHAPTER 4

Making Complicated Math Easy

Featuring

- Syntax, or rules of form, for formulas and functions
- How to type formulas into cells
- Using the Function Wizard to enter functions quickly and easily
- Syntax for nested functions
- Understanding relative and absolute addressing
- Using R1C1 notation (if you need it)

Excel has so many built-in functions that it would be impossible to include them all here. Instead, this chapter focuses on how to construct formulas—especially how to refer correctly to cells and ranges in a sheet. Then, in Chapter 5, you'll learn some pitfalls of particular functions and how to test your sheet to make sure that its results are reliable.

Chapter 2 introduces the idea of formulas as math problems that Excel can do for you. There you find some examples using the ready-made formulas, or functions, SUM and AVERAGE. In this chapter you can get started doing serious math with formulas and functions.

Getting Help with Function Syntax

Recall from Chapter 2 that functions are formulas that must be composed according to a precise syntax, or rules of form. Actually, it's more complicated than that: Each function has its own syntax requirements. However, you don't need to remember them all. You just need to know where to look them up.

If you use the Function Wizard to enter formulas, as described later in this chapter, Excel will make sure that you specify everything needed by the function you have chosen. However, sometimes you want to understand more than just the rules of form—you want to know the correct usage of a particular function.

If you know the name of the function you want to use but need a detailed description of what it does, Excel will look it up for you. Here's how to ask:

1. From the menu bar, select **Help ➤ Contents**. A list of topics will appear.
2. From the list of topics, select **Reference Information**. Another list of more detailed topics will appear.
3. In the list headed General Reference, select **Worksheet Functions**. A list of topics will appear.
4. Select **Alphabetical List of Worksheet Functions**. An alphabetical list of function names will appear.
5. Click the name of the function you want (scroll through the list if necessary). Excel will display a full description of the function's purpose and syntax.
6. If you want a hard copy of this information for future reference, select **File ➤ Print Topic**.
7. When you're done, select **File ➤ Exit** to resume working in Excel.

Rules for Writing Functions

The syntax of (rules for writing) the SUM function is

=SUM(*number1,number2,...*)

Why Is Syntax So Important?

Remember that contrary mathematicians call stuff like *number1* an *argument*. If you feed more than one argument (*number1,number2*) to a function, you must separate them with commas, as shown in the SUM example. The ellipsis (...) in the syntax above means "and so on." (You don't type it; the ... stands for other arguments you might include.) In most functions, you can have as many as 30 arguments without causing an error.

Arguments are data items, such as references to cells and ranges, that you feed to the function. Excel is picky about this: If you don't feed a function the things it requires, you will either get a message saying that you made an error or—and this is much worse—an answer that looks correct but is just downright wrong!

Remember the time-honored saying of computer programmers, "GIGO—garbage in, garbage out!" Computers can indeed produce incorrect results. Excel will do exactly what you tell it to do—no more and no less. Things can go seriously wrong, for example, when you feed Excel a data reference that works in a formula but that actually points to the wrong set of data. This is where computers are dumb as the nuts they're made of: *Excel does not know the difference between right and wrong answers!* Usually you can trace the errors in a sheet to incorrect references in the formulas.

Types of Data Used in Arguments

In Chapter 2 the arguments used in the example functions SUM and AVERAGE are simply range references, such as a column (B1:B5) or row (B2:E2) of number values to be summed or averaged. But arguments can actually be all kinds of references, as long as Excel interprets the reference as data. In fact, arguments that refer to values in a function can be any of the following:

- An address of a cell that contains a value: C3
- A range that contains a series of values: C3:J3
- The name of a range that contains a series of values: TOTALS
- A specific number value (a constant): 9.356
- For arguments that are labels, specific text characters, *enclosed in quotation marks*: "Gerald's Stuff"
- A reference to a cell or range in another open sheet or workbook: [Book1]Sheet3!D3
- A formula for a calculation that produces a value or a series of values: C3*(B2+4)

Remember, in most types of functions, you can have as many as 30 arguments without causing an error.

Formulas that are used as arguments are not preceded by equal signs. As with any formula, use parentheses to control the order in which Excel performs the calculations.

Recall from Chapter 2 that you can give names to ranges instead of referring to them by cell addresses. Range names are permissible as arguments in functions, but you should not enclose them in quotation marks, as you would labels (text strings used as data values).

Like file names in DOS, range names in Excel cannot contain blank spaces. If you want to invent nifty names that contain two or more words, separate the words with the underscore character (_). (Don't use a hyphen; Excel might think it's a minus sign.) Use any combination of upper- and lowercase letters (Excel ignores the difference, except in labels), and keep it to no more than 255 characters in all. For example, you [illegible] type **home_runs_I_hit** [illegible] name.

Using Reserved Words in Function Syntax

Some particularly picky functions require special kinds of arguments called *keywords*, or *reserved words*. Placeholders (in italics) often represent these words in function syntax, but the words themselves must be typed literally as text and enclosed in quotation marks ("").

For example, one of the functions that uses keywords is INFO, which reports on the status of your computer system. The syntax for INFO is

=INFO(*type_text*)

In this function syntax, *type_text* is a placeholder for any of ten specific keywords. One of these keywords is "memavail", which can be fed to INFO to make it report on the amount of computer memory that is currently available. To put the amount of memory (number of bytes) into the cell that holds the formula, the syntax would be

=INFO("memavail")

This kind of function is handy for people who are writing *macros*, or predefined sequences of Excel commands and formulas. You can read about macros in Chapters 9 and 14.

Some Functions Don't Use Arguments

Some functions—but they are few—don't use arguments. For these, you need to supply an empty pair of parentheses. For example,

=RAND()

This function generates a random (unpredictable) decimal value between 0 and 1. If you make sheets for playing games or simulating business scenarios, you might use this function to get things started.

To calculate an average, Excel counts the number of data values in all the arguments, adds the values, then divides the result by the count. But here's a possible source of error: In doing the count, Excel skips cells that contain blanks but counts those that contain zeros. To include the skipped cells in the count, you must insert zeros in them.

Using a Series of Arguments

Most functions in Excel can have as many as 30 arguments. That is, you can include up to 30 sets of values in a single function. And the cells that hold the values need not be adjacent to one another. In fact, you can pick them up from anywhere in the sheet—and even from other sheets.

For example, here's a SUM function that calculates the grand total of three nonadjacent columns of numbers:

```
=SUM(B2:B5,D2:D5,F2:F5)
```

And here's an AVERAGE function that averages those same values:

```
=AVERAGE(B2:B5,D2:D5,F2:F5)
```

Using the Function Wizard to Enter Formulas

Excel 5 provides a handy way for you to enter formulas and functions with few, if any, keystrokes. The Function Wizard not only saves you the tedium of typing, but it also prevents typing errors and assures that all elements of the required syntax will be entered.

Composing a Function

Here's how to use the Function Wizard to insert a formula that uses a function into a cell. The example used here is the AVERAGE function covered previously in Chapter 2. The first set of data to be averaged is in the worksheet row C3:E3 (Samantha's scores for three games):

1. Select the cell that will hold the function: F3, in this case.

2 In the toolbar, click the **Function Wizard** tool: 

or

From the menu bar, select **Insert ➤ Function**. The Step 1 of 2 dialog box will appear, and the formula bar will open.

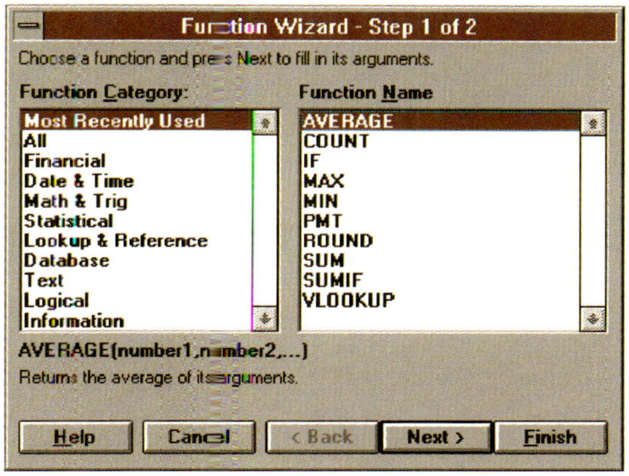

3 Select the function to be used from the list in the Function Name box: **AVERAGE**, in this case.

4 Select the **Next** button. The Step 2 of 2 dialog box will appear. Here you must specify cell or range references for the data values that will be processed by the function (see Figure 4.1).

5 In the Number1 text box, type the reference to the first data value or range of data values. In this case, type **C3:E3**. (You could also type a cell address, a constant, or a range name.)

or

While the dialog box is still open, click a cell or drag a range in the sheet.

or

Click a range name in the Name box, as described in the next section.

6 Repeat step 5 for each argument. (In this example, since all of the required data values are in a single range, only one argument is needed.)

What's so hard about typing? In the case of this simple formula, it would probably be just as easy to type it into the cell or into the formula bar as it would be to use the Function Wizard. But as you begin to enter more complex formulas, clicking your way to higher math with the Function Wizard can be a real joy—especially if you let Excel paste the references for arguments, as described below. And, remember, preventing those typing errors will also prevent the program errors they would otherwise cause.

FIGURE 4.1

In the Step 2 of 2 dialog box, you specify arguments that will be processed by the function.

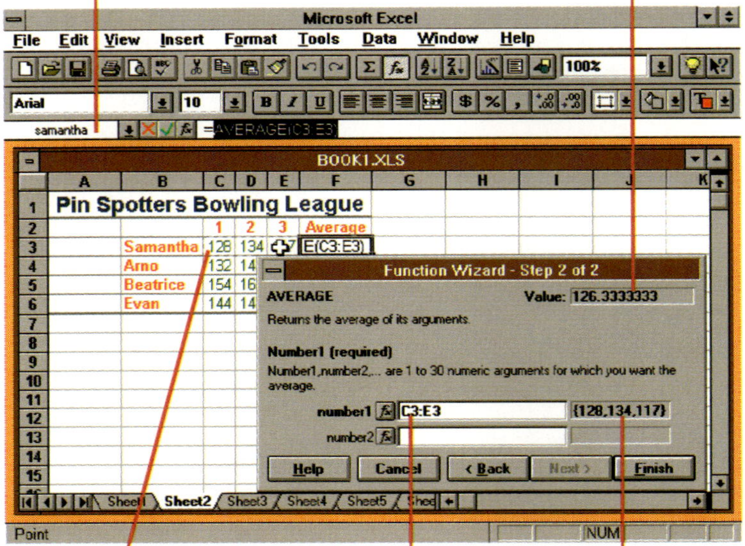

In the Step 2 dialog box, the result in the Value box is the value held in (or the result of calculating) the reference in the Number box you're working in. So, if you see an error message in the Value box (a notation preceded by #), you know that there's something wrong with the argument. By inspecting this box, you can catch errors *before* they appear in the formula result.

7. Select the **Finish** button. The program will insert the function, in the correct syntax, into the cell, where the result of the formula will be displayed, as shown in Figure 4.2.

Pasting Range Names as Arguments into a Function

When you are using the Function Wizard, you need not type the references for arguments, as demonstrated in the previous example. In step 5 above, instead of typing a reference,

FIGURE 4.2

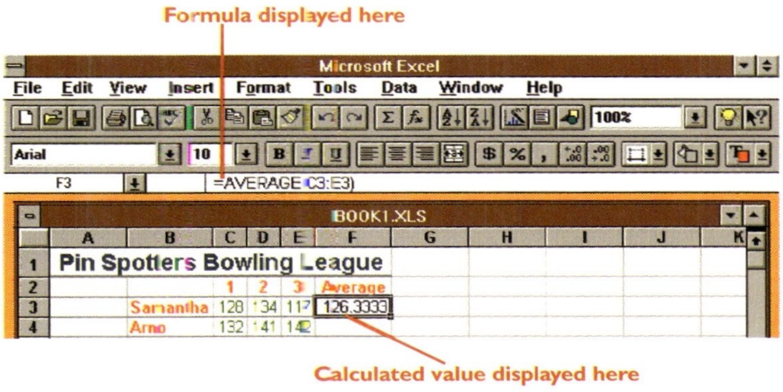

When a function is entered into a cell, the formula syntax appears in the formula bar, but the result—not the formula—is displayed in the cell.

you can paste the name of a range into the function as an argument:

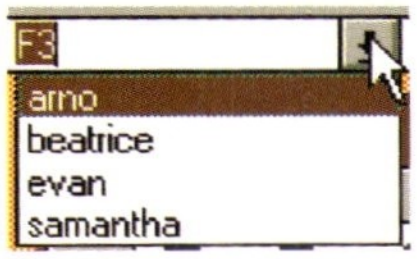

1. When the Step 2 of 2 dialog box is open, click the ↓ button to open the Name drop-down box.
2. Click a range name. The name will be inserted in the next open Number text box as an argument for the function.

or

1. When the Step 2 of 2 dialog box is open, click a cell or drag a range in the sheet (refer back to Figure 4.1). The program will insert the correct reference for your selection into the next available Number text box. (To make a selection from another open sheet, click its index tab, then make your selection as just described.)
2. To insert another argument, click the next blank **Number** text box (or press Tab).
3. Enter the next argument (Number2, and so on), or select **Finish** to close the dialog box.

Remember that range names in formulas, unlike keywords and labels, must *not* be enclosed in quotation marks. However, you might make this mistake only if you are typing the formula. If you paste the name into the formula using the Function Wizard, as described here, Excel will make sure that the syntax is correct.

Pasting Formulas as Arguments

An argument can itself be a formula. For example, instead of using the value stored in a single cell as an argument, perhaps you want to use the sum of three cells as an argument:

=AVERAGE(B6+D6+F6,month,year)

In this example, the first argument is a single value, but it is the sum of three separate cells—B6, D6, and F6. (Notice that a formula used as an argument is *not* preceded by an equal sign.) The other two arguments—MONTH and YEAR—are range names.

You can paste this argument into the Function Wizard just as you can ranges and range names. Here's how:

1. When the Step 2 of 2 dialog box is open, click the first cell (or drag the first range) in the argument formula. In this example, you would click cell **B6**. The reference corresponding to your selection will appear in the first blank Number text box.

2. In the Number text box, click the right edge of the reference to move the insertion point there.

ı the sheet, click the next cell to be added to the same ·gument (**D6**, in this case). Excel will append the plus ;n and the reference (+D6) to the argument syntax in : Number box.

ıin, click the right edge of the syntax in the Num- box.

ıe sheet, click the next cell to be added to the syn- **F6**). In this example, ' will append +F6 to ·gument syntax.

: these steps to enter the next argument ·er2, and so on), or select **Finish** to close the ɔox.

These formulas used as arguments can contain other arithmetic operations besides addition. For example, assume the argument calls instead for *subtracting* the third item:

=B6+D6–F6

When you are working with arguments in the Step 2 of 2 dialog box, to specify a different operation, you can edit the syntax in the Number box:

1. Drag the I-beam cursor over the plus sign (+) to be replaced.

2. Type the symbol for the arithmetic operation to be performed:

   - subtraction

   * multiplication

   / division

   ^ exponentiation

3. Enter the next argument (Number2, and so on), or select **Finish** to close the dialog box.

Inserting a Nested Function

Here's an aspect of writing functions that can get fairly complicated. It's not something I'd try when building my first worksheet, but here are some tips for attempting more ambitious math.

If a function contains another function as one of its arguments, the functions are said to be *nested*. Remember that, like formulas used within formulas or functions, a formula used as an argument is *not* preceded by an equal sign.

Here is an example of nested functions:

=SUM(AVERAGE(B3:E3),AVERAGE(B4:E4))

In this function, Excel first averages the specified range in row 3, averages the range in row 4, then adds the two averages. Typing nested functions can be a chore, and it can be especially difficult to keep track of all required pairs of parentheses.

To make writing nested functions easy, Excel makes it possible to paste functions within functions when you are using the Function Wizard. Here's how to do it:

1. When the Step 2 of 2 dialog box is open, click the **Function Wizard** button next to the Number box for which you wish to use a function instead of a sheet reference. (Refer back to Figure 4.1.) Another instance of the Function Wizard program will start, displaying the Step 1 of 1 dialog box. Notice that the notation [Nested] appears in its title bar, indicating that the function you are composing is an argument within some other function.
2. Compose the function syntax using the features of the Function Wizard.
3. Select **OK**. The nested function you composed will be inserted as an argument into the corresponding Number box in the Step 2 of 2 dialog box.
4. Continue specifying arguments (Number2, and so on) for the first function.
5. When you have specified all arguments, select the **Finish** button. The nested function syntax will be inserted into the selected cell, where its result will be displayed, as shown in Figure 4.3.

FIGURE 4.3

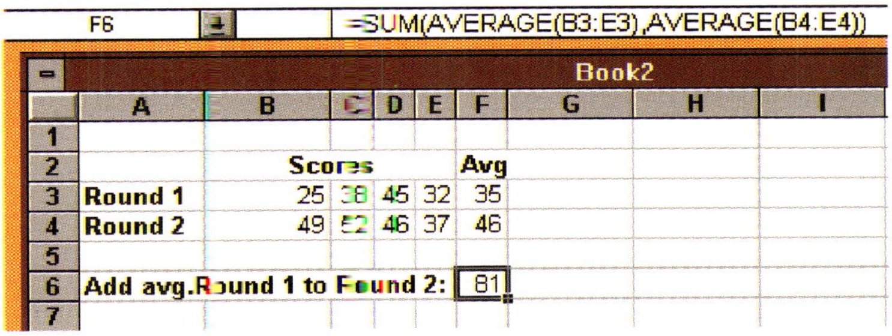

A nested function is shown in the formula bar. Its result appears in the cell that holds it.

Using the Function Wizard Button in the Formula Bar

For your convenience, the Function Wizard can be activated from the buttons that appear to the left of an open formula bar. Here's how to use this alternative:

1. Double-click the cell that will hold the function. The cell and the formula bar will open for editing. Just to the left of the open formula bar is the Function Wizard button (next to the ✓ button).

2. Click this **Function Wizard** button.
3. Select a function name in the Step 1 of 2 dialog box.
4. Select **Next**.
5. Compose arguments in the Step 2 of 2 dialog box.
6. Select **Finish**.

Understanding Absolute and Relative References

Many people have trouble with absolute and relative cell references in formulas. Here are some tips.

Definitions

Copying or moving a formula to a different cell can require changing the cell references in its arguments, especially if those cells are moved along with it. Normally, the program will readjust the references automatically, but, in some cases, the result won't be correct.

An *absolute address* is part of a cell reference that will not change, even if you copy or move the formula that contains it elsewhere in the sheet. By inserting the dollar sign ($) syntax, you can make a column letter ($A1), a row number (A$1), or both ($A$1) absolute so that Excel can't change the reference.

A *relative address* is part of a cell reference (with no $ in front of it) that can be reset by the program if you copy or move the formula that contains it.

In the *absolute* cell reference $A$1, the locations of both the column and the row are absolute and can't be changed. But in the reference A$1, only the row is absolute; the column letter is relative and can be reset by the program. In the reference $A1, the column is absolute and the row is relative. In the address A1, both the column and the row are relative. (See "Changing Addresses," in Chapter 6.)

Often, if Excel provides a reference for you, it takes the safe road and makes the addresses absolute. This happens, for example, when you select a range and choose **Insert ➤ Name ➤ Define** But you don't have to put up with this if you don't want to. Just edit the address in the Refers To text box.

When to Use Relative References

Deciding whether to use relative or absolute references in a formula might best be decided by trial and error. Try using relative addresses (no $) first, check the result, and edit your formula to make some or all of the addresses absolute, if necessary. In making your edits, it's usually easier to change the addresses in the original formula, then recopy it. (Copying formulas by methods other than AutoFill is covered in Chapter 5.)

Remember that using relative addresses gives you the convenience of being able to move things around and letting Excel adjust the addresses, if necessary. To put it another way, make an address *absolute* only if the program's changing it would produce an incorrect answer.

Relative addresses are particularly handy when you use AutoFill to copy one formula into several adjacent cells, as demonstrated in Chapter 1. Because Excel is free to change the relative addresses, the program will reset each copy of the formula so that the calculation refers to the correct row or column.

Remember that readjusting addresses may be necessary when a formula is copied or moved to a different cell. However, that's not the only kind of change that can cause Excel to reset the references in a formula. For example, all the addresses in all the formulas in a sheet might be affected if you delete or insert entire columns or rows with the **Insert** command.

Relative and Absolute Addressing—an Example

Figure 4.4 shows an example in which readjustment of a relative address produces an error.

In the figure, the formula in cell H4 calculates the percentage of damaged shipments on Route 1 to the total number of delivery trips the Ace Courier Service made that week. The formula in cell H4 is

```
=G4/G9*100
```

This formula means, "damaged deliveries divided by total company deliveries, multiplied by 100."

When AutoFill is used to copy this formula into the cell below it (to find out the percentage of damaged shipments for Route 2), the result is an error. The program incorrectly changes G4 to G5 and G9 to G10. G5 holds the needed value, but there is

FIGURE 4.4

In this example, resetting a relative address produces an error.

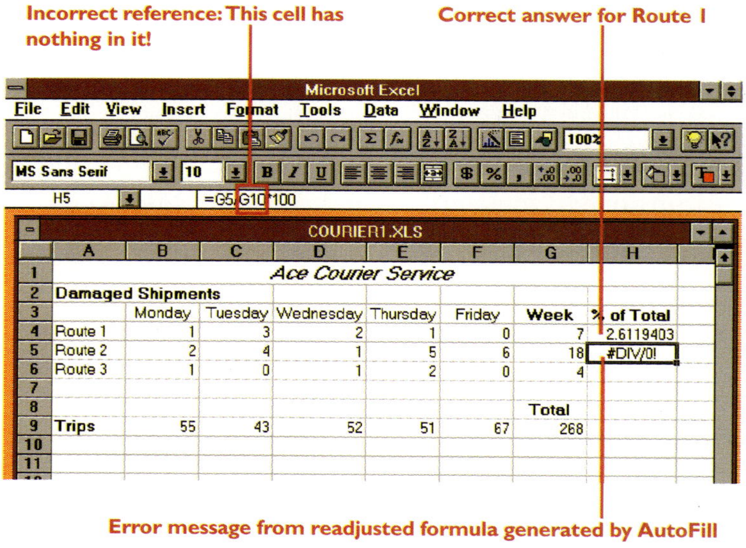

literally nothing in G10. In this case, Excel interprets the blank as zero and returns a message stating that dividing by zero would cause an error.

The formula will be copied correctly if the divisor (the total number of deliveries) is made absolute ($G$9). The number of damaged shipments for each route (G4 in the original formula) remains relative so that it can be adjusted as it is copied into each new cell.

The formula in cell H4 should read

```
=G4/$G$9*100
```

To fix the sheet, you would need to edit the formula in cell H4, then recopy it by dragging the fill handle downward into cells H5 and H6. Notice that using AutoFill to generate the formula will produce a correct result, in this case, because the absolute reference ($G$9) prevents the program from changing the cell reference. The resulting formula therefore produces the correct value.

Converting Relative References to Absolute—the Easy Way

Excel has a way for you to convert relative addresses to absolute addresses quickly so you don't have to retype the address. This saves you time and also helps prevent errors caused by *mis*typing an address:

1. Double-click the cell that contains the formula. The cell will open, displaying the formula for editing.
2. In either the open cell or in the formula bar, highlight the address by dragging the I-beam cursor over it.

3. Press F4. The highlighted address will change from all relative to all absolute. Notice that Excel adds the $ character in front of both the column letter and the row number, making both absolute.

4. To make only the row number absolute (G$9), press F4 again.
5. To make only the column absolute ($G9), press F4 again.
6. To restore the address to all relative (G9), press F4 again.

So, as long as the address is highlighted for editing, you can press F4 repeatedly to cycle among all the combinations of absolute and relative columns and rows.

An address that contains both relative and absolute references (such as G$9 or $G9) is called a *mixed* reference.

Do You Need to Use R1C1 Addressing?

You probably need to know about R1C1 only if you are working with worksheets that were generated by a program that uses this type of addressing. However, since Excel handles both methods equally well and will convert between them on command, there is no reason not to try R1C1 anyway. To some people, it just makes more sense than keeping track of relative and absolute A1 references. (Even if you share files with other Excel users, they will also be able to convert to their preferred method on command.) So, try it—you might prefer R1C1.

Excel has an optional method of *notation*, or cell addressing, that does not use the $ syntax. This method of referring to rows and columns is called *R1C1*. (The default method is called *A1*.)

In R1C1 addressing, each cell is referenced not by letter of column and number of row (as in A1), but by *two numbers*: the number of its *row first* (R1), followed by the number of its column (C1).

Converting from A1 to R1C1 Notation

Here's how to switch to R1C1:

1. From the menu bar, select **Tools ➤ Options**. The Options dialog box will appear.
2. Click in the index tab **General**.
3. Select the option button **R1C1**.
4. Select **OK**.

When the sheet reappears, column letters will be changed to numbers, and all addresses will be in R1C1 notation. Figure 4.5 shows a sheet with cell addresses in R1C1 notation.

To switch back, select **Tools ➤ Options ➤ General ➤ A1**, then **OK**.

FIGURE 4.5

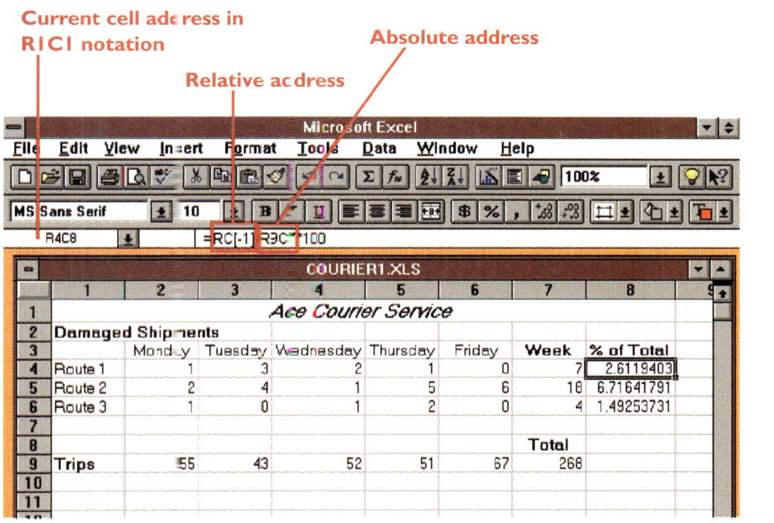

In this sheet, column letters have been replaced with numbers, and cell addresses are in R1C1 notation.

Advantages of R1C1 Notation

R1C1 has advantages that include:

- All numbered addresses are absolute. Relative references are specified by just R or C—meaning the current row or column—and a bracketed number adding to or subtracting from that position. *Negative* numbers in brackets [-1] mean *left* or *up* from the current row or column. *Positive* numbers in brackets [1] mean *right* or *down*. In Figure 4.5, G4 has been converted to RC[-1]. This address means, "the current row and one cell to the left (minus one) from the current column." Notice that the absolute address appears as a set of row and column numbers (R9C7).
- R1C1 can be really convenient when used with formulas (particularly macros) that must calculate row and column positions. It's just simpler to calculate and keep track of column 256 than to puzzle over column IV. For example, you might use this notation if you were

At this point, most of the picky details of formula writing are behind you! It's time to find out how knowing this stuff can pay off, unleashing the considerable calculating power of Excel, and–just as important–assuring you that the answers Excel gives can be trusted.

writing formulas that retrieve data from a large table (including *lookup* tables and *database* tables).

- Of course, R1C1 is more compatible with other people, data files, and software that also use R1C1.

This chapter presents rules for writing formulas and functions, as well as several techniques for composing them quickly using the Function Wizard. Remember that, besides saving your work, entering formulas by means of the Function Wizard can also prevent syntax errors.

Now that you know the rules, the next chapter focuses on the kinds of math and other calculations you can get Excel to do with its many functions. You'll discover the different categories of functions, as well as how to make sure that you've picked the right function for the task at hand.

CHAPTER 5

Don't Trust That Worksheet! (Until You Check It)

Featuring

- Doing arithmetic with functions
- Using array formulas correctly
- Inspecting data ranges with COUNT, MAX, MIN, and MEDIAN
- Manipulating decimal values
- Performing logical tests
- Using financial functions
- Working with date and time functions
- Avoiding common sources of error, including circular references

In this chapter, I'll describe some of the more commonly used functions (besides the now-familiar SUM and AVERAGE). And I promise to pay close attention to crucial differences between functions that seem to work alike but actually don't. (Using the wrong function for the job can be a major cause of worksheet errors.) I'll conclude by suggesting ways you can test your formulas and worksheets to make sure that the results will be reliable.

This chapter continues the exploration of formulas begun in Chapters 2 and 4. The discussion focuses on what's in the formulas rather than on all the different ways you can enter them. Procedures for entering formulas, including steps in the Function Wizard, are covered in Chapter 4.

There's a reason for this in-depth treatment of formulas and functions. If you want Excel to do all your math homework for you—with reliable results—you must be able to describe the problems you want it to solve. You do that with formulas. Also, remember that functions are the ready-made formulas that have already been programmed into Excel. For example, to do more ambitious math such as trigonometry or statistical analysis, just about all you have to know is the name of the function you need. You can let Excel fill in the details.

Syntax of the SUM Function

Recall from Chapter 2 that the SUM function generated by AutoSum adds a series of values, which you supply as arguments (data or references to data inside parentheses, separated by commas). This formula, for example, adds the values stored in cells C2, C4, and C6:

```
=SUM(C2,C4,C6)
```

Remember also that the following formula, which does not use the name of the ready-made SUM function, does exactly the same thing:

```
=C2+C4+C6
```

Doing Subtraction with SUM

There is no separate, ready-made function for subtraction. If you want to subtract a value, you can put a minus sign (–) in front of its argument in a formula that uses the SUM function. (Remember to put a comma between the arguments!)

For example, if you wanted to subtract the value C6 from the sum of C2 and C4, you could enter this function:

=SUM(C2,C4,-C6)

Or, you could use this formula:

=C2+C4-C6

Beware the subtraction pitfall! Rookie formula writers often specify subtraction in a formula when the value in the sheet is already negative (preceded by a minus sign or enclosed in parentheses). Two negatives make a positive, so the resulting calculation will be addition, not subtraction. For example, suppose you entered debits in a checking account as negative numbers. In that case, you would *add* the debit values to the prior balance to get the current balance.

Proper Use of Parentheses

In formulas that do addition and subtraction only, you don't have to worry about using extra sets of parentheses to control the order of evaluation. The reason is simple: The order in which values are added or subtracted has no effect on the result. (However, the order of evaluation will be *very* important if the formula also involves multiplication or division.)

More Help for Recovering Lotus Users

If you're used to 1-2-3, Excel can accommodate your old Lotus habits. Select **Tools ➤ Options ➤ Transition** and mark the **Transition Formula Evaluation** and **Transition Formula Entry** check boxes. You can then enter formulas in Lotus syntax and even work with Lotus sheets directly, and Excel will translate the formulas. If you don't mark the check boxes, you can still type in formulas using the Lotus syntax (for example, using @ instead of =), but you must use the names of Excel functions only.

Also in this dialog box, if you want to use Lotus key controls, mark the check box **Transition Navigation Keys**. Also available is **Lotus 1-2-3 Help**, which presents Help pages in terms of Lotus instructions.

Doing Multiplication and Division

Much the same way the SUM function can be used to do both addition and subtraction, the PRODUCT function will do either multiplication or division. (If, however, you want integer, or whole-number, answers, you can use QUOTIENT and MOD for division instead.)

If you start to type a function into the formula bar but can't remember its required argument syntax, press Ctrl-A after typing the equal sign and the function name, and the Function Wizard will be activated to help you.

Using PRODUCT for Multiplication

In syntax, PRODUCT works just like SUM. You give it a series of arguments, and it multiplies them by one another to generate a single value as the product. For example,

=PRODUCT(B3:D3,6)

gives the same result as

=B3*C3*D3*6

So, if the cells in the range B3:D3 contain the values 4, 10, and 5, both formulas will calculate $4 \times 10 \times 5$, which is 200, then multiply by the constant 6, producing a result of 1,200.

Many math functions can take as many as 30 *arguments*. (Usually, all arguments must refer to the same type of data, such as currency values.) This is not to say that you are limited to 30 values, though. Any of those arguments can be a range reference (for example, A1:C1) or a range name (MY-STUFF). In that case, any one of the arguments might contain many values.

Using PRODUCT for Division

Mathematically speaking, division is the inverse of multiplication. This means that you can do division as an inverse multiplication calculation using the PRODUCT function. For example, to make the argument C3 a *divisor* instead of a multiplier, enter the argument in the formula as its inverse, or reciprocal:

1/ C3

This means, "the constant 1 divided by the value in C3." Let's say you wanted to multiply A1 by B1, then divide the result by C3. The PRODUCT formula for this calculation is

```
=PRODUCT(A1,B1,1/C3)
```

Remember that not all numbers can be divided evenly. Sometimes there's something left over, called a *remainder*. For example, 10 divided by 3 equals 3, with a remainder of 1. A remainder can appear either as a fractional part (⅓) or as a decimal value (.33333). Normally, Excel will show a remainder as a decimal. So if the values in A1, B1, and C3 were 5.1, 10, and 2, Excel would calculate 5.1 × 10 × 1 / 2 to produce 25.5.

Using QUOTIENT to Get Integer Dividends

From its name, you might think that QUOTIENT does the same thing for division that PRODUCT does for multiplication. *Not so!* QUOTIENT does divide one value (the numerator) by another (the denominator):

```
=QUOTIENT(D2,D3)
```

However, the result will be *only the whole number* (or *integer*) part of the result, or dividend. If the answer includes a remainder, the remainder will disappear!

So in the formula above, if D2 and D3 contain the values 10 and 3, the result of the calculation will be 3, and the leftovers (a remainder of 1, or the decimal part 0.33333…) will be discarded.

Can't Find QUOTIENT?

The QUOTIENT function is not in the standard set of ready-made Excel formulas, but is a selection in the Analysis ToolPak—a set of ready-made formulas. If you installed this option with Excel, you can enter the function as described above and Excel will do the rest. For tips on installing add-in functions, have a look at "Installing Add-In Macros" in Chapter 9.

Using MOD to Get a Remainder

To get *just the remainder* of a division problem, you use a different function:

```
=MOD(D2,D3)
```

Supposing again that D2 is 10 and D3 is 3, the result of this formula would be the remainder of 10 divided by 3, which is 1.

Remember that you can have only one formula in a cell. So, if you wanted to use both QUOTIENT and MOD to get an integer result and a remainder, you would have to put the two formulas in different cells.

Correct Use of Signs in Arguments

Don't use arithmetic signs (the arithmetic operators +, –, *, /, or ^) between arguments in formulas that use function names. The function name takes care of the arithmetic for you. You must separate the arguments with commas instead.

However, within a single argument, there can be good reasons to use arithmetic operators such as +, –, *, or /.

For example, within arguments that refer to values, you can change the sign of a value by inserting a leading minus sign, or you can specify its inverse (1/A1). If you want to, you can ask for arithmetic calculations within an argument (A1-1).

An argument can even contain another function, as long as the function results in a single value. If you put one function inside another, use only one equal sign—in front of the whole formula:

```
=SUM(AVERAGE(A1:C1), AVERAGE(F2:F9))
```

Using SQRT to Get Square Roots

Recall from Chapter 2 that you can get the square root of a number by raising it to the power of $1/2$, or 0.5. The calculation for the square root of the value in cell A1 would be

```
=A1^0.5
```

As an alternative, you can use the SQRT function. SQRT takes one argument only—the number you want the square root of. The argument can be a constant (such as 64) or a reference to a cell that holds a number value (such as A1). The following formula gives the same result as the calculation above:

```
=SQRT(A1)
```

Using SUMPRODUCT to Extend and Foot

A common accounting calculation is to *extend*, or multiply, one column of values by the values in another column, then

When you're using the SQRT function to extract a square root, you get an error message from Excel if the argument turns out to be negative. In mathematics, the square root of any negative value is an *imaginary number*—not something Excel is equipped to handle with this particular function.

If a result would be an imaginary number, Excel will display #NUM! in the cell. This is Excel's way of saying that you had better change the sign of the argument to make it positive if you want to get an answer!

foot, or total, the extended values. For this purpose, Excel offers the ready-made function SUMPRODUCT.

Figure 5.1 shows an order form for camping gear. Notice that the SUMPRODUCT function multiplies the Quantity in column A by the Unit Price in column C, then foots the amounts in column D to give an Order Total.

FIGURE 5.1

In this order form, the SUMPRODUCT function multiplies the Quantity values in column A by the Unit Price values in column C, then totals the results.

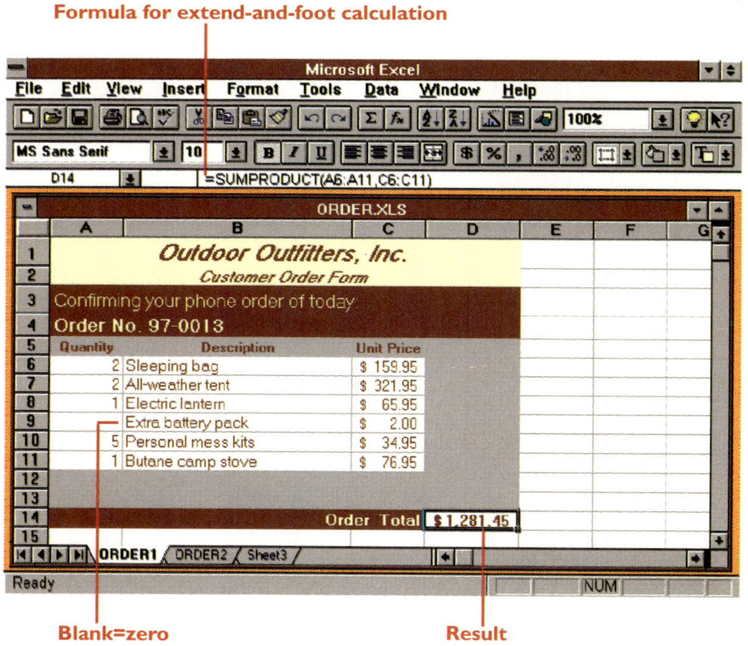

SUMPRODUCTs work, some don't. If SUMPRODUCT returns the answer #VALUE!, Excel is reporting an error. This will happen if there are more cells in one column than in the other. SUMPRODUCT will only work if each argument (each column, in this case) holds the same number of cells.

Notice in this example that cell A9 has no value in it; this customer order did not specify an extra battery pack, although it is usually ordered in combination with the lantern. The blank cell in the Quantity column is okay here because SUMPRODUCT (like most other arithmetic functions) treats blank cells as if they held zeros.

The two-column example is probably the most common type of extend-and-foot calculation, but SUMPRODUCT will work with anywhere from two to 30 arguments. Each argument is an *array*. (An *array* is a block of adjacent cells having *m* columns × *n* rows, or *dimensions* of *m* × *n*.) Each array used as an argument in the same SUMPRODUCT function must be the same size and shape, or have the same dimensions.

In an array that contains more than one column or row, SUMPRODUCT will multiply the values in the cells in columnwise order. For example, if one of the arguments was the range A1:C5, the program would use the values from A1–A5, then from B1–B5, then from C1–C5 (see Figure 5.2).

FIGURE 5.2

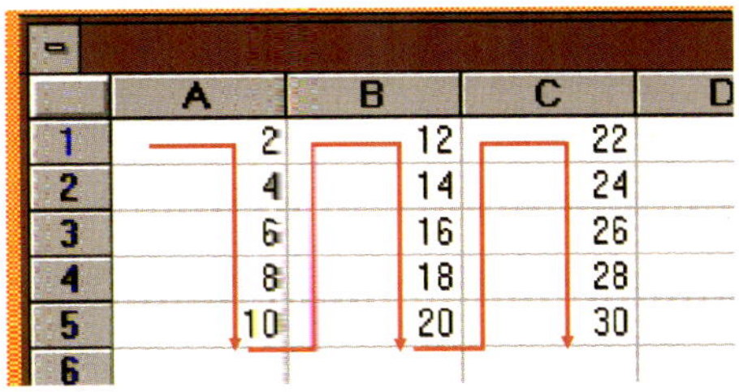

Excel reads an array in this columnwise order.

A second argument in the formula could be D1:F5, which has the same dimensions as A1:C5. SUMPRODUCT would process this second array in the same columnwise order. Keep this in mind when you're checking the logic of your sheet, as described later in this chapter.

Using Concise Array Formulas

As an alternative to SUMPRODUCT, you can use an *array formula*. An array formula in Excel can be one of two things:

- A single formula that produces multiple results
- A single result from multiple-valued arguments (arrays of values)

Single Formula, Multiple Results

The first kind of array formula has the same effect as copying a single formula into a block of cells using AutoFill, as described in Chapter 1. The only difference is that the arguments are arrays rather than single cells. You use only one array formula for an entire block of cells that will hold its results.

To see how this works, look back at the order form for camping gear. In Figure 5.3 a fourth column, Extension, has been added to hold the results of the Quantity values multiplied by the Unit Price values. To enter an array formula for this calculation:

1. Select the array that will hold the formula. In this case, the array is the Extension column, or **D6:D11**.
2. Type the array formula. In the example, the array formula is the Quantity array (A6:A11) multiplied by the Extension array (C6:C11):

   `=A6:A11*C6:C11`

3. Rather than pressing ↵ or clicking ✓ to accept this formula, press Ctrl-Shift-↵ (press the three keys at the same time). Excel will calculate each of the separate products and then will place one result in each cell of the selected array, as shown in Figure 5.3. (Notice that columns C and D have been formatted to display values as currency amounts.)

Completing the order form in the example requires two more steps to generate the total in D14.

4. Click cell D14.
5. Double-click the AutoSum tool, which generates the formula =SUM(D6:D13) and displays its result in the selected cell.

FIGURE 5.3

Array formula

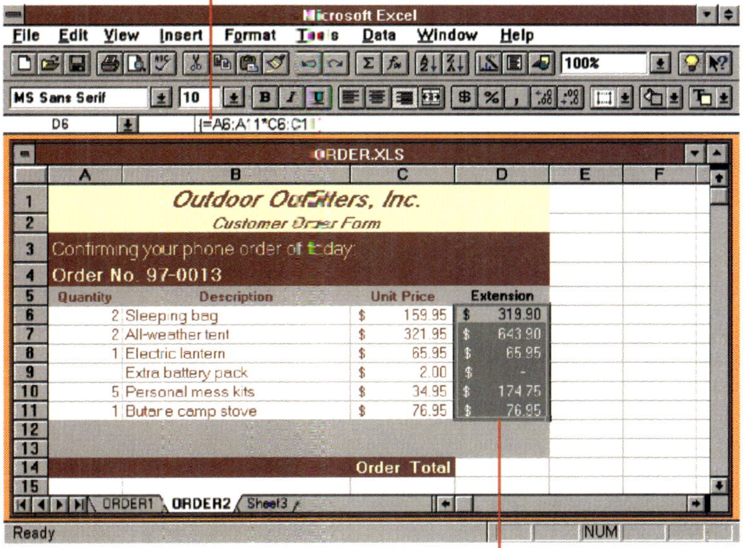

The selected array holds multiple results from a single array formula

In this example, an array formula calculates each of the Quantity values by the corresponding Unit Price value and enters the results in the Extension column.

Notice that Excel puts curly brackets around the formula syntax when you press Ctrl-Shift-↵. These brackets indicate that the formula is an array formula. However, you cannot enter an array formula simply by typing the brackets. If you do, Excel will think the formula is text.

Editing an Array Formula

Remember that Excel treats an array formula and its block of cells as a single thing: You can't edit the cells separately. To edit an array formula:

1. Select the entire array.

2. Edit the formula in the formula bar.
3. Press Ctrl-Shift-↵ to reenter the edited syntax as an array formula.

Multiple-Valued Arguments, Single Result

You can replace the SUMPRODUCT formula in the order form with an array formula that multiplies two column-array arguments within a SUM formula. This is an example of multiple-valued arguments that produce a single result. The formula would be entered in cell D14 as

=SUM(A6:A11*C6:C11)

After entering the formula, you would press Ctrl-Shift-↵ to convert it to an array formula. Excel will then enclose the formula in curly brackets. It will multiply the arrays in columns A and C, and will pass the products to the SUM function, which will add them and place the result in cell D14.

Pros and Cons of Array Formulas

Array formulas are convenient, and they save computer memory that would be tied up if you entered multiple copies of single-value formulas. Plus, they're versatile. Although the example above is of an array formula that you can use as an alternative to SUMPRODUCT, Excel can do any combination of arithmetic operations on arrays.

A drawback of array formulas is that they are not as easy to understand at a glance. The individual values are hidden within the array references. This can make it difficult to check the logic of your worksheet.

Counting Data Items with COUNT

Excel can count how many number values are in a set of ranges. Or, it will count all data entries, including text and numbers.

The sheet in Figure 5.4 contains numbers indicating inches of rainfall in three cities. Values have been entered only for the rainy days; the rest of the cells are blank. The formula in cell B8 counts the nonblank number entries in row 3:

=COUNT(B3:H3)

In this example, I used AutoFill to copy the COUNT formula in cell B8 into cells B9 and B10 to show the rainy day count for the other two cities. The COUNT function counts valid number entries, as well as any other values that can be interpreted as numbers, such as dates. A similar function, COUNTA, counts almost anything except blanks—including text, numbers, even error messages.

Finding Range Limits with MAX, MIN, and MEDIAN

Excel provides other handy functions that report on the MAX (high), MIN (low), and MEDIAN (median) of a series of values.

Using MAX to Find the Peak Value

For example, using the data from Figure 5.4, the formula below returns the peak rainfall for the week in the city of Cool Valley:

=MAX(B3:H3)

FIGURE 5.4

The formula in cell B8 gives a count of the cells holding number values in row 3.

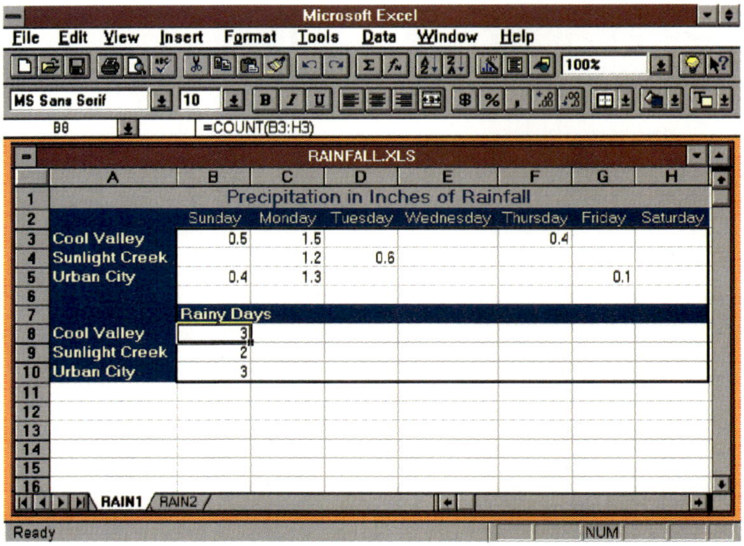

Using MIN to Find the Lowest Value

The formula =MIN(B3:H3) would give an answer of 0.4, not 0, because the formula only looks at nonblank cells. Therefore, the result is the minimum amount of rainfall *on the days that had rain*. To include all the days in the MIN calculation, you would have to place zeros in the blank cells. (Then, of course, you couldn't use COUNT to calculate the number of days it rained.)

Finding the Mid-Point Value with MEDIAN

This formula calculates median rainfall for the same place:

=MEDIAN(B3:H3)

Figure 5.5 shows the results of this formula.

FIGURE 5.5

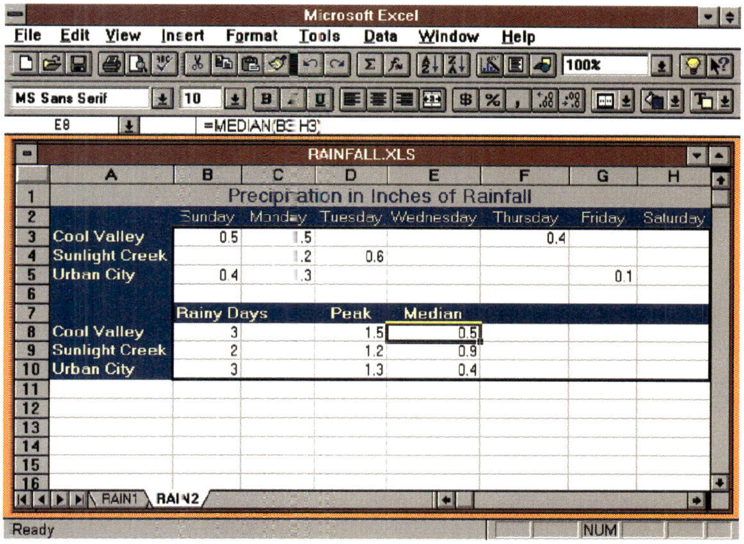

The formula in cell E8 calculates median rainfall for Cool Valley. Note that MEDIAN looks only at nonblank cells.

Just as with MIN, the MEDIAN function looks only at the rainy days, ignoring the blank cells. If you wanted MEDIAN to include the dry days as well, you would have to fill the blank cells with zeros.

Choosing between AVERAGE and MEDIAN

Here's another example of similar formulas that do significantly different things. AVERAGE sums a series of numbers and then divides by the count. MEDIAN finds the number value that is smack in the middle of a series: Half the values in the series are above it, half below. (If there is an even number of values, MEDIAN will average the two values in the center.)

In many cases, but not always, AVERAGE and MEDIAN produce different results when used with the same data series.

Working with Decimal Values

Formulas that use decimal values can produce errors that can be difficult to spot, even for experienced users of Excel. Getting a reliable answer involves picking the right function as well as understanding its effect on the rest of the math in your worksheet.

Decimal values are problematic because a worksheet cell can only hold a specific number of digits. This fact, in itself, is a potential source of error, since some decimals could go on forever. For example, 10 divided by 3 equals

3.3333333333333333333333333333333333333333...

That ellipsis (...) means "and so on," so what you see is just an approximation, despite all those digits.

Excel provides a wide variety of ready-made functions you can use to manage decimal values that have a lot of digits. These functions all work differently, so picking the right one is essential to getting correct results.

The second argument you feed to ROUND can be zero or a negative number. If the second argument is zero, Excel will round the result up or down to the nearest integer. If the second argument is negative (less than zero), Excel will round the number to the left of the decimal point at the position indicated by the number. For example, an argument of –1 would round 34.9 to 30.

Rounding Off with ROUND

The ROUND function does the seemingly simple job of rounding off a long decimal value to a shorter, more manageable one. In so doing, ROUND can adjust the last digit of the result so that it better approximates the original, longer number.

ROUND takes two arguments—the decimal value you want rounded and the number of decimal places you want in the result. If you wanted to round off the value in cell B2 to six digits, the formula would be

```
=ROUND(B2,2)
```

In this example, if cell B2 held the value 1654.9876, the result would be 1654.99 (with the last digit rounded up). ROUND can be the most accurate way of dealing with unruly decimals—provided that the result can also be a decimal.

Truncating with TRUNC

A function that works very much like ROUND is TRUNC. TRUNC truncates, or just chops off, some or all the decimal digits. Like ROUND, TRUNC takes two arguments—the number you want to truncate and the number of decimal places you want in the result:

=TRUNC(B2,1)

In the formula above, if B2 held the value 1654.9876, the result would be 1654.9. If you omit the second argument, it is assumed to be zero, in which case Excel will throw away the entire decimal portion, leaving an integer as the result.

Generating Whole Numbers with INT

INT works exactly the same as TRUNC when TRUNC has only one argument—unless the value is a negative number. INT rounds a decimal value *down* to the nearest integer. So =TRUNC(– 5.6) is –5, but =INT(–5.6) is –6. If the argument were positive (5.6), TRUNC and INT would produce the same result (5).

Other Functions for Manipulating Decimals

Excel offers a host of other functions that can be used to manipulate decimal values. Each of these functions works differently:

CEILING Rounds a decimal value up (away from zero) to the nearest multiple of a constant that you enter as a second argument.

FLOOR Works like CEILING, but rounds a number towards zero.

MROUND Rounds to the nearest multiple (be it smaller or larger) of a constant that you enter as a second argument.

EVEN Rounds a value up to the nearest even integer.

ODD Rounds up to the nearest odd integer.

Using Functions That Perform Logical Tests

Using logical functions to solve problems is called *Boolean algebra,* named for the nineteenth-century British mathematician George Boole. Logical functions are the basic means of control in *macros* (automated sequences of program commands), just as they are in computer programming languages such as BASIC, Pascal, C, and Visual Basic.

Every experienced formula-writer should become familiar with the six *logical functions*. You can use these logical functions to test whether specific conditions are true in a given worksheet.

For example, the IF function tests the data in a specified cell without your having to open that cell directly. The function tells you what it finds by returning a message that you can specify in advance.

Consider the set of test scores in Figure 5.6. The logical IF formulas in column D test the scores in column C and report whether the student passed or failed. The IF function has three arguments: the logical test (C5>60), meaning "Is the score greater than 60?"; the report if the test is true (the text value "Pass"); and the report if the test is false ("Fail"). (Recall that you must enclose text values in formulas in quotation marks.) Here's the formula:

```
=IF(C5>60,"Pass","Fail")
```

The first and second arguments are required; the third is optional. If you omit the third argument, Excel will put FALSE in the cell if the test is false.

FIGURE 5.6

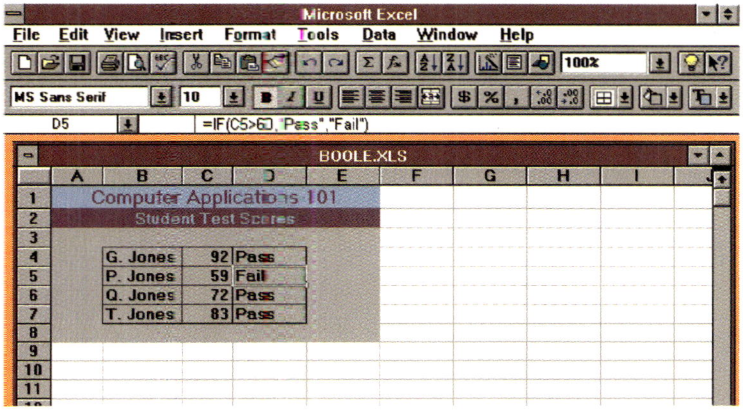

The IF formula in the formula bar tests whether the score in column C is greater than 60.

Elements of Logical Functions

The greater-than sign (>) in the first argument is a *logical operator*. Logical tests in Excel can use any of the following operators:

>	greater than
<	less than
=	equal to
>=	greater than or equal to
<=	less than or equal to
<>	not equal to

These are the other logical functions:

AND Reports the logical value TRUE if all its arguments are true.

OR Reports TRUE if *any* of its arguments is true.

NOT Reverses the logic of its argument so that a TRUE result becomes FALSE, and vice versa.

TRUE( ) and FALSE( ) Return the values TRUE and FALSE, respectively. When used as functions instead of as values, TRUE() and FALSE() take no arguments but require the empty sets of parentheses.

A few mathematical functions are also useful for testing cell values. These are

DELTA Takes two arguments and reports 1 if the arguments are equal, 0 if they are not equal.

GESTEP Takes two arguments and reports 1 if the first argument is greater than or equal to the second argument, 0 otherwise.

Nesting Logical Functions

Especially when writing logical formulas, it can be necessary to nest functions, or to put one function inside another in the formula syntax. This is often done inside formulas that use the IF function, for example. The nested function must be enclosed in parentheses, and it must result in a single value that can be used as a valid argument. Here's an example:

Notice in this example the matched, nested pairs of parentheses and the fact that only the formula itself is preceded by the equal sign (=).

```
=IF((MOD(B2,3)=0),"No remainder",MOD(B2,3))
```

This formula uses the MOD function to test whether the result of dividing the value in B2 by 3 leaves no remainder. If this is true, Excel returns the text No remainder to the cell. If it's not true, Excel places the remainder produced by the MOD function in the cell.

Using Excel's Financial Functions

As you might expect from a program that has become so popular in business applications, Excel provides for all kinds of financial calculations.

There isn't space in this book to cover the many available financial functions in detail. Here are some basic guidelines for picking the right function for the task at hand.

Using EFFECT to Get the Effective Annual Interest Rate

If you are analyzing a bank savings account, you'll need this function:

=EFFECT(*nominal_rate,npery*)

EFFECT gives you the effective annual interest rate on an investment such as a bank certificate of deposit. The effective rate is often advertised as the *APR*, or annual percentage rate. EFFECT takes two arguments—the *nominal_rate* (the published simple-interest rate with no compounding taken into account) and *npery*, the number of compounding periods each year. (Compounding reinvests the interest earned during one period so that it is included in the principal amount for purposes of calculating the interest for the following period.)

Using NOMINAL to Get Simple Interest

If you were quoted the APR and you wanted to calculate the simple interest, you would use this function:

=NOMINAL(*effect_rate,npery*)

NOMINAL works like EFFECT, but in reverse. The first argument is the effective_rate (net percent returned with compounding), and the second argument is *npery*, the number of compounding periods. The result is the simple interest rate.

Specialized Financial Functions

Don't use bank interest functions on other types of investments. For example, Excel offers these specialized financial functions:

INTRATE	rate of return on a fully invested security
YIELD	return on a bond
TBILLYIELD	return on a Treasury bill

Using NOW and TODAY

Excel can time-stamp your worksheet automatically. In any cell, just enter the formula

```
=NOW()
```

This function—which does not take an argument—reports the current date and time from the system clock of your computer. If the current date were February 23, 1999 and the time were 2:29 P.M., the result would be

```
2/23/99 14:59
```

Excel usually displays time according to the 24-hour clock used by the military.

To get just the date (without the time notation), enter

```
TODAY()
```

Forcing Recalculation of Date and Time Values

Formulas that use NOW or TODAY are updated each time the sheet is recalculated. Normally, Excel recalculates the sheet automatically whenever you enter new data into a cell. To force recalculation if it has been reset to manual mode or to recalculate just the formula in a cell that has been opened for editing:

- Press F9 *or* Ctrl-=.

Freezing the Result of NOW or TODAY

If you want, you can freeze the result of NOW or TODAY so that it is not updated. Here's how:

1. Double-click the cell that holds the NOW or TODAY formula to open it for editing.
2. Press F9 to recalculate the formula.
3. Press ↵ to reenter the result into the cell.

Doing Serial Date Calculations

Calculations with dates and times can be troublesome. For example, accountants must add or subtract dates when calculating the aging of accounts receivable (or, "How old are our outstanding invoices?").

Excel has a way to do calculations with dates that reduces the problem to simple decimal arithmetic. The program first converts the date (or date and time) to a *serial date*. In a serial date system, every second of every day starting from the year 1900 is assigned a sequential decimal number. Days are expressed as the integer part. Hours, minutes, and seconds are represented as fractions of a whole day.

Reconciling the 1900 and 1904 Date Systems

Some other computer applications, including the Macintosh version of Excel, start the serial date system with the year 1904, so the serial-date values are different. But if you open a sheet created on the Mac in Excel for Windows, you won't have to worry. The program will convert the values automatically. If you'd rather stay fully compatible with your Mac-using colleagues while working on your PC, select **Tools ➤ Options ➤ Calculation**, mark the **1904 Date System** check box, and select **OK**.

You never have to worry about figuring out serial dates on your own. Excel has ready-made functions to handle the conversion for you. However, you should be aware of how Excel does date and time calculations, and you should know how to convert dates and times displayed as text into serial dates that other formulas can use.

To get the serial date for February 23, 1999, you could use this formula:

```
=DATEVALUE("February 23, 1999")
```

The argument of DATEVALUE can be text enclosed in quotation marks, as shown above, or the address of a cell that holds a text label.

Or, you can feed the year, month, and day to the DATE function:

```
=DATE(1999,2,23)
```

The result in either case (using DATEVALUE or DATE in the examples above) is 36214, a number that is easily used in arithmetic. (How this date is displayed in the cell that holds the formula depends on the *number formatting* of the cell. See Chapter 6.)

To calculate a date 90 days hence (the first day on which an unpaid balance would be reclassified as "90–120 days past due"), you might use this formula:

```
=DATEVALUE("February 23, 1999")+90
```

Ninety days from this date would be 36214+90, or 36304. Excel can convert this serial date back into something people can understand by using these three formulas (each contained in a different cell):

```
=MONTH(36304)
=DAY(36304)
=YEAR(36304)
```

In this case, MONTH returns 5, DAY returns 24, and YEAR returns 1999. So 90 days from February 23, 1999, will be May 24, 1999.

In practice, you do not have to use MONTH, DAY, and YEAR to convert a serial date back into something you can understand. Having selected the cell that holds the serial date value, from the menu bar or from the shortcut menu, select **Format ➤ Cells ➤ Number**, then select **Date** in the Category list. Excel will give you several date formats to choose from. Select the date display style (Format Code), and select **OK**. This changes the display format of the cell. (There's more about this in Chapter 6.)

Working with Clock Time in a Serial Date

Clock time can also be part of a serial date. It is the part of the date appearing to the right of the decimal point.

For example, if the current date is February 23, 1999, and the time is 14:59:00 (hours, minutes, and seconds) the equivalent serial date and time value would be

```
36214.6243055555556
```

Just as with dates, you can format a cell to display serial time values in more conventional notation. Just choose Format ➤ Cells ➤ Number ➤ Time, or use the functions HOUR, MINUTE, and SECOND to extract the hours, minutes, and seconds from the serial time.

Special Function for 360-Day Accounting Systems

The accounting systems of some businesses are based on twelve 30-day months, or a 360-day year instead of the usual 365.25 days. (The 0.25 gets corrected every fourth, or leap, year.) Normally, you could add and subtract serial dates to your heart's content to calculate forward or backward. But if your year is based on 360 days, you must use the special DAYS360 function to calculate the difference between two dates:

=DAYS360(*start_date,end_date*)

Avoiding Errors from Circular References

Another source of error that can be particularly troublesome is the *circular reference*. A circular reference is the result of a formula that refers to itself.

Direct Circular References Are Easy to Spot

One type of circular reference is *direct*. This happens when you enter the address of the current cell in the formula that it holds. For example, try entering this formula in cell A1:

=A1+1

Unless it appears anywhere but in cell A1, this formula describes a logical impossibility. When you enter the formula there, Excel replies, "Cannot resolve circular references." However, when you click OK after seeing this message, the program goes ahead and inserts the formula and the value 0 in the cell. At this point, your sheet contains a logical error, and the notation "Circular: A1" appears at the bottom of the screen in the status bar.

Circular References *Can* Be Useful

Circular references are not necessarily wrong. For some kinds of problems, it can be productive to keep Excel running in circles so to speak. The trick is to limit the number of circular calculation passes, or iterations.

Normally, Excel will refuse to run in circles. But—if you're sure you need to do this—you can make it whirl. From the menu bar, select **Tools ➤ Options ➤ Calculation**, mark the **Iteration** check box, and select **OK**.

Two settings here control when the circular calculations will stop Maximum Iterations (normally 100 passes) and Maximum Change, whichever occurs first. The maximum change value becomes important if repeating the calculation causes the result to come closer and closer to some value that it never quite reaches. Normally, calculation will stop when the next pass produces a difference smaller than 0.001.

Indirect Circular References Can Be Hidden

The *indirect* kind of circular reference looks less like a mistake, and therefore is both easier to make and much more difficult to trace. For example, cell A1 might hold the formula

```
=B1+1
```

This, in itself, looks perfectly fine. No circular reference here. But look what's in B1:

=A1*2

As you can see, A1 has a formula that refers to B1, which has a formula referring back to A1. Although the reference is more roundabout, it is circular nonetheless. Once again, Excel replies, "Cannot resolve circular references." If you select **OK**, the program inserts the value 0 and shows the notation "Circular: B1" in the status bar.

Eight Great Steps to Worksheet Reliability

Here are some basic steps you can follow to ensure that your worksheet produces reliable results:

1. Pick the right function for the job.

   - For calculations with dates or times, convert the dates or times to serial date and time values, use arithmetic functions, then convert the answer back to the original date or time format. (Usually you do this by formatting the cell that holds the formula.)

   - Beware of differences between functions that have similar purposes: INTRATE for securities, YIELD for bonds; ROUND for rounding, TRUNC for truncation; AVERAGE for arithmetic averages, but MEDIAN for the mid-point value.

2. Watch for common sources of error.

   - Avoid division by zero, or by any reference that might result in zero.

   - Beware of any rounded or truncated value that is used in other calculations, particularly multiplication calculations. In many cases, inaccuracy will get worse each time a rounded value is multiplied.

- Avoid circular references unless you need to solve a problem that requires many recalculation passes, or iterations.

3 Make sure you have given a function everything it requires.

- If you don't enter the arguments as required, Excel will reject the entry when you press ↵ or click ✓ (or select **Finish** in the Function Wizard) to enter the formula. For example, the program may respond, "Too few arguments" or "Too many arguments." When you select **OK** in one of these warning boxes, Excel will highlight the location of what it suspects is the offending syntax item in the formula bar.

- Be sure to supply the correct keywords (special-purpose literal text strings) for the functions that require them (such as INFO). Enclose keywords in quotation marks (""), and spell them correctly.

- Enclose text values used as arguments in quotation marks. If you omit the quotation marks, Excel will think that the item is a range name and will try to find its value.

- Use parentheses in matching pairs. Excel will verify correct input by flashing the pair in the formula bar as you type the matching parenthesis. If you get lost among nested pairs of parentheses, count them. If you have an odd number, you know you have not used parentheses correctly. But, if you have an even number, you can't assume that the rest of formula is correct.

- TRUE and FALSE are logical values, not text. Do not enclose them in quotation marks when you use them in formulas or when you type them as explicit values in cells.

4. Verify all references to data.

   - Make sure that arguments refer to cells or ranges that hold the values needed by the function. This is probably the most common source of errors from formulas—especially from formulas that *appear* to work because they produce values instead of error messages.
   - Use range names for clarity, but don't assume that the name refers to the correct range until you recheck it: Select the range you think is named and look in the Name box (top left of the screen) to see if the name appears there. Use absolute and relative addressing correctly to prevent errors that might creep in if you edit the sheet later—perhaps long after you've forgotten how you built it.
   - You can use array formulas for convenience and to conserve memory, but be sure that the range references within them refer to the individual values you need. Also, remember that arrays in the same formula must be the same shape and size.

5. Test each formula.

   - When you're done building a worksheet, make a copy of it for testing purposes. (Testing might corrupt the sheet, so always test a *copy*.) Enter sample data and note the results. First, use stuff that produces answers you already know or can calculate manually. Then, use data at extremes (high and low anticipated values), and even try data that's out of bounds. Use data of incorrect types, such as a date entered as text where a date value is expected, as well as of correct types.
   - Watch for error messages (there's a list in Chapter 2) and incorrect results. Revise your formulas until the sheet works as expected.

6. Test the sheet.

   - Generating graphs from ranges in the sheet can be a quick visual check on the probable accuracy of results. See Chapter 10 for details.

7. If you make changes to the sheet, recheck and retest it.

   - Excel may reset formulas if you copy or move ranges or if you delete or add columns or rows. Be alert to the difference between absolute and relative cell addresses, and use them correctly in your formulas to prevent errors from such readjustments.

8. If you think Excel goofed, think again.

   - It's not that Excel is smart. It just does what you tell it to do and might well return reasonable-looking results even if your logic is flawed.

CHAPTER 6

Designing a More Understandable Worksheet

Featuring

- Controlling data display through number formatting
- Moving and copying data within a sheet
- Inserting and deleting cells, columns, and rows
- Clearing data from cells
- Undoing, redoing, or repeating commands or actions
- Applying and defining styles

It's one thing to write formulas that do serious math, but you also need to display the results so that people—including you—can understand them. That is, you need to pay attention to the *design* of your worksheet as well as to its content. So, this chapter is about arranging and rearranging worksheets. Here you'll learn to make the stuff in your sheets look the way you expect it to look.

How Formatting Affects Data Display

Number formatting is a set of options for displaying the data in a cell—both on the screen and in printouts. Formatting has no effect on the actual values or characters that Excel holds in memory. The formatting only controls the way the data is presented to you in a particular cell.

Display of Values

For example, a value might be stored in memory as 1000, but the number formatting of its cell will determine whether it is displayed as 1,000 (Comma format), $1,000.00 (Currency format), or 100000% (Percent format; percentages are usually entered as decimal values).

Display of Dates

Number formatting is even more important where dates are concerned. Internally, Excel works with dates and times as serial numbers. These are nearly impossible for humans to interpret as dates at a glance. But by controlling the number formatting of a cell that holds a serial date or time value, you can display the date or time in a variety of easy-to-read combinations of month, day, year, hours, minutes, and seconds.

Display of Text

Which format do you use if your data isn't numbers? To Excel, anything that isn't in a number format or doesn't have an equal sign in front of it (a formula) is *text*. (Exceptions are the logical values TRUE and FALSE—which look like text but are interpreted instead as though they were 1 and 0 to mean On and Off, or Yes and No.)

In short, text is whatever you enter that doesn't look like one of the other types of data. It's free-form character data. That's why if you make a mistake typing a number, a formula, or a date, Excel usually permits the entry and assumes it's text.

Appearance Formatting

Another way of changing the look of information is to use *appearance formatting*. While number formatting might be crucial to the way a result is interpreted (as a date or as money, for example), appearance formatting is cosmetic—having to do with graphic attributes such as font, color, cell pattern, cell border, and so on. (There's more about appearance formatting in Chapter 7.)

Moving Data within a Sheet

One aspect of worksheet design is the arrangement of data on the screen or on the printed page. You can move data and formulas around within a sheet—or even between open sheets—simply by dragging your selection with the mouse. Here's how:

1. Select a cell or block of cells that contains the data to be moved. (To select a block, drag the cell pointer from one corner of the block to the opposite corner, as shown in Figure 6.1. Or, select a range by holding down the Shift key as you press the arrow keys to move the highlight from the first to the last cell in the range.)

2. Position the cell pointer at the border of the cell highlight (anywhere but on the little square in the lower-right corner). The pointer will change to an arrow tip.

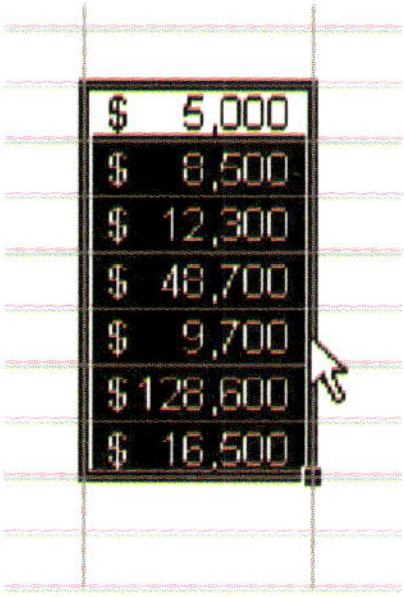

FIGURE 6.1

You can select a block of cells by dragging your mouse.

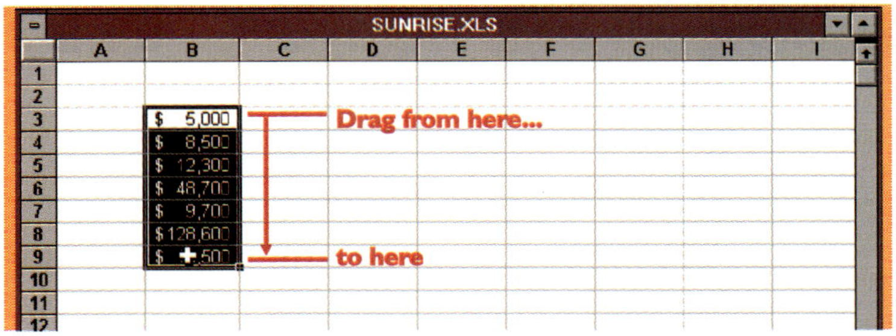

When you move the stuff in a cell or a block of cells, normally everything in those cells goes along for the ride—numbers, text, formulas, and formatting.

3 Click the left mouse button and keep holding it down as you drag the arrow and the border to another location in the sheet (see Figure 6.2).

FIGURE 6.2

To move data, position the pointer over the border of the selection and drag to a new location.

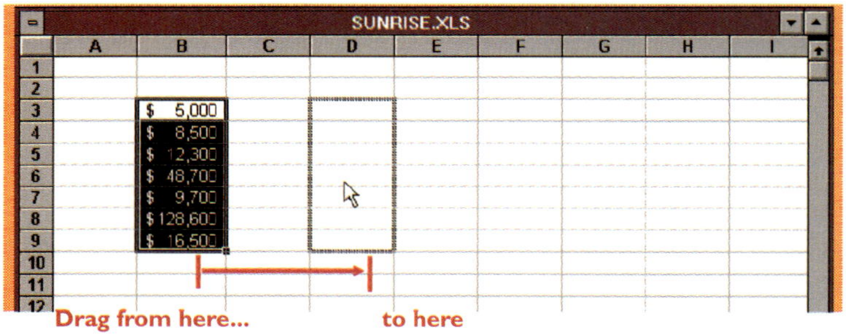

So, when the stuff is in its new place, it will be arranged just as it was in the old place. Remember that Excel usually will adjust the cell references in any formulas so that they show the new locations of moved data. If this adjustment causes an error, you may have to make some cell references absolute by using the syntax described in Chapter 3 (A1 = relative, $A$1 = absolute).

When you release the mouse button, the cell contents will pop into the new location, as shown in Figure 6.3. The cell highlight will move, too, so that the data remains selected, awaiting your next command.

FIGURE 6.3

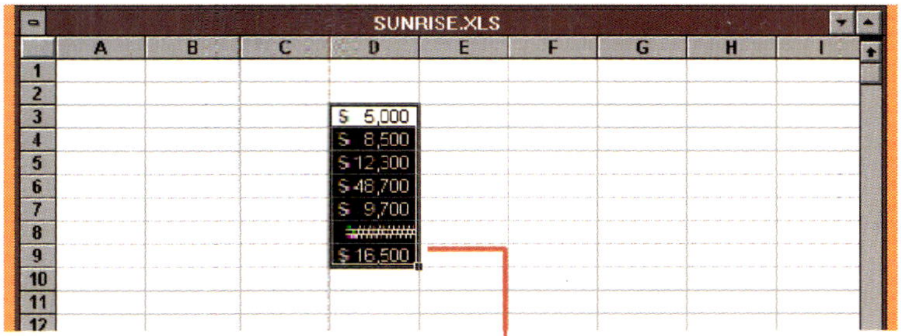

Pound signs (#) indicate cell is not wide enough to hold the value.

The block of data, still highlighted, in the new location

What to Do If the New Location Isn't Big Enough

If you try to move data into columns or rows that are smaller in width or height than the old location, things can get cramped (refer back to Figure 6.3). If the data that you moved is a number and the new column is too narrow, you'll see this instead of the number:

######

That is, when numbers overflow a cell, Excel displays one pound sign (#) for each available character position. The number will appear after you've increased the column width to make the cell big enough to display it all, as described shortly.

Data that's text will overlap adjacent empty cells. If the adjacent cells aren't empty, the right-hand part of the text will appear cut off (Excel doesn't lose that text; it's just hidden).

To make Excel adjust the column width or the row height to accommodate more data:

- Double-click the right edge of the column heading or the bottom edge of the row heading.

  or

- Drag the border in a heading to any width or height, as shown in Figure 6.4.

FIGURE 6.4

To adjust the height or width of a cell that's too small to fit its contents, double-click or drag the edge of the column or row heading.

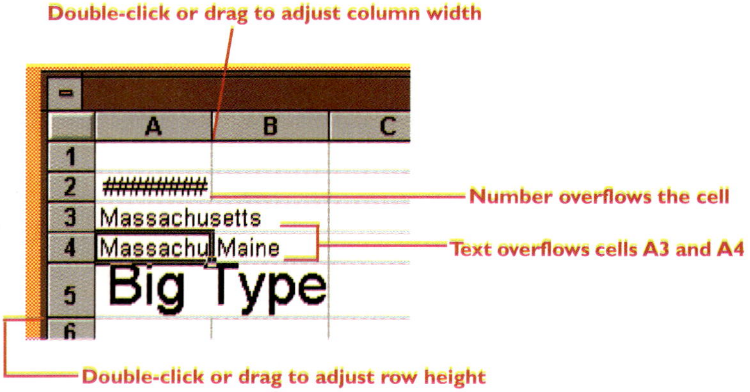

When you cut and paste, your stuff invisibly passes through the Windows *Clipboard*, a kind of electronic scratch pad. On its way through, it blows away any other stuff that you put there previously. If you need to save the previous stuff, first switch to the Clipboard application in Windows and save it to a .CLP file, then switch back to Excel and make your cut. The contents of a .CLP file can be read by any Windows application that handles the type of data it contains, such as text, pictures, or sound.

Moving Data by the Cut-and-Paste Method

An alternative to dragging data between locations is cutting and pasting. This method can be easier if the locations are far apart within the same sheet or are in different sheets.

To move data by cutting and pasting:

1. In an Excel sheet, select the data you want to move.
2. Click the right mouse button and keep holding it down. A shortcut menu will appear.

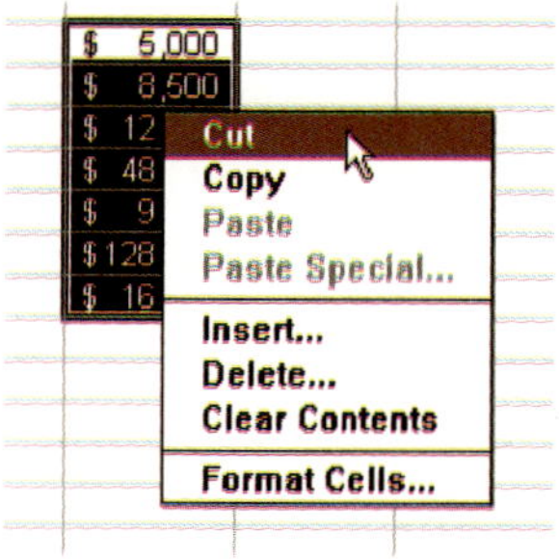

3. Move the pointer to the top of this menu to highlight the Cut command, and release the right mouse button. (Or, click the right button and release to activate the menu, then click either button

and release on the command.) A moving dotted line will surround the data you have selected and cut.

4. Move the cell pointer to the first cell (top left) of the new location.
5. Click the right mouse button again. The shortcut menu will reappear.
6. From the shortcut menu, select **Paste** (Figure 6.5).

When you do the Paste thing, the cell contents pop into the new location, still selected so you can do something else with that stuff right away.

FIGURE 6.5

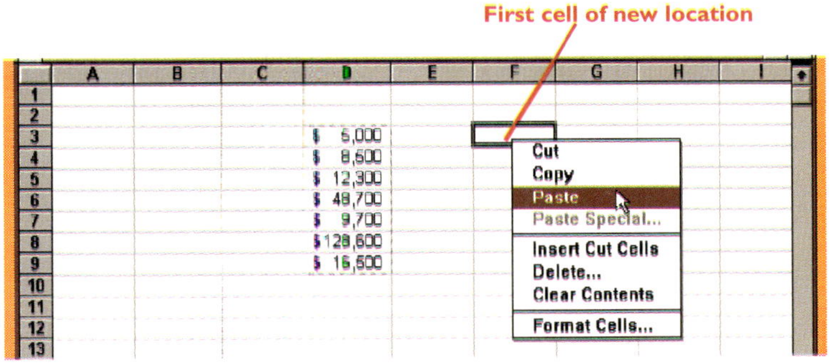

The Paste command moves selected data from the Windows Clipboard (placed there with the Cut or Copy command) to a new location. You only need to select the first cell in the new location.

There Are Several Ways to Cut and Paste

Cut-and-paste as just described involves the shortcut menu, which pops up when you click (or click and hold down) the right mouse button. You can do the same operation from the menu bar or from the keyboard. From the menu bar, select **Edit ➤ Cut**, click the new location, then choose **Edit ➤ Paste**. At the keyboard, press Ctrl-X to cut, use the arrow keys to move the cell highlight to the new location, then press Ctrl-V to paste.

Also available for cutting and pasting are the Copy, Cut, and Paste tools, as shown in Figure 6.6.

FIGURE 6.6

Tools for copying or moving data by cutting and pasting

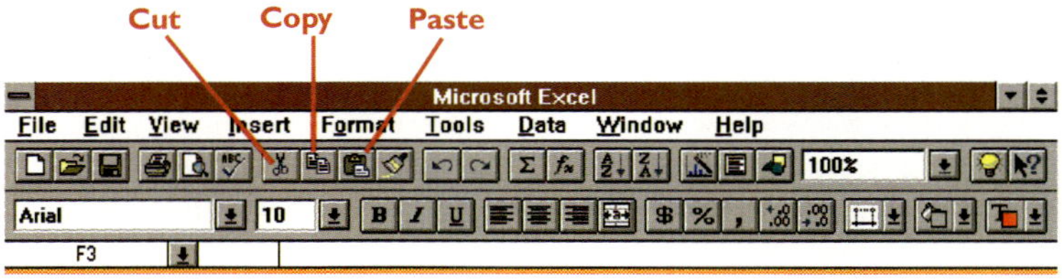

Just as cut-and-paste does, copy-and-paste passes your stuff through the Clipboard. Same warning: Any old stuff that's still on the Clipboard evaporates.

Copying Data

Copying data works just like moving it, except that the data also stays at the original location.

To copy data:

- Use the shortcut menu as just described for cut and paste, but choose Copy instead of Cut.

  or

- Hold down the Ctrl key while dragging a selection as if to move it.

When you copy a cell or a block of cells, the formulas and formatting are usually copied along with the data contents. So, if you plan to have several columns in a sheet that are all identical except for the data, you might build just one column and copy it as many times as you like to create the other columns. Then, all you have to do is replace the data entries.

Inserting Rows or Columns

Sometimes you need more room in a sheet, but it's just downright inconvenient to move the data around. In such cases, you can insert rows or columns. When you make an insertion, Excel adjusts the column letters and row numbers, as well as any relative cell references in the formulas of your sheet. For example, as shown in Figures 6.7 and 6.8, if you inserted two new columns beginning at column D, the new columns would be lettered D and E. The old

FIGURE 6.7

Sheet before inserting columns

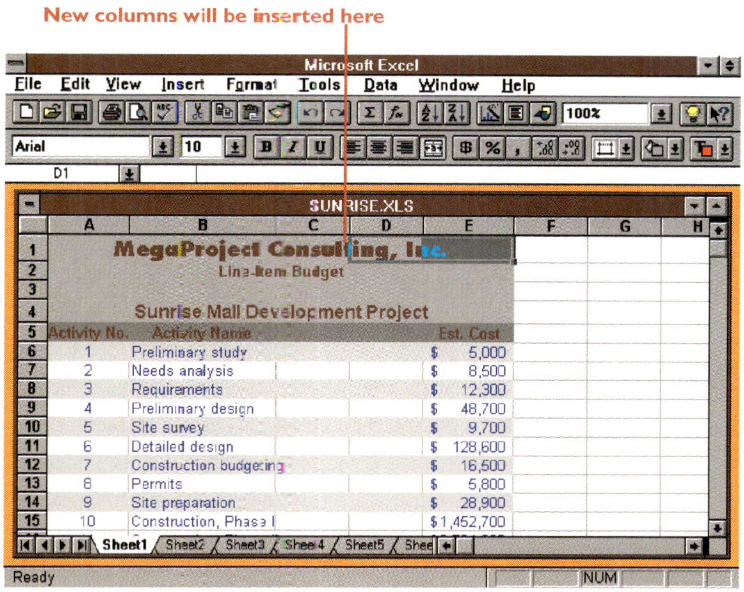

FIGURE 6.8

Sheet after inserting two new columns

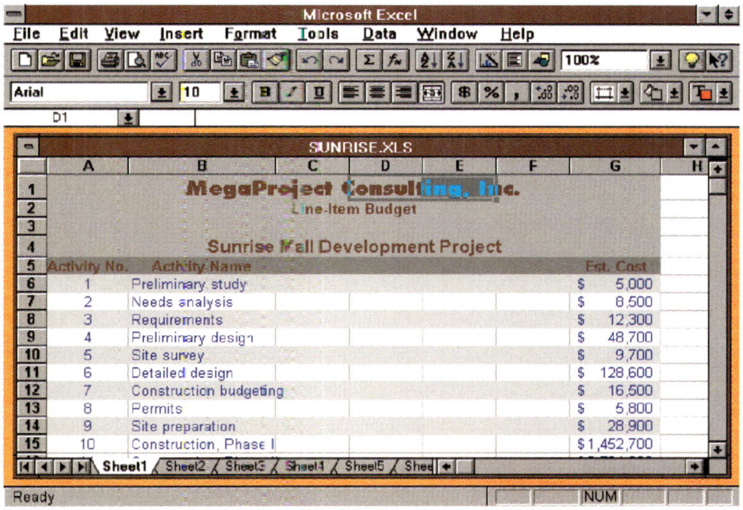

column D would become column F, and E would become G.

Inserted columns or rows will be blank (no data), but not necessarily unformatted. The inserted cells will assume the same number and appearance formatting as the column or row in which the insertion was performed. So, if the initial column was formatted to display values in red as currency amounts, entries in the inserted columns will appear the same way. This way, if you make an insertion within a table, the new cells will match the rest of the table without your having to do any other formatting.

Inserting a New Row

To add one new row anywhere within a sheet:

1. Select any cell in the row just *below* where you want the new row to appear.
2. From the menu bar, select Insert ➤ Rows, and skip the rest of these steps.
   or
   Click the right mouse button and select Insert from the shortcut menu (see Figure 6.9).

FIGURE 6.9

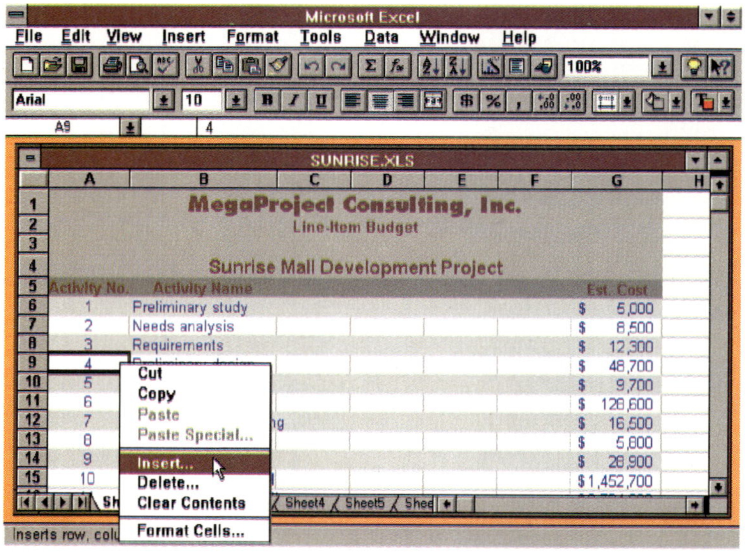

To add a row, select the cell immediately below where you want the new row to appear, click the right mouse button, and select Insert from the shortcut menu.

The Insert dialog box will appear.

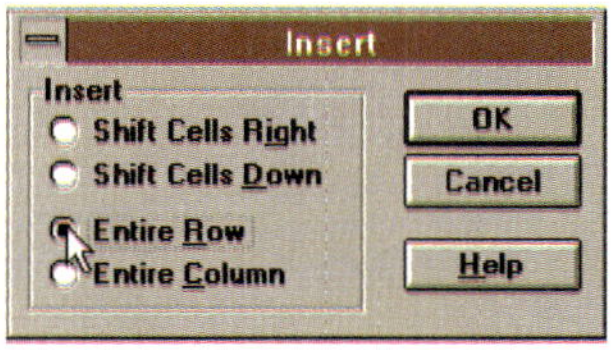

3. Select the Entire Row option.
4. Select OK to close the Insert dialog box. Excel will insert a new, blank row, as shown in Figure 6.10. In this case, row 9 was selected initially. After the insertion, the old row has moved down to become row 10, and the new row is row 9.

The Insert dialog box appears when you select **Insert** from the shortcut menu *or* if you select **Insert** ➤ **Cells** from the menu bar. You can achieve the same results by clicking one of the following tools: Insert Row, Delete Row, Insert Column, and Delete Column tools. Also, if you hold down **Shift** while clicking either of these Insert tools, the effect is the same as clicking the corresponding Delete tool. You will find these tools in the Editing category when you select **View** ➤ **Toolbars** ➤ **Customize**. (See "Customizing Toolbars" in Chapter 9.)

Inserting a New Column

To insert one new column anywhere within a sheet:

1. Select a cell in the column to the right of where you want the new column to appear.
2. From the menu bar, select Insert ➤ Columns.

   or

   Use the shortcut-menu procedure described above for inserting a row, but select Entire Column in the Insert dialog box, then OK.

Inserting Multiple Rows

To insert multiple rows:

1. Starting in the row just *below* where you want the new rows to appear, drag a selection that includes the number of rows you want to add.
2. From the menu bar, select Insert ➤ Rows.

   or

   Use the shortcut menu as described above to select Insert ➤ Entire Row, and select OK.

FIGURE 6.10

The budget sheet after inserting a new row. Notice that the first cell of the new row is selected, ready for you to type data into it.

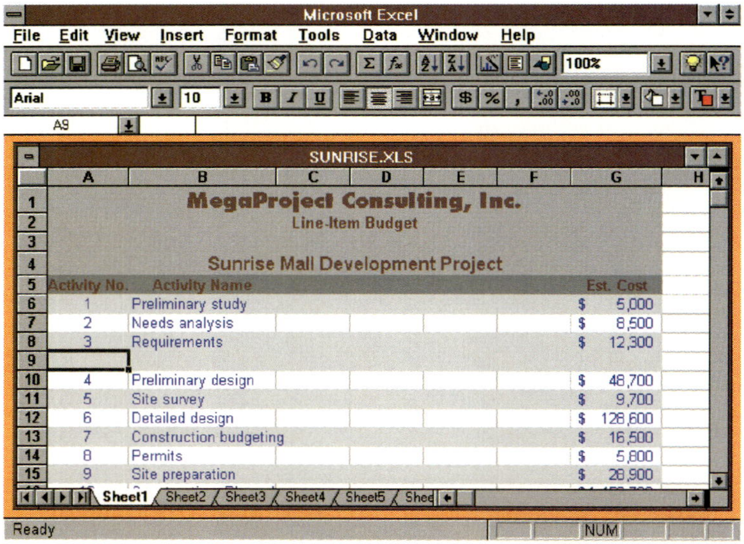

Notice that the appearance formatting of the new row was copied from the row *above* the insertion point. (This doesn't always follow the design you had in mind, so it's best to do appearance formatting as a last step, after you've completed the layout of your sheet. See Chapter 7 for more on appearance formatting.)

Also, in this example, there's a nifty way to renumber the items in column A—use AutoFill! Select cells **A7** and **A8** (the last two numbers in correct sequence), and drag the fill handle to the bottom of the column. (For more on AutoFill, refer back to Chapter 2.)

Inserting Multiple Columns

To insert multiple columns:

1. Starting in the column to the right of where you want the new columns to appear, drag a selection that includes the number of columns you want to add.
2. From the menu bar, select Insert ➤ Columns.

   or

   Click the right mouse button to activate the shortcut menu, then select Insert ➤ Entire Column, and OK.

Inserting Cells or Blocks of Cells

You can insert a cell or a block of cells, causing Excel to adjust the column letters, row numbers, and relative references in formulas, in the surrounding cells.

To insert cells:

1. Select a cell or block of cells in the sheet. These are the cells you want to be displaced by new, blank cells. (Data in the old location will be shifted to the right or downward, as you specify in step 3.)
2. From the menu bar, select **Insert ➤ Cells**, or click the right mouse button and select **Insert** from the shortcut menu. The Insert dialog box will appear.
3. Choose one of the first two option buttons for the direction in which the old cells will be displaced: **Shift Cells Right** or **Shift Cells Down**.
4. Select **OK**.

Deleting Rows, Columns, or Blocks of Cells

You can delete an entire column, an entire row, or a selected cell or block of cells, including all of the data and formulas currently held there, and causing all the surrounding addresses to be adjusted. Here's how to do it:

1. Select a cell in the column or row you want to delete.

   or

   Select a block of cells you want to remove.
2. From the menu bar, select **Edit ➤ Delete**, or click the right mouse button and select **Delete** from the shortcut menu. The Delete dialog box will appear.

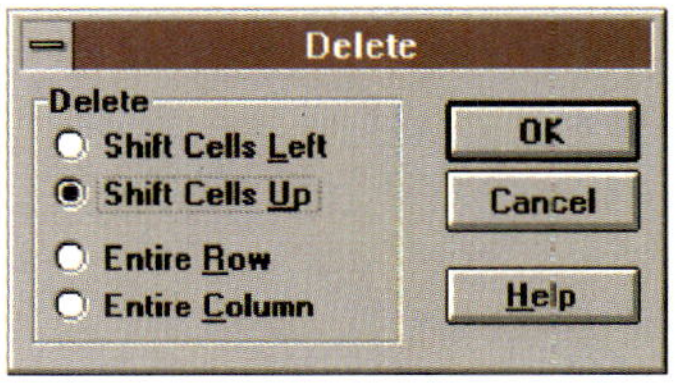

Maybe this seems obvious, but if you delete a column, a row, a cell, or a block of cells, the contents will disappear. (If you make a deletion in error, read the forthcoming section titled "Reversing Actions by Using the Undo and Redo Commands.")

3. In the dialog box, select the option button that describes the way you want cell addresses adjusted.
4. Select OK.

Deleting Is Not Clearing

When you use Delete to remove a selection from a sheet, you are removing both the contents of your selection *and a piece of the sheet*. Excel closes the gap, so to speak, by relettering the columns and renumbering the rows.

To delete *just the contents* of a selection—as you might erase pencil entries on a sheet of grid paper—you use one of the Clear procedures described below.

Clearing Data by Dragging the Fill Handle

Unlike other methods of clearing or deleting, dragging the fill handle upwards clears only the numbers, text, or formulas stored in the cell. Number and appearance formatting are retained. The result is the same as selecting **Clear Contents** from the shortcut menu.

One method of deleting the contents of a selection without deleting the actual cells in the selection is:

1. Select the cell or block of cells containing data to be cleared.
2. Drag the fill handle (the little square in the bottom right corner of the selection) upward, as if wiping the cells clean.

Clearing Data on Command

Here are some other ways to clear *only the data* from a selection:

1. Select the cell or block of cells containing the data to be cleared.

2. Click the right mouse button to activate the shortcut menu, and select **Clear Contents**.
   or
   Press **Del**.

Moving Means Changing Addresses

Whenever you move, copy, insert, or delete data, the addresses of cells in the sheet can change. For example, if you select a cell in column B and then insert a new column, the new column will become column B, and the column that now holds what was the selected cell will become column C. All of the columns to the right of the new column will be relettered. The same thing happens with rows, only everything moves downward and Excel renumbers the rows. (For another example, refer back to Figure 6.10.)

This means, of course, that the address of the cell you selected before you inserted the column will change. If it was B2 originally, it will become C2 after a new column B is inserted.

If you move or copy a formula, Excel will attempt to change the cell references in it so that the math still works. However, the program can't always guess what you had in mind.

You can take control of the situation by specifying addresses as relative (subject to change) or absolute (can't change). You can read more about this under "Absolute and Relative References" in Chapter 4.

Being Selective about Clearing

To control the data and attributes to be cleared from a selection:

1. Select the cell or cells to be cleared.
2. From the menu bar, select **Edit ➤ Clear**. A cascade menu will appear.

3. From the cascade, select one of the following commands:

   All Clears data (numbers, text, and formulas), number and appearance formats, formulas, and notes (comments you hide in your sheet).

   Formats Clears number and appearance formatting only, leaving data, formulas, and any notes.

   Contents Clears data, formulas, and notes, leaving the formatting.

   Notes Clears your comments, leaving data, formulas, and formatting.

Some things just can't be undone. If the previous action you took was a command that can be reversed, it will appear as part of the **Undo** command in the Edit menu. For example, if you just cleared data, the first **Edit** menu item will be **Undo Clear**. If the last action you took can't be reversed, the menu item will read **Can't Undo**.

Reversing Actions by Using the Undo and Redo Commands

Moving things around in a sheet can be disruptive, especially if you find that the new arrangement doesn't suit you. Other changes to your worksheet, such as copying, insertion, or deletion, can have unexpected results. Perhaps you won't like the way the revised sheet looks, or you might find that cell references in formulas have changed in some unexpected way that causes incorrect results. Excel provides a quick way to put things back the way they were.

Undoing an Action

You can usually cancel the previous action you took, provided that you haven't done anything since:

- From the menu bar, select **Edit ➤ Undo**.
  or
  Press Ctrl-Z.

You can flip-flop indecisively between **Undo** and **Redo** to your heart's content—unless you screw things up by doing something *else* between doing Undo and doing Redo.

Redoing an Action

After choosing Edit ➤ Undo to cancel an action, you can restore it—again, providing that you have not done anything since. To put things back the way they were before you did Undo:

- From the menu bar, select **Edit ➤ Redo**.
  or
  Press Ctrl-Z.

Repeating a Command or Action

Perhaps you're so pleased with the last change you made that you want to do another one just like it. For example, you inserted two columns and you decide you'd like two more, in the same place. No need to select the command again. Just do this:

- From the menu bar, select **Edit ➤ Repeat**.
  or
  Press F4.

Like Undo and Redo, **Repeat** works only on the last command you gave Excel. If you do something else first, it's the something else that will get repeated.

Formatting Numbers by Using the Style Tools

By default, values that do not contain currency symbols, percent signs, or that are not typed as dates (such as 9-6-99) are displayed in a number format called General. General is the Number format option in the default *style,* which is called Normal.

How Styles Affect Number Display

In Excel, a style is a named set of appearance options, including number format, as well as appearance options for font, alignment, cell border, and cell pattern (cell backgrounds can also be solid colors, which are included in Pattern options).

Excel thinks a number entry of 1000 means **100000** percent. That's because it expects percentages to be values less than 1. For example, an entry of 0.5 formatted in Percent Style would appear as 50%.

In the Formatting toolbar (the lower of the two default toolbars at the top of the screen) there are three tools for applying the most commonly used other styles to selected cells.

Here's how the value 1000 would normally be displayed in each of the number formats of each of these styles:

General (default)	1000
Currency	$1,000.00
Percent	100000%
Comma	1,000.00

Increasing or Decreasing the Number of Decimal Digits

One aspect of number formatting is the number of digits available for decimal values. Two tools in the Formatting toolbar permit you to increase or decrease the number of decimal places displayed in the selected cell or cells.

To increase or decrease the number of decimal places:

1. Select the cells holding the decimal values to be affected.

2. Click the **Increase Decimal** tool once for each digit to be added to the right of the decimal point.

   or

   Click the **Decrease Decimal** tool once for each digit to be removed from the decimal portion of the value.

So, if the selected cell contained the value

    3.00

clicking the **Increase Decimal** tool twice would give this result:

    3.0000

Or, clicking the **Decrease Decimal** tool twice would give this result:

    3

Display of Dates and Times

Normal style produces different results if your entry looks like a date or a time. If you type:

    September 6, 1999

Excel will probably display this in the cell:

    6-Sep-99

But if you type 9/6/1999, Excel will display 9/6/99. If you type 2 PM, Excel will display 2:00 PM. If you type 14:00 (the same time in 24-hour notation), Excel will interpret it as a time of day and display 14:00 in the cell.

The named styles Currency [0] and Comma [0] are simply the Currency and Comma styles with no decimal places. To inspect the options available for each style, select **Format ➤ Style**, and select the Style Name.

When you click the **Increase Decimal** tool repeatedly, you might find the cell filled with pound signs (#######) instead of the value. These cell overflow indicators show that the cell is not wide enough for the number of decimal places you've specified. See "What to Do If the New Location Isn't Big Enough" earlier in this chapter.

You can format cells that are empty as well as cells that contain data. Of course, you will only see the effect on the cells that have data in them. If you later type data into a formatted empty cell, it will be displayed in the format you chose.

If you apply a style to a cell that contains a formula, its result will be displayed in the corresponding number format of that style.

Selecting a Wider Variety of Number Formats on Command

There are many more options for number display than the few available by using the Style tools. To have more choices for number formatting:

1. Select the value or values to be formatted.
2. From the menu bar, select **Format ➤ Cells**.

   or

   Press Ctrl-1.

   or

   Click the right mouse button to activate the shortcut menu, and select **Format Cells** (see Figure 6.11).

   The Format Cells dialog box will appear:

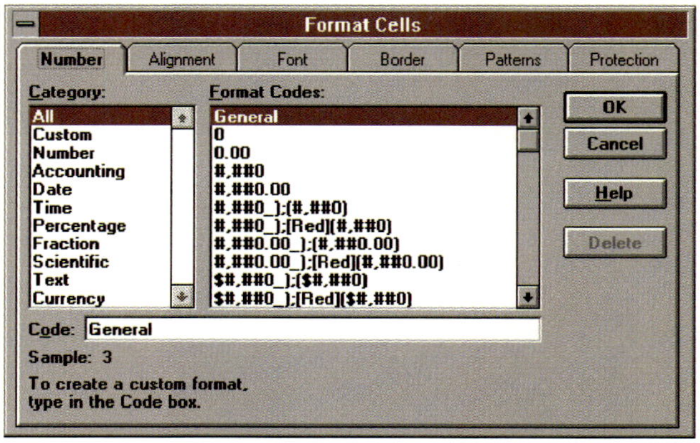

3. If number formatting options are not displayed, click the **Number** index tab.
4. Among the Number options, select a Category of number formats from the list on the left.

   or

   Select **All** to browse through all the available formats. The options for the category you picked will appear in the Format Codes list on the right.
5. Select the format code for the type of number display you want. The first number in the data you selected in the sheet will appear formatted this way in the Sample entry in the lower-left corner of the Number Format dialog box.

   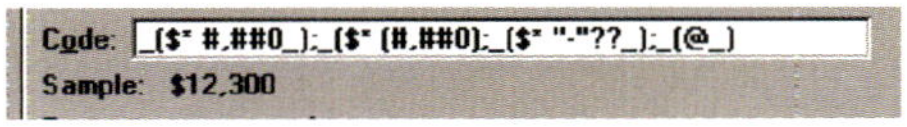

   You can preview another format if you like, simply by choosing something else from the list.
6. When you've chosen a format, select **OK** to close the dialog box.

FIGURE 6.11

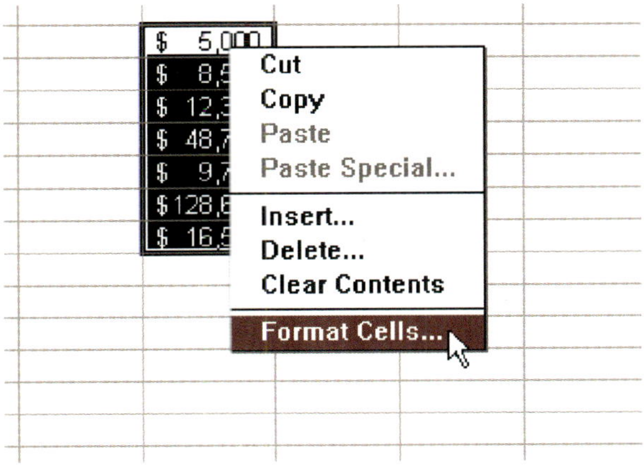

Select Format Cells from the shortcut menu to select from a variety of number and appearance formatting options.

Defining Named Styles

If you find yourself resetting number or appearance formats often, you may want to redefine the set of options that Excel uses for Normal style, or for any of the styles applied by the Style tools. Or, you might create a new, named style to hold custom settings.

Redefining a Named Style

For example, by default, the Currency Style tool applies one of the many number formats available in the Accounting category. This format aligns amounts on the right but currency signs on the left edges of cells. This particular Accounting format also specifies two decimal places and commas separating thousands.

To redefine a style *for the current workbook only:*

1. From the menu bar, select **Format ➤ Style**. The Style dialog box will appear:

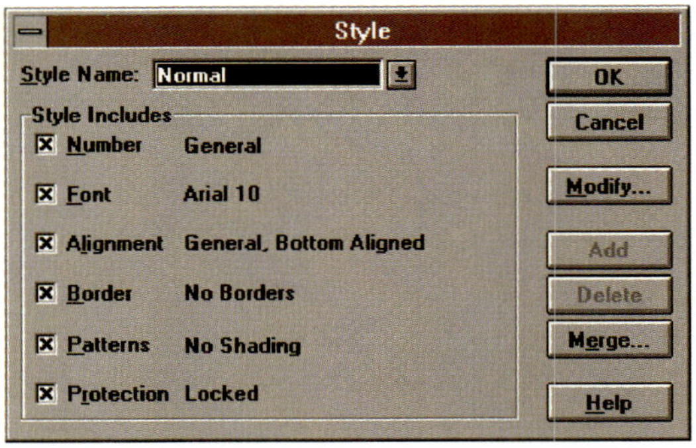

2. From the Style Name drop-down box, select the name of the style to be redefined.
3. Select the **Modify** button. The Format Cells dialog box will appear.
4. Select the index tab for the group of options you want to change (such as **Number**).
5. Reset the options you want to change.

When you use the **Format ➤ Style** command to modify the options within a style, your changes will affect the current workbook only. Other workbooks that you create or open—even during the same work session—will revert to the default options. Global settings for number formats, applying to all work sessions, can be set in Windows by selecting **Main ➤ Control Panel ➤ International**.

6. Select OK to close the Format Cells dialog box.
7. Select OK to close the Style dialog box.

The named styles Currency, Percent, and Comma are applied by the corresponding Style tools in the Formatting toolbar.

Creating a Custom Style

You can create a custom style by typing a unique name in the Style Name drop-down box in step 2 above.

Applying a Named Style

To apply a named style, including all its number and appearance formatting options:

1. Select the cell or cells to be formatted.
2. From the menu bar, select Format ➤ Style. The Style dialog box will appear.
3. Select the name of the style to be used from the Style Name drop-down box.
4. Select OK.

Finding the Style Box

An alternative to the Format ➤ Style command is selecting a style name from the Style box:

This drop-down box appeared in the default toolbar in Excel 4, but it is a custom option in Excel 5. You can find the Style box as a tool in the Formatting toolbar category when you select View ➤ Toolbars ➤ Customize from the menu bar or Customize from the Toolbars shortcut menu (point to the default toolbar and click the right mouse button).

There's more on customizing toolbars in Chapter 9.

This chapter gives you a background in number formatting and worksheet composition. The next chapter builds on these design concepts to cover appearance formatting options—including the graphic attributes of data and cells.

CHAPTER 7

Dressing Up Your Data for Presentation

Featuring

- Using AutoFormat to apply ready-made designs
- Copying formats with the Format Painter tool
- Changing graphic attributes of data and cells: Alignment, Font, Color, Border, and Pattern
- Choosing custom colors
- Using sets of options as styles
- Protecting cells from alteration
- Customizing toolbars

Working with Excel is a lot like dating: If you never go out, you don't have to worry about your looks. But as soon as there's someone else involved—especially an *influential* someone else—cosmetics become a real concern. This chapter is all about dressing up your sheet before you show it off.

Preparing a worksheet for presentation—either on the screen or on paper—is largely a matter of formatting. Recall from Chapter 6 that there are two main kinds of formatting (see Figure 7.1):

Number formatting Determines how values are interpreted—whether the value 35792 will appear as 12/28/97 or as $35,792.00, for example.

Appearance formatting Affects graphic attributes, such as font and color, of data and other objects in a sheet.

FIGURE 7.1

Examples of number- and appearance-formatting options

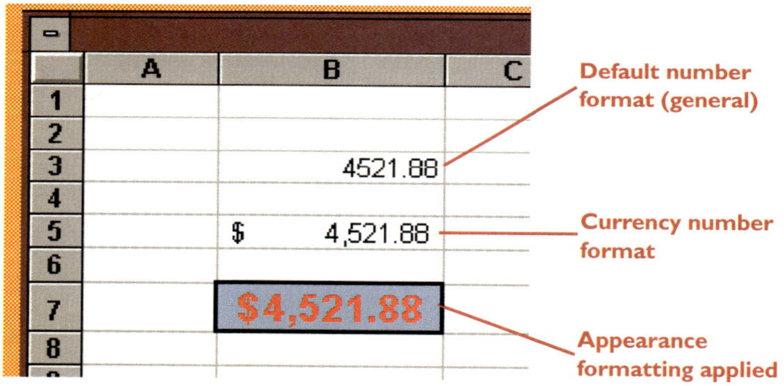

Sometimes Excel doesn't know the difference between number formatting and appearance formatting. If you choose **Edit ➤ Clear** to get rid of the contents of a cell and then select **Formats**, Excel will remove both the number formatting and the appearance formatting, leaving just the naked data. Also, copying formats from one cell to another can affect both the number style and the appearance formatting of data.

Applying Predesigned Formats with AutoFormat

Remember from Chapter 1 that Excel has a feature that will dress up an entire sheet with a single command. If you like the results you get with this AutoFormat feature, you can skip the rest of this chapter and return to it only when you want more frills.

AutoFormat Example

The sheet in Figure 7.2 is rather plain. Not much has been done to make it presentable, except that some of the column headings have been dragged to adjust the widths of the columns.

To apply AutoFormat:

1. Select the part of the sheet that you want formatted. In the case of Figure 7.2, you would select the entire sheet by dragging the range **A1:E14**.

FIGURE 7.2

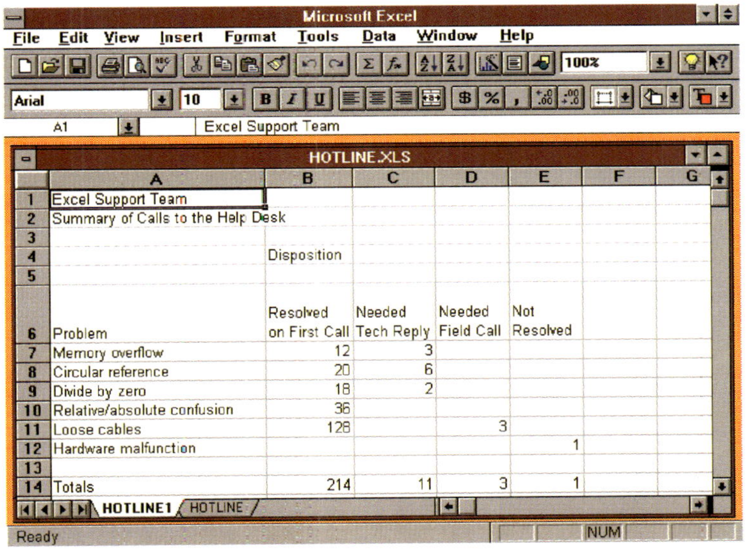

A sheet with default formatting

The two-line column heads in row 6 were entered by pressing Alt-↵ at the line break; Excel adjusted the row height automatically.

2. From the menu bar, select **Format ➤ AutoFormat**. The AutoFormat dialog box will appear:

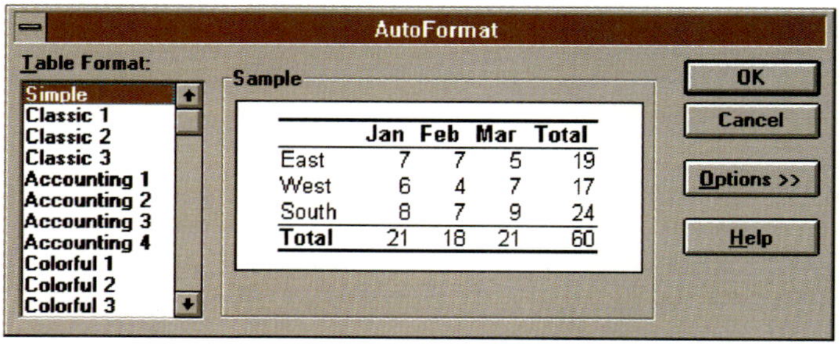

3. Select the name of a ready-made format from the Table Format list. A preview of this format will appear in the Sample box.

4. Select **OK**. Excel will apply a ready-made set of appearance formats to the selected portion of the sheet (see Figure 7.3).

When you use AutoFormat, your initial selection must look like a table, with headings and data. Otherwise, Excel might complain, "AutoFormat could not detect a table around the active cell." If this happens, select **OK** and reselect the table before trying **Format ➤ AutoFormat** again.

The AutoFormat Tool

The AutoFormat tool applies either a default AutoFormat design or the last one you used.

The tool can be found in the Formatting category of custom tools. (See "Customizing Toolbars" later in this chapter.)

To cycle through the available designs, press Shift as you click the tool.

Tips on Using AutoFormat

Notice that the result of using AutoFormat in Figure 7.3 isn't quite perfect. In this example, the titles aren't centered over the columns. The titles should be larger, and the subtitle (the second line) should be smaller than the main title (the first line). Also, the Disposition heading should be centered over

FIGURE 7.3

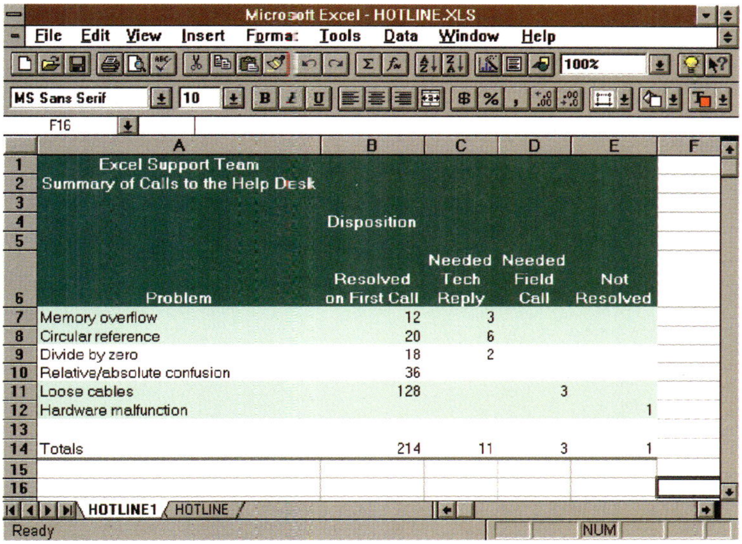

The worksheet in Figure 7.2 after applying AutoFormat (document window shown maximized)

the four columns beneath it. A better graphic design might put the Disposition and Problem labels in a second, distinctive font, since the table refers primarily to those two things.

The reason for these imperfections is that the ready-made format is designed for a "typical" sheet, and this one is just a little unusual. For one thing, its column widths aren't uniform, and this affects the centering of the titles. Also, the layout of the column headings differs from the ready-made format. But, on balance, you get a lot with that single AutoFormat command.

A revised sheet is shown in Figure 7.4. The procedures for editing the appearance formats to achieve this result are covered later in this chapter.

FIGURE 7.4

The worksheet after editing the appearance formatting

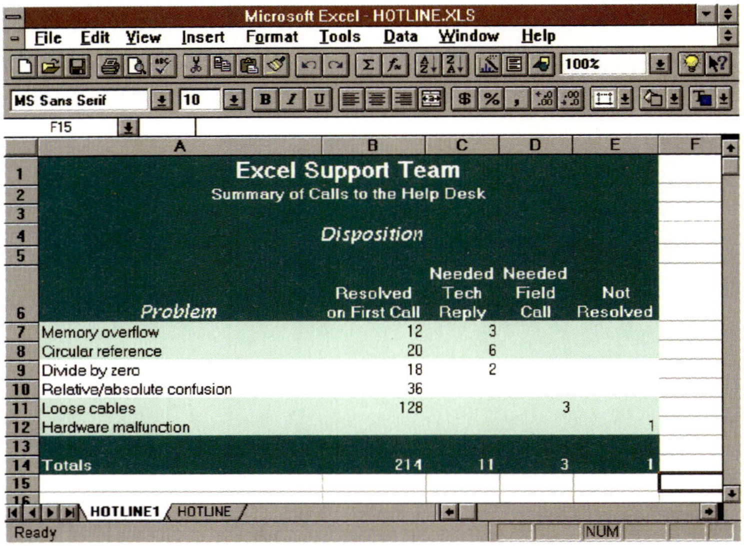

Choosing AutoFormat Designs

You might be able to improve the appearance of a particular sheet simply by repeating the **Format ➤ AutoFormat** command and selecting a different ready-made format.

It may be necessary, however, to be more selective about the formats to be applied. Here's how to reset some of the AutoFormat options:

1. Select a table to be formatted.
2. From the menu bar, select **Format ➤ AutoFormat**. The AutoFormat dialog box will appear.
3. In the dialog box, select one of the formats from the Table Format list.

4. Also in the dialog box, select the Options button. A set of check boxes will appear:

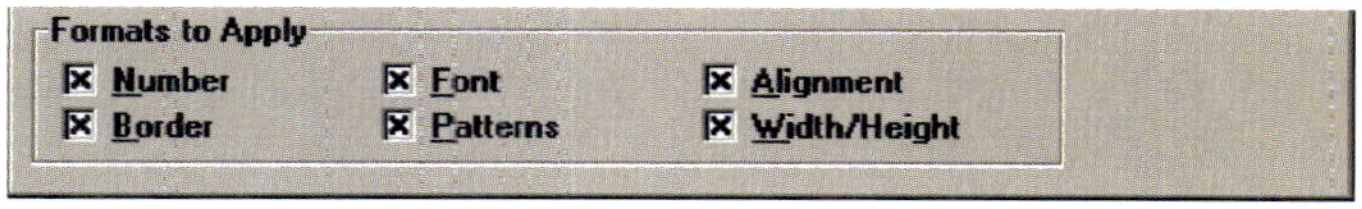

5. Mark or unmark the Formats To Apply check boxes to control which sets of options will be applied. As you change each setting, the effect of your change will be shown in the Sample preview box.

6. When the Sample display shows the options you want to apply to your sheet selection, select OK to close the dialog box.

Formatting by Example with the Format Painter Tool

If you create a block of cells formatted the way you want, you can copy its appearance to other cells. Here's how:

1. Select the cells that have the formatted appearance you want.

2. In the Standard (top) toolbar, click the Format Painter tool.

A moving dotted line will surround the formatted cells you selected, and a paintbrush symbol will appear in the cell pointer.

3. Drag a block of cells to which the formatting will be copied.

or

Using the **Format Painter** tool as described here is the same as doing **Edit ➤ Copy** and then **Edit ➤ Paste Special ➤ Formats**.

From the standpoint of appearance formatting, Excel treats text and numbers the same. For example, you can change the typeface, color, or alignment of a number just as if it were text.

If the second block of cells has the same dimensions as the first block, click only the first (top left) cell at the new location.

Only the formatting—not the data—will be copied to the cells, as shown in Figure 7.5.

The rest of this chapter describes how to do what AutoFormat does—but cell by cell or block by block. This way you can customize a ready-made design or build your own design from scratch.

FIGURE 7.5

Result of copying formatting with the Format Painter tool

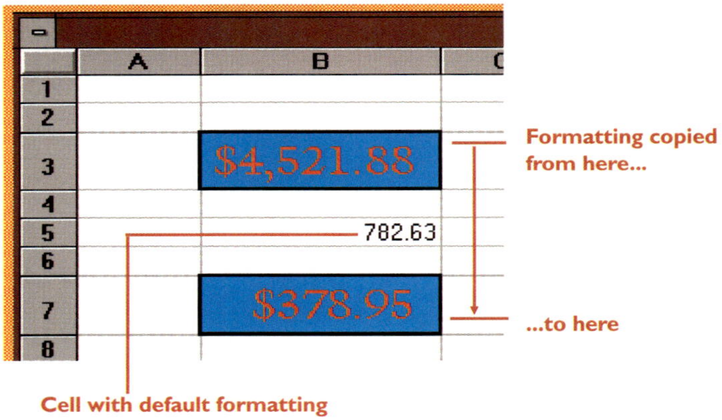

Controlling Alignment of Text and Values in Cells

In Excel, the position of data in relation to the edges of the cell that holds it is called *alignment*. (Some people call this *justification*, but in Excel that term refers to a special case of alignment.)

Three Rules of Alignment

In Excel, there are three simple rules that determine how the program will position data within cells:

1. Text goes left.

2. Values go right.

3. Error messages and the logical values TRUE and FALSE are centered.

Changing Alignment

To change the alignment of data in a cell or block of cells:

1. Select the cell or block. (All data within your selection will be affected, whether text, values, or both.)
2. Click one of the Alignment tools shown in Figure 7.6: Align Left, Center, or Align Right.

FIGURE 7.6

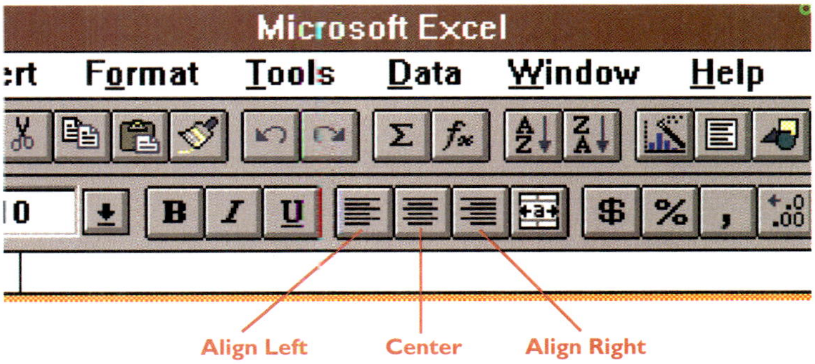

The Alignment tools in the default Formatting toolbar

Remember that Alignment usually refers to the position of data within individual cells. If you select a block of cells and then select the Center tool, Excel will center each value in relation to the cell that holds it, not in relation to the larger block.

Fine-Tuning Alignment

If you need more precise control over the position of text or values, Excel offers many more choices and degrees of alignment. Here's how to select these options:

1. Select the cell or block of cells in which alignment will be changed.
2. From the menu bar, select Format ➤ Cells.
   or
   Click the right mouse button, and select Format Cells from the shortcut menu.
   The Format Cells dialog box will appear.
3. In the dialog box, click the Alignment index tab. A set of alignment options will appear:

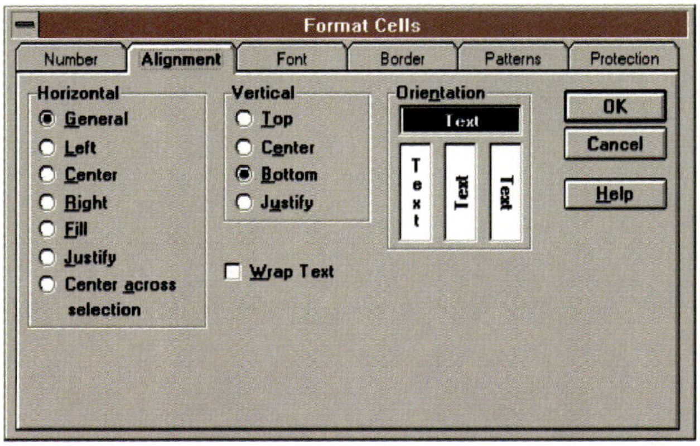

4. Reset the alignment options. (See "Alignment Options" below.)
5. Select OK.

Alignment Options

The Horizontal box in the Alignment dialog box includes the options **Left**, **Center**, and **Right**. These are the same options available with the Alignment tools. The General format is Excel's usual way of doing things—text on the left, numbers on the right. The other options are

- Fill
- Justify
- Center Across Selection
- Wrap Text
- Vertical
- Orientation

The sections below explain each of these alignment options.

Fill Copies the data in the selected cell or block so that it completely fills all the available character positions in that cell or block. For example, if a cell holds the value 0, and the cell is eight characters wide, the Fill option will fill that cell with eight zeros:

00000000

If the selection were a block of cells, Excel would fill each cell in the top row with multiple copies of the value in the first cell.

Justify Aligns data both left and right. The effect is noticeable only when there are several words of text in a cell that is wider and taller than normal.

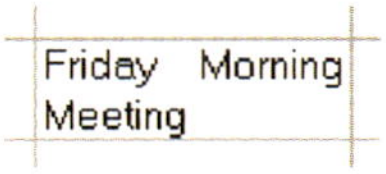

A quick way to justify data both right and left is to use the **Justify** tool.

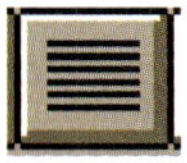

This tool can be found in the Text Formatting tool category (which is available when you select **View** ➤ **Toolbars** ➤ **Customize**).

Center Across Selection Puts your data horizontally in the middle of a selected row of cells. For this to work properly, your data should be in the first, or far-left, cell of the row you select, like this:

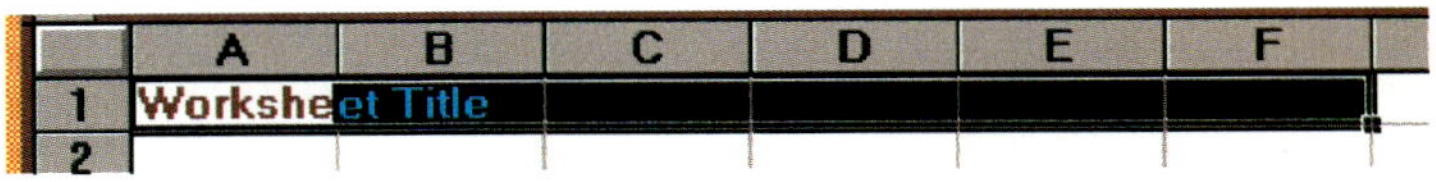

When you select **OK** in the Alignment dialog box, the data will move to the middle of the selected row:

There are two reasons why Excel won't let you wrap numbers: first, you can't have more than one number in a cell; and second, a number must be displayed on a single line.

You can do the same thing by selecting the entire row that holds the title and then clicking the **Center Across Columns** tool in the toolbar.

Wrap Text If marked, stacks text, usually several words, as multiple lines within a single cell. In most cases, you will have to adjust the row height to display all of the text, as in Figure 7.7. If individual words are long, you'll also have to adjust the column width to avoid breaking words.

FIGURE 7.7

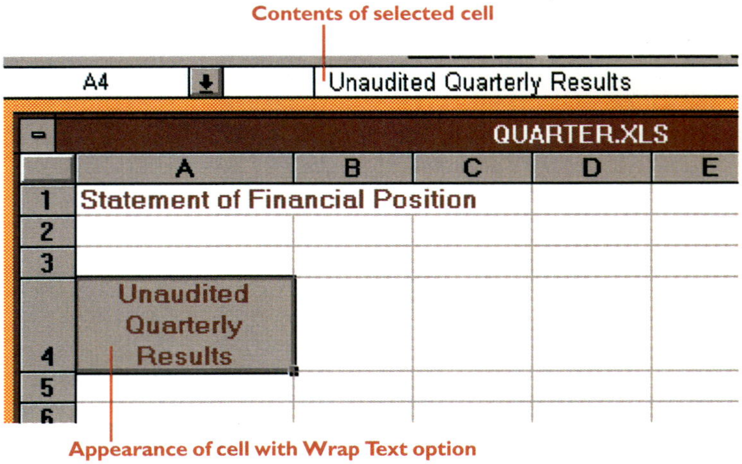

The Wrap Text option allows you to wrap words onto several lines. In this example, the row height was adjusted automatically to accommodate the wrapped text, to which Center alignment has also been applied.

Vertical Controls the position of data (by setting one of three option buttons) in relation to the top and bottom edges of a cell. The differences in vertical alignment will be apparent only if the row height has been adjusted to make taller-than-normal cells.

Vertical alignment is independent of the Horizontal setting. For example, you can align text both to the left and to the top.

Orientation Options can be set to rotate text in a cell. The top option, which reads horizontally, is normal. You don't have to choose this unless you're trying to restore rotated text to the normal position. The other three options make text run up and down.

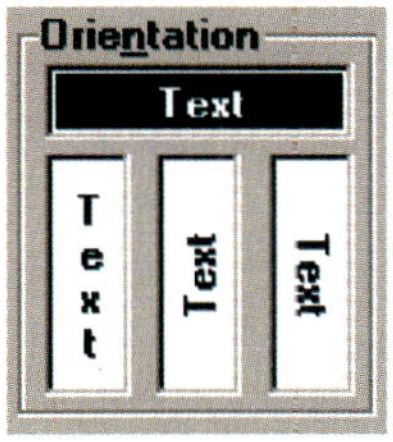

The option on the left stacks the letters vertically from top to bottom. The option in the middle rotates the text counterclockwise so that it runs uphill. The option on the right rotates the text so that it runs downhill.

You can use any of these Orientation selections in combination with the Vertical options. You can also use them with all of the Horizontal options *except* Fill, Justify, Center Across Selection, and Wrap Text.

Three tools in the Text Formatting category correspond to the three options just described.

Selecting Typefaces

Most of the things you'll want to do with the typeface of text or numbers can be controlled with the tools on the Formatting toolbar, which are identified in Figure 7.8.

FIGURE 7.8

The Formatting toolbar includes tools for controlling the appearance of text and values.

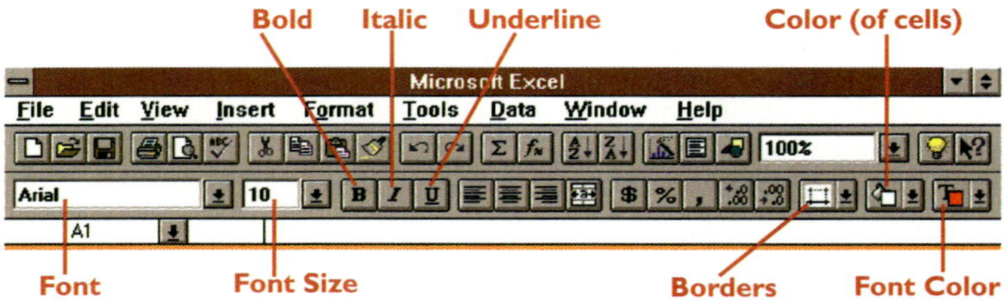

People who design and set type for a living use the term *font* to refer to a typeface in a specific point size. In Excel (and in the world of Windows, in general), the Font option usually means *typeface*. However, the Font options include all the appearance selections for text: typeface, style, size, effects, and color.

The following sections explain how to use each of these tools on a selected cell or block of cells. Remember that the cells need not contain data. But if you apply data formatting, such as a font, to empty cells, you will not see the results until you enter data into the cells.

All of the following tools on the Formatting toolbar are used for changing the appearance of data and cell backgrounds while editing—usually, after you have created a sheet. To change the default formatting, which would affect all sheets in a workbook, you must change the current *style*, as described later in this chapter.

Font Drop-Down Box

To change the font used to display one or a group of data items:

1. Select the cell or cells to be affected.
2. Click the ↓ button on the right side of the **Font** box to open it. Font names will appear, listed in alphabetical order:

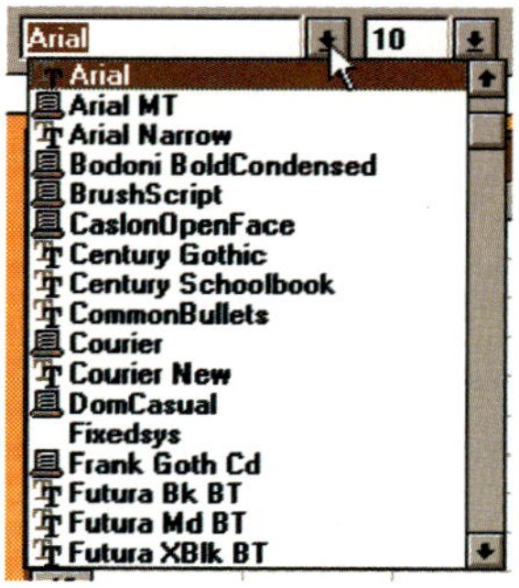

3. If the list of fonts is longer than the open box, a scroll bar will appear on the right. Click the arrows or drag the slider to move up and down the list.

4. Click the font name you want to use. The data in the cells you selected in the sheet will change to this font.

Font Size Drop-Down Box

In Windows, text size is specified in *points*. One point equals 1/72 inch. In points, 12 is a typewriter's "pica" size, 10 is "elite." To change the size of text and values in selected cells:

1. Select the cell or cells to be affected.
2. Click the ↓ button on the right edge of the **Font Size** box. A list of point sizes will drop down.

Identifying TrueType and PostScript Fonts

The list of font names in the Font box includes all of the fonts that have been installed in your Windows system for the current printer only. So, if you change the printer in Windows, the list of fonts might change. (Printer selection in Windows is done through **Control Panel ➤ Printers**.)

Many of the fonts that come with Windows are TrueType fonts, preceded by the TT symbol in font lists. These fonts can be adjusted up or down in size continuously (scaled), and they look the same on the screen as they do in printouts.

Another kind of scalable font—Adobe PostScript Type 1—is designed to be used with PostScript-compatible software and printers. These include the fonts supplied with Adobe Type Manager (ATM). Such printer fonts are preceded by a printer symbol in Excel's font lists.

In general, it is okay to intermix any available TrueType and PostScript fonts in the same document.

3. Click a size, typically from 8–72 points, depending on the font. The selected cells will be resized, along with any text or values held there.

Because type size in Windows is scalable, or continuously adjustable, there are more sizes available to you. As an alternative to steps 2 and 3, you can drag the current size setting in the Point Size box and type a point-size value from 1–409, provided that the font is scalable. Other fonts, including some printer fonts, may be available only in a few fixed sizes.

For purposes of adjusting font size, the Increase Font Size and Decrease Font Size tools are available in the Text Formatting toolbar category.

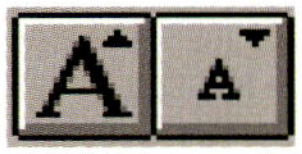

Bold, Italic, and Underline Tools

You can add any or all of these attributes to selected cells:

1. Select a cell or block of cells.
2. Click the Bold, Italic, or Underline tools.

These tools are on-off switches: Click the Bold tool once, the text is bold. Click Bold again, the text is back to normal. If you wish, you can make text and numbers any combination of bold, italic, and underline.

Other text attributes can be set with the Double Underline and Strikethrough tools, which can be found in the Text Formatting category.

Selecting from the Font Color Box

To change the color of text or values in selected cells:

1. Select a cell or block of cells to be affected.

2. Click the ↓ button on the right side of the Font Color box. A palette of colors will open.

3. Click a color in the palette.

   or

   Select Automatic for the color to be determined by the current style.

The Font Color button shows either Red (the default alternative color) or the last color you selected from the palette. To use this color, click the button itself in step 2.

The Cycle Font Color Tool

Available in the Text Formatting category is the Cycle Font Color tool.

Select a cell or cells containing text or values and click this tool to cycle among the available text colors.

Changing Font Options in the Format Cells Dialog Box

If you must change many font attributes at the same time or require some special ones, you can set attributes of text and values instead in the Font options of the Format Cells dialog box.

Options in the Font Dialog Box

To access all the available font options:

1. Select the cell or cells to be affected.

2. From the menu bar, select Format ➤ Cells.

   or

Remember that the set of colors available to you will depend on the capabilities of the video interface and monitor of your computer. For example, some VGA systems can show 16 solid colors, others can show 256 or more.

Also, unless you have a color printer or film recorder, your color selections will primarily affect screen displays. The conversion of colors to shades of gray, patterns, or both, in monochrome printer outputs is handled by the printer driver in Windows, not by Excel.

Click the right mouse button and select **Format Cells** from the shortcut menu.

The Format Cells dialog box will appear.

3. Click the **Font** index tab at the top of the dialog box. A selection of font options will appear:

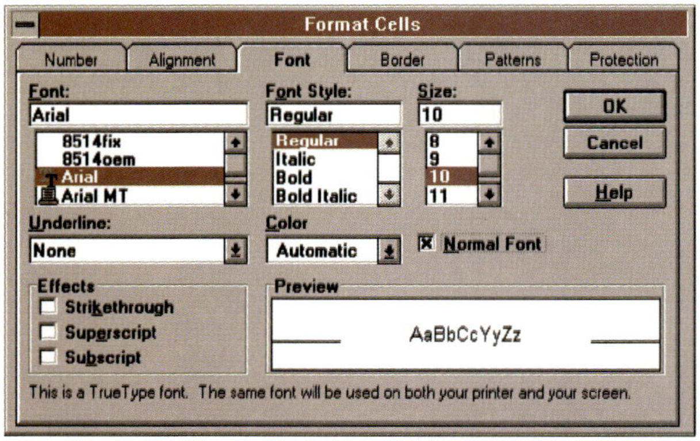

4. Select any combination of options. A sample will appear in the Preview box.

5. Select **OK**.

Notice that some additional options are available here. Underline settings include **None**, **Single**, and **Double**, as well as **Single Accounting** and **Double Accounting**. Effects include **Strikethrough**, as well as **Superscript** and **Subscript**.

Marking the check box **Normal Font** will select all the default font options with a single click. (Use this for restoring normal settings on customized text.)

Applying Effects to Individual Characters (Superscript or Subscript)

Often, an effect such as superscript or subscript must be applied to a single character within a text string. Here's how to accomplish this:

1. Double-click the cell containing the string. It will open for editing. When you move the pointer into the cell or into the formula bar, it will change to an I-beam cursor.
2. In the formula bar or in the cell, drag the I-beam cursor over the character that will become a superscript or subscript.

3. From the menu bar, select **Format ➤ Cells**. The Format Cells dialog box will appear, showing Font options.
4. Mark the appropriate check box: **Superscript** or **Subscript**.
5. Select **OK** to close the dialog box.
6. Press ↵ or click ✓ to enter the text into the cell.

Applying Borders to Cells

If you want to draw attention to cells or blocks of cells, you can put borders around them. As with most of the appearance formats, there's a quick way to do this, and there's a more lengthy way that offers more choices.

Adding Borders Quickly

The quick way is:

1. Select the cell or block of cells.
2. Click the ↓ button on the right edge of the **Borders** box in the toolbar. A selection of borders will appear.
3. Click your border selection.

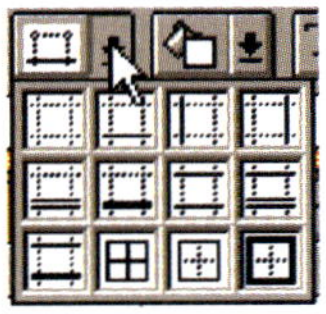

Notice that some border options place lines at the edges or around individual cells; some affect blocks of cells. If you want the default border option—a single line on the bottoms of individual cells, click the Borders button instead.

Most of the borders are fairly thin, so it can be difficult to see them among the grid lines on the screen. When you print the sheet, the grid lines won't show, but any borders you've added will.

Finding More Options for Borders

The more lengthy way to add borders gives you more choices and more control:

1. Select the cell or block of cells that you want to border.
2. From the menu bar, select Format ➤ Cells.

   or

   Click the right mouse button and select Format Cells from the shortcut menu.

   The Format Cells dialog box will appear.
3. Click the Border index tab. A selection of border options will appear:

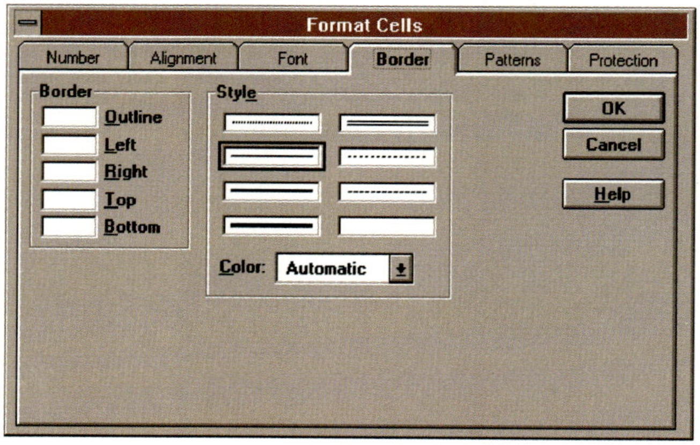

4. Make your selections (see "Selecting Border Options").
5. Select OK.

Selecting Border Options

In the upper-left corner of the Border dialog box, the five options under the Border heading control which edges of the selected cell or block of cells will get a border:

Outline Surrounds all the edges of the selected block of cells.

Left, **Right**, **Top**, and **Bottom** Puts borders on *each cell* in a selected block of cells.

The Style selections control the appearance of the border. The options in the left column control the width, and the options on the right control line style: double-ruled, dotted, dashed, or no border (use this to remove a border).

You can also pick one of the Color options, or leave the setting at **Automatic** to make Excel do the choosing, according to the current style.

You can also add or remove borders—very quickly—by using the keyboard. Select a cell or block, then press Ctrl-Shift-& to add an outline border or Ctrl-Shift-<minus sign> to remove all borders.

Filling Cells with Colors and Patterns

Another attractive effect is using a pattern, or shading, within a cell or block of cells. This is particularly attractive in combination with a border. As with borders, there's a quick way and a more involved way.

Changing Cell Background Color Quickly

The quick way affects only the color of cell backgrounds:

1. Select the cell or cells to be colored.
2. In the toolbar, click the ↓ button on the right edge of the **Color** box. A selection of colors will open.

3. Click the color you want.
   or
   Select **None** to make the selected cells clear, or transparent to other objects.

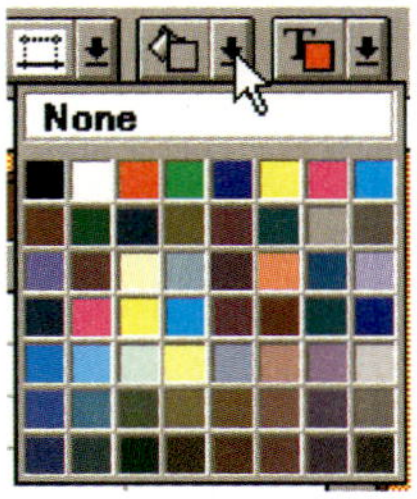

Finding More Pattern Selections

To pick from a wider variety of patterns, including hatching and dot patterns, as well as color:

1. Select the cell or cells to receive the pattern.
2. From the menu bar, select **Format** ➤ **Cells**.
   or
   Click the right mouse button and select **Format Cells** from the shortcut menu.
   The Format Cells dialog box will appear.
3. Click the **Patterns** index tab. A selection of color and pattern options will appear:

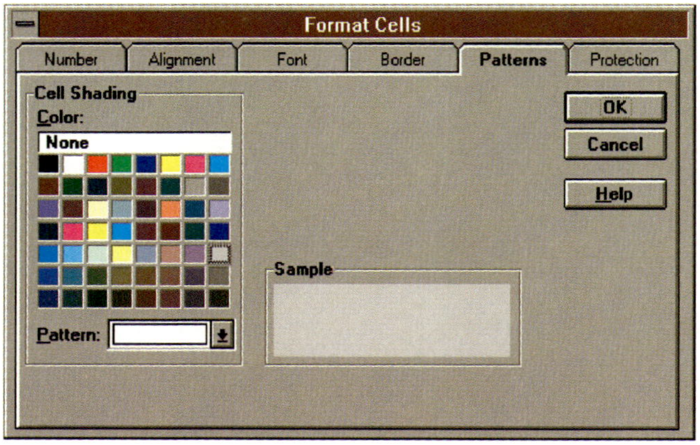

4. Select a Color from the palette (or None) for the cell background.

5. Click the ↓ button on the right edge of the Pattern box. A palette will open:

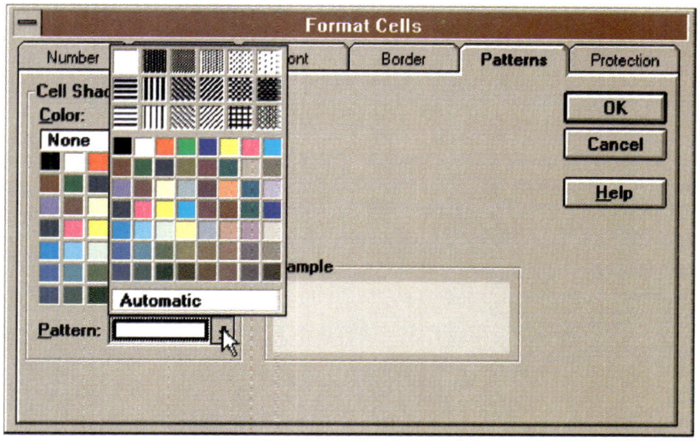

6. In the Pattern palette, select a pattern (an icon from one of the top three rows).
7. If you wish, open the Pattern palette again and select a color for the lines or dots that will compose the pattern. A preview will appear in the Sample box.
8. Select OK.

Changing Excel's Default Colors

Again, if you pick any of the color options for text, borders, or patterns, the colors will show up on the screen—and in printouts if you have a color printer, plotter, or film recorder.

For its default color assignments, Excel uses 16 colors in all, including black, white, and two shades of gray. Unless your computer has a 256-color (or more) video display, these 16 are the only solid colors you've got.

However, you can mix custom colors that will replace the default settings:

1. From the menu bar, select **Tools ➤ Options**. The Options dialog box will appear.
2. Select the **Color** index tab. A selection of colors will appear:

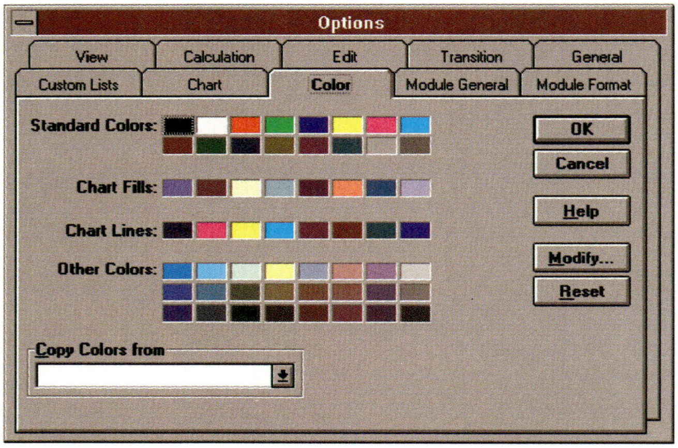

3. To mix a color, click its colored patch, then click the **Modify** button. The Color Picker dialog box will appear, as shown in Figure 7.9.
4. Adjust the color by dragging the indicators (picking color by eye) *or* by entering numeric values in either HSL or RGB notation (settings may be available in printer manuals or in commercial color guides).
5. Select **OK** to close the Color Picker.
6. Repeat these steps to change any other color.

   or

   Select the **Reset** button to restore the default colors.
7. Select **OK** to close the Options dialog box.

The settings you make here affect the *current workbook* only. If other workbooks are open in which you have mixed custom

FIGURE 7.9

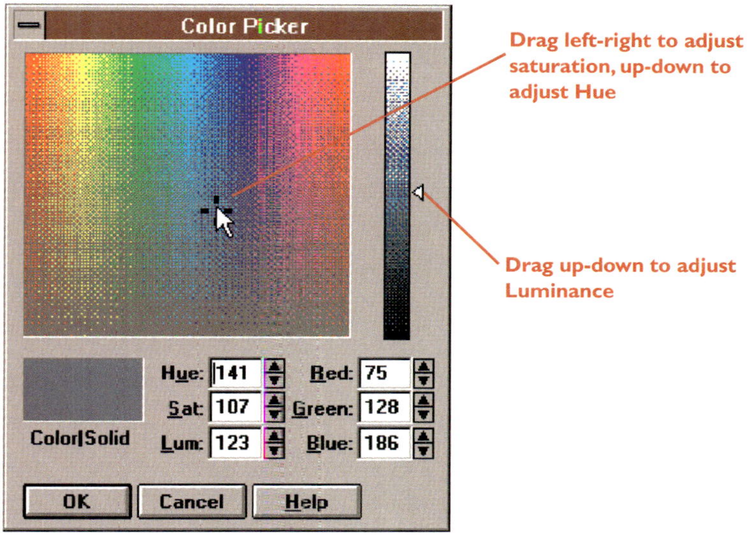

You can mix custom colors in the Color Picker dialog box.

colors, their names will appear as selections in the Copy Colors From drop-down box. Selecting one of these workbook names will match its color options in the current workbook.

On 16-color displays, some custom colors you mix will be *dithered*, appearing as fuzzy, multicolored patches. (In dithering, dot patterns composed of two or even several colors are overlaid to simulate another color.) More of the colors will appear solid on 256-color displays. Results in printouts will vary considerably, depending on the capabilities of the printer you are using.

Remember that mixing custom colors in Excel won't make much difference with gray-scale printers. The main reason to experiment with colors is to improve the appearance of screen shows (see Chapter 10).

Storing Sets of Formatting Options as Styles

In Excel, *styles* are collections of format settings. You can think of a style as a mini-AutoFormat selection (although a style doesn't have to be that fancy). Excel lets you apply all of the format options in a style with a single command.

Protecting Cells from Alteration

In Excel's predefined styles, there are two cell Protection options: **Locked** and **Hidden**. The Locked setting doesn't mean you can't change data or formatting. It just means that cells formatted with this style (Normal, in most cases) will *become* locked—protected from changes—*if* you ever choose **Tools** ➤ **Protection** ➤ **Protect Sheet** or ➤ **Protect Workbook** to prevent changes to a document. The Hidden option prevents any formula stored in the cell from being displayed—again, *only if* the sheet is protected.

Procedures for inspecting, modifying, and applying named styles are covered under "Defining a Named Style" in Chapter 6, which deals with number formatting. You can use the same procedures to set any of the appearance formatting options described in this chapter.

For example, the Normal style usually includes these settings:

Number format	General
Font	Arial
Font Size	10 points
Alignment	General, bottom aligned

Border	No border
Patterns	No shading
Protection	Locked

Customizing Toolbars

To add custom tools to any toolbar:

1. From the menu bar, select **View ➤ Toolbars ➤ Customize**.

   or

   Move the pointer up to the toolbars at the top of the screen and click the *right* mouse button, and select **Customize** from the shortcut menu.

   The Customize dialog box will appear, with tool Categories listed on the left, tool icons on the right:

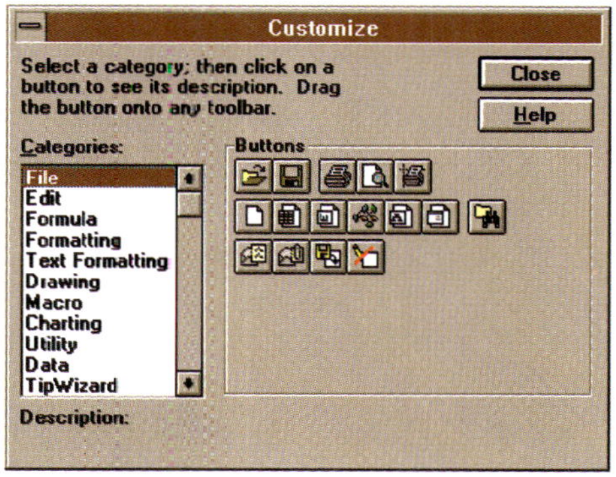

2. Select the Category in which the tool you want is found. The tools described in this chapter are found in the **Formatting** and **Text Formatting** categories. A selection tool in the category will appear in the Buttons area.

3. Click on a tool in the Buttons area to see its definition in the Description area.

4. Drag a tool you need from the Buttons area and drop it on any open toolbar. The tool will be added to the toolbar.

I've dropped several hints throughout this chapter about formatting tools that don't normally appear on either the Standard or Formatting toolbars. You can add additional tools from any tool category to any toolbar. Just follow these steps.

5. Repeat step 4 to add as many tools as you wish.
6. Select **Close**.

If you add tools to either the Standard or Formatting toolbars (the two default rows of tools at the top of the screen), there won't be enough room to display all the tools. To see all of them, drag the toolbar into the document window (the Customize dialog box must be open when you do this). Figure 7.10 shows how the Formatting toolbar will look after the Style box has been added from the Text Formatting tool category.

You can drag a toolbar anywhere on the screen. You can change its shape by dragging its borders—just as you would resize a document window. You can close (hide) a "floating" toolbar by clicking its control box.

To remove a tool:

- Drag the tool off its toolbar when the Customize dialog box is open.

Now, there would be little use to this preoccupation with appearance if you couldn't follow through by actually presenting your worksheets to your colleagues. Having learned how to dress up your sheet, discover how to get it on paper in the next chapter. If you prefer to make your presentation as a screen show, have a look at Chapter 10.

FIGURE 7.10

This Formatting toolbar has been customized, with the addition of the Style box. It has been dragged from the top of the screen into the document window, where it becomes a "floating" toolbar.

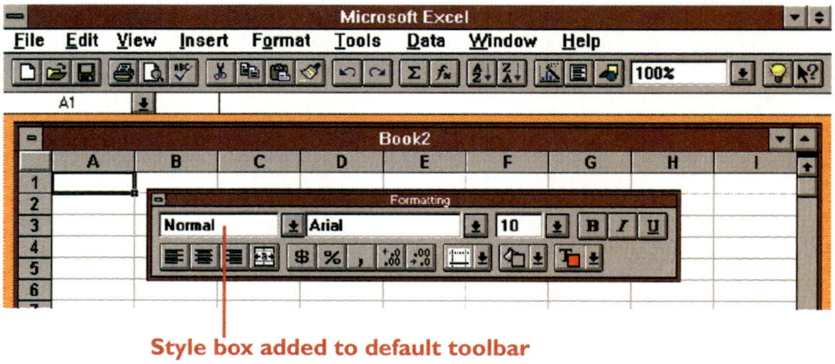

CHAPTER 8

Making Pretty Printouts and Composing Reports

Featuring

- Printing quickly by using the Print tool
- Controlling the appearance of pages
- Tips for paginating large sheets
- Correcting font problems
- Previewing sheets
- Printing partial sheets and workbooks
- Creating views, scenarios, and reports
- Summarizing a large sheet by outlining

Despite the fact that technology gurus have long been predicting the glorious advent of the paperless office, it hasn't happened yet. When the eventful time comes to present your worksheet to the Big Decider, you'd better get it on paper. This chapter tells you how.

Printing a Sheet with a Single Click

Like many other Windows applications, Excel has a Print tool (the fourth icon from the left in the top toolbar). When you're happy with the way your sheet looks on the screen, make sure your printer is turned on, then:

- Click the **Print** tool.

If you like what comes out of your printer, you can ignore the rest of this chapter—for now. Read on if you want to find out how to modify the way your sheet looks on paper.

Getting Ready for Printing

If nothing happens when you click the Print tool, you might have overlooked something:

- Make sure the printer is turned on, cabled up, and loaded with paper, fresh ribbon, toner, font cartridges, or anything else that it needs or consumes.
- Select and set up your printer in Windows or in the application. In Excel, the command is **File ➤ Print ➤ Printer Setup**. (As of Windows 3.1, setting up a printer in an application will override any settings in Control Panel ➤ Printers—but only for that application.) There's more about printer setup in this chapter.
- You must have installed the correct printer driver software in Windows. In Program Manager, select **Control Panel ➤ Printers ➤ Add**.

Orientation: Definitions

The setup option that becomes obvious immediately when you print a sheet is the *orientation* of the printing on the page.

Having the printer set up for the wrong orientation is the number-one cause of dissatisfaction when you click the Print tool without selecting setup options first. There are two options for orientation:

Portrait Makes the long dimension of the paper vertical—the way you'd print a letter.

Landscape Makes the long dimension horizontal—the way an artist normally would paint a landscape, and the way most printed worksheets look best.

Figure 8.1 illustrates the difference between portrait and landscape orientation.

FIGURE 8.1

Portrait vs. landscape orientation

It's a simple fact of life that you should do letters in Portrait, worksheets in Landscape (most of the time).

Adjusting Page Setup for Attractive Printouts

Because Excel can override the *default*, or routine, setup instructions to the printer driver, you can reset the page orientation to landscape *inside Excel*, leaving portrait as the default setup in Windows for word processing and other applications.

Page Setup Procedure

Changing page orientation within Excel—rather than through the Windows Control Panel—can be the solution to a common dilemma. If you're like most computer-users, you work with word processing applications as well as spreadsheets. Letters must be printed in portrait orientation, but most worksheets look better in landscape.

Assuming that your printer is set up in Windows for portrait orientation, here's what to do in Excel to print worksheets quickly and attractively, including specifying landscape orientation:

1. From the menu bar, select File ➤ Page Setup. The Page Setup dialog box will appear.
2. If Page options aren't shown, click the Page index tab. This set of options will appear.

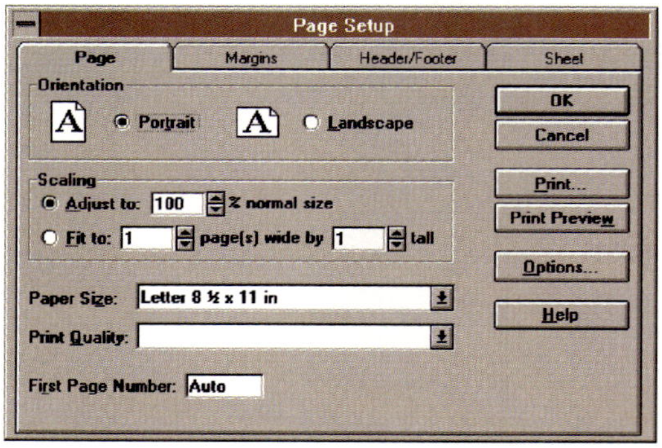

3. Set the Orientation option to Landscape.
4. Optionally, set the Scaling Adjust To option to 150 percent normal size, as described below.
5. Click the Margins index tab. Another set of options will appear:

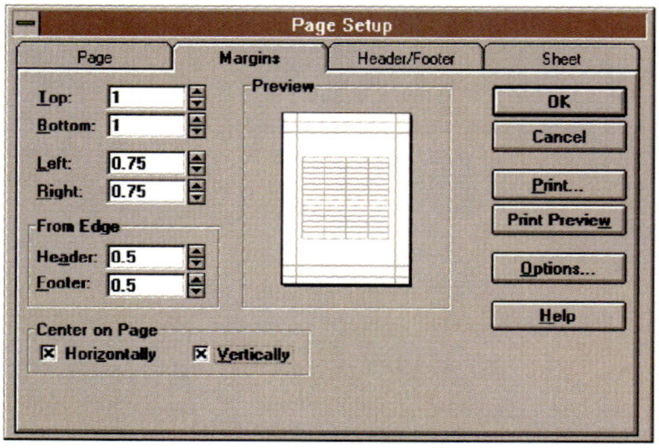

You can fix most printing problems without ever leaving the cozy environment of Excel, *provided you have installed and set up your printer properly in Windows*. As you may know, all printing requests from Windows applications are handled by the Windows printer *driver* (a software chauffeur), not by the application. Excel refuses to take a back seat, though. It can give orders to the driver, overriding the printing instructions that apply to other, less pushy, applications.

Normally, Excel prints the sheet name at the top and the page number at the bottom of each page. In the Page Setup dialog box, click the **Header/Footer** index tab to change or customize these labels.

6. Make sure that both Center On Page check boxes are marked: **Horizontally** and **Vertically**.

7. Select **Print** to start printing.

   or

   Select **OK** to retain the settings and print later.

Typical Settings for Correct Page Setup

There are quite a few settings in the Page Setup dialog box, but usually you'll only have to worry about three of them:

- Orientation
- Scaling
- Centering

Pay attention to these three settings, and you'll be able to fix most of the common complaints that result from using the Print tool hastily:

Orientation In general, choose Landscape orientation for worksheets, unless the sheet has no more than about six columns.

Scaling A typical worksheet—if it's a screenful of information or a little more—won't fill a letter-sized page. The Adjust To setting in the Page Setup dialog box is usually **100** percent. If your sheet is modest in size, try entering **150** in this box to enlarge your sheet $1\frac{1}{2}$ times. You can reduce a bigger sheet to fit a page by entering a number less than 100, but this isn't recommended. Scaling a sheet down for printing will usually make it difficult to read—unless you are using a special output device such as a large-format plotter.

Centering To make sure Excel composes the page nicely, mark both of the Center On Page check boxes: **Horizontally** and **Vertically**. (This is the default setting, so you need to reset it only if you changed it previously.)

Printing Large Sheets

If your worksheet is so big that it can't fit on a single printed page, you need to pay attention to some other Page Setup options.

Setting Up to Print Multiple Sheets

To set up for multiple sheets:

1. From the menu bar, select File ➤ Page Setup. The Page Setup dialog box will appear.
2. Click the Sheet index tab. A set of options will appear.

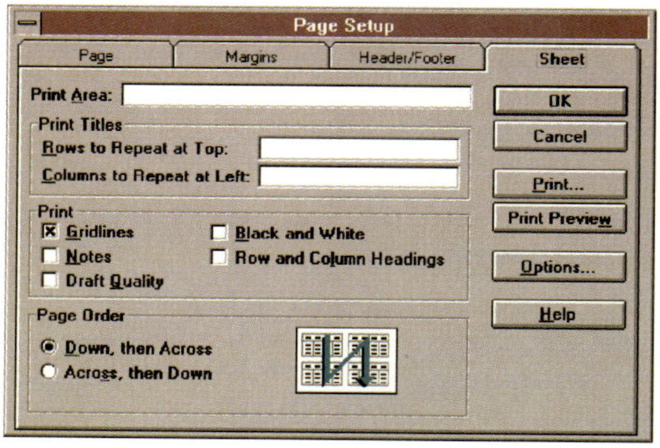

3. Select one of the Page Order settings: Down, Then Across (Figure 8.2) *or* Across, Then Down (Figure 8.3), as described below.
4. Select Print to start printing.

   or

   Select OK to retain the settings and print later.

The choice of Down, Then Across or Across, Then Down depends mostly on the way your sheet is constructed. If the sheets were bound in a report, which sequence of presentation would be easier for the reader to follow?

FIGURE 8.2

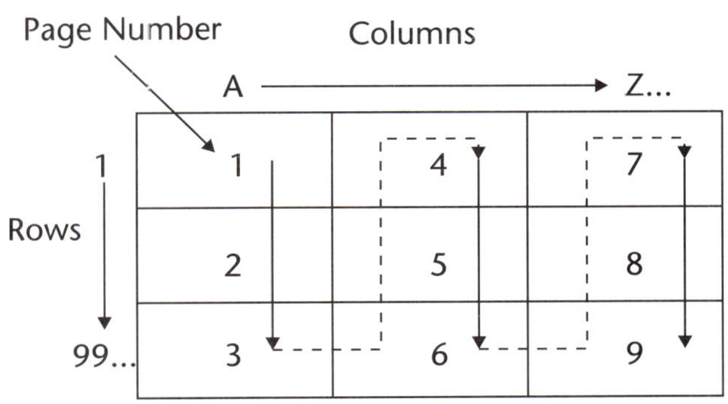

When Page Order is set to Down, Then Across, pages print in this order.

The Page Order setting (located in the bottom-left corner of the Sheet options in the Page Setup dialog box) is normally **Down, Then Across**—meaning that pages will be filled by going down all the rows in the sheet first, then by moving over one page width to the top of the sheet, and going down the rows again.

Scaling Options for Multiple Sheets

If your sheet runs to several pages, you might also set the Fit To option (in Scaling of Page options):

By entering whole numbers here for the width and height of the sheet in pages, you can control how many sheets are used in the down-then-across or across-then-down sequence. Excel will adjust the reduction or enlargement of the sheet so that it fits the number of pages you specify.

Printing a big sheet on multiple pages attractively involves some trial and error. Experiment with these settings and print until you're satisfied (or preview your work, as described later in this chapter).

Inserting or Removing Page Breaks

To select a place in the sheet where you want the page to break, forcing a page break at a spot where it wouldn't

FIGURE 8.3

With the Page Order option set to Across, Then Down, Excel prints pages in this order.

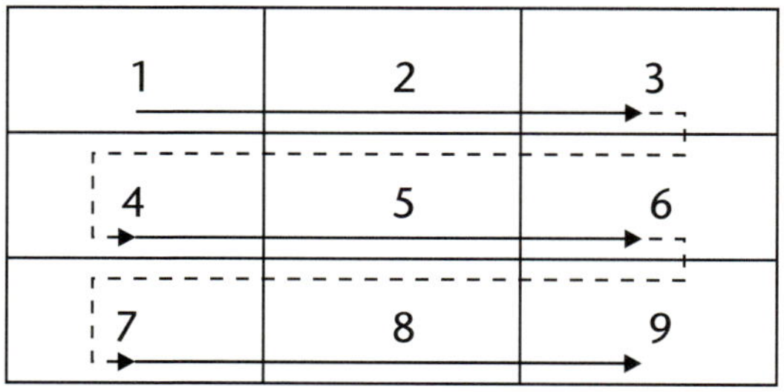

When Page Order is set to **Across, Then Down**, printing proceeds from left to right across the sheet until the tops of all the columns are printed. The position then moves the height of one page downward and, starting again at the left border of the sheet, moves left to right.

To put a break at the top of a new sheet, select the first cell in the first row. To make both a horizontal break and a vertical break, select a cell inside the sheet.

otherwise be:

1. Select a cell just below or to the right of the breaking point.
2. From the menu bar, select **Insert ➤ Page Break**. A dashed line will appear at the break. (This line will be darker than the dashed lines that indicate page breaks the program has set.)

To remove a page break that you set previously:

1. Place the pointer in the cell below and to the right of the break.
2. From the menu bar, select **Insert ➤ Remove Page Break**.

Picking Up Column and Row Headings on Multiple Sheets

Some big sheets have one set of column and row headings and then tables of numbers that go on for pages. You can create such pages without having to enter the repeating column and row titles on each page of the worksheet:

1. From the menu bar, select **File ➤ Page Setup**. The Page Setup dialog box will appear.

2. Click the **Sheet** index tab. A set of options will appear.
3. Press **Tab** twice *or* click the left edge of the text box Rows To Repeat At Top to move the insertion point there.
4. In the worksheet, drag the range that contains the row labels that you want picked up and printed at the top of each page.

   or

   Type a range reference, such as **A1:H1**.
5. Press **Tab** *or* click the left edge of the text box Columns To Repeat At Left to move the insertion point there.
6. In the worksheet, drag the range that contains the column labels that you want picked up and printed at the left of each page.

   or

   Type a range reference, such as **A1:A10**.
7. Select **Print** to start printing.

   or

   Select **OK** to retain the settings and print later.

Your selections in steps 4 and 6 can include the labels in multiple rows or columns, as long as the selection is a block of contiguous cells. For example, to pick up the labels in the first two rows, you might select **A1:H2**; the first two columns, **A1:B10**.

Correcting Font Problems

Sometimes fonts don't look the same when they're printed as they do on the screen. Fortunately, there's a quick fix to that problem that works most of the time.

Excel is a Microsoft product. So is Windows. Windows comes with TrueType fonts. As you might expect, Excel works nicely with TrueType. Fonts that you installed with other Windows applications may or may not be printed as they appear on screen.

The quickest way to resolve font problems on a PC is simply to use only TrueType fonts with Excel. (This might not work for other applications, though.) Here's how to make the change in Windows:

1. In Program Manager, open the **Main** program group and select **Control Panel** ➤ **Fonts**. The Fonts dialog box will open.
2. Select the **TrueType** button.
3. Mark both check boxes in the dialog box that appears:

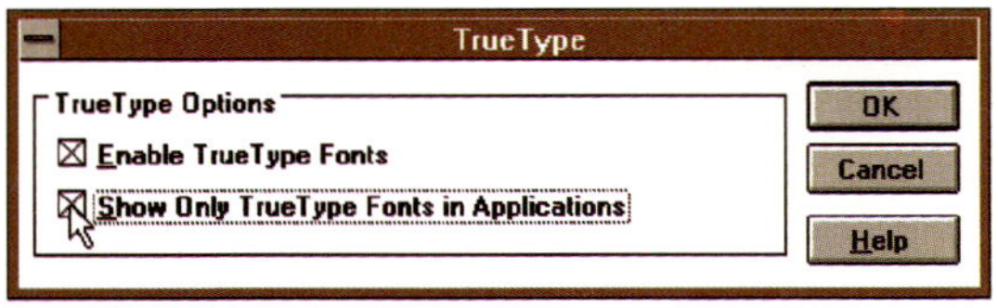

4. Select **OK** to close the dialog box.
5. Select **Close** to close the Fonts window.
6. Select **Close** in each of the control boxes of the Control Panel and the Main program group.
7. If you are using a font management program, you may have to turn it off and restart Windows.
8. Restart Excel. Only the TrueType fonts will appear in menu selections.

Previewing the Printed Page

If you're still in doubt, perplexed, or otherwise bamboozled about how your sheet will look when you print it, Excel will gladly paint you a picture!

To get a preview of how the sheet in the active document window will look when printed:

1. Click the **Preview** tool.

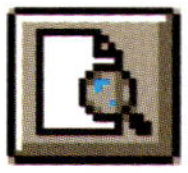

or

Hold down **Shift** as you click the **Print** tool. (If you use this procedure, you can make room for one more custom tool on the toolbar by removing the Preview tool.)

or

From the menu bar, select File ➤ Print Preview.

or

In either the Print or Page Setup dialog boxes, select the Print Preview button.

When you request a preview in any of these ways, Excel simulates the first page of the printout on the screen (see Figure 8.4).

FIGURE 8.4

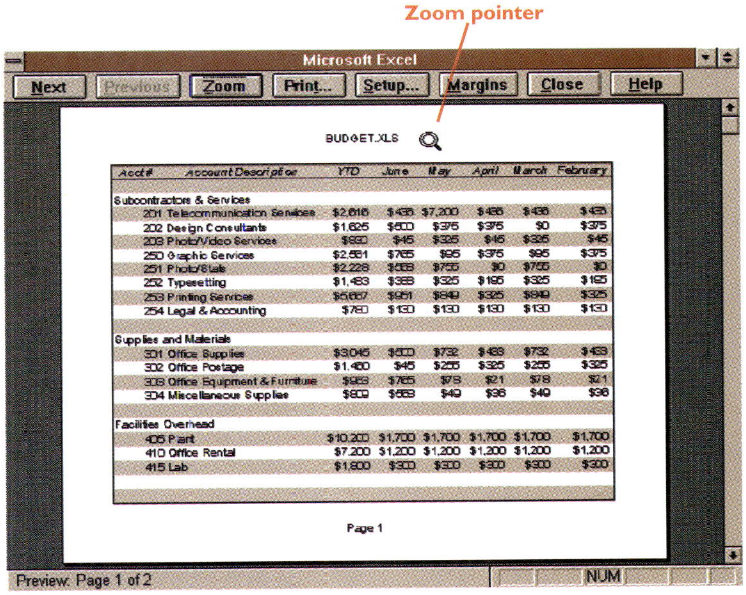

Preview mode shows you how a sheet will look when printed.

You will see color in Preview mode only if the current printer can reproduce it.

Previewing Multiple Pages

If the printout will include multiple pages, you can click these buttons to advance or back up through the page sequence:

Returning to Page Setup from Preview Mode

If you don't like what you see in the preview:

1. Select the Setup button to reopen the Page Setup dialog box.

2. Make whatever changes are necessary in the Page Setup dialog box.
3. Select OK to close the dialog box and see your changes on the preview screen.

Zooming the Preview

The *resolution*, or picture quality, that you get on the screen is not as sharp and fine as the printed result. To inspect parts of the preview screen more closely:

1. Move the pointer into the area of the sheet you want to see close up. As you move the pointer into the sheet, the pointer shape will change to a magnifying glass.

2. Click once and Excel will enlarge the view in that area.
3. Click again and Excel will restore the full view of the sheet.
4. If you want to move around in an enlarged view, select the Zoom button and adjust the scroll bars.

Adjusting Page Margins

Excel lets you adjust the margins of the printed page right on the preview screen:

1. In preview mode, select the Margins button. A collection of *handles* will appear in the display, as shown in

Figure 8.5. The handles connected by long lines represent the page margins.

2. Move the pointer to a margin line and drag to change the position of the sheet on the page.

FIGURE 8.5

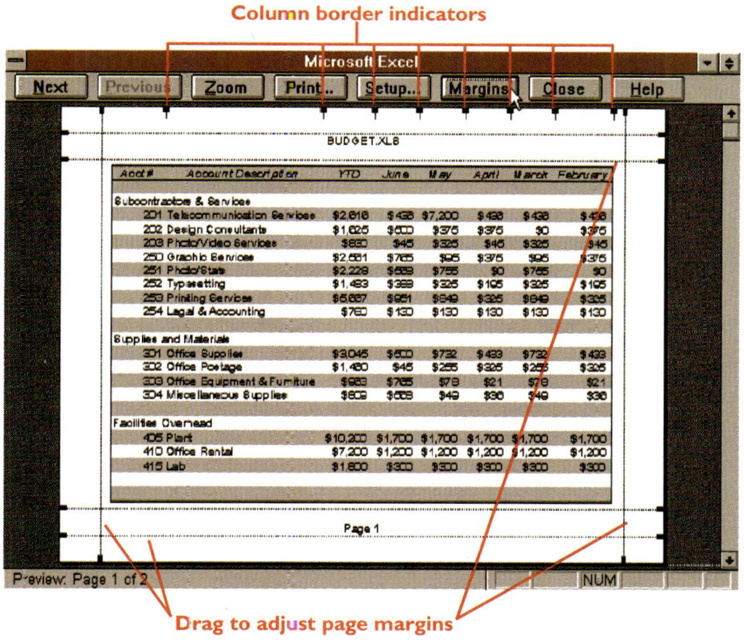

When you select the Margins button in the Preview window, handles appear around the edges of the display.

Dragging the margins of the previewed sheet affects the **Margins** settings in the Page Setup dialog box. Instead of dragging the margins, you can type numeric settings there, as long as you haven't checked the **Center Horizontally** and **Center Vertically** boxes (also found in the Margins options).

Finishing Your Work on the Preview Screen

To complete your work when you are in Preview mode:

1. If you need to edit the sheet before printing, select the Close button. The worksheet document window will reappear. Make your edits, and select File ➤ Print.

   or

If you like the preview, select the **Print** button. The Print dialog box will appear:

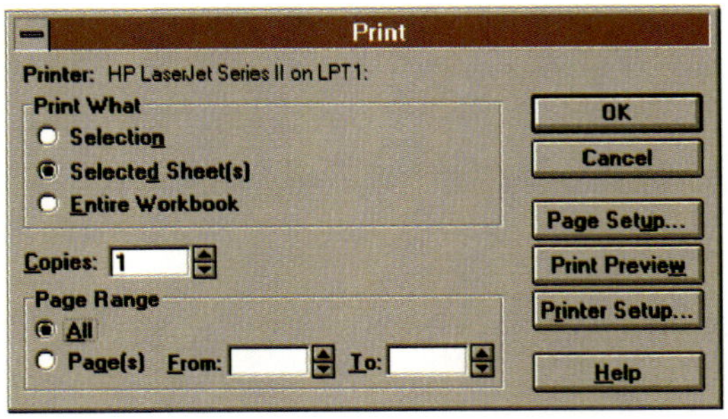

2. To print multiple copies, enter a number in the Copies box.
3. To start printing, select **OK**.

Printing a Portion of a Sheet

There are two basic ways to print just a portion of a sheet:

- You can store the portion you select in the workbook file so that your selection will print any time the file is active and you select the **Print** tool or **File ➤ Print**.
- You can make a selection at the time of printing.

To print multiple selections—each on a separate sheet—type range references, separated by commas, in the Print Area text box: **A1:H1, A3:H10, A6:H15**. References can also be to other sheets in the same workbook: **Sheet2!A1:H1, Sheet3!A3:H10**, etc. Use an exclamation point (!) to separate the sheet name from the cell reference within it.

Storing Your Print Selection

To store a specific selection in a workbook for printing:

1. From the menu bar, select **File ➤ Page Setup**. The Page Setup dialog box will open.
2. Click the **Sheet** index tab. A set of options will appear.
3. Make sure the insertion point is in the first text box (Print Area), and drag the range in the sheet that you want to print.

or

Type a range reference in the Print Area text box.

4. Select Print to start printing.

   or

   Select OK to retain the settings and print later.

An alternate procedure involves the Set Print Area tool, which can be found in the File category of custom tools:

1. Select the range(s) you want to print.
2. Click the Set Print Area tool. 

The edges of the print area will appear in the sheet as dotted lines. Whenever you select Print, Excel will print just the portion of the sheet inside those lines. This setting is saved in the workbook file, so it will be there whenever you reopen the sheet.

To change the print area, just repeat the command and select a different range. To remove a print-area selection, delete its reference in the Print Area text box.

Selecting a Portion Prior to Printing

To select a portion of a worksheet just prior to printing:

1. Select the range(s) in the sheet that you want to print.
2. From the menu bar, select File ➤ Print. The Print dialog box will appear.
3. Among the Print What options, select Selection.
4. To start printing, select OK.

To select multiple ranges for printing, hold down Ctrl as you drag each one.

It isn't necessary to remove any defined print areas to be able to print whole sheets. Also, to select multiple sheets for the procedure described here, hold down Ctrl while clicking each of the sheet tabs at the bottom of the workbook document window.

Printing Selected Sheets or Whole Workbooks

To print selected sheets in the active workbook, or the whole workbook (even if you have defined print areas within it):

1. From the menu bar, select **File ➤ Print**. The Print dialog box will appear.
2. Among the Print What options, select **Entire Workbook**.

   or

   Select **Selected Sheet(s)**, and set the Page Range options, as described in the paragraph that follows.
3. To start printing, select **OK**.

If you pick **Selected Sheet(s)** in step 2, you must set the Page Range options, which appear at the bottom of the same dialog box. Remember that either of these options refers to the pages, not necessarily to sheets—each of which might be composed of several pages:

All Prints all pages of the active worksheet(s).

Page(s) From *X* **To** *Y* Prints a range of pages from page number *X* to page number *Y* in the active sheet or a group of selected sheets.

Creating Views, Scenarios, and Reports

Excel has some features that are sure to please managers who like to see the same information presented in different ways.

Creating Views

You can select a block of cells (or a drawing or a chart) in a worksheet and define it as a *view*. A view is a separate set of print settings—possibly with *hidden cells*—that is stored with the worksheet it is based on. (A cell protection option is Hidden, which causes data displayed in the original sheet to be omitted from the view.) In effect, a view is an alternate picture of a workbook document.

To create a view:

1. Save the most recent version of the default workbook.
2. If the print area of the new view will be different, define it by doing **File ➤ Page Setup ➤ Print Area**, as described above.
3. If the view will include hidden cells, define them by doing **Format ➤ Cells ➤ Protection**.
4. If the view will include specific ranges or sheets within the workbook, select them.
5. From the menu bar, select **View ➤ View Manager**. The View Manager dialog box will open, listing any views previously created in the current workbook file.

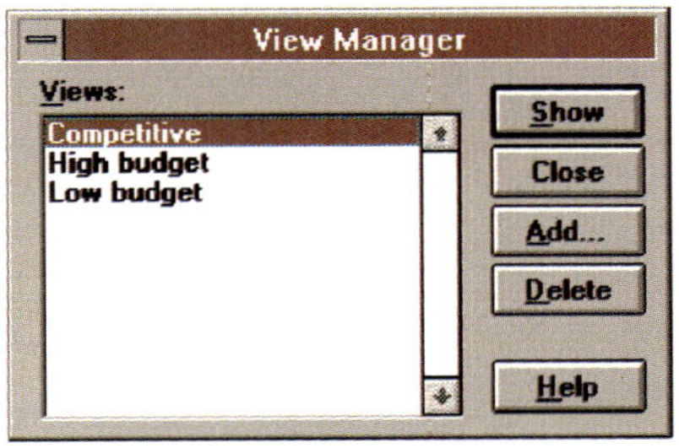

6. Select the **Add** button. The Add View dialog box will appear:

7. Type a name for the view.
8. Select **OK**.
9. Save the workbook.

Displaying a View

To display a named view that you created previously:

1. From the menu bar, select View ➤ View Manager. The View Manager dialog box will appear.
2. Among the listed Views, select the name of the view you want to see.
3. Select the Show button. The workbook will be displayed in the active document window according to the alternate settings in the view.

   or

   To return to the default workbook view, select Close.

Creating Scenarios

A *scenario* is an alternate set of data values or formulas that can be applied to a sheet to show the outcome of a different set of assumptions or circumstances. So, a scenario is like a view, but it can have different data from the original workbook, or even different formulas. The purpose of a scenario is to show alternatives (*what if* questions).

To create a scenario from a workbook:

1. Save the most recent version of the default workbook.
2. From the menu bar, select Tools ➤ Scenarios. The Scenarios dialog box will appear, listing any previously defined scenarios.

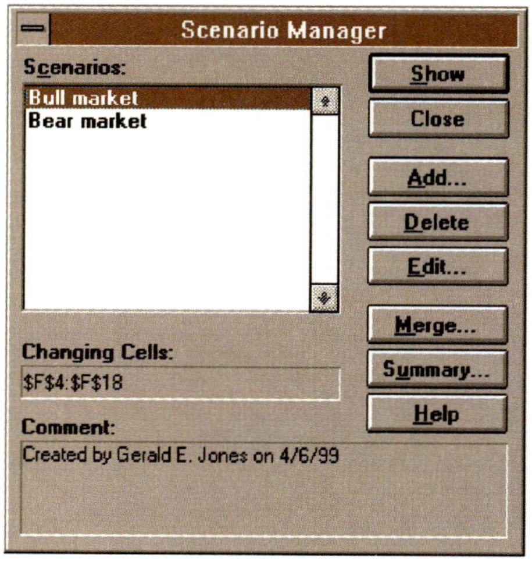

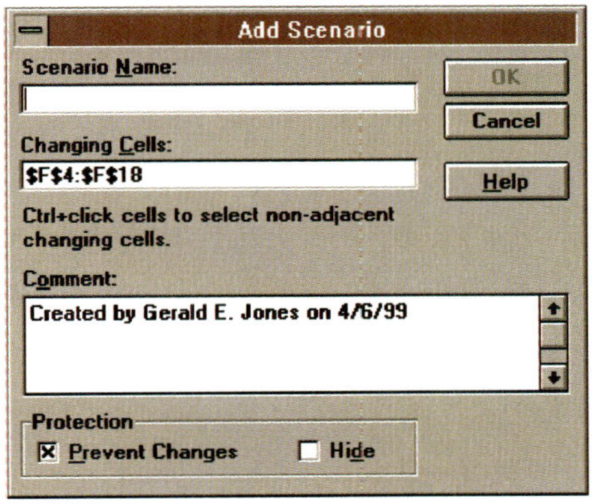

3. Select the Add button. The Add Scenario dialog box will appear.
4. Type a name for the new scenario in the Scenario Name box.
5. While the dialog box is still open, drag a range of 2–32 cells in the sheet for which the values or formulas will change. (Press Ctrl while dragging to select nonadjacent blocks of cells.)

   or

   Type the references of changing cells, separated by commas, in the Changing Cells box.

   or

   Press ↑ or ↓ to change the row, ← or → to change the column in the Changing Cells box.
6. Optionally, edit the text in the Comment box.
7. If you wish, select Protection options for the changing cells.
8. Select OK. The Scenario Values dialog box will appear, showing current values for each of the changing cells.
9. Edit the values or formulas shown to create the scenario.
10. Select the Add button. The Add Scenario dialog box will reappear.
11. Select OK to enter the new scenario and close the dialog box. The Scenario Manager dialog box will reappear.
12. Select Close to return to the default workbook.

Normally, the changing cells you select in step 5 should contain values used by formulas elsewhere in the sheet—outside the scenario selection. If any of the changing cells contains a formula, the program will substitute a constant value there in the scenario. This constant will be the value of the formula when the scenario was defined.

Displaying a Scenario

To display a scenario you created previously:

1. From the menu bar, select **Tools ➤ Scenarios**. The Scenario Manager dialog box will appear.
2. Select a named scenario.
3. Select **Show** to display the named scenario.

   or

   Select **Close** to return to the default workbook.

You can also use the Scenarios box to create a new scenario. Select the portion of the worksheet that contains the changing cells. Display the WorkGroup toolbar, select the box, type a new name, and press ↵. (This procedure names the selected range as a scenario. You must then do the **Tools ➤ Scenario** command to specify its changing cells.)

Using the Scenarios Box

On the WorkGroup toolbar (and also within the Utility category of custom tools) is the Scenarios box. It is a drop-down box from which named scenarios may be selected for viewing or editing:

Combining Views and Scenarios in Reports

Views and scenarios can be combined in *reports*. A report is a named collection of worksheet views and scenarios that can be printed as a group by using the command **File ➤ Print Report**.

To create a report:

1. From the menu bar, select **File ➤ Print Report**. The Print Report dialog box will appear.
2. Select the **Add** button. The Add Report dialog box will appear.

If you do not see the command **Print Report** on the **File** pull-down menu, you must install the Report Manager add-in macro. See "Installing Add-In Macros" in Chapter 9.

3. Type a name for the report.
4. For each section of the report, pick the Sheet, View, and Scenario you want to include, and select **Add**.
5. When you have defined all sections of the report, select **OK**.

Printing a Report

To print a report:

1. Select **File ➤ Print Report**.
2. Select the report name.
3. Select the **Print** button.

Managing a Large Sheet as a Collapsible Outline

Excel offers an easy way to summarize a large sheet on a small computer screen—or on a relatively small sheet of paper. This feature is easier to demonstrate than it is to explain. So, to demonstrate the outlining feature of Excel, you might want to follow along at your own computer:

1. Open the sample workbook BUDGET.XLS, which is found in the subdirectory EXCEL\EXCELCBT.
2. Select the sheet **Report** by clicking its index tab.
3. From the menu bar, select **View ➤ Full Screen**.
4. From the menu bar, select **Data ➤ Group And Outline ➤ Auto Outline**. The Report sheet will appear in outlined form, as shown in Figure 8.6.

FIGURE 8.6

The sample Report worksheet after outlining

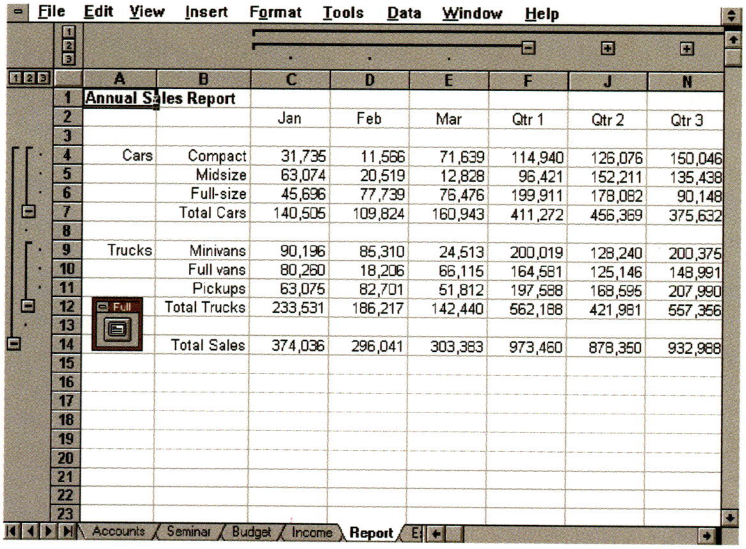

To remove a previously created outlined view from a workbook:

1. Open the sheet that contains the outlined view.
2. From the menu bar, select **Data ➤ Group And Outline ➤ Clear Outline**.

The outlined sheet contains a multilevel set of views. Each level of detail is represented by a numbered set of buttons in the top left corner of the document window. The vertically stacked buttons numbered 1–3 are the column-level selections. The side-by-side buttons, also numbered 1–3, are the row-level selections.

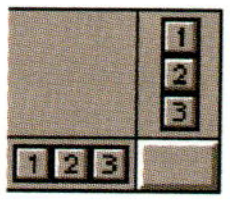

Tips on Outlining

The sample budget shown in Figure 8.6 is a typical kind of large sheet. It has summary lines (labeled as Totals) that recap the detail (shown as columns above the totals).

The result of the **Data ➤ Group And Outline ➤ Auto Outline** command depends on the way you've built your sheet, as well as the options you select in **Data ➤ Group And Outline ➤ Settings**, permitting you to control the directions in which the program looks for totals.

After outlining, you will only see a **Collapse** button where you have a range of detail that ends in a summary total. For a sheet to be collapsible in both directions, it must have totals for rows, as well as totals for columns.

Using Numbered Outline Buttons to Expand or Collapse the Outline

To expand or collapse the outline:

- Click the button for the level of detail you want to see—for columns, for rows, or both.

Button 1 is always the top, or grand-total, level. The higher the button number, the greater the detail in that view.

Using Collapse and Expand Buttons

When a worksheet is shown in an outlined view, there's another set of buttons that also permit you to control the level of detail. In some situations, these buttons might be more convenient to use than the numbered buttons.

Collapsing an Outline

Collapse buttons are shown with minus signs (–). To hide detail:

- Click any Collapse button to collapse, or see only the summary view of, that level.

For example, if you were to click the Collapse button to the left of row 7 in Figure 8.6, rows 4–6 would become hidden, as shown in Figure 8.7.

FIGURE 8.7

Worksheet in Figure 8.6 with selected detail rows collapsed

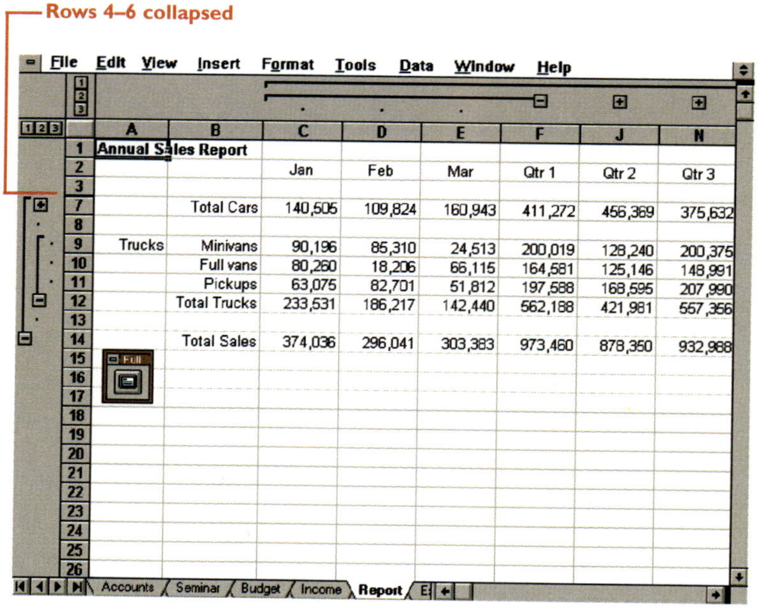

Expanding an Outline

Any level that shows an Expand button with a plus sign (+) is already collapsed. To see more detail:

- Click the Expand button.

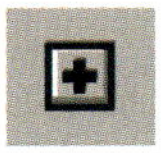

Creating a Group

In Excel, a *group* is a block of cells that contain detail data. That is, a group is a collapsible portion of an outline that you can define within a sheet. The ability to create specific groups within sheets gives you more control over outlining, as well as permits you to outline sheets that do not follow typical layouts.

To create a group:

1. Select the block of cells you wish to define as a group.
2. From the menu bar, select Data ➤ Group And Outline ➤ Group.

   or

   Press Alt-Shift-→.

   or

   Click the Group tool (found in the Data tools category when you select View ➤ Toolbars ➤ Customize).

To *ungroup* a selection, or to cancel its status as a group:

1. Select the group.
2. From the menu bar, select Data ➤ Group And Outline ➤ Ungroup.

   or

   Press Alt-Shift-←.

   or

   Click the Ungroup tool (found in the Data tools category).

Effects of Outlining on Printing

In an outlined sheet, what you see on the screen is what you get when you print. Once you've outlined a large sheet with the **Data ➤ Group And Outline ➤ Auto Outline** command, you can control the level of summary—and how much detail is shown on the printout—by clicking the **Expand** or **Collapse** buttons.

If you have read through the chapters to this point, you now know what is required to create a worksheet, verify the reliability of its math, make it attractive, and print it out. If you'd like Excel to check your spelling before you commit your worksheet to paper, see Chapter 10. If you'd rather present your results on the screen, take a look at Chapter 10. If you'd like to add charts and drawings, see Chapter 11.

CHAPTER 9

These Shortcuts Will Save You Time and Trouble

Featuring

- Starting work sessions quickly
- Tips on selecting ranges
- Mouse and keyboard shortcuts
- Getting tips and help on-line
- Converting from Lotus 1-2-3 or Multiplan
- Customizing your workspace and toolbars
- Saving workbooks, templates, and workspaces
- Tips on using macros to automate tasks
- Discovering Excel's Auto- and -Wizard features

This chapter is about working smarter and quicker, not harder. You want Excel to do your homework, don't you? So, without further ado, let's go!

Starting Excel Quickly from the DOS Prompt

If you sometimes work in DOS without running Windows, you can use this shortcut to start both Windows and Excel by a single command:

- At the DOS C:> prompt, type win excel.

Windows Program Manager will start and then will run Excel automatically.

However, the win excel command will work correctly only if the correct path to the Excel application is specified in the DOS startup file AUTOEXEC.BAT:

PATH C:\ EXCEL

If you know the name of the document you want to work on, you can include that in the command as well:

- At the DOS C:> prompt, type win excel *filename.*

If the file is not in Excel's default working-document directory (EXCEL), you must precede the file name with the path to the directory where it is stored. The file extension is not required if it is any Excel file type (extension begins with .XL).

If the document you want is stored in the subdirectory EXCEL\ XLSTART, don't include its file name in the command. This document will be loaded automatically. (See the section "Using Excel's Startup Directory" in this chapter.)

Remember that the File pull-down menu normally lists the last four files you worked on. To open one of these files after you've started Excel, just select **File** ➤ **filename**.

Opening Excel Documents Quickly in Windows

If Windows is already running (many systems are set up so that it starts automatically when you turn the power on), there are several shortcuts for starting Excel and opening specific documents.

Opening a Single Document

Here is the quickest way to both start Excel and open a specific document:

1. Start the **File Manager** application (usually found in the program group Main).
2. Navigate the directory system to find the file you want to open (see Figure 9.1). (If you need help, look at Chapter 3.)
3. Double-click the file name. Excel will start, and then it will load the selected file.

This quick method of opening a file works for all documents with .XLS extensions, as well as any other file types *associated* with ("owned" by) the Excel application. File associations can be created in Windows File Manager by selecting the file and then executing the command **File ➤ Associate**. Existing file associations are stored in the [Extensions] section of the Windows initialization file WIN.INI. Remember that a particular file type can be associated with only one application, and it must be a type that the application normally uses.

Opening Multiple Documents

Recall that you can have several documents open in Excel at the same time—limited only by the amount of memory in your computer. Here's how to start Excel so that it loads a collection of documents:

1. Open the **Microsoft Office** program group so that the Excel application icon is displayed.

   or

   If Excel is already running, click its **Minimize** button.

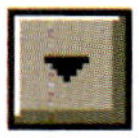

FIGURE 9.1

You can start Excel and open a document quickly by double-clicking the name of an Excel document in File Manager.

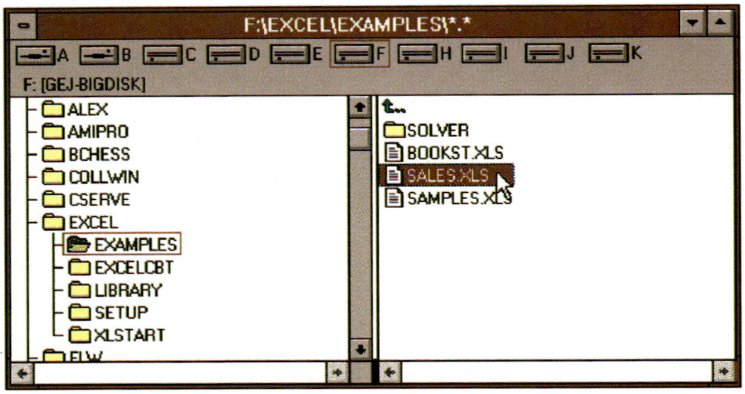

The Excel application will be indicated by an icon. (If Excel has been minimized, its icon will not be visible if Program Manager is maximized.)

If you frequently have the same set of workbooks open at the same time, see "Saving Multiple Workbooks as a Workspace" in this chapter.

2. Open the **Main** program group.
3. Start **File Manager**.
4. Navigate the directory system and select the collection of files you want to open. (See the discussion below for selection methods.)
5. Drag the file names to the Excel application icon (shown in either the Microsoft Office program group or minimized at the bottom of the screen), and release the mouse button. (In Windows jargon, this is a *drag-and-drop* operation.) Refer to Figure 9.2.
6. Double-click the icon. The application will open, showing the selected documents.

By default, the document windows will be cascaded, or overlaid on one other. You can change the way the screens are arranged on the desktop by using the command **Window ➤ Arrange**, as described in Chapter 3.

FIGURE 9.2

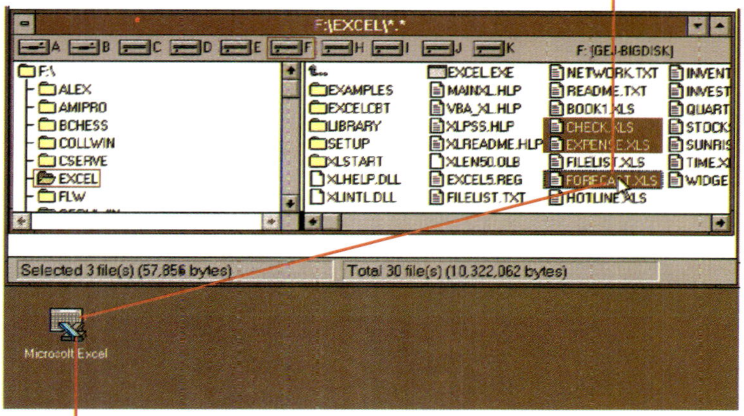

You can start Excel and open one or more documents by using this drag-and-drop method in File Manager.

Methods of Selecting Files in File Manager

There are two methods you can use to select several files to open at once in the procedure just described. To choose a group of adjacent files in File Manager:

- Hold down the Shift key while you click the top and the bottom file names in a list.

  or

- To add individual, nonadjacent files to your selection, hold down the Ctrl key as you click the name of each file in a list.

Names of selected files will be highlighted with a colored bar. You can then use the drag-and-drop procedure just described to open all of them at once in Excel.

Shortcuts for Selecting Worksheet Ranges

The usual ways to make selections in a sheet are to click an individual cell or to drag a range, or block of cells. Here are some alternatives.

Using AutoSelect in Blocks of Cells That Contain Data

To jump to a specific cell address or to select all cells in a named range, use the command **Edit ➤ Go To** (or press F5), as described in Chapter 3. You can also select named ranges from the Name drop-down box, which is located in the top left corner of the screen, just below the Font box.

Excel's AutoSelect feature provides a quick way to jump across or down a sheet or to select a row or column of cells that contain data. To use AutoSelect:

1. Move the cell pointer to the edge of the active (current) cell until its shape changes to an arrow tip:

2. Do any of the following:

   - Double-click any cell border to jump to the last cell in that direction that contains data. For example, double-click the right edge to select the last cell that contains data in the same row:

   - Hold down the Shift key while double-clicking any edge of a cell to select a block of cells containing data in the row or column.

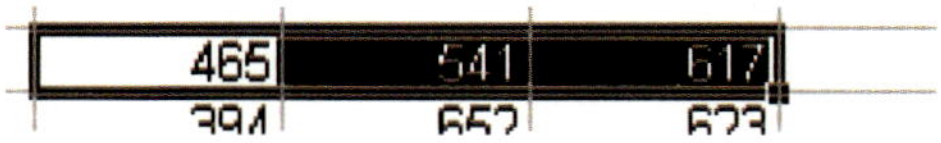

The above AutoSelect methods work only within ranges of contiguous cells that contain data. As shown in Figure 9.3, the selection stops in the cell just before the program encounters a blank, which is assumed to be the last cell in the range.

FIGURE 9.3

Double-clicking the bottom border of this cell...

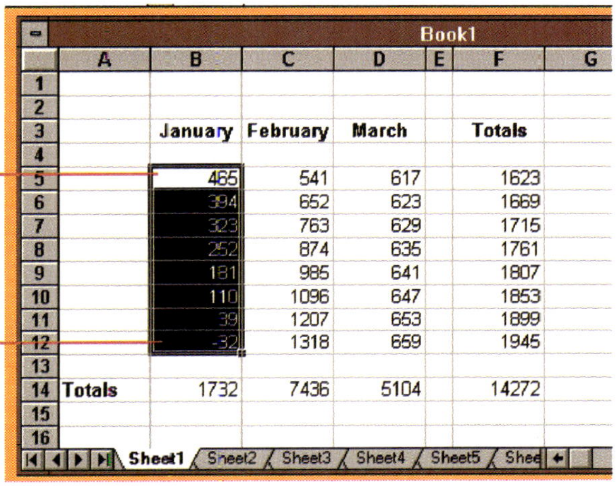

...Selects all data in the column up to the first blank cell

The AutoSelect selection stops in the cell preceding a blank.

When using AutoSelect to select a range, you may not always get the results you're after. If the range contains blank cells, AutoSelect will grab everything in the column or row up to—but not including—the first *blank* cell it encounters. In this case, AutoSelect assumes that the row total is the start of a different range and stops in the cell just before the blank.

Other Ways to Select Blocks of Cells

Here are some other ways to select entire rows, columns, or sheets:

- Click the row-number or column-letter heading to select all cells—including blanks—in the row or column:

- Click the button at the intersection of the row and column headings to select all cells—including blanks—in the sheet.

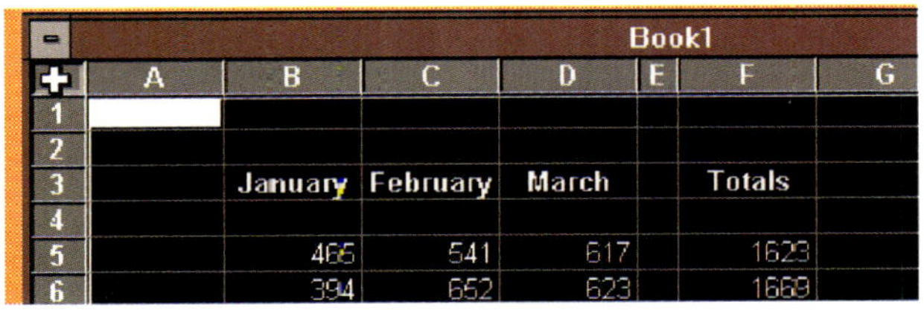

Making Non-Contiguous Selections

Sometimes you want to include multiple cells, ranges, or even sheets in the same selection. Here's how to do it:

- Hold down the Ctrl key while clicking each cell, dragging each range, or clicking each sheet tab.

Command Alternatives

Excel provides several alternatives for issuing commands. Your choice can be largely a matter of the work style you prefer.

Shortcut Menus

A particularly quick way to get results is:

- Point to a specific object or area of the screen and click the *right* mouse button instead of the left.

  or

  From the keyboard, move the pointer to the area or object and press Shift-F10.

Depending on the location of the pointer, some kind of *shortcut menu* will appear:

Document title bar A selection of commonly used workbook commands will appear. (However, if the document is maximized or shown in Full View mode, this shortcut menu will appear when you point to the *menu bar* and click the right mouse button.)

Selected cell or range An editing menu will appear.

Row-number or column-letter heading The entire row or column will be selected and a set of editing commands that apply to the selection will appear.

Object Such as a chart object, an editing menu with commands that apply to the specific object type will appear.

Toolbar A selection of toolbar names and toolbar options will appear.

Sheet tab A menu for manipulating sheets will appear.

In any of these menus, you can make your selection in any of these ways:

- Hold down the right mouse button, drag, and release the mouse button when the command you want is highlighted.

  or

- Move the pointer to your selection and click either the left or the right mouse button.

If you've read Chapters 1 through 5, you've already seen some of these shortcut menus in action.

Keyboard Alternatives

You don't need a mouse to work in Excel, although most people prefer this type of control. There are several ways to get what you want by pressing keys instead.

Selecting Commands from the Menu Bar

To choose commands from the menu bar:

1. Press Alt to activate the menu highlight.
2. Use the → and ← keys to move among the selections.
3. Press ↵, ↑, or ↓ to open the pull-down menu of the highlighted selection.
4. Press the ↑ or ↓ key until the command you want is highlighted.

A few Excel shortcut-key combinations use the F11 and F12 keys. But some keyboards only have the set F1–F10. Don't fret. You can press Alt-F1 for F11 and Alt-F2 for F12. For an extensive list of keyboard alternatives, select **Help ➤ Contents ➤ Reference Information ➤ Keyboard Guide**.

5. Press ↵ to select the highlighted command.

Another way to select menu-bar commands is:

1. Press Alt to activate the menu highlight.
2. Press the key of the underscored letter in the menu item.

For example, to select **Edit ➤ Cut**, press Alt, then E, then T. (Excel ignores the difference between upper- and lowercase here.)

Yet another alternative is:

- Press the shortcut key (usually a combination of keys) for the command you want.

In Windows and its applications, if a command has a shortcut key, it is usually shown in the pull-down menu to the right of the command. For example, to select **File ➤ Print** in Excel:

- Press Ctrl-P.

  or

  Press Ctrl-Shift-F12 (all three keys at once).

The Ctrl-P shortcut key is shown in the File pull-down menu opposite the Print command. The Ctrl-Shift-F12 combination is available for people who learned it in Excel 4.

Selecting Options in Dialog Boxes

To select options in dialog boxes:

1. Press Tab or Shift-Tab to move forward or backward among the selections.
2. To reset option buttons and move up and down in lists, press the arrow keys.
3. To mark or unmark check boxes, press the Spacebar.

4. In most cases, you can press ↵ to select the OK button or Esc to select the Cancel button.

Using Shortcut Menus

As just described, *context-sensitive*, or task-specific, shortcut menus are designed primarily for activation by the right mouse button, but the keyboard can be used instead:

1. Use the arrow keys to move the pointer or cell highlight to the object or specific area of the screen to which the shortcut menu will apply.
2. Press Shift-F10. A shortcut menu will appear.
3. Use the ↑ or ↓ keys to move the highlight among the commands.
4. Press ↵ to select the highlighted command.

Getting Help

Excel provides not one, but several, different ways to consult the help that is built into the program.

Consulting the TipWizard

The TipWizard is a new feature of Excel 5 that can greatly reduce the time it might otherwise take you to gain real mastery over the program.

The TipWizard is the second tool from the right on the Standard (top) toolbar.

While you are working with the program, Excel monitors your actions, looking for opportunities to suggest shortcuts. When it has something to suggest, the light bulb symbol on the TipWizard button will glow yellow.

Actually, you don't have to do *anything* to get advice from Excel! When you start the program, the TipWizard tool will be lit immediately. The program is ready to give you its "Tip of the Day." Also, if you prefer, you can leave the TipWizard toolbar open while you work to see its messages as they are triggered by your actions.

To consult the TipWizard:

- When the light bulb symbol on the TipWizard tool glows yellow, click it. The TipWizard toolbar will appear, showing the text of a suggestion:

The nature of the suggestion should relate directly to the specific action you were taking when the TipWizard indicator became lit.

Other tips will accumulate during your work session as a numbered list in the TipWizard message box, even if you don't open it by clicking the tool. When the TipWizard toolbar is open:

1. Click its ↑ or ↓ buttons to scroll the numbered list of suggestions.
2. For an explanation of the tip currently displayed, click the **Tip Help** tool on the right end of the message box.

   Text offering further explanation will appear in a Help document window:

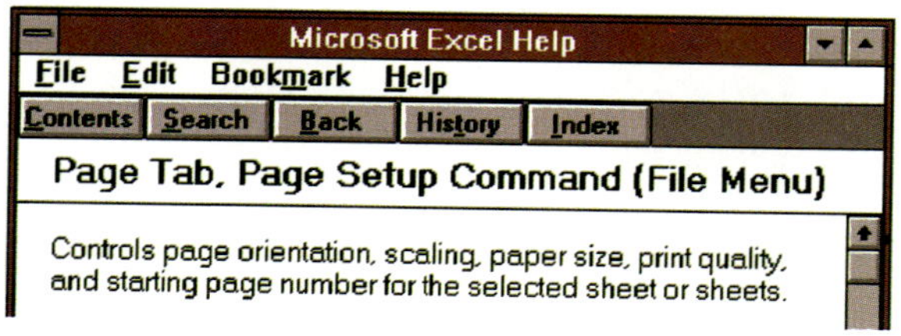

3. To exit the Help window and resume working in Excel, select **File ➤ Exit** from its menu bar.
4. To close the TipWizard toolbar and message box, click the **TipWizard** tool again.

Using the Help Tool to Get Specific Advice

The TipWizard only responds to actions that have other—usually, quicker—alternatives. To get help on *any* specific command or action:

1. Click the **Help** tool (located at the right end of the Standard toolbar).

   or

   Press Shift-F1.

   A large question mark will appear with the pointer (the Help pointer).

2. With the Help pointer activated, execute a command or action just as you would normally. For example, select a command from one of the pull-down menus.

   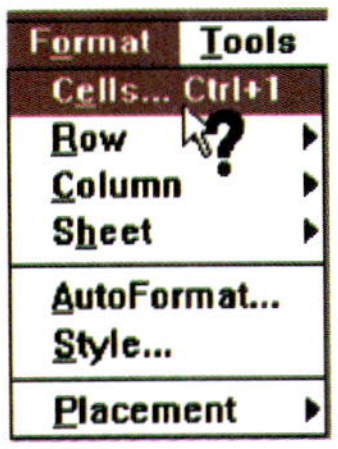

   When you release the mouse button after selecting the command (or performing the action), the Help window will open, showing the topic that explains your task:

   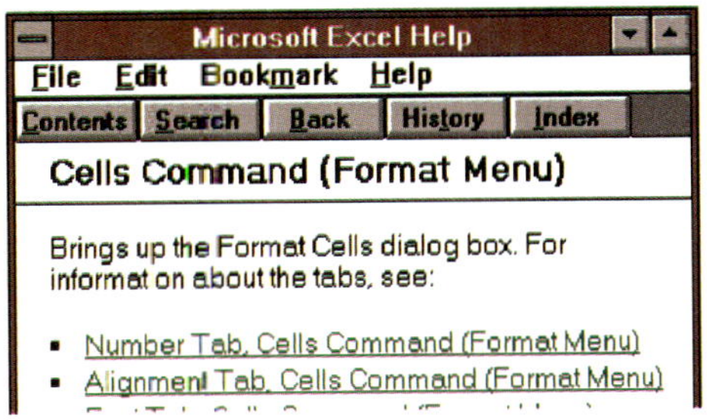

3. From the menu bar of the Help window, select **File ➤ Exit** to resume work in Excel.

   or

   Press Alt-Tab to switch to the open Excel document window, then Alt-Tab again to switch back to the Help window to consult it as you are working.

Looking Up Help Topics

The first three commands on Excel's Help pull-down menu are generally found in all Windows applications and work the same way in all cases:

- Select **Help ➤ Contents** *or* press F1 to find topics by selecting from lists of Help categories.

  or

1. Select **Help ➤ Search For Help On.**
2. Type a word to search for, *or* select from a list of topics.
3. Select the **Show Topics** button. A list of related topics will appear.
4. Select a topic.
5. Select the **Go To** button.

or

1. Select **Help ➤ Index**. An alphabetical list of topics will appear, along with a set of lettered buttons:

2. Click the first letter of the topic you're looking for. A list of topics starting with that letter will appear.
3. Scroll through the list until you find the topic.
4. Click the topic you want.

All of these methods have the same result:

1. The Help document window will open, showing explanatory text for the chosen topic.

Special Help for Users of Lotus 1-2-3 and Multiplan

If you were formerly a user of Lotus 1-2-3 or Ashton-Tate's Multiplan, Excel can give you help based on the specific commands of those applications.

For help with any particular command or operation while you're working in Excel for Windows, select **Help ➤ Lotus 1-2-3** or **Help ➤ Multiplan**.

Lotus users Can choose **Instructions** to view text explanations or **Demo** to watch as Excel translates 1-2-3 commands into selections from its own menus. Just double-click each part of the 1-2-3 command syntax as it is presented to you. For example, if you choose **Demo** mode, you might select the 1-2-3 command

Worksheet/ Global/ Format/ Fixed/ 2 (then OK)

as the series of menu selections and dialog boxes that would appear if you were to select

Format ➤ Style ➤ Normal ➤ Modify ➤ Number ➤ 0.00 (then OK)

If you wish, you can make Excel behave more like 1-2-3 by setting options in **Tools ➤ Options ➤ Transition**.

Multiplan users Simply select **Help ➤ Multiplan**, type a Multiplan command string, and select **OK**. Excel will translate the command for you.

2. In the text of a Help topic, click on any word underlined in green for more information:

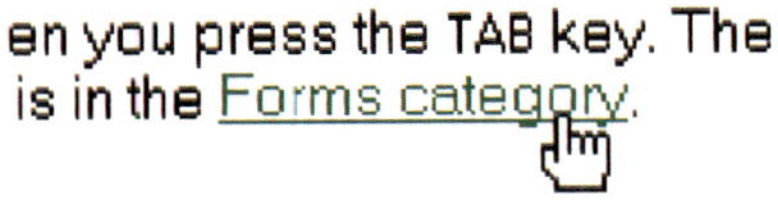

3. Also in the text of a Help topic, click on any green word with a broken underline:

A definition of the word will appear:

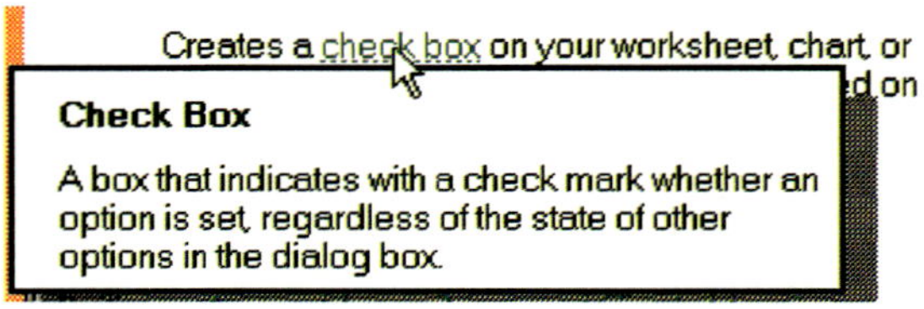

4. Click again, and the definition will disappear.
5. If you want a paper copy of a Help topic, select **File ➤ Print Topic** from the Help window menu bar.
6. Select **File ➤ Exit** from the Help menu bar to close the Help document window and resume working in Excel.

Getting Answers to Common Questions about Excel

The answers to the 25 most frequently asked questions about Excel can be found *inside the program*. Here's how to get the information:

1. From the menu bar, select **Help ➤ Contents**.
2. From the topics listed, select **Reference Information**. A list of topics will appear.
3. Scroll the list until you see the "Common Questions and Tips" section.
4. From this list, select **Answers to Common Questions about Microsoft Excel**. A list of questions will appear.
5. Adjust the scroll bars to move through the list of questions.

6. If you find your question, click the word **Answer** listed after it. The text of the answer will be displayed.
7. When you're done, select **File** ➤ **Exit** from the Help window menu bar.

Arranging Your Desktop and Workspace

You can customize Excel desktop so that it suits the way you work.

Display Options

To reset the options for the way sheets appear in the document window:

1. From the menu bar, select **Tools** ➤ **Options**. The Options dialog box will appear.
2. Click the index tab for the set of options you want to change. (The options most commonly changed are covered in the following sections.)
3. Set the options you want to activate.
4. Select **OK**.

Most of the changes you make in the Options dialog box will affect all Excel work sessions until you do **Tools** ➤ **Options** again. Note that the Module General and Module Format sets of options apply *only to macros*, or stored routines, that you create with the built-in Visual Basic programming language. Transition options apply only if your previous spreadsheet training was in Lotus 1-2-3.

View Options

Among these options, you can select which features of Excel you want displayed. (The Note Indicator option is covered in Chapter 11. The Info Window option is covered in Chapter 13.)

Of the Window Option settings, perhaps the most important is the **Formulas** check box. If it's marked, formulas will appear in cells instead of values. This option is especially useful when you're checking the logic of a sheet. (See Chapter 5 for testing strategies.)

Mark the **Automatic Page Breaks** check box to make the program set page breaks based on the page settings for the current printer.

If **Zero Values** is unmarked, zeros in cells will be displayed as blanks.

Changing the Objects setting to something other than **Show All** might make Excel go faster while you're editing, especially if you put lots of graphics in your sheets.

Calculation Options

Normally, Excel recalculates the entire sheet each time you press ↵ or click ✓ to enter data into a cell. As your sheets grow larger, frequent recalculation can slow the program, and actually it's unnecessary until you want to see the results.

To turn off automatic recalculation, select **Automatic Except Tables** (omitting blocks of tabular data from automatic recalculation) or **Manual** (calculating only when you press F9 or select the **Calc Now** button in this dialog box).

The **Iteration** option and its numeric settings refer to the number of passes and the increment Excel uses to resolve circular references. If this check box is unmarked, Excel does not attempt to solve circular references. (Circular references are usually logical errors to be avoided. See Chapter 5.) The check boxes labeled Workbook Options control compatibility with other types of worksheet files.

Edit Options

You can set these options to affect the way Excel handles your data on the screen.

An option you might need to change is the **Fixed Decimal** check box. If marked, it will automatically put a decimal point in number values that you type (used most often for entering monetary amounts in dollars and cents). If you mark the check box, you can specify the number of decimal places that will be shown. However, you can override the Fixed Decimal option when you're working by typing the decimal point in a number value when you're entering it.

General Options

The important option here is **R1C1**, an alternative cell reference scheme discussed in Chapter 4. This notation scheme is needed in some cases for compatibility with other spreadsheet software.

Notice that you can also set **Sheets In New Workbook**. The default number is 16, which is convenient for annual record-keeping because it allows one sheet for each of 12 months and four quarters.

Activating and Customizing Toolbars

Excel has many ready-made sets of tools. Clicking a tool is a shortcut—usually for a command with a set of default options. You can control the display of toolbars, and you can also add or delete tools from any of the toolbars.

Displaying a Toolbar

You can display any of the ready-made toolbars by these procedures:

1. From the menu bar, select View ➤ Toolbars. The Toolbars dialog box will appear:

2. Mark the items in the Toolbars list that you want displayed.
3. Select OK.

A quick way to activate just one toolbar is:

1. Move the pointer to any toolbar already displayed on the screen.
2. Click the right mouse button to activate the short-cut menu.
3. Select the name of another toolbar from the menu.

You can drag any toolbar to reposition it on the screen. When a toolbar is moved into a document window, it appears in its own window:

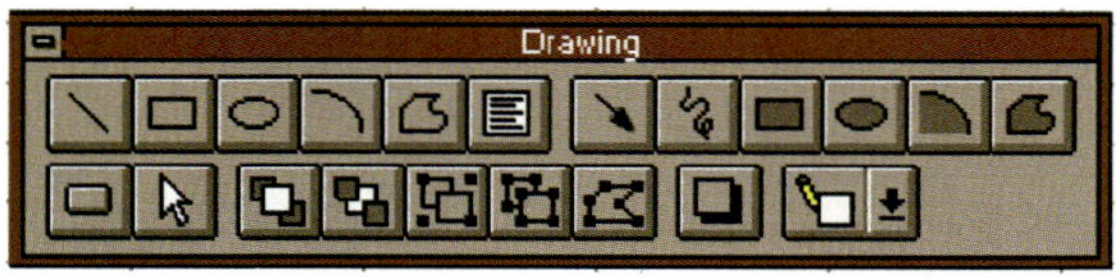

Drag the borders of such a toolbar to resize it, or click its control box (top-left corner) to close it.

Customizing Toolbars

There are actually many more tools available than appear on the named toolbars. To add tools to or remove tools from any toolbar (including the default Standard and Formatting toolbars):

1. If it is not already displayed, open the toolbar as just described.
2. From the menu bar, select **View** ➤ **Toolbars** ➤ **Customize**.

   or

   Move the pointer to the toolbar, click the right mouse button, and select **Customize** from the shortcut menu. The Customize dialog box will appear, as shown in Figure 9.4.
3. To add a tool, make a selection from the Categories list. A collection of tools in this category will appear in the Buttons area of the dialog box.
4. Click a button to see an explanation of its action in the Description area.
5. Drag the button you want outside the dialog box and drop it on any open toolbar. The tool will be inserted at the location where you released the mouse button.
6. To delete a tool from an open toolbar, drag it off the toolbar and drop it anywhere on the screen (except on another toolbar). To make such a change in any toolbar, the Customize dialog box must be open.
7. Select **Close** to close the dialog box.

Buttons in the Custom category have no action yet defined for them. They are available for you to assign to macros that you create. (The command for this purpose is Tools ➤ Assign Macro. See "Automating Routine Tasks with Macros" in this chapter.)

FIGURE 9.4

You can drag any button out of the Customize dialog box and drop it on any open toolbar.

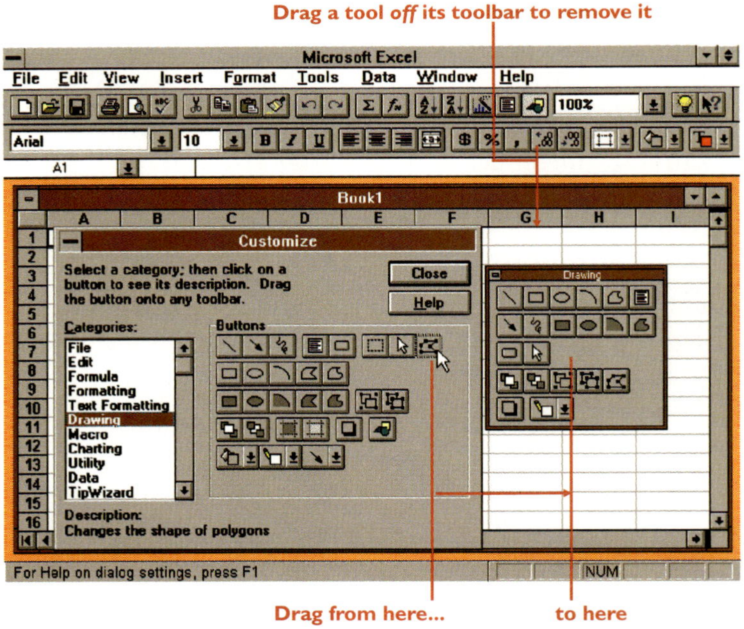

It is an elementary but absolutely crucial concept that computers have excellent memories only when they are turned on! Shut off their power, and they have instant amnesia. In fact, if your computer experiences even a momentary glitch in electrical power, the stuff in your sheet will go to data heaven, whence there is no reentry except through your fingers. Your work won't endure unless it is saved to a disk. The moral: Save early and save often!

Saving Documents to Disk

To safeguard your typing and all the calculation you've made Excel do, you must save your document in a computer disk file before you exit the program.

Several Ways to Save a File

There are several ways to save a sheet or workbook to disk. All have the same ultimate result—storing your sheet as a file. To save the active document window (the workbook you're currently using):

1. Click the Save tool. 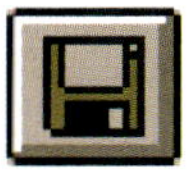
   or
   From the menu bar, select File ➤ Save.
   or
   Press Ctrl-S.
   If you saved the document previously, as indicated by a file name and extension in the title bar of its window, the updated version of the document will be saved to the named file, *replacing the old data*, and nothing else will happen.

2. If this is the first time you have saved the sheet, the Save As dialog box will appear:

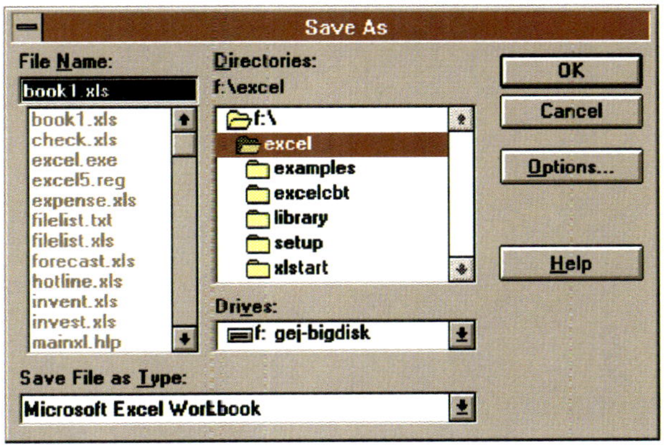

3. Select OK to accept the file name that Excel has picked (BOOK1).
   or
   Type a different name in the File Name box. (Use no more than eight letters, with no blank spaces, and don't change the .XLS extension for workbooks.) Then select OK.

If you change the file type in the Save File As Type drop-down list box, Excel will add a different extension in the File Name entry to match your selection. For example, if you select WK3 to indicate a Lotus 1-2-3 worksheet file, Excel will translate your Excel sheet into that Lotus spreadsheet data format and add the extension .WK3.

Renaming or Reformatting a File When Saving

Remember, once you've saved a workbook for the first time and created its file, you won't see the Save As dialog box anymore when you choose **File ➤ Save** or its equivalent. Excel will simply overwrite the named file.

However, you can rename a file when saving it, as well as possibly translating it into another data format (usually for the purpose of *exporting* the file for use by another application). Here's how:

1. From the menu bar, select **File ➤ Save As**.
   or
   Press F12.
   The Save As dialog box will appear.
2. Type a different file name, possibly also specifying a different storage location (path) for it on the disk. (For tips on navigating paths to disk directories, see Chapter 3.)
3. To write the file in a different data format, make a selection from the Save File As Type drop-down box. (Don't change the extension that Excel adds to the File Name entry.)
4. Select **OK**.

Use **File ➤ Save** when you're updating a file and don't mind at all that the old data will be overwritten, or replaced. Use **File ➤ Save As** to create a new file, saving the current workbook to disk with the options of renaming it or changing its file type. If you use **Save As** to rename the current workbook, you will end up with two separate files on disk—the old version and the new version. You might do this to keep a record of your changes, but you should develop a consistent set of file names so that you don't use an outdated file unintentionally!

Saving Multiple Workbooks as a Workspace

If you are working with multiple workbooks open at the same time, there are two main reasons to save them together in a *workspace* file:

- All of the workbooks will be available to you in the future at a single **File ➤ Open** command.
- You can save the configuration of document windows on your workspace just the way they appear so that you can resume your work quickly at a later time. (Appropriately enough, the default file name for workbooks is RESUME.XLW.)

To save all open workbooks as a workspace:

1. From the menu bar, select **File ➤ Save Workspace**. The Save Workspace dialog box will appear.
2. If you want to name the file something other than RESUME, type a file name. (You do not need to type the .XLW extension, but you must not change it.)
3. Select **OK**.

If you save a workspace without first saving its workbooks as separate .XLS files, the documents and their data will be stored in the .XLW file as windows BOOK1, BOOK2, and so on (no file extensions). In this case, the only way to access the documents will be to open the .XLW file.

If, however, the open workbooks exist already as files, the workspace file will only contain links, or pointers, to the workbooks. The component .XLS files will be loaded automatically when you open the .XLW file to which they are linked.

Be careful! A workspace (.XLW) file and its component workbook files (.XLS) can be in different directories. You will get an error, however, if you move any of the files after you save the workspace. For example, assume all of the files are initially in the same directory. If you then move the workspace file without moving the workbook files to the same new directory, Excel will display an error message when you open the workspace: "Could not find *filename*.XLS." The same thing will happen if you put the component files on a diskette but forget to insert it in the drive.

So, if you open a workbook file separately, any changes you make will also appear in the workspace file to which it is linked.

When you save a workspace, the sizes and positions of the windows, as well as any other workspace options you have set (such as turning off automatic recalculation), will be saved also.

To load the workspace and its documents immediately on starting Excel, save the .XLW file in the subdirectory EXCEL\ XLSTART. (For reasons just given, don't *move* it there later without also moving any component .XLS files. See "Using Excel's Startup Directory" below.)

Your productivity with Excel can really improve if you create all your routine worksheets, such as your expense report, as templates. Store them in the startup subdirectory EXCEL\XLSTART. That way, you can grab a ready-made layout—which has all the hard work already done—any time you do **File ➤ New**.

Saving Ready-Made Worksheet Layouts as Templates

In Excel, a *template* is a worksheet that you create and then store as a ready-made layout for other worksheets. A template might have all the formulas and formatting already done, including labels and other data that won't change. To create a new sheet from a template, all you need to do is open a copy of the template, fill in the rest of the data, and save the new sheet as a workbook file.

Creating a Template

To create a template:

1. Create a worksheet that will serve as a layout.
2. From the menu bar, select File ➤ Save As. The Save As dialog box will appear.

3. In the dialog box, open the Save File As Type drop-down box by clicking its ↓ button.
4. In the drop-down list, select Template. Notice that extension of the suggested name in the File Name box changes to .XLT.

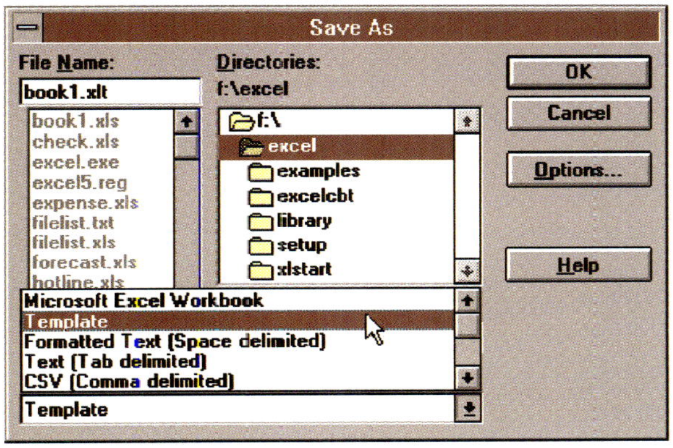

5. If you wish (and it's strongly recommended), highlight the BOOK1 suggested file name and type a descriptive replacement for the template name. Do not change the .XLT extension, though.
6. Select OK to save the document as a template.

If you plan to use this template frequently, save it in the startup subdirectory EXCEL\XLSTART.

Creating a Default Template (AutoTemplate)

You can change the default characteristics of sheets in Excel by using the AutoTemplate feature:

1. Create a workbook as a template that contains just *one* sheet.
2. Save it as a template with the file name SHEET.XLT in the subdirectory EXCEL\ XLSTART.

Other default objects can be created the same way: charts named CHART.XLT; dialog boxes you create for macros, DIALOG.XLT; and Excel 4 macro sheets, MACRO.XLT.

Using Excel's Startup Directory

If you find yourself always working on the same set of workbooks or templates, you can set up Excel so that the same document is opened automatically every time you start the program:

- In File Manager or in DOS, move the document file into the subdirectory EXCEL\ XLSTART. (Or, in Excel, save the file to this subdirectory.)

Any .XLS or .XLW files you store in the startup directory will be loaded automatically each time you start Excel. (Remember, if you move an .XLW workbook file, move its component .XLS files also. If you're in doubt about which directories to use, open the workbook files and then resave the workspace, this time to XLSTART.)

Template files (.XLT extension) stored here will be listed when you execute the command **File ➤ New**.

The same list of templates will also appear when you point to a sheet tab, click the right mouse button, and select **Insert**. This shortcut command inserts new sheets from the template into the current workbook.

Installing an Add-In Macro: AutoSave

Excel has a feature called *AutoSave*, by which the program can handle file saving automatically at timed intervals, while you continue working on other Excel tasks. This feature is available as an auxiliary program called an *add-in macro*.

You must install AutoSave before you can use it. The procedure for installing AutoSave is the same as for other add-in features, such as the View Manager and the Report Manager, which are covered in Chapter 8. (You can specify some add-in features when you are running MS Excel Setup to install the Excel application.)

Installing AutoSave

To install AutoSave or any other add-in macro:

1. From the menu bar, select Tools ➤ Add-Ins. The Add-In Manager dialog box will appear. The Add-Ins Available list indicates macro files. Marked entries are add-in features that have already been activated:

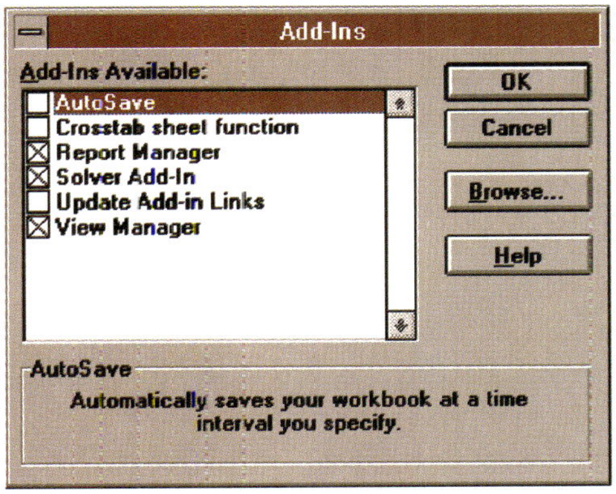

2. If the name of the add-in you want is shown but not marked, select it: AutoSave, in this case. Select OK and skip the rest of these steps.

   or

   If the add-in name is not shown, select the Browse button. The Browse dialog box will appear, showing a list of files.

3. In the Browse dialog box, navigate the directory system to the location at which the add-in macro (.XLA file) is stored. (The default directory for add-in macros is EXCEL\LIBRARY.)
4. Select the name of the macro file.
5. Select OK to close the Browse dialog box. The Add-Ins dialog box will reappear.
6. Make sure the add-in name is listed and marked as Add-Ins Available.
7. Select OK to close the Add-Ins dialog box.

Some Words of Caution about AutoSave...

The automatic file-save feature can be a mixed blessing. If you use it, I recommend that you choose the **Prompt Before Saving** option (step 6 in "Setting Up AutoSave") so that you can control when files are replaced. (This is a good idea, provided you don't set the time interval so short that the prompting becomes tedious.) Otherwise, AutoSave will automatically save your mistakes as well as your inspirations, thus obliterating what may be the only good copy of your file.

If you prefer to use timed AutoSave without warning, do yourself a favor and have Excel save the old version of the workbook(s) each time. Select **File ➤ Save As** and then choose the **Options** button. In the Save Options dialog box, mark **Always Create Backup**, then select **OK**. With both this option and AutoSave turned on, for example, Excel would save the active workbook as BOOK1.XLS (if using the default file name), retaining the prior version each time and renaming it BOOK1.BAK.

The feature will be activated. In the case of AutoSave, it will now appear as a command on the Tools pull-down menu.

However, before AutoSave will work, you must set it up, as described below.

Setting Up AutoSave

AutoSave includes a number of options. You should pick the ones you want before the program starts writing files to your disk of its own accord:

1. From the menu bar, select Tools ➤ AutoSave. (Remember, this item will only appear if you did the Add-In installation described in the previous section.)
2. The AutoSave dialog box will appear:

3. Mark the check box Automatic Save.
4. Type a value *X* in the box Every *X* Minutes to indicate the time interval between save operations. (The default is 10 minutes.)
5. Select one of the Save Options:

   Save Active Workbook Only   Saves only the document window you're currently working in.

   Save All Open Workbooks   Saves all documents currently open in this work session.
6. Optionally, mark the check box Prompt Before Saving if you want Excel to ask your permission each time it saves.

7. Select OK to close the dialog box and activate AutoSave.

A ✓ will appear next to the command in the Tools pull-down menu to show that feature is turned on.

To turn it off, you need not uninstall it:

1. Select Tools ➤ AutoSave again.
2. Unmark the Automatic Save check box.
3. Select OK. The ✓ will disappear, and the feature will be deactivated, but the command will remain available on the menu.

Automating Routine Tasks with Macros

The AutoSave add-in described in this chapter is a *macro*, or a set of "canned" instructions that Excel will do on command, reducing a big task to a couple of clicks or keystrokes. A set of add-ins is supplied with the program. Macros for higher math—including statistical analysis—are available in a collection called the Analysis ToolPak, which must be installed by running the Excel Setup application (found in the Microsoft Office program group). After installation, you can use these add-ins by selecting Tools ➤ Data Analysis.

Other add-ins are available from third-party software developers. Add-in macros are stored in special document files with the extension .XLA, usually in the subdirectory EXCEL\ LIBRARY.

Recording Your Own Macros

To record any series of mouse selections, keystrokes, or both:

1. From the menu bar, select Tools ➤ Record Macro ➤ Record New Macro. The Record New Macro dialog box will open:

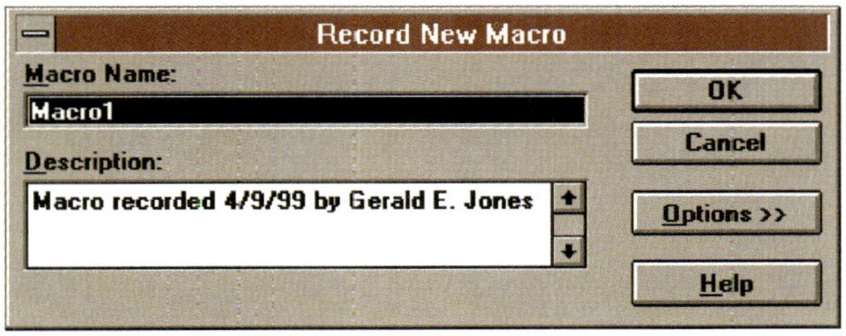

2. Type a name for the routine in the Macro Name box.
3. Select OK. The message Recording will appear in the status bar and the Stop button will appear in the document window.
4. Execute the selections and commands that will be performed by the macro.
5. Click the Stop button.

Playing Back a Macro

To play back a macro you recorded previously:

1. Open the workbook that contains the macro.
2. Activate the sheet and select the cell at which the macro will begin.
3. From the menu bar, select Tools ➤ Macro. The Macro dialog box will appear.
4. Select the name you assigned to the macro you want to use.
5. Select Run.

The macro-recording and playback procedures can also be done by clicking tools on the Visual Basic toolbar shown in Figure 9.5.

FIGURE 9.5

The Visual Basic toolbar for controlling macros

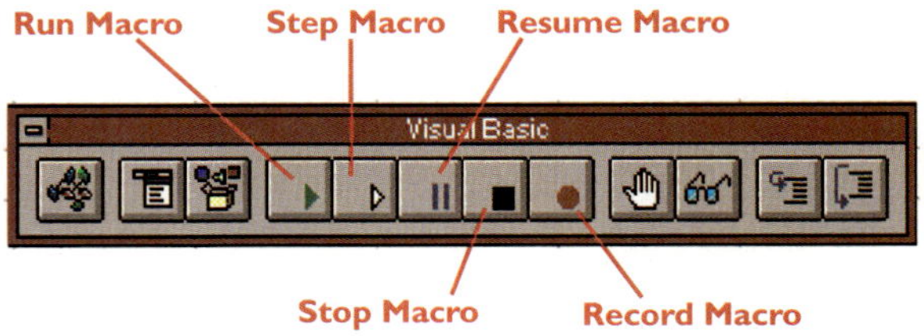

Macro Languages and Document Files

The details of macro language programming are beyond the scope of this book. But if you want to experiment with this stuff, here's a brief overview.

Options that affect the behavior of macros can be set in Tools ➤ Options ➤ Module General and ➤ Module Format.

Options for macro recording and file storage can be set in Tools ➤ Record Macro ➤ Record New Macro ➤ Options.

There have been major changes from the way macros were handled in Excel 4. In fact, the macro language itself is all new. Excel 4 had its own, unique macro language. Excel 5 uses Visual Basic, a language Microsoft has developed for use in Excel as well as in its other Windows applications, such as Word 6. As an option in Excel 5, you can choose to record your macro in the Excel 4 macro language rather than in Visual Basic.

However, there is no reason to record new macros in Excel 4 language, unless you were trained previously to work with its syntax and cannot presently take the time to learn Visual Basic or to rework existing macros. Excel 4 macros (.XLA or .XLM files) will run without modification in Excel 5. In addition, the Excel 4 macro language has been upgraded in Excel 5 to emulate the new features found in Visual Basic.

The advantage of using Visual Basic is its compatibility with existing and future Windows applications, which can now interact with one another in macro routines. For example, you can create a macro that does drag-and-drop to move data and objects between a worksheet in Excel 5 and report document in Word 6. (For more on exchanging data between applications, see Chapter 11.)

By default, Excel stores a Visual Basic macro within the .XLS workbook file in which you created it. As an option, you can save macros in a New Workbook or in a Personal Macro Workbook. You can open macro workbooks and edit the instruction text, if you know the syntax and technical details of the macro language.

Also new with Excel 5, you can create custom dialog boxes by which users of your macros can make selections to control the routine.

Discovering Excel's Auto-Features

Some Excel features specifically designed to be time-savers are named with the *Auto-* prefix. AutoSave, AutoSelect, and AutoTemplate are all automatic features covered previously in this chapter are. Features covered in Chapter 1 include AutoSum (for adding a series of values), AutoFill (for copying or incrementing a range of values or labels), and AutoFormat (for applying ready-made sets of appearance options).

Recall from Chapter 2 that you can double-click the lower border of a row heading or the right border of a column heading to automatically adjust height and width to fit the data. This feature is called *AutoFit*.

For a description of the AutoFilter feature used in data sorting, see Chapter 12.

Getting Acquainted with Microsoft's Wizard Features

Microsoft features with names ending in -Wizard automate long and sometimes complex procedures, presenting them as straightforward selections in a series of windows. In Excel, this approach can be seen in the Function Wizard, ChartWizard, and PivotTable Wizard. (Some features of the PivotTable Wizard appeared in Excel 4 as the CrossTab ReportWizard.)

The Function Wizard is covered in Chapter 4. See Chapter 10 to learn how to build graphs with the ChartWizard. See Chapter 12 for information on analyzing and manipulating data in tables with PivotTable Wizard.

Letting Excel Check Your Spelling

Excel can check the spelling of text in the current sheet or in an open formula bar or open cell.

Running a Spelling Check

To check spelling:

1. To check the whole sheet, select any cell in that sheet.

   or

   To check the entry in one cell, double-click the cell to open the cell and the formula bar. (To check just one string within the entry, drag it to highlight it.)

   or

   Select a range to be checked.

2. Click the **Spelling** tool (which is labeled ABC✓).

   or

   From the menu bar, select **Tools ➤ Spelling**.

   The Spelling dialog box will open, showing the first word that does not match any of the entries in the program's internal dictionary.

3. To accept the program's suggested spelling, select the **Change** button.

   or

   Type the corrected word in the Change To box, then select **Change**.

   or

   If the original word is correct (as often happens with proper names), select **Ignore**.

   or

   Select **Change All** or **Ignore All** to affect all instances of the word in the selection, sheet, or workbook.

   or

   Select **Add** to add the word as it appears in the Change To box to the program's custom dictionary.

   Repeat step 3 for each word the program identifies.

4. When the program notifies you that the spelling check is complete, select **OK**.

You can quit a spelling check at any point by selecting the **Cancel** button. The label on the Cancel button will change to Close if you select Change, Change All, or Add. You must then select **Close** to exit the dialog box. The appearance of the Close button indicates that a change has been made to the document or to the custom dictionary.

Each time you select the **Add** button, you are making an entry in the custom dictionary file CUSTOM.DIC (the file name in DOS). You can build other custom dictionaries by typing a different file name in the Add Words To box.

Be very sure that the word shown in the Change To box is not misspelled before you select **Add**. This can be tricky if the word is a technical term, jargon, or slang.

Streamlining the Spelling Check

The Spelling dialog box includes two options that can make the spelling-check process go faster. The way you mark these options when the Spelling dialog box first appears will affect the rest of the spelling pass.

Ignore UPPERCASE If marked, the spell-checking program will skip words that are in all capital letters. This is a good way to exclude acronyms (such as NASDAQ) and abbreviations (such as GNP).

Always Suggest If unmarked, eliminates time the program would spend searching for suggestions. Then if you want to see a list of suggestions for a particular word, you can select the Suggest button.

To see additional suggestions, select the word in the Suggestions list that comes closest to the word you want, then select the Suggest button again. Excel will display a new list of word choices.

Other Types of Errors

In addition to unconventional spellings, Excel will find some other kinds of typographical errors. For example, it will detect a repeated words (the the) and nonstandard capitalization (MicroSoft instead of Microsoft).

Many of the remaining chapters in this book are somewhat more ambitious technically—exploring some of Excel's more powerful features. But, having digested this chapter on shortcuts, whatever you find to do, you should do with ease!

CHAPTER 10

Creating Persuasive Charts, Drawings, and Slide Shows

Featuring

- Using the ChartWizard to plot worksheet data
- Editing and changing the appearance of charts
- Understanding link references to data series
- Changing the chart type
- Applying chart AutoFormats
- Creating a new default chart
- Using the drawing tools
- Using the SLIDES add-in to create a show you present on the computer screen

Let's face it. Charts are sexier than numbers. Charting is easy because there's a Wizard inside Excel who lives to do your charts. Add some text maybe, and you're ready to present a colorful show on your computer screen!

Selecting Data for Charting

With Excel's ChartWizard, turning data in a worksheet into graphs is as simple as click, click, click. The challenge for you is to be selective about the data. You need to understand and formulate the business message that the charted data will support.

You see, for all its built-in expertise, the ChartWizard has no way of determining which data in your sheet would be most meaningful as a graph. That's where your judgment comes in. Usually, putting all the data in a sheet into a single chart would be confusing to your audience. There's just too much information. Instead, you need to select a few rows or columns that show related trends, basic proportions, or fundamental relationships.

A row or column that contains numbers for plotting is a *data series*, or data set. Your purpose in plotting a data series on a chart is usually to show the audience a pattern in the data, such as rising sales or increasing market share.

In the jargon of statisticians, the purpose of making a chart is *data reduction*. That is, a well-made chart summarizes your data visually. In the notion of reduction, there's a helpful hint to chart makers: Simplify!

The simplicity that a chart can achieve is a powerful tool in the hands of a determined businessperson. When you make a business presentation, your objective is to get a result. If you're unsure what that result should be, you'd better postpone the meeting until you are sure. The idea is to show your charts to illustrate your conclusions, ask for a decision, and leave as quickly as possible—before there is too much opportunity for debate.

So, if you can select the data in your worksheet that most clearly illustrates your conclusions, you can let the ChartWizard take care of making it pretty.

Generating a Chart with the ChartWizard

Here is an overview of the procedure for producing a chart in Excel:

1. Select the data in your sheet that you want to plot. Include the columns or rows containing the number values, as well as any text labels you have for those columns or rows.
2. Click the ChartWizard tool, which is on the Standard (top) toolbar.

3. The pointer will change to small crosshairs. Drag a rectangular area in the sheet to hold the chart.
4. The ChartWizard will show you some options in a series of dialog boxes. Answer the Wizard's questions (usually this involves clicking a miniature picture of the option you want). After making a choice in each dialog box, select the Next button.

   or

   To create a default chart, select the Finish button in the Step 1 dialog box and skip the rest of the steps.
5. After making your selections in the last dialog box, select Finish.

That's really all you need to know to get started. The rest of this chapter focuses on how to modify and customize the many different features of Excel charts.

Remember, if you need to select several columns or rows that are not adjacent to one another, hold down the Ctrl key as you drag each one.

ChartWizard Example

Here's an example that recaps the questions the ChartWizard will ask you. The example illustrates some of the options that you might want to change in your own charts.

Select the data in your sheet. The data selection for this example is shown in Figure 10.1. This range (A3:F5) includes the values in the Income and Expenses rows. Notice that the selection also includes the column labels in row A3:F3 and the row labels in cells A4 and A5. The ChartWizard will automatically use these labels in the chart.

FIGURE 10.1

Which data should be plotted? (Sheet shown maximized.)

There's too much data even in this small sheet to make a chart that's simple enough to be effective. The plot will have more visual impact if you select one or two sets of data that show a trend. In this case, the range selected for plotting is A3:F5.

Selected range A3:F5 includes chart labels and data values for two series (Income and Expenses)

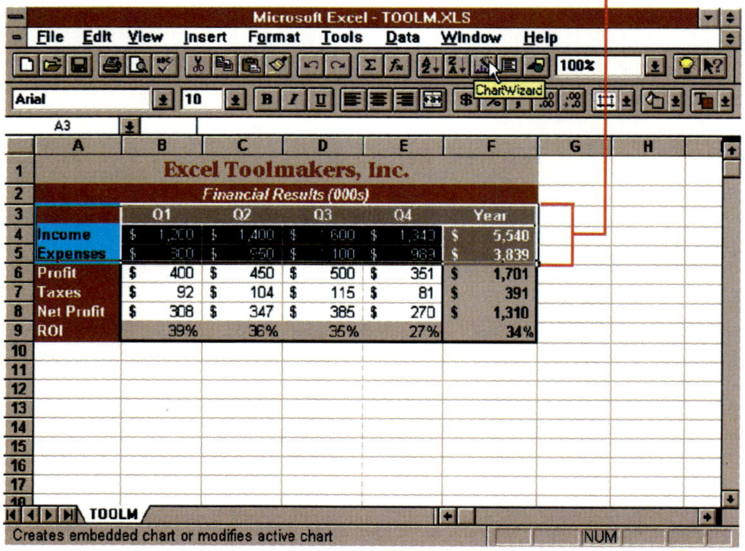

Activate the ChartWizard. Once you've selected the data you want to plot, click the ChartWizard tool. A moving dotted line will surround your selection.

Create the chart area. Drag an area in the sheet that will hold the chart, as shown in Figure 10.2. You must make sure that the chart area is big enough. Otherwise, chart labels and other details will be too small to read.

FIGURE 10.2

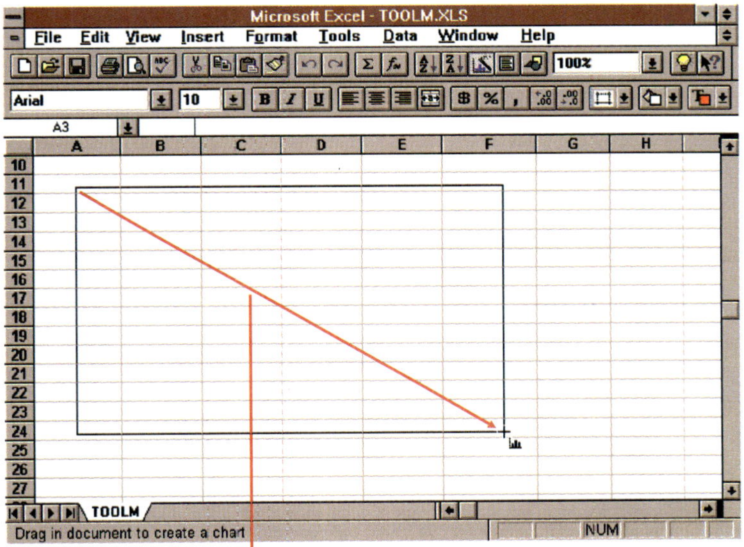

Drag a rectangle to hold the chart (drag off the screen to make it bigger)

After clicking the Chart-Wizard tool, drag a rectangle for the chart.

Excel will compose the chart to fit the area you drag. For best chart composition—including labels that don't look too crowded—drag the lower-right corner of the rectangle off the bottom of the screen. The display will scroll as you do this, permitting you to select a bigger area. The bigger area will give the Wizard more room to make an attractive, legible chart.

ChartWizard Step 1: Confirm the data range. When you release the mouse button after dragging the chart area, the ChartWizard will ask its first question (Step 1 of 5):

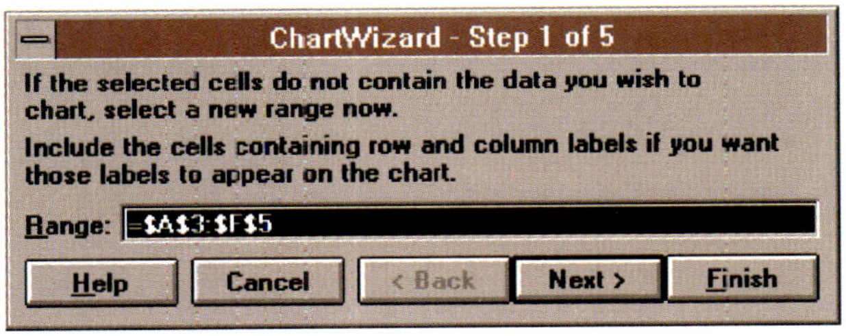
ChartWizard - Step 1 of 5

If the selected cells do not contain the data you wish to chart, select a new range now.

Include the cells containing row and column labels if you want those labels to appear on the chart.

Range: =$A$3:$F$5

Help | Cancel | < Back | Next > | Finish

The ChartWizard is asking for you to confirm that the range you have selected in the sheet is the range you want to plot. Notice that the ChartWizard reminds you that it will pick up your labels in the chart, as well as your numbers. Select the Next button to continue.

ChartWizard Step 2: Select the chart type. The next question the ChartWizard has for you (Step 2 of 5) is about the type of chart you'd like to make. To make a selection, click one of the miniature charts the ChartWizard presents (see Figure 10.3).

FIGURE 10.3

The ChartWizard's Step 2 dialog box lets you choose from a variety of chart types.

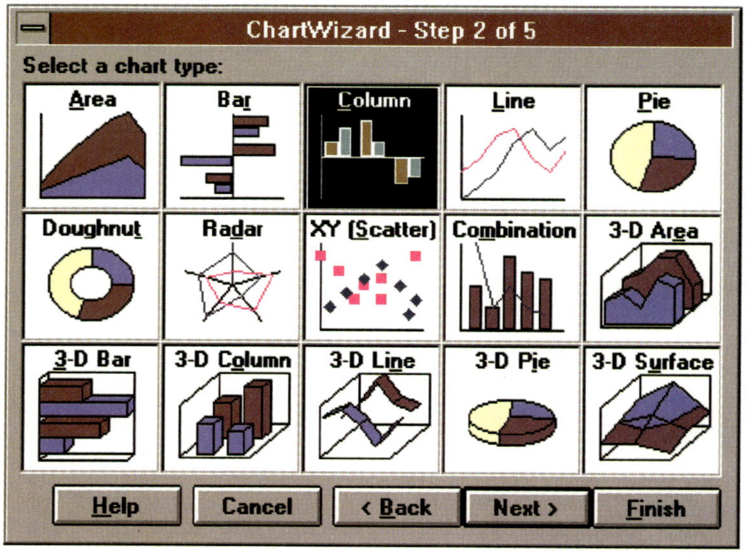

In the Step 2 dialog box, the ChartWizard will recommend the Column chart type (also called a *vertical bar chart*) by preselecting it. This doesn't mean that the Wizard knows best and you should take this advice. It's just that the column chart is the most commonly used chart type.

In the example, let's accept the Column choice. Just click Next.

ChartWizard Step 3: Select chart format. The next dialog box that appears (Step 3) shows some variations in format of the chart type you selected in Step 2:

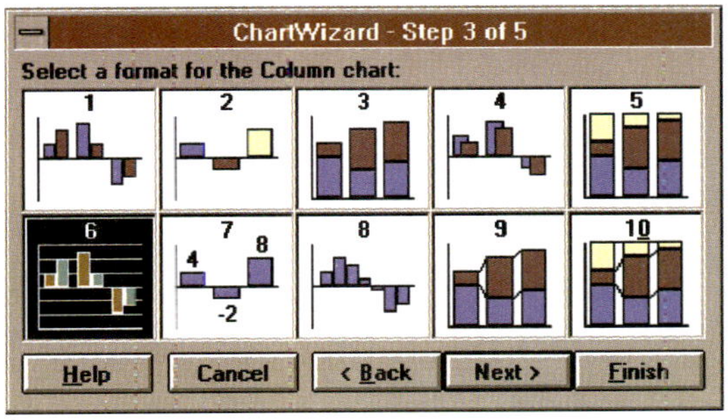

Select one of the chart formats, (number 6, the default, is pre-selected), then select Next.

ChartWizard Step 4: Confirm data arrangement. The ChartWizard will present a suggested chart layout in the Sample Chart box in the Step 4 dialog box (Figure 10.4).

FIGURE 10.4

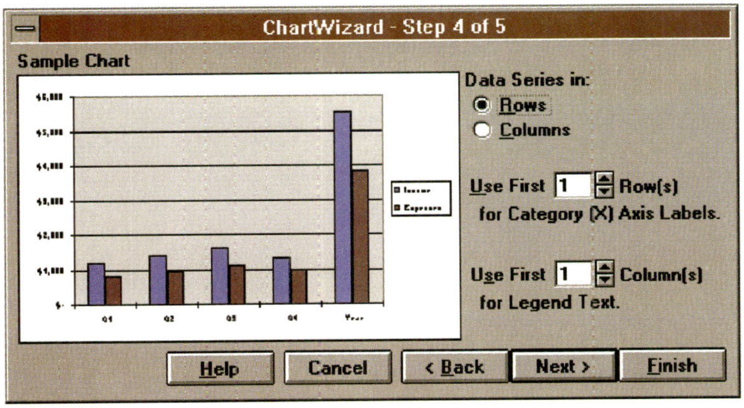

Now the ChartWizard asks you to confirm the arrangement of ranges in the sheet that will be used as values and as labels.

If the ranges in the sheet have been transposed as data series or labels in the sample chart, you can assign them correctly by resetting the option buttons on the right side of the Step 4 dialog box.

However, in some cases, the layout might not be correct for the arrangement of the data you have selected. If this happens, you can reset the option buttons to rearrange the layout.

In this case, the default settings are correct. Select the Next button to continue.

ChartWizard Step 5: Specify optional legend and labels. The Step 5 dialog box shows the sample chart again, with additional option settings on the right (Figure 10.5). If you reset the Add a Legend option or type labels in any of the Titles boxes, the ChartWizard will update the chart in the Sample Chart box to reflect the changes.

FIGURE 10.5

Here, the ChartWizard asks you whether a legend will be displayed, as well as for the titling of the chart and chart axes.

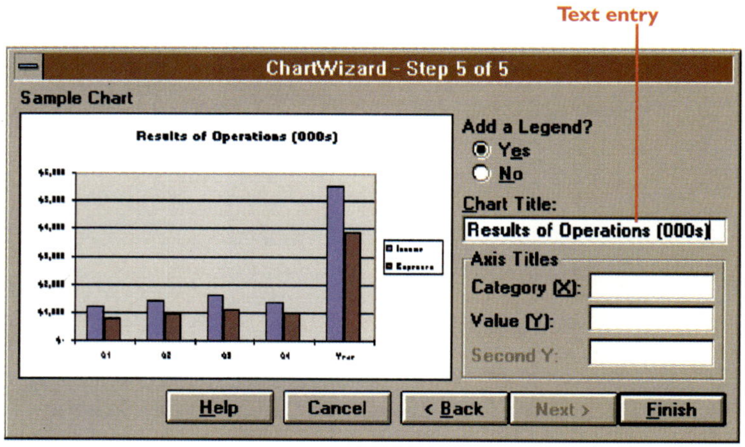

In the last ChartWizard step, you can specify an optional legend and enter titles for the chart and its axes. Compare the approximation in the Sample Chart box to the result in Figure 10.6. (Because Excel composes a chart for best fit, the layout of your chart will depend partly on the size of the box you drew for it after you started the ChartWizard.)

When you select Finish to close the Step 5 dialog box, the finished chart will appear in the sheet (Figure 10.6), and the Chart toolbar will open.

What to Do If You Change Your Mind

While you're working in any of the ChartWizard's Step dialog boxes, if you decide you should have answered a previous step

FIGURE 10.6

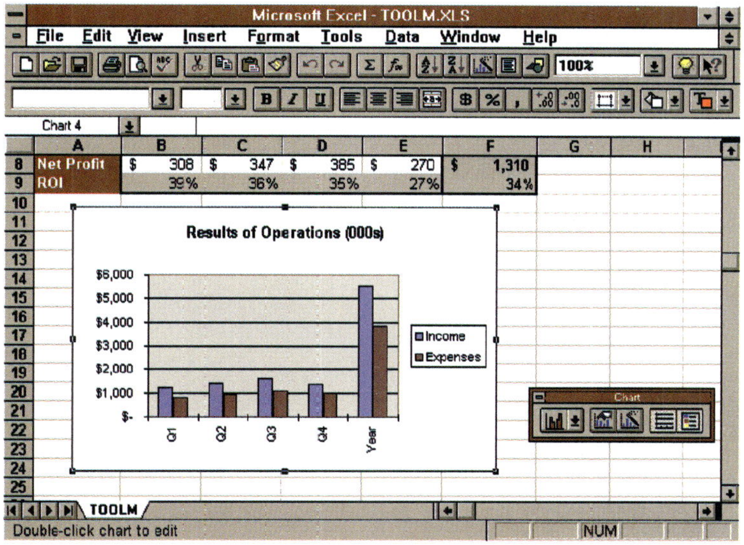

Here's the result of answering the ChartWizard's five quick questions.

differently, there are two ways you can change it:

1. Select the Back button instead of Next. The Chart-Wizard will return you to the previous Step dialog box, in which you can select a different option.

2. Select Back to go back as many steps as you like and make changes from that point forward.

   or

   Select the Cancel button and start again from scratch.

Adding a Data Series: Drag-and-Drop Plotting

As a new feature with Excel 5, once you have created a chart as just described, you can add another data series to the chart by dragging the values from their location in the sheet and dropping them on the chart (see Figure 10.7).

FIGURE 10.7

The drag-and-drop plotting feature makes it possible to update an existing chart quickly.

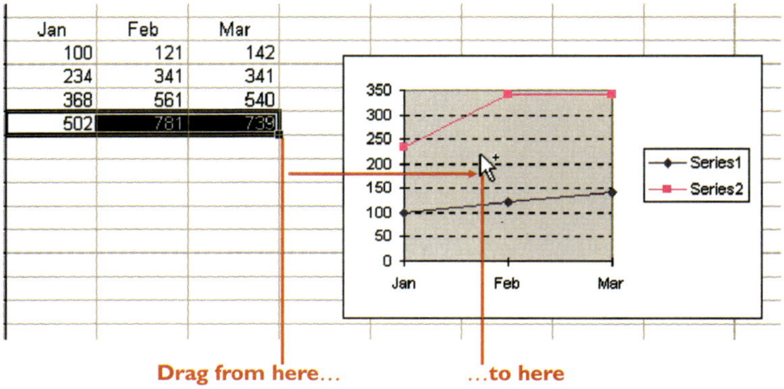

Okay, drag-and-drop plotting is nifty, but you don't need to do it at all if the new data series is just an update to a series that is already plotted. That's because the plots in the chart are linked to their corresponding data ranges in the sheet. Any change you make to one of these ranges in the sheet will *automatically* be shown in the chart.

1. In the sheet, select the new data series to be plotted (usually, a single column or a single row).
2. Move the cell pointer to the border of your selection so that its shape changes to an arrow.

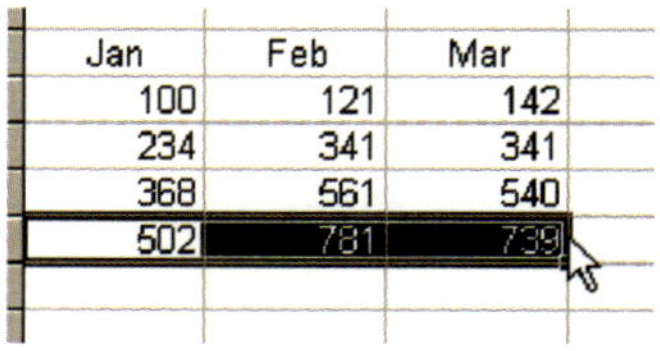

3. Drag the arrow pointer into the chart area.
4. When the pointer is anywhere within the borders of the chart area, release the mouse button.

The chart will be replotted with the addition of the new data series.

Creating Charts as Separate Documents

A chart that you create inside a workbook document (as described in the section above) is a type of graphic object called an *embedded chart*, which is part of the sheet.

You can also create a chart as a separate sheet in the current workbook:

1. In a worksheet, enter and select the data to be plotted.
2. From the menu bar, select **Insert ➤ Chart ➤ As New Sheet**.

   or

   Point to the sheet tab, click the right mouse button, and select **Insert ➤ Chart**.

   The ChartWizard Step 1 dialog box will open.
3. Complete ChartWizard Steps 1–5, as just described.

The new chart will be inserted on a new sheet, to the left of the current sheet tab. The default name of the first chart sheet tab will be Chart1.

You can change the appearance of this chart just as you can modify an embedded chart. Read the next section for instructions.

Editing Charts

You don't have to be satisfied with the chart the Wizard gives you. The following sections describe the different kinds of changes you can make in a chart:

- Resizing or moving a chart
- Changing the attributes of chart objects
- Other chart options
- Rotating a 3-D chart

There isn't space in this humble book for the unabridged version of the chart story. I admit that all the menu commands and options aren't covered. But believe me, there's enough here to keep you busy making attractive charts. If you're curious about a command I've left out, select the **Help** tool (or press Shift-F1), then select the command. The Help system will provide you with an explanation.

Resizing or Moving a Chart

The size of an embedded chart is determined initially by the area you drag after selecting the ChartWizard tool. However, you can move or resize the chart after you've created it.

Resizing

To resize a chart:

1. Click the chart *once*. A set of small squares (called *handles*) will surround it:

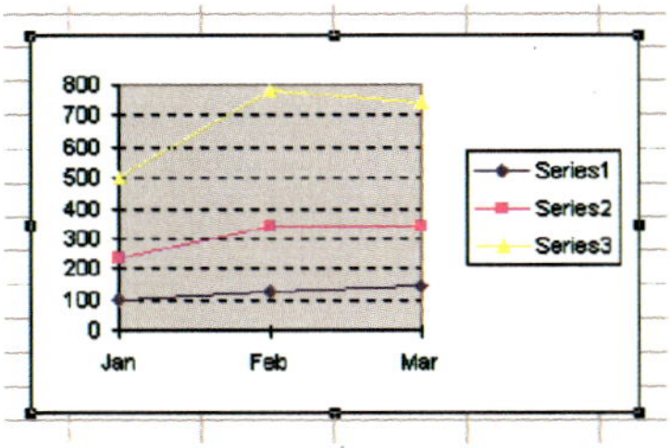

2. To resize the chart, drag one of its handles.

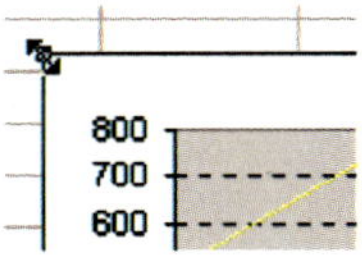

Moving

To move an embedded chart to another location on the same sheet:

1. Click the chart *once*. A set of handles will appear around it.
2. Move the pointer into the chart. The pointer shape will change to an arrow.

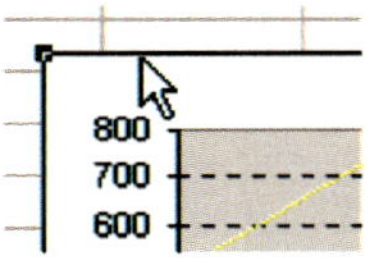

3. Drag the arrow to reposition the chart.

Moving a Chart to Another Sheet

To move a chart to another sheet in any open workbook:

1. Click the chart *once* to select it.
2. From the menu bar, select **Edit ➤ Cut**. (To copy the chart instead, select **Edit ➤ Copy**.)
3. Open the other sheet.
4. Optionally, select the top left cell at the new chart location.
5. From the menu bar, select **Edit ➤ Paste**.

The moved or copied chart will remain linked to the source data range so that any change in the data values will cause the chart to be replotted. (For details of such links, see "Understanding Data Series Link References" in this chapter.)

Changing the Attributes of Chart Objects

In Excel, charts are collections of objects, such as plot lines or regions, grid lines, chart title, axis title, axis labels, legend, and so on. The attributes, such as color or pattern, of each of these objects can be edited. The options available depend on both the chart type and the type of object selected for editing.

Selecting and Editing Objects

To edit chart objects:

1. Move the pointer into the chart area and double-click. The chart will open for editing. If the chart is embedded

in the sheet, a bold, hatched border and handles will surround it:

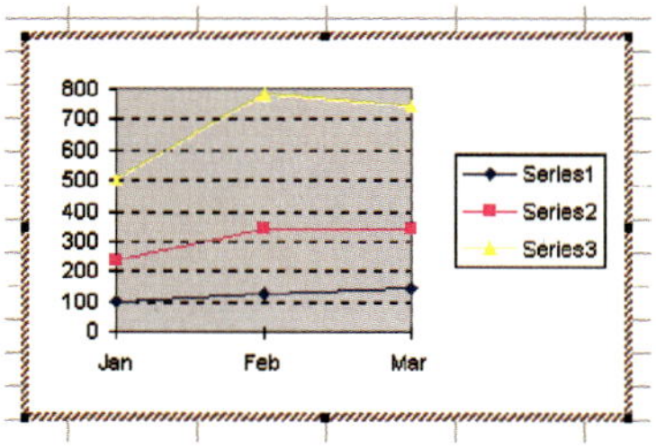

2. In the chart, click on the object you want to edit. For example, you might click on a line plot in a line chart. Another, smaller set of handles will mark your selection:

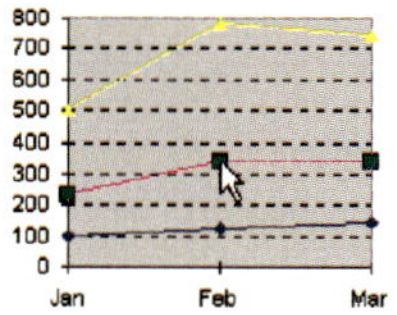

3. Click the right mouse button. A shortcut menu will appear, listing editing commands that apply to the object you have selected:

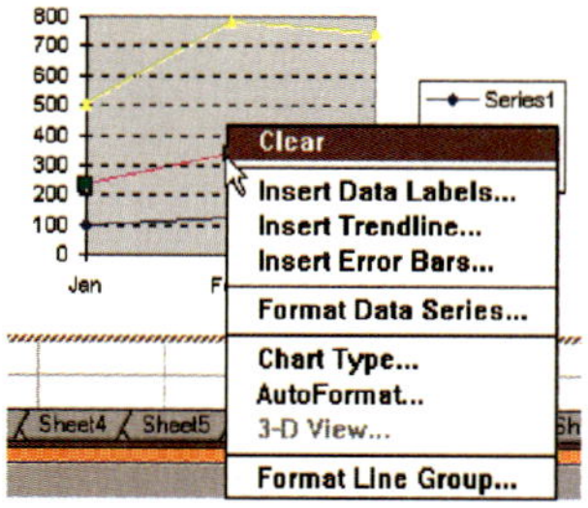

4. From the shortcut menu, select the command that applies to the attributes you want to change. For example, if you wanted to change the color of a selected group of columns, or plot regions, you would select **Format Data Series**. The Format Data Series dialog box will appear.

5. In the dialog box, if the options you want are not displayed, click the index tab of the option category. For

example, to change colors, click the Patterns tab. A set of options will appear, as shown in Figure 10.8. (The selection shown is for plot regions, which have more options than lines do.)

6. Set the options that you want to apply to the selected object.

7. Select OK.

FIGURE 10.8

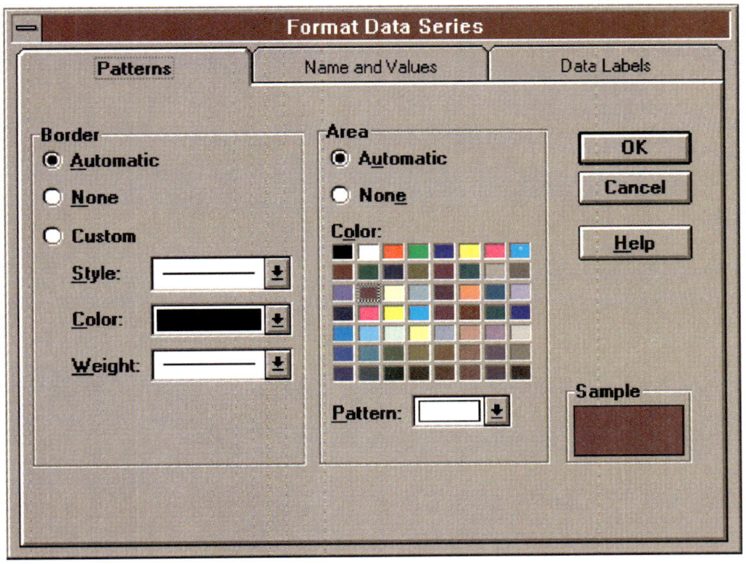

Change the display and appearance attributes of chart data series in this dialog box.

Here's how to change the pattern of a plot region quickly: After selecting the chart for editing, click on the legend slowly a few times until the only the marker for the plot you want to change is selected. Then, double-click it to open the Format Legend Key dialog box to change the color or pattern of the plot represented by that marker.

For plot regions such as columns, bars, areas, or pie slices—as well as for the overall chart area itself—there are these sets of appearance options. (For any feature, a setting of None turns the feature off; Automatic takes settings from the Default chart.)

Border Refers to the outline of the object, for which Style can be solid, broken, or textured; Color can be set; and Weight, or thickness, can be chosen.

Area Options apply to the area within the border. Areas can have Color, Pattern (hatching or dots), or both. Also, if a Pattern is selected, its hatching or dots can be in a second color, as shown in Figure 10.9.

FIGURE 10.9

Plot areas can have Border, Color, and Pattern options. In addition, Pattern options can include a texture and a second color. (Document window shown here in Full View mode.)

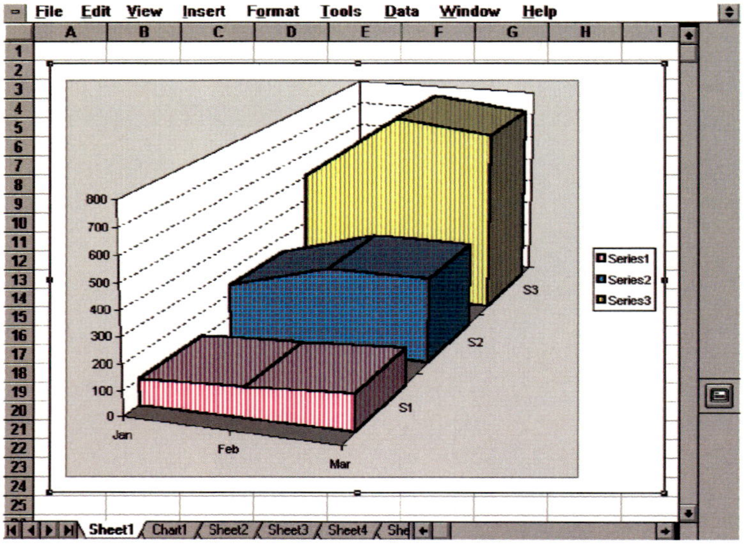

Shadow For the overall chart area only, you can mark this check box to place a drop shadow behind the chart. (To access the option, select the chart area, click the right mouse button, then select **Format Chart Area** from the shortcut menu.)

Controlling the Display of Grid Lines

In charts with X and Y axes, major horizontal grid lines are displayed by default. Major grid lines are at scale divisions.

Minor grid lines, if used, subdivide those divisions. Horizontal grid lines mark divisions of the Y axis. Vertical grid lines, the X.

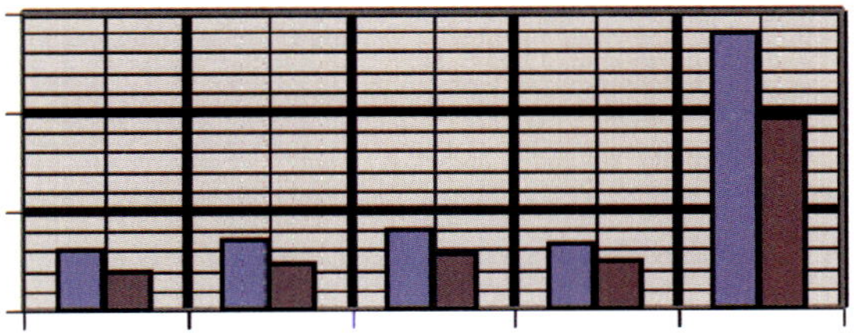

To turn off major horizontal grid lines:

1. Double-click the chart. The chart will open for editing, and the Chart toolbar will appear.
2. In the toolbar, click the **Horizontal Gridlines** tool.

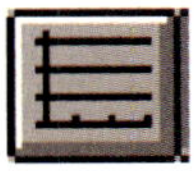

Also, in the Charting tools category (View ➤ Toolbars ➤ Customize), you will find the Vertical Gridlines tool, which can be added to any toolbar.

Either of these tools acts as a toggle: If the effect is visible in the chart, clicking the tool turns the grid lines off. Clicking it again turns them back on.

To control the display of horizontal and vertical, major and minor grid lines:

1. Double-click the chart.
2. Click the right mouse button. A shortcut menu will appear.
3. Select **Insert Gridlines**. The Gridlines dialog box will appear.
4. Mark check boxes for the Gridline options you want displayed.
5. Select **OK**.

Using Primary or Secondary Axes

Primary and secondary axes apply to charts with one X and two Y axes, such as vertical column charts. (Charts with X and Y axes, such as column, bar, line, scatter, and area charts, are sometimes referred to as *XY charts*. In Excel, the term XY refers only to scatter charts.) Usually, the primary axis is the Y axis on the left and is sometimes called Y1. In such an arrangement, the secondary axis would be on the right (Y2). An example is shown in Figure 10.10.

Excel permits you to specify one of these axes for each data series. The purpose of using two axes in the same chart is to compare trends of two sets of data against scales of different units or widely different magnitudes.

FIGURE 10.10

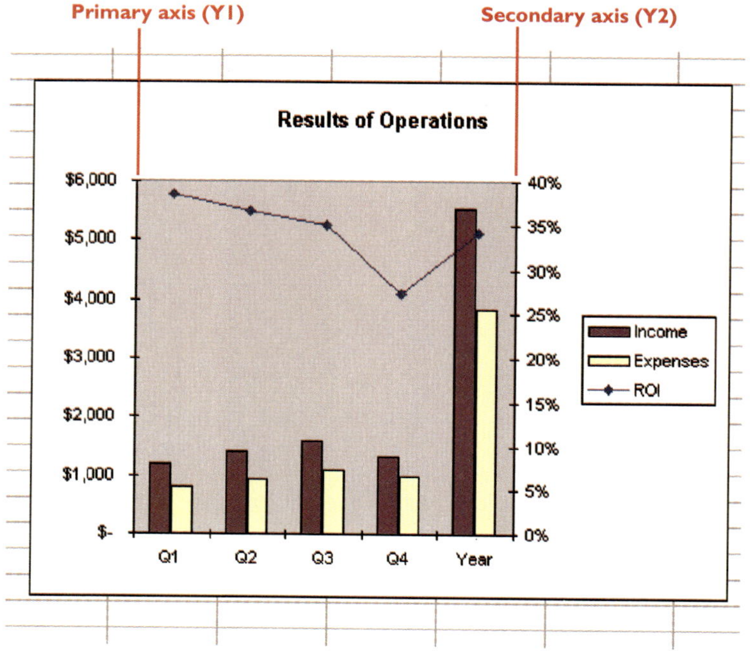

An XY chart with both primary (Y1) and secondary (Y2) Y axes. In this Combined chart type, a Column chart is combined with a Line chart. Columns are plotted against the Y1 axis on the left, Lines against the Y2 on the right.

Data series are plotted against the primary (Y1) axis unless you specify otherwise. To change the plotting of a data series to the secondary axis:

1. Double-click the chart to open it for editing.
2. Click the plot of the data series to select it.
3. Click the right mouse button. A shortcut menu will appear.
4. Select **Format Data Series**. The Format Data Series dialog box will appear.
5. In the dialog box, select the **Axis** index tab.
6. Change the Plot Series On option to **Secondary Axis**.
7. Select **OK**.

Specifying Data Labels

To specify data labels on a chart series:

1. Double-click the chart.
2. Click the series in the chart.
3. Click the right mouse button, and select **Insert Data Labels**.

   or

   From the menu bar, select **Format Data Series ➤ Data Labels**.
4. Set the options described below.
5. Select **OK**.

On some types of charts, such as pie charts, you have the following options for data labels:

None Hides data labels.

Show Value Displays the numeric value of the data item near the pie slice (or plot point) to which it corresponds.

Show Percent Displays a percentage which is the result of dividing the value of the data item by the total value of the data series. For example, in a pie chart, the percentage of one pie slice to the whole pie (100 percent) is shown near the slice.

Show Label Primarily on pie and doughnut charts, shows a text label for each slice. On area charts, the name of each series is displayed. If there are no series names as labels in the sheet, the default labels are Series1, Series2, and so on. (The sheet data ranges for a typical pie chart are shown in Figure 10.11.)

Show Label and Percent Displays both a text label and a percentage. For example, in a pie showing office expenses, a pie slice might be labeled Copying and Printing and 12%.

Automatic Text If marked, labels are picked up from the worksheet. (This option restores links if the text in the sheet has been edited.)

Show Legend Key Next to Label If marked, uses a legend to correlate labels and plot regions (rather than putting the labels on or next to the regions).

FIGURE 10.11

Sheet data and chart for a pie chart with data labels

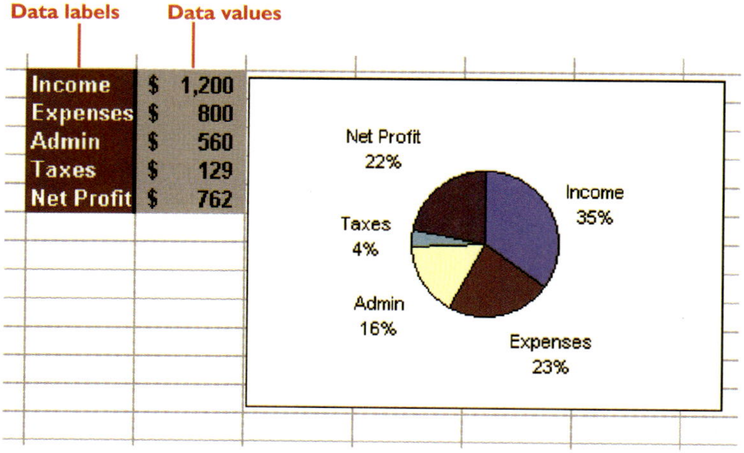

Rotating a 3-D Chart

If you've created a 3-D chart like the one in Figure 10.12, you can rotate it by dragging:

1. Double-click the chart to open it for editing.
2. Click a corner of one of the chart axes. Small handles will appear at the corners.

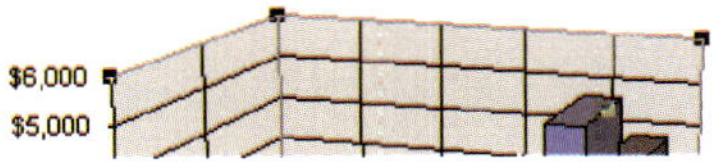

3. Drag one of these handles. The view of the chart will change to an outline.

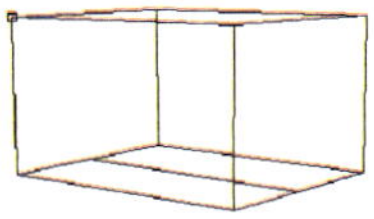

4. Continue dragging as you rotate this 3-D outline to any position you like. When you release the mouse button, the chart will be recomposed at the new position (see Figure 10.13).

FIGURE 10.12

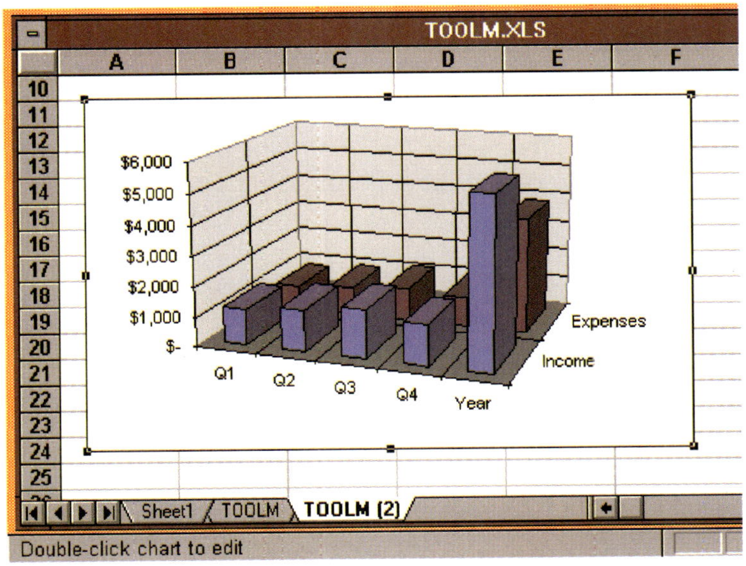

You can rotate a 3-D chart by dragging a handle at the corner of an axis.

FIGURE 10.13

Result of 3-D chart rotation

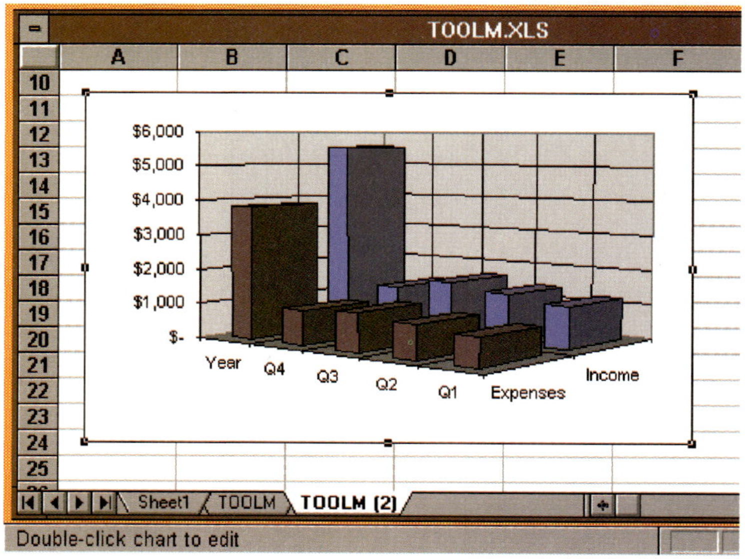

Here's the result of rotating the 3-D chart. The purpose of rotating the 3-D chart in this case is to position the Expenses bars in front so that they are not hidden by the taller Income bars. The view of the bars is improved, but note that the X axis now runs from right to left rather than from left to right, as most audiences would expect.

Understanding Data Series Link References

If you have selected the plot of a data series—such as a set of bars or points, a line, or an area—by clicking on it in the chart, the series will be indicated in the Name box by the letter S (for data series), followed by the number of the series in the chart. (The first series is S1, the second is S2, and so on.) In the formula bar, you will see the formula reference for the series, which uses the SERIES function name. For example, here is the reference for a plot region S1 that corresponds to the data range A3:G3:

```
=SERIES(,,Sheet1!$A$3:$G$3,1)
```

The worksheet and cell references in the SERIES formula are *link references* to the source worksheet. For more about external data links, see Chapter 11.

Changing the Chart Type

In Excel changing a chart from one type to another, such as from Column to Pie, is a quick procedure:

1. Click the chart once. A set of handles will surround it, and the Chart toolbar will appear.
2. In the Chart toolbar, click the ↓ button on the **Chart Type** tool. A selection of tools representing different chart types will appear.
3. Click the tool for the chart type you want.

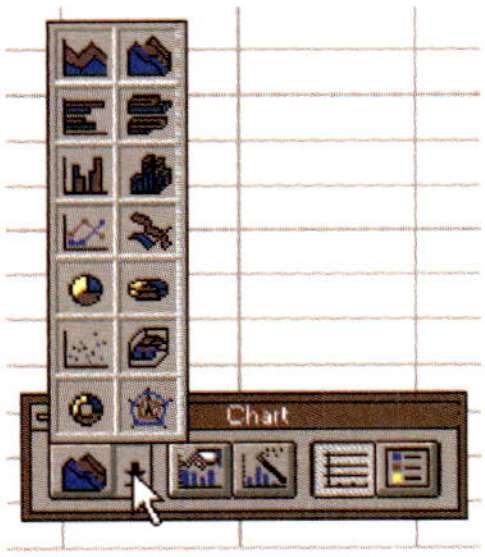

For a wider range of chart-type options:

1. Double-click the chart to open it.
2. Click the right mouse button and select **Chart Type** from the shortcut menu.

   or

   From the menu bar, select **Format ➤ Chart Type**. The Chart Type dialog box will appear.
3. In the Apply To options, choose whether **Selected Series**, a named **Group**, or the **Entire Chart** will be changed to the new type.
4. Select whether the new series will be shown in **2-D** (two dimensions) or **3-D** (three). (The 3-D option is not available for some chart types.)
5. Select the icon that shows the chart type you want.
6. Select **OK**.

After step 5, you can select the **Options** button to further customize the chart type you have selected.

Even though it's a simple matter to change chart types, remember that some types might not necessarily be appropriate or meaningful for the data series you are attempting to plot!

Applying Chart AutoFormats

Excel provides a selection of built-in chart appearance formats called the *Gallery*. You can apply one of these AutoFormats to quickly change the appearance of a chart, or you can create custom formats for chart types that you use routinely.

To apply a chart AutoFormat:

1. Double-click the chart to select it.
2. Click the right mouse button and select **AutoFormat** from the shortcut menu.

   or

   From the menu bar, select **Format** ➤ **AutoFormat**.

   The AutoFormat dialog box will appear, as shown in Figure 10.14.
3. Select a chart type from the Galleries list. A set of icons showing built-in chart formats will appear in the dialog box.

FIGURE 10.14

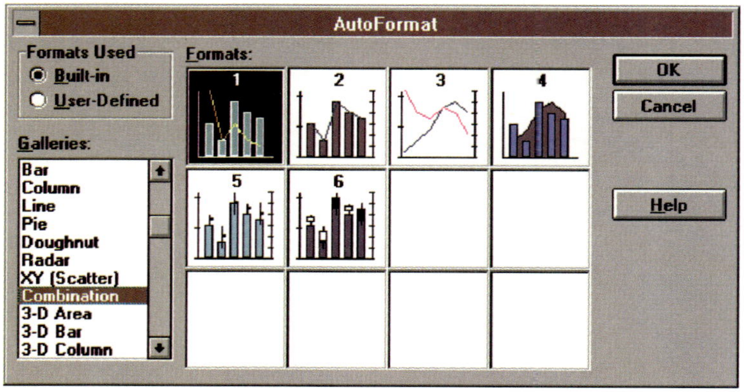

The AutoFormat dialog box shows a collection of built-in chart formats for each chart type in the Gallery list.

4. Select an icon for the built-in Format you want to apply.
5. Select **OK**.

To customize formats:

1. Create and customize a chart that you want to use as a format for other charts *of the same type*.
2. Use the procedure just described to open the Auto-Format dialog box.
3. From the Formats Used options, select **User-Defined**.
4. Select the **Customize** button. The User-Defined Auto-Formats dialog box will appear.
5. Select the **Add** button.
6. Type a Format Name and a Description, then select **OK**.
7. Select **Close**.

Having done this, to apply the format:

1. Select a chart.
2. Open the AutoFormat dialog box.
3. Select **User-Defined**.
4. Select the name you entered in step 6 above for the custom format.
5. Select **OK**.

Creating a New Default Chart

As just described, built-in chart AutoFormats are available for each chart type. However, if you find yourself frequently using one chart type in a custom format, you can make it the default chart type.

To create a new default chart:

1. Create a chart.
2. Customize the chart, as described previously in this chapter.
3. With the chart still selected, click the **Default Chart** tool in the Chart toolbar.

The formatting of this new default chart type will be applied automatically to any charts you subsequently create with the ChartWizard.

Using the Drawing Tools

Excel provides a special set of tools in the Drawing Toolbar so you can create graphics to enhance the tables in your worksheets or annotate your charts. The tools for creating objects and their names are shown in Figure 10.15.

Creating Graphic Objects

To create a graphic object:

1. Open the Drawing toolbar: Move the pointer to any toolbar, click the right mouse button, and select **Drawing**.
2. Click the tool that shows the type of object you want to draw.
3. Depending on the object type: Drag the endpoints of the object in the document window *or* click the endpoints of *or* drag the lines of the object shape.

FIGURE 10.15

Tools for drawing graphic objects

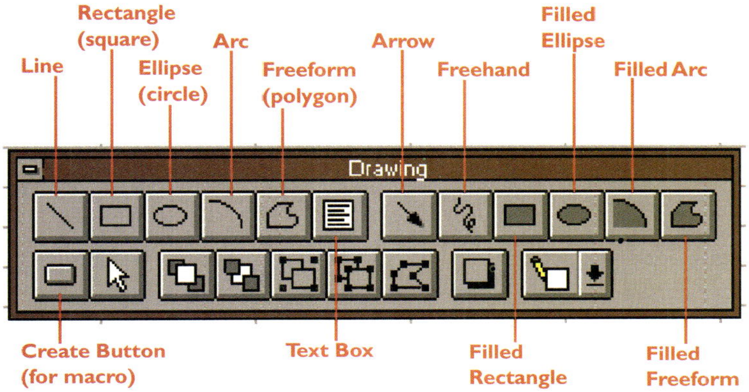

To constrain an ellipse to a circle or a rectangle to a square, hold down Shift as you drag the object's shape. To close a Freeform or Filled Freeform object (polygon), double-click on the last point.

Rearranging Graphic Objects

Some of the tools in the Drawing toolbar permit you to work with objects in groups or to rearrange them. The tools and their names are shown in Figure 10.16.

In Excel as in many other Windows applications that support graphics, objects that overlap are treated as though they were on separate layers. Objects created first lie in *back* and are partially hidden by objects that are created later, which lie in *front*.

If you select multiple objects, you can define them as a *group*, a collection of objects that is manipulated as though it were a single object.

To change the *object priority*, or layering, of an object, or to create a group:

1. Click the object to select it.
or
To select multiple objects, click the Drawing Selection tool, then drag a box around the objects. (The box must fully enclose—but not touch—all of the objects you want to select.)

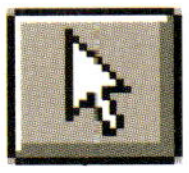

FIGURE 10.16

Tools for manipulating drawn objects

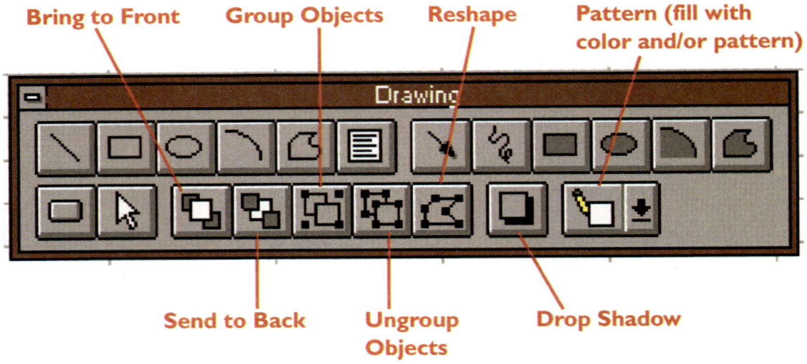

In Excel, the Freeform and Filled Freeform objects are irregular polygons. The Freeform object can be open, and the Filled Freeform object is closed and filled with a color, a pattern, or both.

2. Click one of the tools shown in Figure 10.16 for the type of manipulation you want to perform.
3. If you selected the Reshape tool, handles will appear at the *vertices*, or corner points, of the object. Drag any of the handles to reshape the object.

Presenting Results in Slide Shows

To extend the capabilities of Excel into multimedia presentation, you can use the Slide Show add-in macro to display worksheets, charts, drawings, and other graphics as a sequence of screens. (In Excel, a slide show is strictly for the screen; it can't be printed.)

Creating a Slide-Show File

To create a slide-show file:

1. Select the table, chart, or other objects in a sheet that you want to exhibit.
2. From the menu bar, select Edit ➤ Copy.

3. From the menu bar, select File ➤ New. The New dialog box will appear.
4. From the list of file types, select Slides. (You will not see this choice unless the SLIDES add-in macro and template have been installed.) A slide-show worksheet will appear on your screen, with the cell highlight in the Slide Image column.
5. Select the Paste Slide button (found just beneath the column A heading in the Slide worksheet). The objects you selected will appear in the slide show sheet, and the Edit Slide dialog box will open.
6. Select an effect for the transition between screen displays (such as a fade or a dissolve) and other options.
7. Select OK.
8. Repeat the process of copying objects and pasting them into this sheet to build a sequence of screens for your slide show.
9. When you're done, select File ➤ Save to save the show as an .XLS file.

To be able to create and run slide shows in Excel, you must first install the Slide Show add-in macro. In MS Excel Setup, the command is **Add/Remove ➤ Add-Ins ➤ Change Options ➤ Slide Show**. The name of the slide show macro file is SLIDES.XLA, and the slide template is SLIDES.XLT. To complete the installation in Excel, select **Tools ➤ Add-Ins ➤ Slideshow Template**. (See "Installing an Add-In Macro" in Chapter 9.)

If you want to create a show that runs all by itself after the user starts it, select the Timed option in step 6. Enter a time in seconds to tell Excel how long to display each slide on the screen before automatically advancing to the next slide.

Running a Slide Show

To run a show:

1. From the menu bar, select File ➤ Open.
2. Select the file name you assigned to the show, such as SLIDES1.XLS. The slide show worksheet, with a list of slides and several control buttons, will appear.
3. Click the Start Show button.

4. Advance the display to the next screen by clicking the mouse button.

   or

   If you used the Timed option to create a continuously advancing show, it will run automatically.

5. After the last slide has been displayed, select **File ➤ Close** to close the slide-show file.

This chapter provides just the briefest survey of Excel's extensive charting and drawing features. However, particularly when you are using the ChartWizard, you can learn most of the options as you go along. Because Excel's shortcut menus are context-sensitive to the type of chart object you have selected, finding out what options are available is a simple matter of pointing to the object and clicking the right mouse button.

To find out more about the Text Box tool in annotating your documents, see Chapter 11.

CHAPTER 11

Documenting Your Work and Exchanging Data

Featuring

- Documenting the logic of your sheet
- Creating notes, text boxes, and arrows
- Embedding notes as sound recordings
- Embedding external documents in a sheet as OLE buttons
- Using descriptive names for ranges and formulas
- Storing all documents for a project as a workspace
- Copying and Linking data and objects
- Protecting ranges and files

Writing notes to yourself doesn't mean you're crazy. In the sometimes bewildering world of worksheets, it can be a sensible method of self-preservation. This chapter is about writing notes to yourself *inside your sheets*. But it's also about the larger topic of adding all kinds of helpful information to a workbook file.

The latter part of this chapter covers ways in which you can exchange data among files and applications. In Windows, exchanging data "on the fly" among open applications is called *dynamic data exchange*, or DDE. An enhancement of DDE came with Windows 3.1. Since then, the enhanced process has been called *object linking and embedding*, or OLE. Technically, DDE is the L in OLE.

There are two main reasons to make a worksheet *self-documenting*:

- If you return to the worksheet after a length of time, you will probably need some memory-jogging about how you constructed it. In particular, you must be able to understand the logic of its formulas quickly.
- If you share a workbook file with a project team or workgroup, other people who have to use or modify it should also be able to understand its logic.

Documenting Worksheet Design

In Excel, *notes* are comments that you can hide in sheets. Notes are not normally visible on the screen, and they aren't usually printed with the sheet. They are useful for remembering how you built a sheet if you later have to modify it, as well as for explaining yourself in case someone interrogates you about how its results were generated. (To find out how to trace and verify the logic in a worksheet, see Chapters 5 and 13.)

Creating a Note in a Sheet

To create a note:

1. In the sheet, select the cell that will hold the note.
2. From the menu bar, select **Insert ➤ Note**. The Cell Note dialog box will open (see Figure 11.1).
3. Type the text of your note in the Text Note box. When you get to the end of a line, the text will automatically drop down, or wrap, to the next line.

FIGURE 11.1

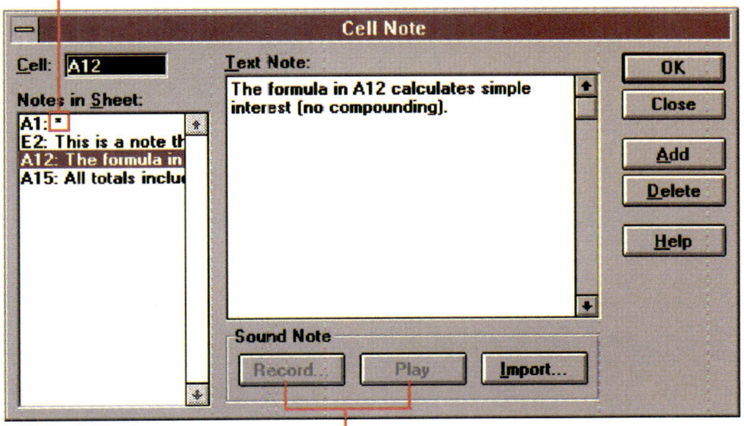

Excel lets you write notes to yourself and hide them in a sheet.

4. If you want to insert a break between lines or between paragraphs, press ↵ where you want the break to appear.
5. When you're finished writing the note, select OK to close the Cell Note dialog box.

The clue to your buried note is a small, red square: A *note indicator* appears in the top-right corner of the cell that holds the note.

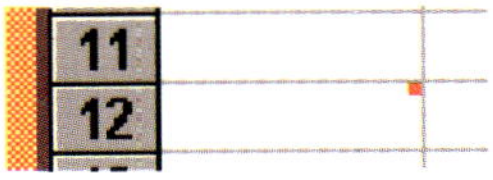

Note indicators *never* appear in worksheet printouts.

Reading or Editing a Note

To read or edit a note that you previously inserted in a sheet:

1. Select the cell that holds the note.
2. From the menu bar, select Insert ➤ Note.
   or

Press Shift-F2.

The Cell Note dialog box will open, showing the note in its Text Note box.

3. If you wish, edit the text of the note by inserting or replacing typed characters (see Figure 11.2).

4. Select OK.

FIGURE 11.2

Edit the text of a note as you would in any text processor—by inserting or replacing characters.

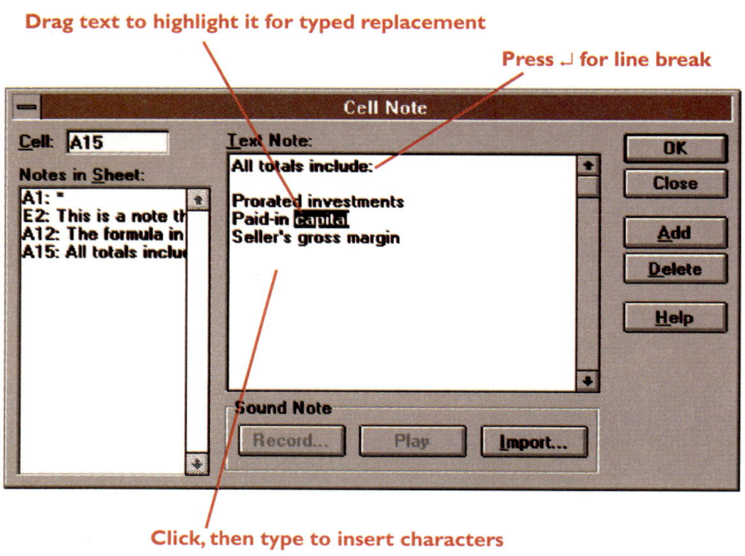

Inserting a Series of Notes

Excel has a useful feature for inserting a series of notes, which is handy for documenting a sequence of formulas in a sheet:

1. When you're working in the Cell Note dialog box, drag the Cell box to highlight the reference for replacement.

2. Select the cell in the sheet where you want to put the next note: Outside the dialog box, click the cell in the sheet.

   or

   Type the cell address or name in the Cell box.

3. Drag to highlight the text of the previous note in the Text Note box.

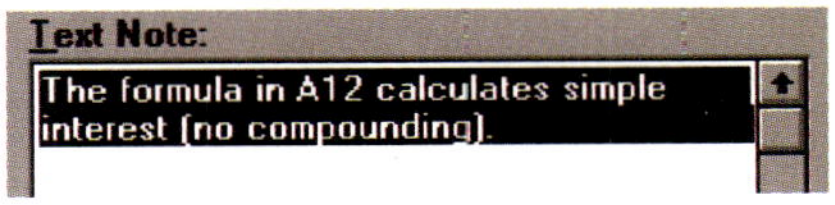

4. Type the text of the new note in its place.
5. Select the Add button.
6. To continue inserting notes, repeat steps 1–5.
7. Select OK to close the Cell Note dialog box.

Hiding Note Indicators

If you used the procedure just described, your notes are hidden, but their existence within the sheet is not. Anyone inspecting the sheet who is familiar with Excel could read a note by reopening the Cell Note dialog box.

However, to make the locations of your notes secret, you can hide the indicators. Here's how:

1. From the menu bar, select Tools ➤ Options ➤ View. A set of View options will appear in the Options dialog box.
2. Clear the Note Indicator check box.
3. Select OK.

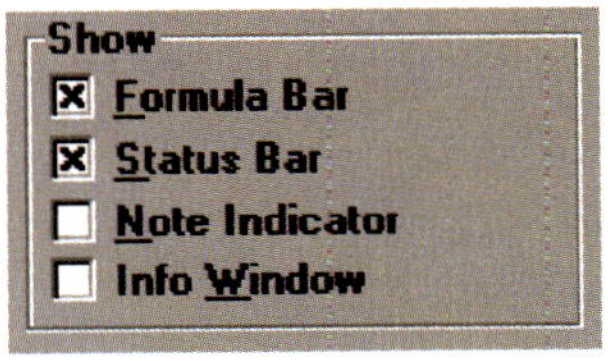

All note indicators will disappear from your sheet. You can restore them at any time by repeating the command and marking the same check box.

It's not a good idea to hide the note indicators in your only copy of a sheet. If you forget that you inserted the notes, you might not think to look for them. For purposes of presentation in screen shows, for example, you could create a separate copy of the workbook file with its note indicators hidden.

Remember that hiding the note indicators will *not* affect your ability to read the notes. References to all the notes in the file will appear whenever the Cell Note dialog box is reopened.

Embedding Sound Recordings as Notes

If your computer is equipped for sound recording, the Record and Play buttons will be available in the Cell Note dialog box (refer again to Figure 11.1).

Creating a Sound Note

To make a sound recording:

1. Select the cell that will hold the note.
2. From the menu bar, select Insert ➤ Note.
3. In the Cell Note dialog box, select the Record button. The Sound Recorder program will open. Its control buttons work just like an audio tape recorder (see Figure 11.3).

   or

   Select the Import button, select an existing sound file, select OK, and skip the rest of these steps.
4. On the Sound Recorder control panel, click the Record button to start recording.
5. Speak your note into the computer's microphone.
6. Click the Stop button to stop recording.
7. Select File ➤ Save to save the sound recording as a file (type a unique file name, but don't change the file extension).

Object linking and embedding (OLE) provides several ways to share data or objects—including sound recordings—among documents. To copy and link data or objects between open workbook documents in Excel—or even between cells in the same sheet or workbook—do **Edit ➤ Copy** in the source document and **Edit ➤ Paste Special ➤ Paste Link** in the destination document.

FIGURE 11.3

The Sound Recorder buttons work just like the controls of a tape recorder.

8. Select File ➤ Exit to close the Sound Recorder.
9. Select OK to close the Cell Note dialog box.

Cells that contain sound notes will be marked in the Cell Note dialog box by an asterisk:

A1:*

Playing Back a Sound Note

To play back a sound note:

1. Select the cell that contains the note.
2. From the menu bar, select Insert ➤ Note *or* press Shift-F2. The Cell Note dialog box will open.
3. Select the Play button. The recording will be played back.
4. Select Close.

Annotating Your Sheet with Text Boxes

Another way to document your sheets is to create a note that isn't hidden and anyone can read—and that will be printed on the document. You can do this by creating a *text box*.

Remember the distinction from notes: Text that you create as a text box is part of the sheet; the text will *always* appear on the screen and in printouts.

Creating a Text Box

To create a text box:

1. In the Standard (top) toolbar, click the Text Box tool. (The tool is also found on the Drawing toolbar.)

2. The pointer will change to small crosshairs. Drag a place in the sheet to indicate the location and size of the text box.

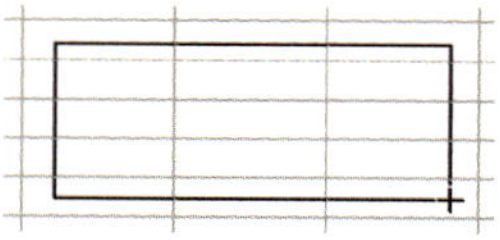

   A flashing vertical bar will appear inside the text box.
3. Type the text of your annotation.
4. When you're done, click anywhere *outside* the text box.

Adding Arrows (Callouts) to Text Boxes

It's not much use having an informative text box unless you can show precisely what it's referring to. Arrows are useful as *callouts* that point from a text box to specific locations in the sheet.

To draw an arrow from a text box (or from any other point, for that matter) to any other point in the sheet:

1. Open the Drawing toolbar: Move the pointer into the toolbar area, click the right mouse button, and select **Drawing** from the shortcut menu. The Drawing toolbar will appear.

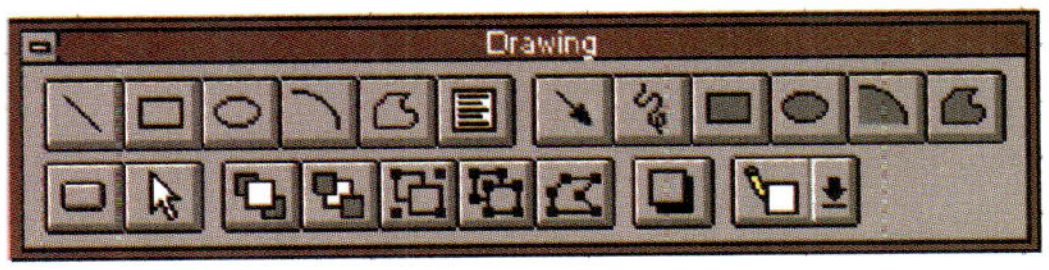

2. Click the **Arrow** tool. The pointer will change to small crosshairs.

3. Drag the crosshairs from the point on the box at which the tail of the arrow will begin, and release the mouse button at the arrow tip (the location in the sheet that is described by the text box). (See Figure 11.4.)
4. Click anywhere else in the sheet to release the selected arrow.

FIGURE 11.4

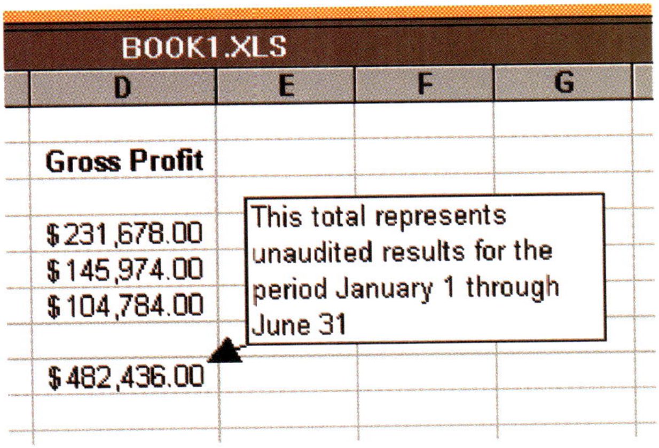

You can use arrows to connect a text box with the cell it refers to.

In technical terms, an embedded object is called a *package*. The term *button* in Excel can also refer to a graphic control button that you create with the **Button** tool and assign to a macro. In either case, clicking (or, in some cases, double-clicking) the button triggers the macro (or the application and its document) it represents.

Embedding External Documents in a Sheet as Buttons

A capability of Windows for exchanging data between applications is called *object linking and embedding*, or OLE. In the case of Excel, OLE permits you to put related external documents into a workbook file in such a way that you can access, view, and edit all of the documents during an Excel work session.

For example, the sheet in Figure 11.5 showing the results of operations of Multimedia Works, Inc. might be part of a written report titled, "The Multimedia Industry: A Growth Market for the Twenty-First Century." That report might be

FIGURE 11.5

You can use OLE to insert a word processing document—as well as other types of objects, such as graphics and sound—into an Excel worksheet.

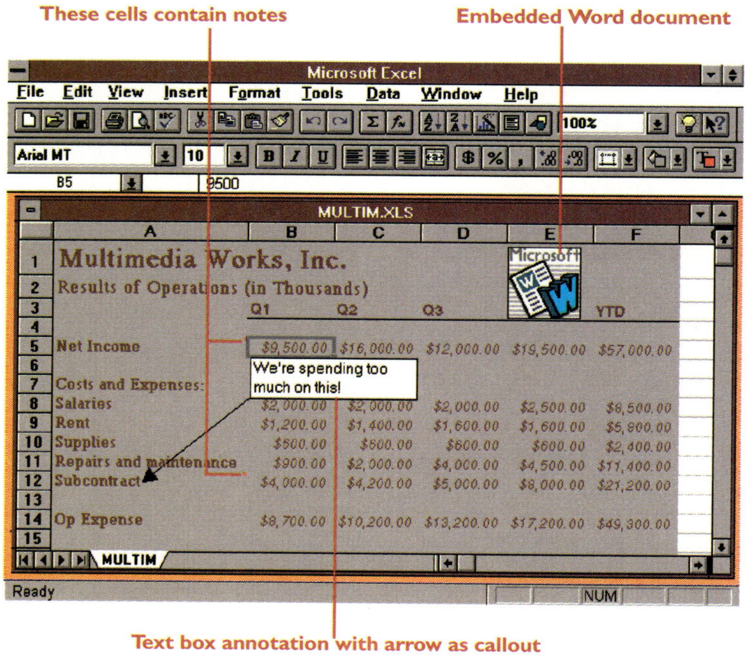

written in a Windows word processing application, such as Microsoft Word.

With OLE you can insert that Word document into your sheet as a *button*. Then, still working in Excel, you can open the report simply by double-clicking on the button.

Creating an Embedded Object as a Button

Here's how to create an OLE button in Excel:

1. Select the cell in the sheet that will become the location of the button. (A blank cell in an empty area of the sheet will do nicely.)
2. From Excel's menu bar, select **Insert ➤ Object**. The Insert Object dialog box will appear.
3. If it is not already highlighted, click the **Create New** index tab.
4. From the Object Type list, select **Word Document**. (In this case, you must have Microsoft Word installed, of course.)
5. Select **OK** to close the Insert Object dialog box. A Word document window will open (see Figure 11.6).
6. Type the text that will be embedded in the sheet (a report narrative, in this case).
7. When you're done composing your report in Word, select **File ➤ Update** from Word's menu bar.

   or

   Press Shift-F12.
8. Also from the Word menu bar, select **File ➤ Exit** to close the Word application. The Excel application will be reactivated, and the embedded object will appear in the sheet. (Depending on the type of object, it may appear fully displayed or as a button.)

Use OLE to embed a text document or sound note that is relatively large, as compared with the Excel text and sound notes just described. Also, you can embed existing documents as objects rather than having to re-create the text or object in Excel.

FIGURE 11.6

When you choose Insert ➤ Object ➤ Word Document, a document window will open in which you can compose text that will be embedded as an object in your worksheet.

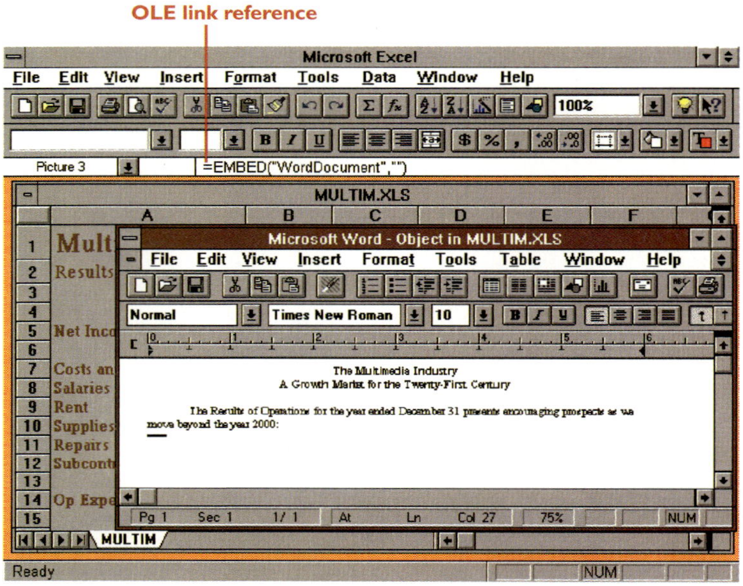

If you close this window by selecting **File ➤ Save/Update All,** you will both create an external Word .DOC file *and* embed the object in Excel. The external file will be linked to the sheet. If instead you do **File ➤ Update** and then **File ➤ Exit** as described in the procedure, the Word document will be contained only within the Excel .XLS file, not as a separate .DOC file. (Other applications may use different commands for saving or updating the object.)

or

If you marked the Display As Icon check box in step 4, the object will appear in your sheet as an icon.

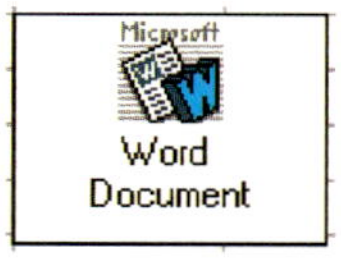

Embedding an Existing Object in a Sheet

To embed an object that already exists as a file:

1. From the menu bar, select Insert ➤ Object. The Object dialog box will appear.
2. Click the Create From File index tab.
3. Navigate the directory system and select the file name.
4. Select OK.

To create an ongoing OLE link to the external file, you must also mark the **Link To File** check box. If this option is activated, any changes you make separately in the object file will also appear when you open it from inside the workbook.

Opening an Embedded Document

If both applications support OLE 2.0 or higher, you can use the drag-and-drop method to move objects between open application windows.

To open an embedded document that appears as a button in an Excel worksheet:

- Double-click the object's button in the sheet. In the example, Word will open and show you the text of the report (refer again to Figure 11.6).

Embedding Other Types of Objects

You can use much the same procedure to embed all kinds of objects in your sheet—including graphics and multimedia objects such as movies and sound—from any application that supports OLE. You'll see a list of OLE applications each time you select **Insert ➤ Object**. You can insert existing files that contain graphics or bitmaps by using the command **Insert ➤ Picture**.

In Chapter 2, I tell you how to give names to the ranges in your worksheet. It's just downright simpler to understand and remember what EXPENSES means than it is to see what the stuff in cells B14:F14 is all about. Did you know you can give names to formulas, as well? Read on.

Coining Descriptive Range Names

Recall that you can use the **Insert ➤ Name ➤ Define** command (as described in Chapter 2) to give names to single cells, to ranges, or to formulas. You control what is being named by your selection just before you perform the naming command.

Some references in formulas appear to be range names—but they are something else entirely. A linked data item is indicated by an external *link reference*, a formula that gives the location of the source. For example: =[PERSONAL.XLS]Checks!$C$4. This formula shows the absolute address of the source cell ($C$4), preceded by references to its workbook file (PERSONAL.XLS) and sheet (Checks).

The convenience and clarity of naming formulas comes at a price: The name hides, in effect, the details of the underlying math. So, be very sure that the formula refers to the correct ranges in the sheet and produces a reliable result before you name it. I give you tips for tracing errors in formulas in Chapters 5 and 13.

Naming Cells and Ranges as Variables in Formulas

Naming cells and ranges will make any formulas that refer to them much easier to understand. Compare the clarity of

=INCOME–EXPENSES

to the difficulty of deciphering

=B5:F5–B14:F14

Naming Formulas

Besides naming the data variables within a formula, it's also a good idea to name the formula itself. Usually, the most understandable name for a formula simply describes its result. Consider again this formula, which subtracts one named range from another:

=INCOME–EXPENSES

So, a descriptive name for this formula would be **PROFIT**. To insert this name as a formula in another cell, you would type:

=PROFIT

Remember, however, that if you refer to this formula within *another* formula, you omit the equal sign:

=SUM(PROFIT, A8)

The procedure for naming a formula is the same as for cells or ranges. When you are naming a formula, you are actually naming the cell that holds it:

1. Select the cell that holds the formula.
2. From the menu bar, select **Insert** ➤ **Name** ➤ **Define** *or* press Ctrl-F3. The Define Name dialog box will appear.
   or
   Click inside the **Name** box: 

3. Type a name for the formula.
4. If in the dialog box, select OK.
   or
   If in the Name box, press ↵.

Picking Up Range Names from Sheet Labels

As described in Chapter 2, Excel has a handy feature for picking up the labels in a column or row automatically for use as range names. To recap the procedure:

1. Select a range that includes the labels *as well as the data* that will be named by those labels.
2. From the menu bar, select Insert ➤ Name ➤ Create. The Create Names dialog box will appear.
3. Mark the check box that indicates to Excel the location of the names in your selection.
4. Select OK.

Inspecting or Editing Underlying References of Range Names

To see or edit the names you've created and their address references:

1. From the menu bar, select Insert ➤ Name ➤ Define. The names and their references will be listed in the Define Names dialog box.
2. Select a name from the list. Its reference will appear in the Names In Workbook list of the dialog box.
3. To edit a name, select it from the list, and edit its characters in the top text box.

4. Select **OK**

or

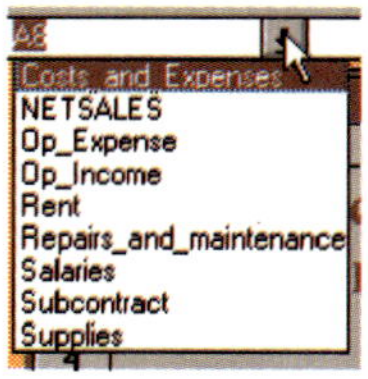

1. Click the ↓ button on the right edge of the **Name** box. A list of range names will drop down.
2. Click a name in the list. The corresponding range will be highlighted in the sheet, as shown in Figure 11.7.
3. To edit a name in the open Name drop-down list, drag it to highlight its characters, then type a replacement.
4. Press ↵.

FIGURE 11.7

Selecting a range by its name

Excel highlights the range corresponding to your selection in the Name box

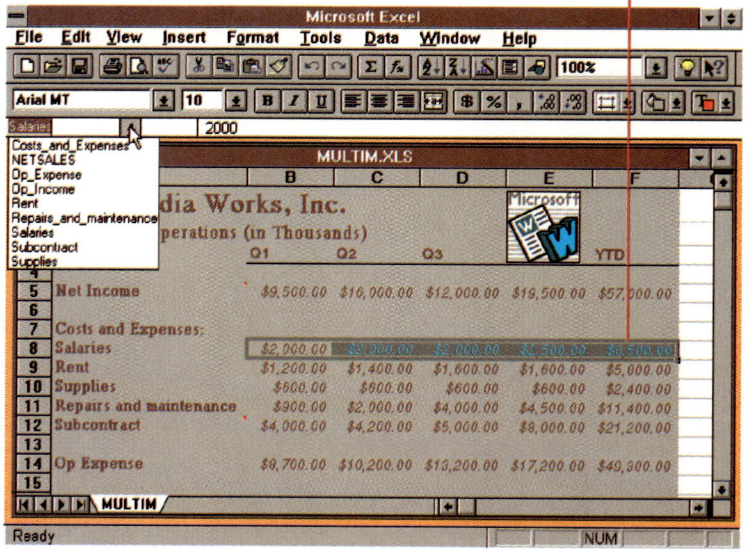

Storing Related Sheets Together in Excel Document Files

An important change in document storage was made in the transition between Excel 4 and Excel 5. In Excel 4, each worksheet, when saved, became a separate .XLS file. A collection of related worksheets could be stored (or *bound*) together as a workbook file (.XLW extension). In Excel 5, the basic document is the workbook, which can contain many sheets (the default number is 16). Workbook files in Excel 5 have the extension .XLS.

You can open an Excel 4 sheet directly in Excel 5. It appears in the document window as a workbook file that has just one sheet. However, if you try to save the file, it will be saved as an Excel 4 sheet, not as an Excel 5 workbook—*unless* you do File ➤ Save As and change the file type to Microsoft Excel 5 Workbook.

You can add more sheets to an Excel 4 document by using the Insert ➤ Worksheet command. However, if you add sheets, the document must be saved as an Excel 5 workbook.

Here's another consideration when you are saving a workbook. Cells formatted as Normal have the **Locked** attribute by default. Locked cells and their contents are protected from alteration—but *only if* you also turn on file protection with the commands **Tools ➤ Protection ➤ Protect Sheet** *or* **Protect Workbook. Hidden** protects any formulas in the cells from view. To set these options, select **Format ➤ Cells ➤ Protection** and mark one or both of the check boxes: **Locked** *or* **Hidden**.

Storing Related Documents in an Excel Workspace

In Excel 5, the .XLW file extension is used—not for collections of sheets in workbooks, as in Excel 4—but for collections of workbooks in a document called a *workspace*. Procedures for creating workspaces are covered in Chapter 9.

When you save an Excel document, you have the option of specifying a password, which will be required to reopen it. However, Excel's password-protection feature is so secure that if you forget a password you've installed, not even the mighty Microsoft Corporation can help you get your data back!

Storing multiple workbooks in a workspace is an excellent way to keep related documents together so you can quickly access all required sheets for a task, especially sheets that contain linked data. What's more, by embedding documents from other Windows applications in a set of Excel workbooks and combining them in a workspace file, you can access all of the elements of a project without ever quitting your Excel work session.

As an added convenience, the arrangement of document windows on the screen, as well as View option settings, are stored in the workspace file.

CHAPTER 12

Managing Lists and Tables in Excel

Featuring

- Creating lookup tables and retrieving data from them
- Sorting data, including use of multiple sort keys
- Creating and retrieving data and records from lists and database tables
- Recomposing and summarizing tables with the Pivot-Table Wizard

This chapter is all about arranging large amounts of data in *tables* so that you can search for specific stuff and get it quickly when you need it. A related topic also covered here is *sorting*, which involves getting Excel to do the work of rearranging data, a task that comes in particularly handy when you are building or maintaining tables.

A *lookup table* in Excel is a way of arranging data in a sheet, as well as a scheme for retrieving one piece of information based on another, related piece of information. For example, the white pages of a phone book constitute a large lookup table. You look for a name in order to retrieve a phone number.

Sorting the data in a table alphabetically—or by any other method—is something Excel can do quickly and efficiently. So, you don't need to type data into a table in alphabetical order. Just enter it as you find it, and let Excel worry about rearranging it.

You can even set up a *database*—a kind of multipurpose table—by constructing it as a special kind of table in an Excel worksheet.

Using Excel in Database Management

You can build a database inside Excel, as described in this chapter, or you can use an existing database that is maintained by an external database system. Compared with undertaking database management within Excel, an external database system can manage a lot more data by using much the same method—arranging it in tables.

The fact that Excel manages tables so readily makes it the perfect partner for an external database. Excel comes with a set of features called MS Query, which make it possible to link your computer to external databases and extract data from them for use in Excel.

MS Query is not included in the default installation of Excel, although it is presented as an option. If you did not select the option on installation, you can run MS Excel Setup again to add these features. (MS Query supersedes the Q+E application that was provided for doing database queries in Excel 4.)

To install MS Query:

1. Exit Excel.
2. Open the **Microsoft Office** program group.
3. Start the application **MS Excel Setup**.
4. Select **Add/Remove**.
5. Mark the **Data Access** check box.
6. Select **Continue**.
7. At the prompt to add items to the Microsoft Office program group, select **Continue**.
8. Insert program distribution disks as prompted by Setup.
9. When Setup reports successful installation, select **OK**. Setup will add the MS Query application to the Microsoft Office program group and will add database access features to the Excel application.
10. Start Excel.

Among other features, the command **Get External Data** will appear in the **Data** pull-down menu. This command activates the MS Query application, which is found in the add-in macro file XLQUERY.XLA.

Through MS Query, you can get data from Access, dBASE, Paradox, SQL, Oracle, and other database files and bring the data into Excel. You can then use the extracted data to construct tables that can be manipulated as worksheets. What's more, you can link the sheets to the database system so that updates in one will be made automatically in the other.

An in-depth treatment of MS Query is beyond the scope of this book, but this chapter gives you a head start on the basic things you need to know about databases and Excel.

Arranging Data in a Lookup Table

Figure 12.1 shows an example of a familiar kind of lookup table—a client contact list.

FIGURE 12.1

You can arrange data in a lookup table for quick retrieval.

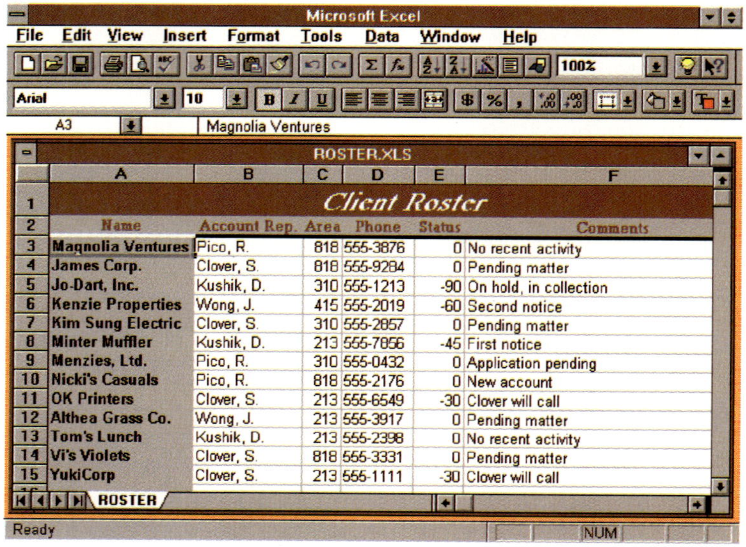

This particular table is set up to look up data by row. Starting with a name entry in the left column, you would look in the same row to find the corresponding account representative, area code, phone number, payment status, and comments.

Sorting Data in a Lookup Table

In an Excel lookup table, the data you must already know when you start your search is called the *compare value*. For example, if you wanted to look up the phone number of Nicki's Casuals, NICKI might be the compare value for that search.

Sorting the Table for Easy Lookup

To be able to use the sample table to look up data by name, the compare values must be in the first column *in ascending order*—from A to Z in this case. If the compare values aren't arranged that way, you must have Excel sort them for you before you can use the table:

1. Select all the data in the table. Include the compare values in the first column as well as the data that goes with those values, but exclude the title of the sheet and the column labels. In the example, the range A3:F15 must be selected.

2. From the menu bar, select Data ➤ Sort (see Figure 12.2). The Sort dialog box will appear:

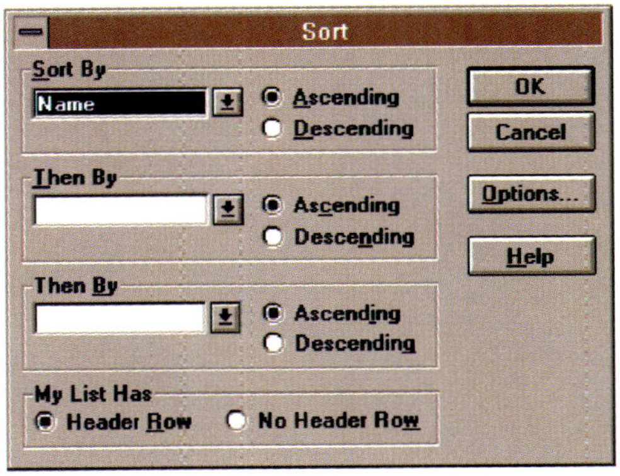

3. In the Sort By box, enter the column label of the column in the table that holds the compare values *or* the address of the first cell that holds compare values. (Excel tries to do this for you by entering the label of the first column. See also "Using Secondary and Tertiary Sort Keys" later in this chapter.)

FIGURE 12.2

To sort data in a table, select the whole table, excluding column headings and blank rows, then choose Data ➤ Sort.

If the list is arranged as shown here, you can click any cell inside it, do the command, and Excel will select all the entries

4. Select either the Ascending or Descending option. In a lookup table, the order must be ascending (the default).
5. If your table has column labels, select the option My List Has Header Row. Otherwise, select No Header Row.
6. If necessary, select the Options button to change the order of the sort. (See "Sort Options" later in this chapter.)
7. Select OK.

Excel will perform the sort. Very quickly, the list will be rearranged so that its rows are arranged alphabetically by name (see Figure 12.3).

FIGURE 12.3

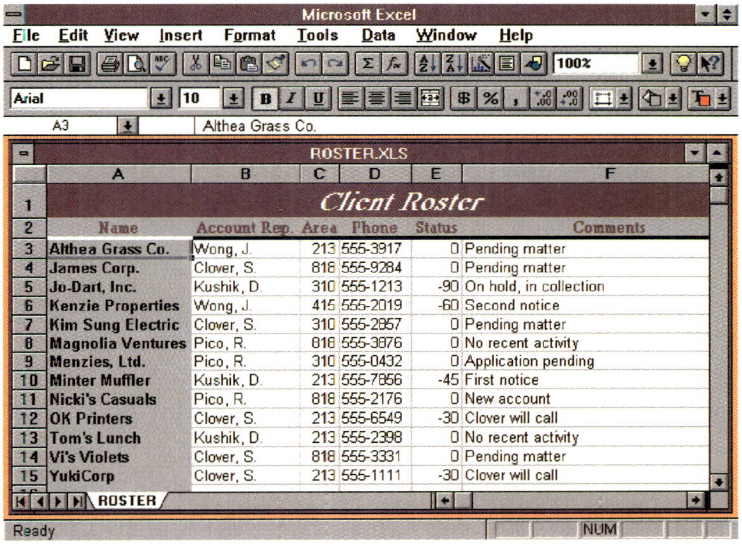

	Name	Account Rep.	Area	Phone	Status	Comments
3	Althea Grass Co.	Wong, J.	213	555-3917	0	Pending matter
4	James Corp.	Clover, S.	818	555-9284	0	Pending matter
5	Jo-Dart, Inc.	Kushik, D.	310	555-1213	-90	On hold, in collection
6	Kenzie Properties	Wong, J.	415	555-2019	-60	Second notice
7	Kim Sung Electric	Clover, S.	310	555-2857	0	Pending matter
8	Magnolia Ventures	Pico, R.	818	555-3876	0	No recent activity
9	Menzies, Ltd.	Pico, R.	310	555-0432	0	Application pending
10	Minter Muffler	Kushik, D.	213	555-7856	-45	First notice
11	Nicki's Casuals	Pico, R.	818	555-2176	0	New account
12	OK Printers	Clover, S.	213	555-6549	-30	Clover will call
13	Tom's Lunch	Kushik, D.	213	555-2398	0	No recent activity
14	Vi's Violets	Clover, S.	818	555-3331	0	Pending matter
15	YukiCorp	Clover, S.	213	555-1111	-30	Clover will call

In Excel, a lookup table must list its compare values (in this case, the key in the first column) in ascending order. If the values are names, as shown here, that's from A to Z.

If you don't like the result of a sort, select **Edit ➤ Undo Sort** immediately after the sort, before doing anything else.

Using Secondary and Tertiary Sort Keys

In the Sort dialog box, the Sort By box indicates the compare value, or *first key*. Two other boxes—both labeled Then By—are for secondary and tertiary keys that might be used to sort at additional levels—sorting within the sort, in effect.

For example, if there were two last names SMITH, you would want to tell Excel where to find the first names so that SMITH, AL gets placed before SMITH, KATE. Similarly, you would need the third key if there were likely to be two or more people in the list named SMITH, AL. You might then use a column that held entries of Ms. or Mr., or ZIP code, or some other key for sorting out all those Al Smiths.

In the small table shown in Figures 12.1 and 12.2, the only duplications are names of account representatives and area codes. Second or third keys would be necessary only if the sales representative or area code were used as the *first* key.

Sorting in Multiple Passes

The Data ➤ Sort command permits you to select as many as three keys. However, you can sort to additional levels by repeating the command on the same selection and specifying different keys.

If you sort in several passes, sort in *reverse order:* Sort with the low-level keys (least important) first, the highest-level (most important) keys, such as last name, last. But on each pass, make the most important key *in that pass* the first key (Sort By entry).

Also, you can sort records by *any* field in any position, not just the compare value, as the examples in this chapter do.

Sort Options

To further control the order of a sort:

1. In the Sort dialog box, select the Options button. The Sort Options dialog box will appear.

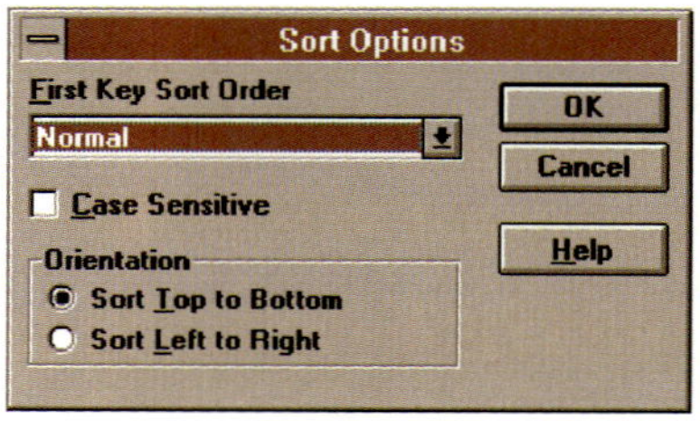

2. Set the sort options, as described below.
3. Select OK to close the Sort Options dialog box.
4. Select OK to close the Sort dialog box and begin the sorting process.

The selections in the Sort Options dialog box are:

First Key Sort Order Has a default setting Normal, which sorts text from A–Z (ascending order) or from Z–A (descending order), as you specify in the Sort dialog box. By the Normal sort order, Excel determines *ascending* order as follows (with highest-valued items listed first):

- If the values are numbers, the order starts with negative numbers, counts upwards to zero, then continues counting upward through the positive numbers.
- Text is sorted from A–Z, ignoring case, unless you specify otherwise. (Numbers entered as text, such as NINE, are sorted before all other text.)
- If logical values are used, FALSE comes before TRUE.
- Error messages, such as #NAME?, are sorted in the order they appear in the worksheet.
- Blank cells are always sorted last, whether the order is ascending or descending.

Descending order would be the opposite: positive to negative, TRUE before FALSE.

Other options in the First Key Sort Order box are for sorting calendar values, such as the names of days of the week or months of the year, which in ascending order are sorted from earliest to latest.

Case Sensitive If marked, causes Excel to include capitalization as a criterion in the sort order. In ascending order, capitals come before lowercase letters.

Orientation Determines the direction in the sheet by which Excel will scan for items to be sorted. If items in the selected range are organized as rows, the orientation should be Sort Top To Bottom. If the organization is columnar, the setting should be Sort Left To Right.

Other Reasons to Sort

You might have other reasons to sort data besides arranging it in a lookup table. For example, if you selected the same table, chose Data ➤ Sort, and entered Status as the first key in Descending order, Excel would sort the clients by their credit ratings, with the best payers on top: Notice that the credit ratings have been entered as numeric values. A rating of –90 means, "90 days past due." A rating of 0 means, "current." So, if the list is sorted in descending order, the clients with 0 values in the Status column will be sorted first.

Writing Formulas That Retrieve Data

Excel has some ready-made functions you can use to retrieve data from a lookup table:

VLOOKUP Or *vertical lookup*, works in tables that are arranged like the example in Figure 12.3—Excel has to scan the first column vertically for the item you want. The compare value must be in the first column, and records must be sorted in ascending order (A to Z).

HLOOKUP Or *horizontal lookup*, works in tables that are arranged so that Excel has to scan the first row. The compare value must be in the first row, with records sorted in ascending order.

LOOKUP Scans in either direction, depending on a parameter that you give it as an argument in the formula.

VLOOKUP Example

The three functions just mentioned all work much the same. Here's an example that uses VLOOKUP.

The first consideration is always the arrangement of the lookup table. Again, for VLOOKUP to work correctly, the compare value must be in the first column, and records must be sorted in ascending order (A to Z). After sorting the compare values, this is the arrangement of the client roster example.

A typical task would be to pick a client name, get a phone number. Figure 12.4 shows how to do it by using VLOOKUP.

Figure 12.5 gives you a closer look at the formula in cell D19 of Figure 12.4. Notice that the syntax, or way of writing the formula, must include

- an equal sign (=)
- the name of the function (VLOOKUP)
- the address of the cell that holds the compare value (A19)
- the range that contains the table (A3:F15)
- the number of the column that holds the phone numbers (4)

As always, the set of arguments you pass to the function must be enclosed in parentheses, and must be separated by commas. (To review requirements for formula syntax, see Chapter 4.)

FIGURE 12.4

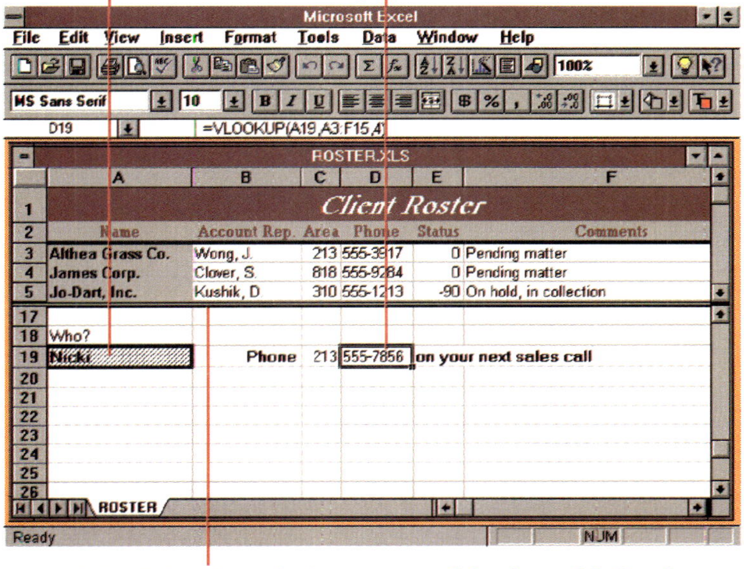

Based on any name typed into cell A19, the VLOOKUP formula in cell C19 returns the area code, and a similar formula in cell D19 returns the phone number.

FIGURE 12.5

The formula in cell D19 of Figure 12.4

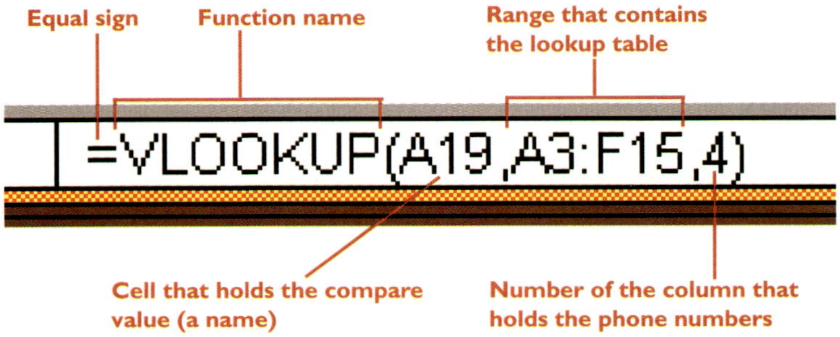

Although it doesn't appear in the illustrations, there's another VLOOKUP formula in cell C19 that retrieves the area code. It's identical to the one in cell D19, except that it asks Excel to look in column 3, not 4:

```
=VLOOKUP(A19,A3:F15,3)
```

HLOOKUP Formula Example

HLOOKUP works exactly the same as just described for VLOOKUP, but the compare values must be in the first *row*. In the example, each client would be in a different column. So, the last argument in the HLOOKUP syntax would be the number of the *row* you want Excel to scan:

```
=HLOOKUP(A19,A3:F15,3)
```

Arranging a Database Table in Excel

In Excel, a database is a special kind of table. It has the same purpose as files created by database programs—to make it possible to store a large amount of data and retrieve it in a variety of ways.

In Excel 5, you can perform database commands on any list of similar items. (This is a change from Excel 4, in which you must build a special table and then do **Data ➤ Set Database** to define it as a database table.) However, even though the requirements on the table are not strict, you will usually get the best results if the table is built much as it is described in the following example.

Records Arranged as Rows

An Excel database can be arranged much the same as a lookup table. A lookup table can have related data either in rows or in columns. But in a database table, each set of related data items, or each *record*, should be arranged in a single *row*.

An advantage to setting up a table as a database instead of as a lookup table is that the database is more flexible. There are simply many more ways you can work with the data it contains.

A further reason to organize records as a database table is compatibility with external database systems. Many such systems have a display option called a *datasheet*, which has the same layout—field names as column heads, records as rows. Organizing records the same way in both applications might make it easier to retrieve them with MS Query and to manipulate them in Excel.

Column Labels Are Field Names

The first row of a database should contain column labels. The column labels are the *field names* Excel will use to look for data. (A *field* is a category of data. In a database table, a field is a specific column or row. For example, one field might hold the street address for each record in a phone book database.) Figure 12.6 shows an example.

FIGURE 12.6

This database sheet is very similar in arrangement to a vertical lookup table. Each row of the table holds one record of the database, and each column label is the name of a field within the record.

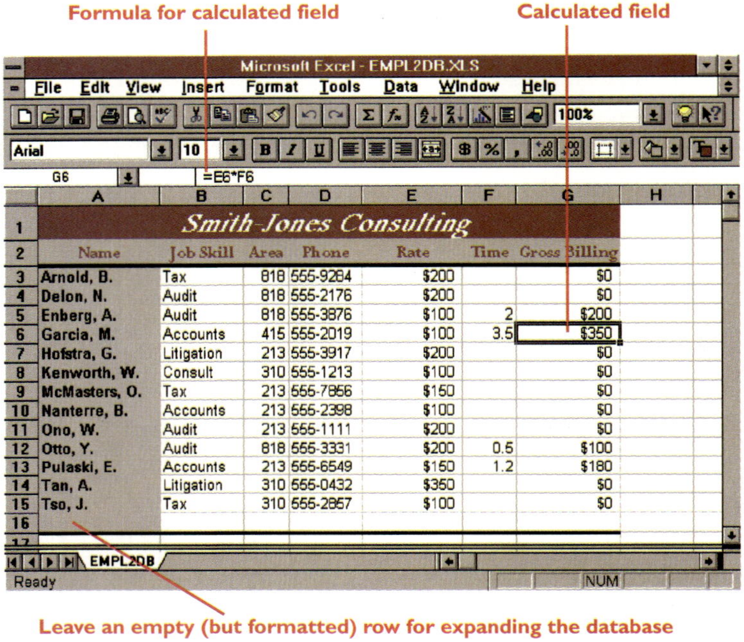

	A	B	C	D	E	F	G
1	Smith-Jones Consulting						
2	Name	Job Skill	Area	Phone	Rate	Time	Gross Billing
3	Arnold, B.	Tax	818	555-9284	$200		$0
4	Delon, N.	Audit	818	555-2176	$200		$0
5	Enberg, A.	Audit	818	555-3876	$100	2	$200
6	Garcia, M.	Accounts	415	555-2019	$100	3.5	$350
7	Hofstra, G.	Litigation	213	555-3917	$200		$0
8	Kenworth, W.	Consult	310	555-1213	$100		$0
9	McMasters, O.	Tax	213	555-7856	$150		$0
10	Nanterre, B.	Accounts	213	555-2398	$100		$0
11	Ono, W.	Audit	213	555-1111	$200		$0
12	Otto, Y.	Audit	818	555-3331	$200	0.5	$100
13	Pulaski, E.	Accounts	213	555-6549	$150	1.2	$180
14	Tan, A.	Litigation	310	555-0432	$350		$0
15	Tso, J.	Tax	310	555-2857	$100		$0
16							

In Figure 12.6, the last column in the sheet (G) contains formulas for multiplying the hourly rate of each professional by the number of hours worked to calculate a value for gross billings. (The formula in cell G6 appears in the formula bar.)

Calculated Fields Contain Formulas

Fields such as column G in the example are called *calculated fields*. Calculated fields contain formulas that do calculations on other fields in a database.

Tips for Creating a Database Table

Here are some tips on creating a database table in Excel. Remember that these are not mandatory, but may give better results:

- If there is other data in the sheet, leave empty cells around the borders of the table to set it apart.
- Don't put a blank row or dashed line between column headings and the first record. If you want to separate the headings visually, add a bottom cell border. Otherwise, Excel might assume that the column headings refer to a one-row table that contains blanks.
- Avoid *leading blanks* in data items (spaces that precede the first text character or digit). Blanks will cause problems with the sort order because they are always sorted last.
- Name the range that contains the database table so that you can refer to it in formulas. The table in Figure 12.6 is named BILLINGS.

A database can be as big as a single Excel sheet. That's pretty big—as many as 256 columns and 16,384 rows. However, for best results, there should be only one database table in any given worksheet.

Sorting Records in a Database Table

Having set up a list or database table, you can make Excel rearrange its records—sort the rows, in this case.

1. Select the database table, omitting column labels and empty rows.
2. From the menu bar, select Data ➤ Sort.
3. In the Sort dialog box, to sort by any field in the database, enter the field name in the Sort By box.
4. Select OK.

When you use the **Data ➤ Sort** command to sort a database, do not include the row with the column labels (field names) in your selection. You should also omit from your selection any empty rows that you added for expanding the database in the future. However, if your table is constructed as shown in Figure 12.6, you can select any cell inside the table, do the command, and Excel will correctly detect and then select the entire table prior to sorting.

For example, you could sort the records in Figure 12.6 by any of its fields: Name, Job Skill, Area, Phone, Rate, Time, or Gross Billing.

Searching for Records in a Database

Having set up a list or database in your sheet, you can have Excel find, retrieve, or delete records according to specific *criteria*. Criteria are conditions, or logical tests, by which you tell the program to include or exclude records from the search.

Excel 5 provides three different ways to select records:

- Browse through or search for records by using the Data Form, with the option of specifying criteria for a search.
- Use the AutoFilter feature to display a set of records that match your criteria.
- Extract matching data to a separate table by using the Advanced Filter.

Finding Records by Using the Data Form

The Data Form feature can be regarded as an interactive search, permitting you to specify your search, then inspect each record as it is found:

1. Select the database table, including the column headings.
2. From the menu bar, select Data ➤ Form. A data-form dialog box will appear, showing the field names and contents of the first record in the table (see Figure 12.7).

FIGURE 12.7

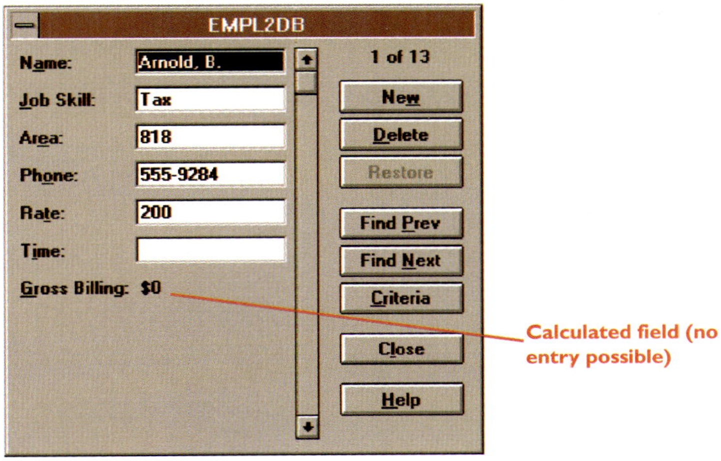

This data-form dialog box permits you to browse through matching records one at a time.

No text box appears for calculated fields, for which the values can't be changed here.

3. To simply find a record that contains matching data, type the desired data in the box across from its corresponding field name.

   or

   Leave the fields blank to browse through all records in the table.

4. To browse through the matching records in order of the first field (compare-value column), select the Find Next button. The contents of the next record will appear in the form. (To go back, select Find Prev.)

5. To add a record, select the New button, and type the new entries, pressing Tab after each to move between the text boxes in the form.

6. To remove the record currently displayed, select the Delete button, then OK to confirm the deletion.

7. To browse through only the records that meet certain criteria, select the Criteria button. (See "Specifying Criteria in the Data Form" below.)

8. Select Close to exit the data form.

Specifying Criteria in the Data Form

You can enter several criteria (or conditions) in the criteria range. A criterion can also be a calculation (usually a logical comparison), as shown in this example.

To browse through only the records that match specific criteria:

1. In step 6 above, select **Criteria**. A new data form will appear, with blank text boxes for each field.

2. Type the criteria for matching one or more fields in the text boxes, pressing Tab to move between them. For example, to find all people whose services are billed at more than $200 per hour, you would enter:

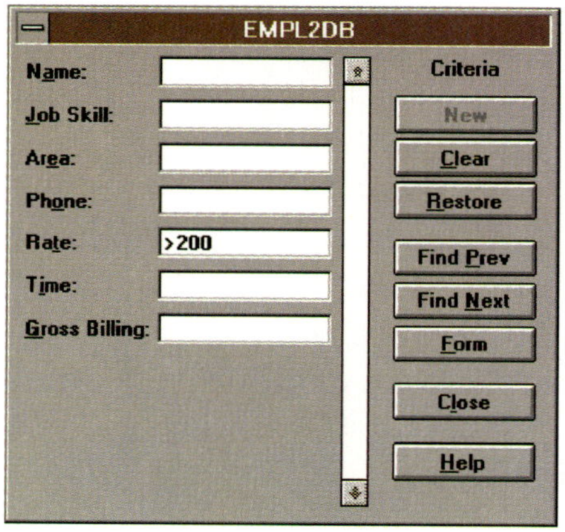

3. Select the **Form** button. The data form will reappear, showing the first record in the table.

4. Select **Find Next** or **Find Prev** to browse through the records that match your criteria.

5. Select **Close**.

A leading equal sign is optional for criterion entries if you just want a single match value. For example, you can enter **310** for the Area instead of **=310** to find all the records that have 310 in the Area field.

You can also use the following logical operators in your criteria, preceding the criterion value:

=	equal to
>	greater than
<	less than

>= greater than or equal to

<= less than or equal to

<> not equal to

Here are some other ways you can restrict the search:

- If you leave a criterion field blank, Excel will place no restrictions on that field.
- If you enter an equal sign (=) followed by a blank, only records that contain a blank in that field will match.
- If you enter <> followed by a blank, only records that do not have a blank in that field will match.

Normally, Excel ignores the difference between uppercase and lowercase letters in criteria, and you need not enclose text values in quotation marks. But, to restrict a search to text that is capitalized a certain way, enter it in quotation marks as a text value that is capitalized exactly the way you want it:

="ChartWizard"

For this type of exact matching, the equal sign *and* the quotation marks are required.

Using AutoFilter to Display a Set of Matching Records

Excel 5 has a quick way to select a set of records, for which multiple criteria can be specified. This AutoFilter feature displays or hides records in your database table, according to options that you set for field names, or column headings.

To select a set of records with AutoFilter:

1. Select the database table, including the column headings.

2. From the menu bar, select **Data ➤ Filter ➤ AutoFilter**. A set of drop-down buttons will appear in the column headings of your table:

3. Click the ↓ button for any column heading that you want to use as a criterion for selection. A list of possible values will drop down.

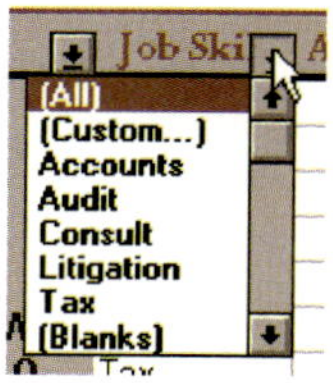

4. Select the matching value from the drop-down list. For example, you might want to select all people whose Job Skill is **Audit**. Only the records that match this criterion will now appear in the sheet.

   or

   Select **Custom** from the drop-down list to enter a formula as a criterion. (See "Entering Custom Criteria for the AutoFilter" below.)

5. Repeat steps 3 and 4 for any of the other column headings.

6. To extract the selected records to another table, do **Edit ➤ Copy** while the records are still highlighted, then click the top-right corner of an empty range in this or another sheet, and do **Edit ➤ Paste**.

Entering Custom Criteria for the AutoFilter

To enter custom criteria, such as formulas, for the AutoFilter:

1. In step 4 above, select **Custom** from the drop-down list. The Custom AutoFilter dialog box will appear.

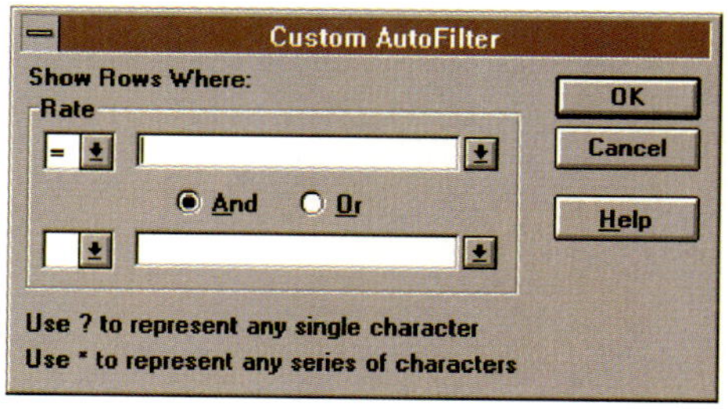

2. Click the first ↓ button and select a logical operator (such as >) from the drop-down box.
3. Click the ↓ button to open the first text box and select a value, *or* type a value in the box.
4. Optionally, select **And** or **Or** to specify another criterion for the same field name, and repeat steps 2 and 3 for the bottom two entries in the dialog box.
5. Select **OK**. Only the records that match the criteria you have entered will appear in the table.

For example, to show only the records of people who have hourly rates greater than $100 and who worked more than one hour, you would enter the following formula in the Custom dialog box for the Rate field:

```
>100
```

And you would enter this formula in the Custom dialog box for the Time field:

```
>1
```

Restoring the Full List

After using AutoFilter, to restore the list, revealing hidden records:

1. In any restricted field, click ↓ to open the column-heading drop-down box.

   or

   From the menu bar, select **Data ➤ Filter ➤ Show All**, and skip the rest of these steps.
2. From the drop-down list, select **All**.
3. Repeat steps 1 and 2 for the other restricted fields.

To restore the full list *and* turn off the display of column-heading drop-down buttons:

- From the menu bar, select **Data ➤ Filter ➤ AutoFilter**. The ✓ next to the command will disappear, and all records will be displayed.

Using the Advanced Filter to Extract Records

The Advanced Filter feature works much like the Data ➤ Extract command in Excel 4. The new List Range entry is the reference to the database table, and the Copy To range used to be called the Extract range.

The Advanced Filter feature is useful for selecting records by multiple criteria from a large database table, then copying, or extracting, those records to another worksheet location.

To extract records with the Advanced Filter:

1. Create a separate Criteria range in your sheet, having two rows—column headings and a set of multiple criteria, entered as formulas: Use **Copy** and **Paste** to duplicate the column headings and first record of the table, then clear any values from the cells that will receive criteria entries.
2. Type the criteria for record retrieval in the criteria range. For example, under the Rate heading, type **>100**, and under the Time heading, type **>1**, specifying the professionals who bill more than $100 per hour *and* who worked more than one hour:

3. Select the database table, including the column headings but not the criteria range.
4. From the menu bar, select **Data ➤ Filter ➤ Advanced Filter**. The Advanced Filter dialog box will appear.

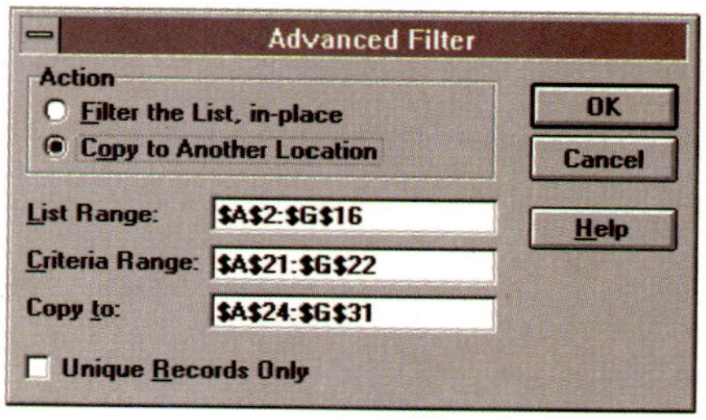

5. If Excel detected the ranges correctly, the references will be displayed in the List Range (database table) and Criteria Range boxes. If not, enter the correct references *or* click the box and drag the range in the sheet. (In both cases, be sure to include the column headings, or field names.)
6. Optionally, to extract the records to another location, select **Copy to Another Location** and specify its reference in the Copy To box.
7. Also as an option, mark the **Unique Records Only** box to exclude duplicates from the extraction (a good idea if the table is large).
8. Select **OK**.

An example of using the Advanced Filter on the Billings database table is shown in Figure 12.8. The criteria specify all

FIGURE 12.8

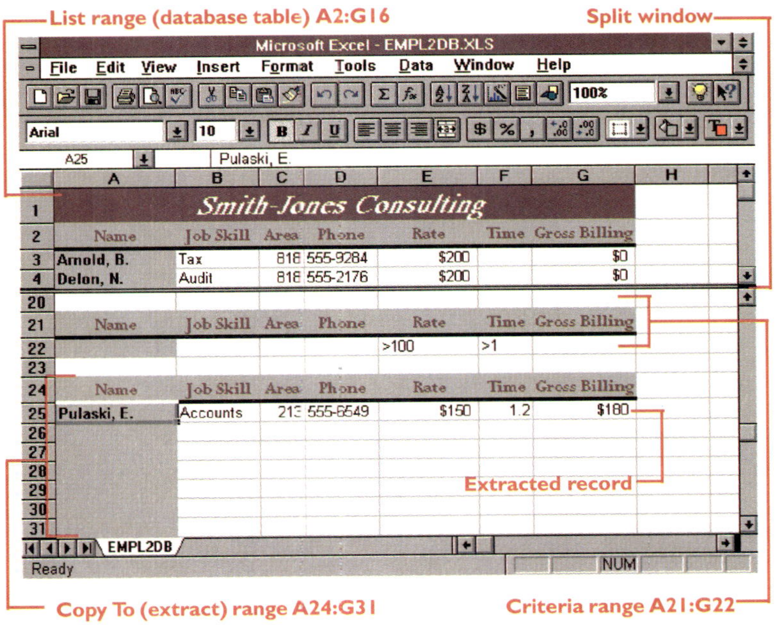

Using the Advanced Filter feature requires you to create a Criteria range in the sheet, and an optional Copy To (extract) range.

people whose billing rate is greater than $100 per hour and who worked more than 1 hour. The Copy To (extract) range shows that only one record (Pulaski, E.) meets these criteria. (Records for Enberg and Garcia also would have been retrieved if the criterion for Rate had been **>=1** instead of **>1**.)

Learning More about Criteria

These brief examples barely scratch the surface of the uses of database criteria and the types of conditions and calculations that you can use as criteria.

To find out more:

- From the menu bar, select **Help** ➤ **Contents** ➤ **Using Microsoft Excel** ➤ **Organizing and Analyzing Data in a List** ➤ **Sorting and Filtering Data in a List** ➤ **Setting up a Criteria Range**.

Creating a Summary Table with the PivotTable Wizard

Remember that database tables in Excel must always be organized with records arranged as rows and field names as column labels in the first row. Although this is a convenient arrangement for retrieving data quickly, it is not necessarily the appropriate layout for presenting results.

You can use the PivotTable Wizard feature of Excel to re-arrange a table by transposing its columns and rows. You might do this, for example, to transpose the columns and rows of records in a database extract range for purposes of presentation.

You can use the PivotTable Wizard on any table—not just on databases. If you wish, as part of the rearrangement the

Wizard will perform, you can also specify that you want the numeric results in the table *cross-tabulated*, or summarized.

The table in Figure 12.9 is arranged as an Excel database. Its records show monthly sales results (in thousands) for each of three products: ChikSnaks, FishStyx, and TofuBurgs.

Here's how to both transpose the database table and to do a cross-tabulation of the unit sales—all in one sequence of steps:

1. Select the entire table—in this case, the range **A1:C13**.
2. From the menu bar, select **Data ➤ PivotTable**. The Step 1 of 4 dialog box will appear.

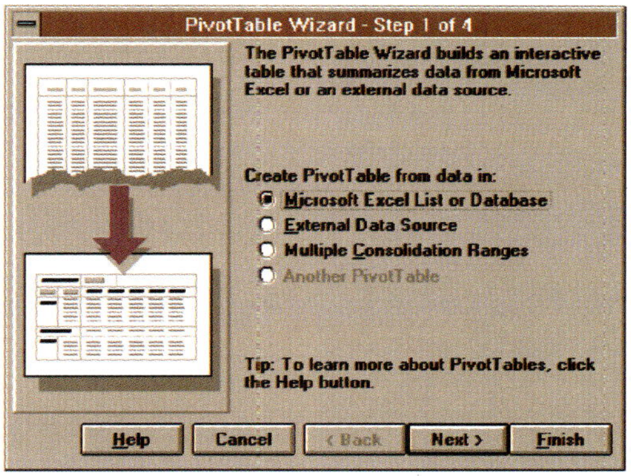

FIGURE 12.9

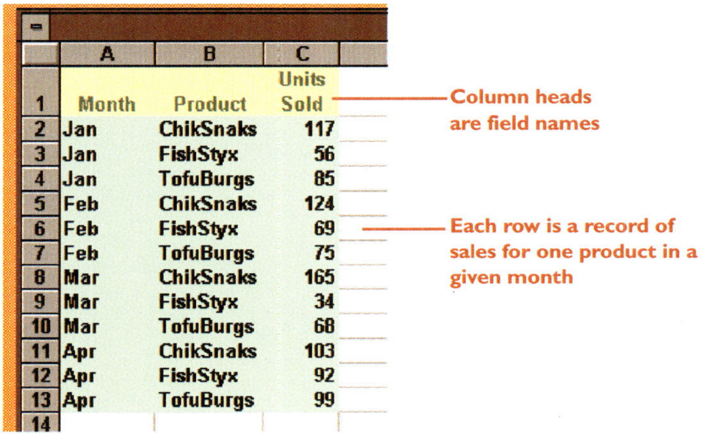

	A	B	C
1	Month	Product	Units Sold
2	Jan	ChikSnaks	117
3	Jan	FishStyx	56
4	Jan	TofuBurgs	85
5	Feb	ChikSnaks	124
6	Feb	FishStyx	69
7	Feb	TofuBurgs	75
8	Mar	ChikSnaks	165
9	Mar	FishStyx	34
10	Mar	TofuBurgs	68
11	Apr	ChikSnaks	103
12	Apr	FishStyx	92
13	Apr	TofuBurgs	99
14			

The arrangement of this database table is convenient for data retrieval, but not appropriate for presentation of results.

3. Because you are using a table in the current sheet, the default option setting is correct. Select **Next**. The Step 2 of 4 dialog box will appear.

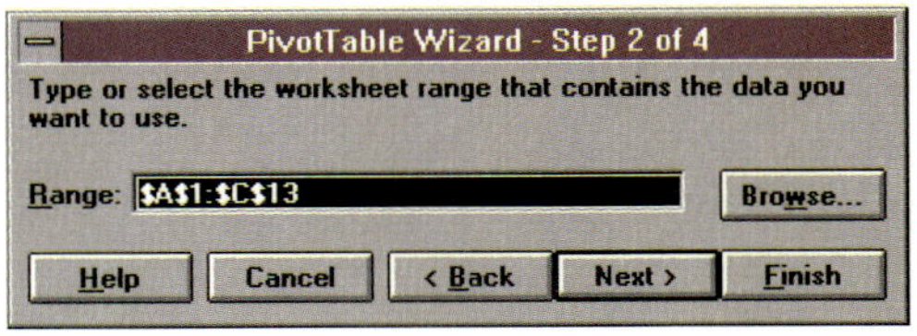

4. Because you selected the table *before* you selected the command, the default range reference shown in the dialog box is correct. Select **Next**. The Step 3 of 4 dialog box will appear (see Figure 12.10), where you must define a new layout for the table.

5. In the dialog box, drag the **Month** button into the Column portion of the table layout in the dialog box.

6. Drag the **Product** button into the Row portion of the table layout.

FIGURE 12.10

Specify the layout of the PivotTable.

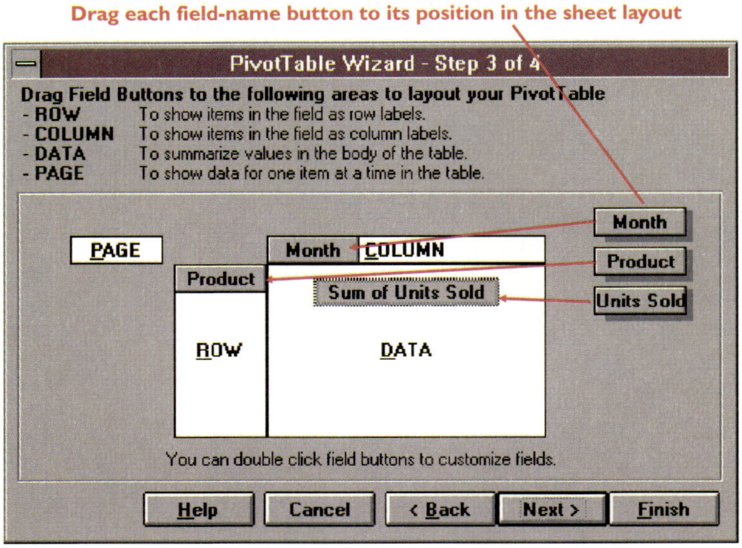

7. Drag the **Units Sold** button into the Data portion of the table layout. The three field buttons indicate the new positions of the fields in the rearranged table.
8. Select **Next**. The Step 4 of 4 dialog box will appear (see Figure 12.11).
9. Select the cell in the worksheet at which the new table will begin: In the example, click cell **D1** in the sheet. (If the cell is hidden by the dialog box, drag the title bar of the dialog box to reposition it.)

   or

   In the PivotTable Starting Cell text box, type **D1**.
10. Select the **Finish** button.

A new table will be inserted into the sheet, as shown in Figure 12.12, with cell D1 as its top-left corner. The columns and rows of the original table will be rearranged, and new totals will be generated for monthly total sales (the Grand Total row) and quarterly sales by product (the Grand Total column).

FIGURE 12.11

You can click the starting cell in the sheet, or type its address in the PivotTable Starting Cell text box.

Depending on the options you have set in **View ➤ Toolbars**, the Query And Pivot toolbar may appear after you select **Finish**.

FIGURE 12.12

Revised table, showing cross-tabulations

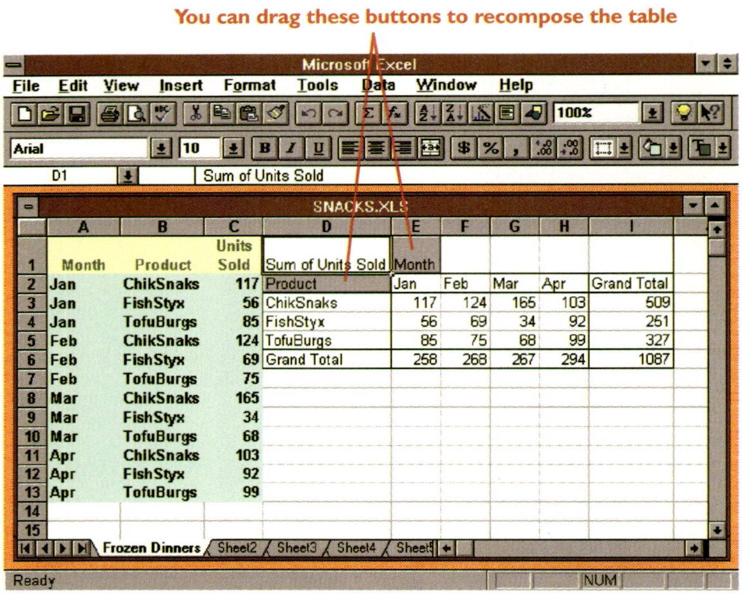

Manipulating a PivotTable

Once you have created a PivotTable, as just described, you need not do the Data ➤ PivotTable command again to change its layout. The ability to transpose its fields is built-in as a set of buttons in the sheet. In the example in Figure 12.12, these buttons are indicated by the gray cell backgrounds on the Product and Month labels.

You can drag these buttons to recompose the table until you see the presentation you like best:

- In the PivotTable example, drag the **Month** button into the data area of the table.

The table will be recomposed, as shown in Figure 12.13.

Tips on Creating Useful Tables

Here's a good rule that encapsulates the material in this chapter:

- The usefulness of a table or a database depends largely on how you set it up.

Preparing to construct such a table in Excel can be best done by working backwards, in effect. Try these steps:

1. Start at the end of the process by defining the results you need:
   - Think of examples of the data you want to be able to retrieve.
2. Identify the sources of those results:
   - Will you need records that are stored in an external database system?
   - What fields will be contained in your records, and what will be the field names?
3. Determine how data items in the table will be processed:
   - If you are designing a lookup table, what field will be used for the compare value, and how will it be sorted?
   - If records will contain a calculated field, what will be its formula, and what data items in other fields will be used by that formula?
   - If the result is a cross-tabulation, what data items will be used and how will they be summarized?
4. Design the table, remembering that you can use the PivotTable Wizard, if necessary, to transpose the arrangement of columns and rows.

FIGURE 12.13

Recomposed PivotTable

Depending on the dimensions of your document window when you drag any of the PivotTable buttons, the recomposed table might extend outside the viewing area. In this case, you can see all of the sheet in Full Screen mode.

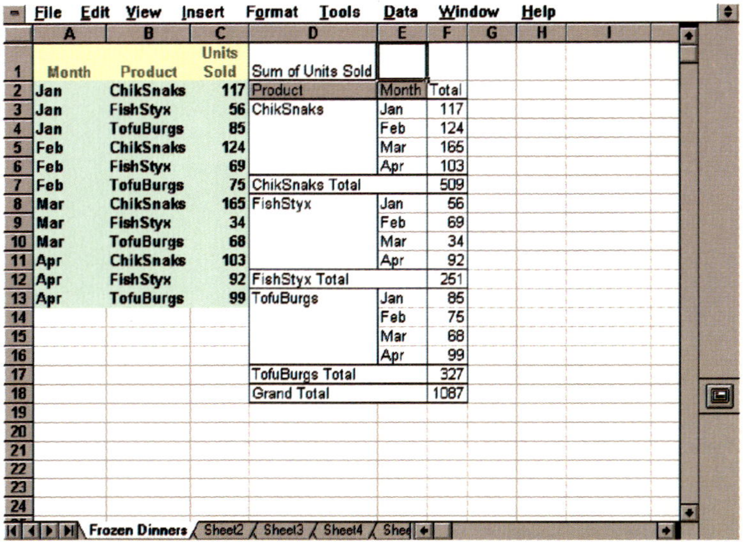

	A	B	C	D	E	F
1	Month	Product	Units Sold	Sum of Units Sold		
2	Jan	ChikSnaks	117	Product	Month	Total
3	Jan	FishStyx	56	ChikSnaks	Jan	117
4	Jan	TofuBurgs	85		Feb	124
5	Feb	ChikSnaks	124		Mar	165
6	Feb	FishStyx	69		Apr	103
7	Feb	TofuBurgs	75	ChikSnaks Total		509
8	Mar	ChikSnaks	165	FishStyx	Jan	56
9	Mar	FishStyx	34		Feb	69
10	Mar	TofuBurgs	68		Mar	34
11	Apr	ChikSnaks	103		Apr	92
12	Apr	FishStyx	92	FishStyx Total		251
13	Apr	TofuBurgs	99	TofuBurgs	Jan	85
14					Feb	75
15					Mar	68
16					Apr	99
17				TofuBurgs Total		327
18				Grand Total		1087

This chapter presents just a brief overview of the capabilities of the PivotTable Wizard and MS Query. For more information, see Part 5 of the *Microsoft Excel User's Guide*, "Retrieving and Analyzing Data from Lists and Tables," as well as the separate booklet, *Microsoft Query User's Guide*, which is included with the program documentation.

CHAPTER 13

Troubleshooting Your Worksheets

Featuring

- Quick tips for resolving common problems with Excel and Windows
- Cross-references to other chapters in this book for more information
- Some Excel-lent ways to avoid trouble

Wrapping up this little volume is a summary of cogent things I have learned from experience or otherwise stumbled upon in my own efforts to get Excel to do my bidding. Next to each is a reference to the chapters where you can find further advisory notes.

Ask Excel First...

There's more about using the Help system in Chapter 3, which covers mouse selections and keyboard controls in Windows and in Excel, as well as navigation of the file system.

If you encounter a problem, the first place to look for advice is here:

1. From the menu bar, select **Help ➤ Contents ➤ Reference Information ➤ Answers to Common Questions about Microsoft Excel**. A list of the 25 most frequently asked questions will appear.
2. If your question is listed, click its **Answer**. A descriptive answer will appear.
3. From the Help window menu bar, select **File ➤ Exit**.

For help with a specific command or procedure while you are working in Excel:

1. Click the **Help** tool.

   or
   Press F1.
   A question mark will appear in the pointer.
2. Perform the command or action that you want help with. A Help document window will open with instructions relating to the command or action.

Memory Management

Especially if you are working with a large worksheet or have several workbooks open at the same time, Excel may give you a message that there is insufficient memory to continue. Here are some tips:

- If possible, minimize Excel and close any other applications that are currently running. Then, restore Excel, and save and close any open workbooks that aren't essential to your current task.

- If the display locks up, or becomes frozen, try pressing Ctrl-S to save your work to disk. Then, press Alt-F4 to exit Excel.
- In case of difficulty, always try to save your work and do File ➤ Exit in Excel and again in Windows before resetting or restarting your computer. Otherwise, your session settings may be lost. (If you turn the power off, wait five seconds before turning it back on to avoid damaging the hard disk.) If pressing Alt-F4 to exit has no effect, press Ctrl-Alt-Del and follow the instructions that appear on the screen to close Excel or restart Windows. *You'll lose any work you haven't saved.*
- Excel will report the amount of available memory when you select Help ➤ About Microsoft Excel from the menu bar. (You can also do Help ➤ About in Windows Program Manager to see how much memory is available before you start Excel or after you close applications to see how much memory has become free.)

Increasing Available Memory

To increase the size of available memory:

- Remove any terminate-and-stay-resident (TSR) programs. Startup commands for TSRs are usually in the DOS file AUTOEXEC.BAT or in the Windows program group StartUp.
- Disable any supplementary shell program, such as Norton Desktop or Hewlett-Packard Dashboard, and use Program Manager to start Excel.
- Don't run other Windows applications when you are running Excel.
- Don't use Wallpaper options in Windows Program Manager.
- Don't embed large sound recordings, movie files, bitmaps, or Encapsulated PostScript (.EPS) objects (which can contain bitmaps as well as graphics) in Excel documents.

For more information on setting up a permanent swap file, see "Dealing with Memory Constraints" in Chapter 3. You may also want to read the sections on optimizing system performance in the *Microsoft Windows User's Guide*. Be aware that, as Windows applications become more extensive, there may be no alternative to adding RAM chips to your computer hardware.

- Create a permanent swap file in Windows. Or, if there is an existing permanent swap file, increase it to the full recommended size. The recommended size will be reported in Program Manager when you select **Main ➤ Control Panel ➤ 386 Enhanced ➤ Virtual Memory**. You need not set more than the recommended size; Windows won't use it.
- Add random access memory (RAM) to your computer hardware. The recommended size of RAM for Windows 3.1 and minimum for Excel 5 is 4 megabytes (MB). If you often run applications concurrently or are using a 32-bit version of Windows, OS/2 in Windows emulation, or SoftWindows on the PowerPC, you will probably need 8–16 MB.

Entering Data

Following are essential tips on entering and editing data in worksheets.

For more about number formatting, see Chapter 6. Entering data, including text strings, is covered in Chapter 1. Using the AutoFill feature to do a variety of handy things—including copying formulas—is covered in Chapters 1 and 2.

Number Formatting

Numbers that you type into cells cannot have letters mixed in. However, number values can include

Currency symbols ($100)
Commas separating thousands (1,000,000)
Leading plus or minus signs (+ or – in front of the number)
Decimal points (100.00)
Slashes (/) or hyphens (–) in dates (1/2/99 or 1-2-99)
Percent signs (%) after percentages
Scientific notation (1E+08 in Excel notation means 1.0×10^8)

Processing of Text Entries

If your data is not a formula (always beginning with an equal sign) or a number, Excel will treat it as text. There are no restrictions on text entries, which can have as many as 255 characters in a single cell.

Copying Data

To copy data in a cell into adjacent cells:

- Drag the fill handle (on which the pointer becomes a solid plus sign in the lower-right corner of an active cell) into the adjacent cells that will hold the copies.

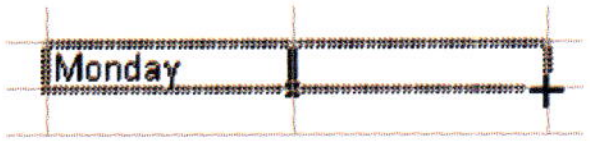

Depending on what you've selected, Excel might increment the copies as well. For example, you can drag Monday to generate labels in sequence for the other days of the week. Or, you can drag a pair of numbers (such as 2 and 4) to generate the rest of a sequence:

6, 8, 10, 12...

If, however, the first cell contains 4 and the second cell contains 2, the sequence would proceed in descending order:

0, –2, –4, –6...

Moving Data and Formulas

To move a selected cell or block of cells:

1. Place the pointer at the border of the cell highlight so that it changes to an arrow tip.
2. Drag the arrow to move the data.

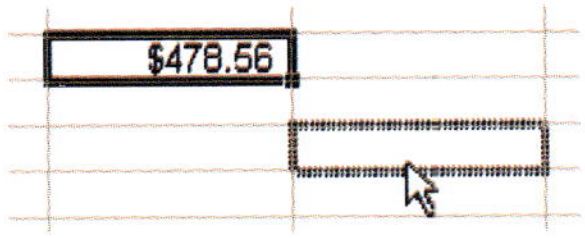

For alternative procedures by which data can be moved and copied, as well as some healthy cautions about doing this, see Chapter 6.

Copying Data

To copy a selected cell or block of cells:

- Hold down the Ctrl key as you perform drag-and-drop, as just described.

Remember that moving copies data to another location, as well as clears the data from the original location. Copying leaves identical data items at both locations.

Clearing data by using the fill handle is covered in Chapter 1. (Remember that you can be more selective about what is being deleted by using the command **Edit ➤ Clear** instead.)

Clearing Data

To remove just the data (values, text, or formulas) from a selected cell or block of cells—leaving the cell formatting intact:

- Drag the fill handle upward, back over the selection.

Using AutoSum Correctly

Use of the AutoSum tool to generate formulas is covered in Chapters 1 and 2. Advice on inspecting the syntax of formulas and making sure they work as you intend is offered in Chapters 4 and 5.

To generate a total:

1. Select a cell that is at the foot of a column or at the end of a row of values.
2. Double-click the AutoSum tool.

Remember that *double-clicking* the tool will generate a correct formula only if the cell is at the foot of a column or end of a row, and if you want to add all of the values in that column or row.

To use AutoSum at other locations:

1. Select the cell that will hold the total.
2. Click the AutoSum tool *once*. A moving dotted line will appear around the nearest column or row.
3. Drag the dotted line to surround the block of cells you want to add.
4. Press ↵ or click the Confirm (✓) button.

Undoing a Command or Action

If (at almost any time) you don't like what you did—*before you do anything else:*

- From the menu bar, select Edit ➤ Undo.

  or

  Press Ctrl-Z.

To restore what you did (and before doing anything else):

- From the menu bar, select Edit ➤ Redo.

  or

  Press Ctrl-Z.

If the command or action can't be undone, the command will appear dimmed in the Edit pull-down menu.

There's more about the Undo feature in Chapter 6. Also in that chapter, you'll find ways to control the display of data values so that they are interpreted correctly—as dates or as numbers, for example.

Adjusting the Size of Cells

To adjust the width of a column or height of a row to fit the data in its cells:

- Double-click the right border of a column heading.

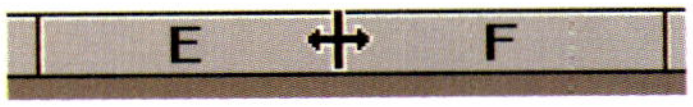

  or

  Double-click the bottom border of a row heading.

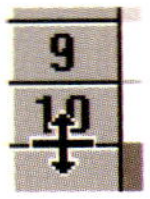

This shortcut is especially handy when you see pound signs (########) in a cell, indicating that the cell is too narrow to display the number inside it.

Using Shortcut Menus

If you want to edit data or an object in a sheet:

1. Select the data or object: Click a cell or an object; drag over a block of cells.

Look in Chapter 9 for tips on using shortcut menus, as well as lots of other kinds of shortcuts that will save you time and energy when you are working with Excel.

2. Click the *right* mouse button. A shortcut menu will appear displaying the commands that apply to the type of object you've selected.

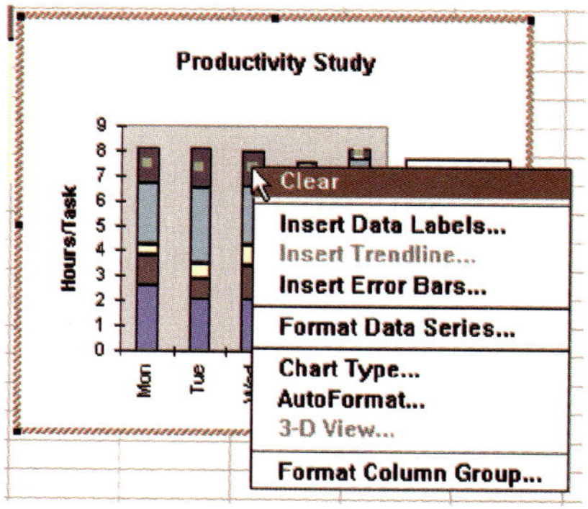

3. Select a command from the shortcut menu. Depending on the command selected, a dialog box may appear, showing options that apply to the object type.
4. If there are multiple categories of options, each category will be shown in the dialog box as an index tab. Click the index tab of the set of options you want to change:

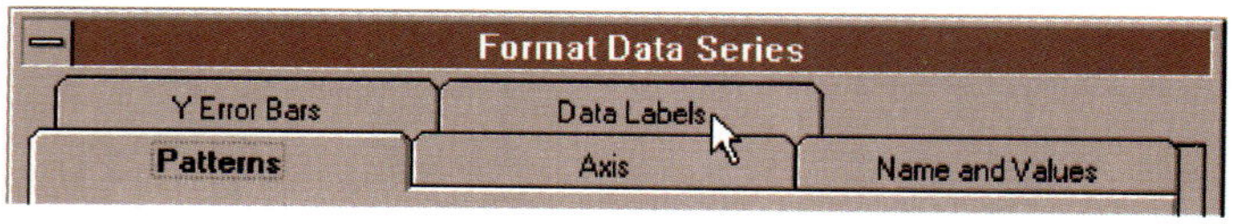

5. Set the options.
6. Select OK to close the dialog box.

There's more on exchanging data—including copying and linking data between sheets and between documents—in Chapter 11. Remember that there should only be one correct value of a linked data item. If you update the source cell, all of the destinations will receive the same value. If, however, you enter an updated value in a destination cell, you will overwrite the external link reference (a formula), thus severing the link and possibly ending up with different values in each location.

Copying Data between Sheets

To copy data between different open worksheets (whether in the same or in different workbooks):

1. Select the data in the source sheet.
2. From the menu bar, select Edit ➤ Copy.
3. Activate the destination sheet.
4. Select the location that will receive the data: If the data is a range and it will be the same dimensions in the destination sheet, you need only click the top-left corner of the destination range.

5. From the menu bar, select **Edit ➤ Paste**.
   or
   To copy as well as create an ongoing link by which data will be updated, select **Edit ➤ Paste Special ➤ Paste Link**.

Improving Productivity

Splitting Windows

To view the headings and the bottom of a large sheet at the same time (or the row headings and the right edge of the sheet), select the cell at which the split will appear, then:

1. From the menu bar, select **Window ➤ Split**. The document window will be split into two or four independently scrollable panes. (The number of panes depends on the location of the cell highlight when you do the command.)
2. If necessary, drag the split line to reposition it.
3. To remove the split, select **Window ➤ Remove Split** from the menu bar.

You don't get extra points for doing things the hard way. Here are some tips for making your work life easier.

Organizing Work by Directories

Using DOS file commands or Windows File Manager, create directories (also called *folders*) to store files for different projects or clients. Understand the structure of the *directory tree* so that you can navigate the file system with ease.

You'll find tips on navigating the DOS/Windows file system in Chapter 3. Remember—proper use of directory structure is the single most productive thing you can learn about your computer! Using the Outlining feature of Excel is covered in Chapter 8. This is a really slick way to cut big, ungainly sheets down to size.

Collapsing Large Sheets

Use the **Data ➤ Group and Outline ➤ Auto Outline** command on big sheets that have multiple levels of detail (usually, totals and subtotals) to collapse or expand them with a click.

Documenting Your Work

Find out how to add all kinds of annotations to your sheets in Chapter 11. (Writing notes to yourself isn't crazy if it helps you remember how you built a complex sheet!)

Use the Notes feature of Excel or object linking and embedding (OLE) in Windows to embed text comments, sound recordings, or entire report documents that describe the purposes and logic of your worksheet.

Remember that a red dot appearing in the top right corner of a cell indicates that it holds a text or sound note:

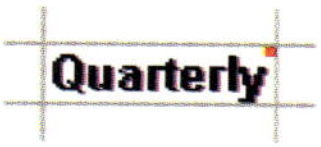

Don't select the **Hide** option for the note indicators in your only copy of a sheet, lest you forget that they're there. To see a list of all notes in the current sheet, select **Insert ➤ Notes**.

Verifying Results

Here are some tips on using formulas and functions (ready-made formulas), which describe math problems that Excel will calculate for you.

Verifying Function Names

Make sure your worksheet is reliable! Take the 8 Great Steps listed on the inside front cover of this book. (It's a condensed version of the checklist in Chapter 5 for testing worksheet logic.)

Any function name you enter by using the Function Wizard will be checked automatically, along with the correctness of its syntax and arguments.

Errors can be introduced if, instead of using the Function Wizard, you simply type formulas into cells. If you do this, type the function and range names in lowercase characters. Excel will then capitalize the names if they are valid.

Remember that Excel will usually permit the entry of incorrect function names and formula syntax, which will be entered into the cell as a text string. If you precede the entry with an equal sign—indicating a formula—an incorrect entry will be permitted but the error message #NAME? will be displayed in the cell.

Relative or Absolute?

In formulas, use relative addresses (A1) unless you want to make sure that a formula will always use the same address, even if the formula is copied or moved into another cell (absolute: $A$1).

The mysteries of relative and absolute addressing are revealed in Chapter 4. Many people have trouble with cell references, but here you'll find some practical tips so you won't fret about it anymore.

Worksheet Auditing

Tracing the logic in a worksheet involves finding the sources of data for each formula (called *precedents*) or finding other formulas (called *dependents*) that use the values or results in the current cell.

For example, cell G18 in the sheet in Figure 13.1 contains the following formula. Even though it contains names rather than cell addresses as references, the sources of the data are not obvious at a glance:

```
=Pmt_to_use*(First_payment_no–1)–(Loan_amount–
Table_beg_bal)
```

Excel can help you visualize the logic in worksheets that contain complex formulas. This feature is particularly helpful if you've named ranges and formulas but have trouble keeping track of the addresses those names refer to.

Precedents and Dependents

To trace the logic in a sheet:

1. Select a cell that contains a formula: **G18**, in this case. (Start with a formula that might show an incorrect result or that has references you don't understand.)
2. From the menu bar, select **Tools ➤ Auditing ➤ Trace Precedents**. The program will draw arrows to all sources of data for the selected formula, as shown in Figure 13.1.
3. To remove the arrows, select **Tools ➤ Auditing ➤ Remove All Arrows**.
4. To find the cells that use the results of the currently selected formula, select **Tools ➤ Auditing ➤ Trace**

FIGURE 13.1

Blue arrows converging on the selected cell indicate precedents. Each cell that contains a precedent is a large dot on the arrow (window shown in Full Screen mode).

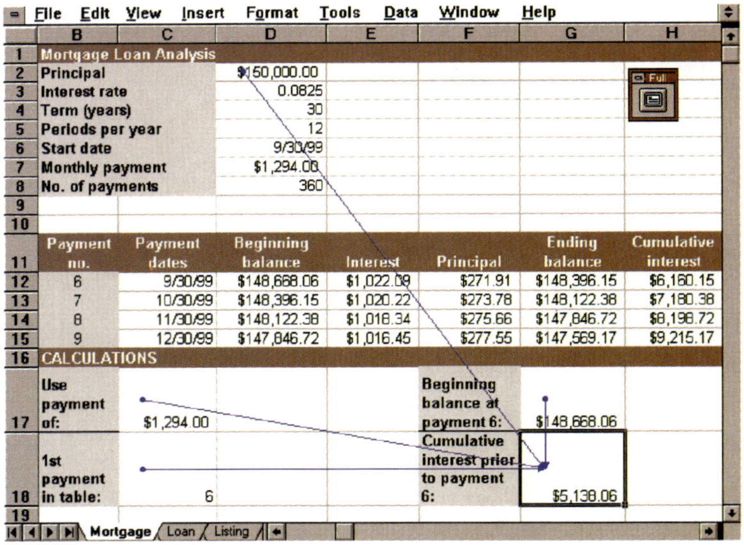

This sheet uses some complex formulas to calculate balances of principal and interest after each payment of a mortgage. You can find much the same sheet in the sample workbook file HOME.XLS.

Dependents. The program will draw arrows to all uses of data from the selected formula, as shown in Figure 13.2.

5. Repeat the tracing procedure for the other data values and formulas in the sheet.
6. If you are tracing the logic to clarify formula or range references, use the Insert ➤ Notes command to add cell notes that explain what you found.

Error Messages

If a cell contains an error message (such as #REF!):

1. Click the cell that holds the error message.
2. From the menu bar, select Tools ➤ Auditing ➤ Trace Error. If the error is caused by preceding values or formulas, the program will draw red arrows to the sources of the error, as shown in Figure 13.3.

FIGURE 13.2

Indicates that the dependent is located on another sheet

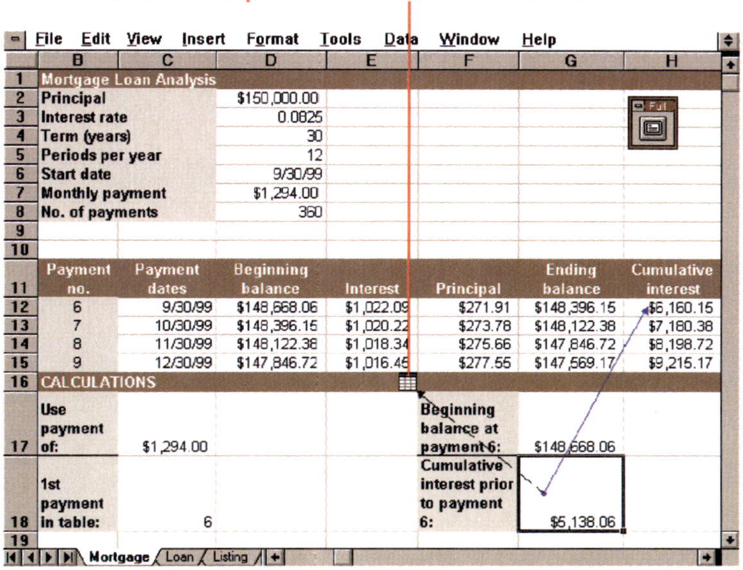

Blue arrows pointing away from the selected cell go to dependents.

The worksheet symbol at the tip of the left arrow indicates that the dependent cell is on another sheet.

Using the Auditing Toolbar

Alternatives to the Tools ➤ Auditing commands just described can be found on the Auditing toolbar, which is shown in Figure 13.4. The last tool on the right, Show Info Window, turns on the Info Window, which can display formulas and references for precedents and dependents. You can leave this window open as you select formulas and trace their logic in the sheet.

1. Select a cell that contains a formula.
2. Activate the Info Window. Any formulas in the selected cell will appear in the window.
3. Use the Info ➤ Precedents and Info ➤ Dependents commands to insert these references as text into the Info Window.

FIGURE 13.3

Red arrows indicate the sources of an error message.

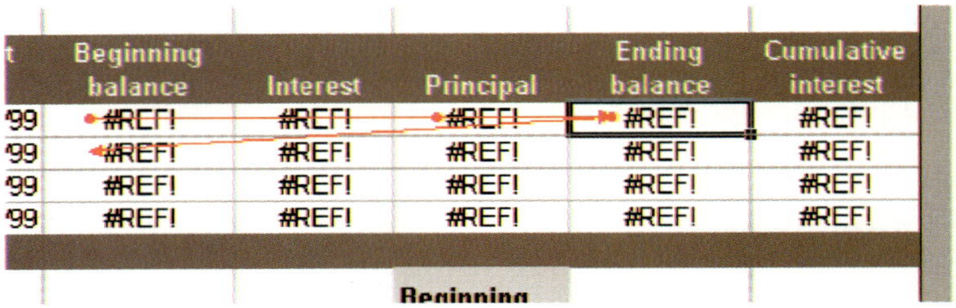

Multiple sources of error can form branches, which can be difficult to follow. If the Error Tracer advises you that the trace branches, it will draw only the arrows that stem from the first branch point. Double-click one of the branches that you want to follow, then repeat the command. You can continue selecting branches until there are no more or until the reference becomes circular (returns to the original cell).

4. Repeat steps 1–3 for each cell in the sheet to be audited.

5. When the Info Window is open, select **File ➤ Print**, from the menu bar. The contents of the Info Window, documenting all formulas, precedents, and dependents, will be printed out.

Pretty Printouts

Even if your worksheet is correct logically, it will have greater impact if it is formatted attractively. And, of course, it won't be much use on paper unless you can get your printer to reproduce that formatting properly.

FIGURE 13.4

The Auditing toolbar

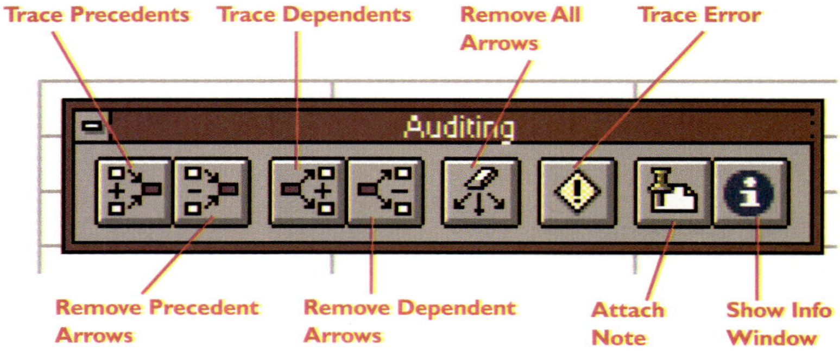

Using AutoFormat

To apply ready-made appearance formats to an entire sheet:

1. Select the sheet.
2. From the menu bar, select Format ➤ AutoFormat. The AutoFormat dialog box will appear.
3. Select the name of a ready-made format from the list. A preview of the format will appear in the dialog box.
4. Select OK. The sheet will be formatted automatically.
5. To see the sheet in its true colors, click anywhere outside your selection.

Chapter 7 offers lots of tips on improving the appearance of displays and printouts. (When you have to present your results to the world, appearance suddenly becomes a big issue.) Of course, you can always Preview before you Print. But remember—you will not see color in Preview mode unless the current printer can reproduce it. (Getting pretty printouts is covered in depth in Chapter 8.)

Previewing Before You Print

To get an on-screen preview of a printout:

- Click the Preview tool. 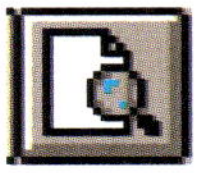

All page setup, printer setup, and printing commands can be performed by selecting buttons at the top of the Preview window. You can also drag page margins and cell borders in this display to recompose your sheet, if necessary.

Centering Printouts on the Page

To compose printouts quickly:

1. From the menu bar, select File ➤ Page Setup. The Page Setup dialog box will appear.
2. In the dialog box, click the Margins index tab.
3. Mark both Center On Page check boxes: Horizontally and Vertically.
4. Select OK.

Tips for composing worksheets for specific printing formats are presented in Chapter 8, including switching between portrait and landscape orientation and controlling the colors and other appearance options of fonts and cell backgrounds.

Setting Page Orientation

If you do lots of letters and memos in portrait orientation but usually want your worksheets in landscape, set up your printer for portrait orientation in the Windows Control Panel and in any word processing applications, but change the orientation in Excel to landscape for the current document. (See Chapter 8.)

To set this page orientation in Excel:

1. From the menu bar, select File ➤ Page Setup.
2. Make sure the Page index tab is selected.
3. In Orientation options, select Landscape.
4. Select OK.

Correcting Problems with Fonts

If you're having font trouble in Windows, try this:

1. In Program Manager, select Main ➤ Control Panel ➤ Fonts ➤ TrueType.
2. Mark both check boxes: Enable TrueType Fonts and Show Only TrueType Fonts In Applications.

Remember that this change will apply to *all* Windows applications. (See Chapter 8.)

If, after trying the above procedure, the fonts on your printouts still don't match the ones on the screen, do this:

1. In Excel, select File ➤ Print ➤ Printer Setup ➤ Setup ➤ Options.
2. Mark the check box Print TrueType as Graphics.
3. Select OK or Close to close each of the open dialog boxes.

These steps have the effect of bypassing resident printer fonts. However, printing might be slower as a result.

The commands and options in steps 1 and 2 will vary, depending on the features of the printer driver. The command shown applies to the Hewlett-Packard LaserJet II family of printers.

For PostScript printers, the command is:

1. File ➤ Print ➤ Printer Setup ➤ Options ➤ Advanced.
2. *Unmark* the check box Use Printer Fonts for all TrueType Fonts.

If you are using Adobe Type Manager (ATM) and don't turn it off, unmark the check box Use Pre-Built or Resident Fonts in the ATM Control Panel, which also bypasses the printer fonts, then restart Windows.

Clicking the Print tool might give you perfectly acceptable results, but if you need to fine-tune the layout of the sheet on the page, take another look at Page Setup and Printer Setup options in Chapter 8.

Avoiding Common Pitfalls

Here are some commonly encountered problems with Excel and tips for preventing them.

Related topics covered in Chapter 9 are: installing and using the AutoSave add-in macro and cautions about the Spell Check feature.

Use AutoSave with Caution

If you set up AutoSave for automatic timed saving of sheets to disk, choose the Prompt Before Saving option so that you can control the overwriting of existing files.

Don't Forget Passwords!

If you apply password protection to a sheet or to a file, keep the password in a safe place. The type of password protection used in Excel is *highly* secure: If you forget a password, you're really and truly out of luck. Even the Microsoft technical staff can't help you.

Checking Spelling

Use the Tools ➤ Spelling command to check the labels and notes in your sheet.

But remember—the spell-checking program is no substitute for old-fashioned proofreading. It will not catch all types of spelling errors, including misspellings of most proper names and misuse of correctly spelled terms.

Here's other tip: In the Spelling dialog box, you can select the Add button to build a custom dictionary for jargon, technical terms, and proper names that you use frequently. But don't add words to this dictionary unless you are absolutely certain that they are spelled correctly.

There's much more about charts, drawings, and slide shows in Chapter 10. Before you try linking and embedding data or objects in your sheets, take a look at Chapter 11.

Making Meaningful Charts

The secret to getting the ChartWizard to make useful charts is picking a range that reveals a meaningful pattern or trend in the data.

Linking Data in 3-D Sheets

You can use data links to create 3-D sheets (stacks of sheets in a workbook) that work like a single many-layered sheet.

Creating Useful Tables

Create a lookup table to store and retrieve related data such as names and phone numbers. If you want to be able to look up and retrieve the data in the widest variety of ways, create the table as a database: field names as column headings, records organized as rows.

The usefulness of the information you get out of a table (lookup or database) depends mostly on how well you set it up.

Excel 5 places few restrictions on the structure of tables that are used as databases. However, you might make your work life easier if you heed the recommendations in Chapter 12.

Some Excel-lent Tips

I saved the best for last! Here's an assortment of my *choicest* tips, offered in the hope that you never have to experience what I went through to discover them!

- In any worksheet, leave an extra formatted column or row—empty of data but including all required formulas—that you can copy to expand the sheet quickly.
- Use templates as fill-in-the-blank forms for sheets that you reuse or that you submit periodically (File ➤ Save As ➤ Template).
- Save template files in the XLSTART subdirectory so that you can get one quickly whenever you select File ➤ New.
- Don't use a single complicated formula if several simpler formulas in different cells will do the same job. (It's not that Excel can't do the math; you will just have more trouble understanding—and remembering—the logic in your worksheet.)
- Use text labels liberally to identify number values in your sheets.
- Give cells and ranges descriptive names. This will make the formulas using the names easier to understand.
- Be aware that using a name in place of a formula can obscure its underlying math. This can be particularly tricky: Be careful about naming formulas that are used by other formulas (formulas that have dependents). If many formulas are involved, it can be very difficult to trace the logic. (If you get confused, use worksheet auditing to trace the precedents and dependents.)
- Use cell notes liberally to explain to yourself and to others how a sheet was constructed and what its formulas do.
- Use text boxes with arrows to call out required inputs or items needing special attention.
- In your working copy of a sheet, highlight results of formulas in a different color as a way of distinguishing them from data inputs and constants.

This concludes your guided tour of Excel. You're on your own now—but keep this book handy. If you encounter a problem, look in this chapter first. If you need more information, look up the cross-references to other chapters.

Okay, don't pass any bad parameters, don't trust Excel's answers unless you know where they came from, and never share your sheets with strangers!

- Use cell protection to control which data in a sheet can be changed or edited by another user of the sheet. At a minimum, lock all cells that contain formulas.
- It seems so obvious, but it's *soooo* important: Save your work, and save often (**File ➤ Save**) during a work session. Back up disk files regularly, preferably at the end of each work session. Although today's computer equipment can minimize some disturbances in electrical power, even small brownouts and surges can destroy any work that hasn't been saved to disk. Also, no disk technology yet developed is immune from failure.

Index

Note to the Reader: Throughout this index **boldfaced** page numbers indicate primary discussions of a topic. Italicized numbers indicate primary discussions of a topic. *Italicized* page numbers indicate illustrations page numbers indicate illustrations.

A

B

D

I

J

K

L

M

N

O

P

Q

R

T

W

X

Y

Z

[1547] A Guided Tour of Excel 5

GET A FREE CATALOG JUST FOR EXPRESSING YOUR OPINION.

Help us improve our books and get a ***FREE*** full-color catalog in the bargain. Please complete this form, pull out this page and send it in today. The address is on the reverse side.

Name ______________________ **Company** ______________________

Address ______________________ **City** __________ **State** ____ **Zip** ______

Phone (   ) ______________

1. How would you rate the overall quality of this book?

- ❑ Excellent
- ❑ Very Good
- ❑ Good
- ❑ Fair
- ❑ Below Average
- ❑ Poor

2. What were the things you liked most about the book? (Check all that apply)

- ❑ Pace
- ❑ Format
- ❑ Writing Style
- ❑ Examples
- ❑ Table of Contents
- ❑ Index
- ❑ Price
- ❑ Illustrations
- ❑ Type Style
- ❑ Cover
- ❑ Depth of Coverage
- ❑ Fast Track Notes

3. What were the things you liked *least* about the book? (Check all that apply)

- ❑ Pace
- ❑ Format
- ❑ Writing Style
- ❑ Examples
- ❑ Table of Contents
- ❑ Index
- ❑ Price
- ❑ Illustrations
- ❑ Type Style
- ❑ Cover
- ❑ Depth of Coverage
- ❑ Fast Track Notes

4. Where did you buy this book?

- ❑ Bookstore chain
- ❑ Small independent bookstore
- ❑ Computer store
- ❑ Wholesale club
- ❑ College bookstore
- ❑ Technical bookstore
- ❑ Other ______________

5. How did you decide to buy this particular book?

- ❑ Recommended by friend
- ❑ Recommended by store personnel
- ❑ Author's reputation
- ❑ Sybex's reputation
- ❑ Read book review in ______
- ❑ Other ______________

6. How did you pay for this book?

- ❑ Used own funds
- ❑ Reimbursed by company
- ❑ Received book as a gift

7. What is your level of experience with the subject covered in this book?

- ❑ Beginner
- ❑ Intermediate
- ❑ Advanced

8. How long have you been using a computer?

years ______________

months ______________

9. Where do you most often use your computer?

- ❑ Home
- ❑ Work
- ❑ Both
- ❑ Other ______________

10. What kind of computer equipment do you have? (Check all that apply)

- ❑ PC Compatible Desktop Computer
- ❑ PC Compatible Laptop Computer
- ❑ Apple/Mac Computer
- ❑ Apple/Mac Laptop Computer
- ❑ CD ROM
- ❑ Fax Modem
- ❑ Data Modem
- ❑ Scanner
- ❑ Sound Card
- ❑ Other ______________

11. What other kinds of software packages do you ordinarily use?

- ❑ Accounting
- ❑ Databases
- ❑ Networks
- ❑ Apple/Mac
- ❑ Desktop Publishing
- ❑ Spreadsheets
- ❑ CAD
- ❑ Games
- ❑ Word Processing
- ❑ Communications
- ❑ Money Management
- ❑ Other ______________

12. What operating systems do you ordinarily use?

- ❑ DOS
- ❑ OS/2
- ❑ Windows
- ❑ Apple/Mac
- ❑ Windows NT
- ❑ Other ______________

13. **On what computer-related subject(s) would you like to see more books?**

14. **Do you have any other comments about this book? (Please feel free to use a separate piece of paper if you need more room)**

PLEASE FOLD, SEAL, AND MAIL TO SYBEX

SYBEX INC.
Department M
2021 Challenger Drive
Alameda, CA
94501

SYBEX®

Insert report narratives right in your worksheet

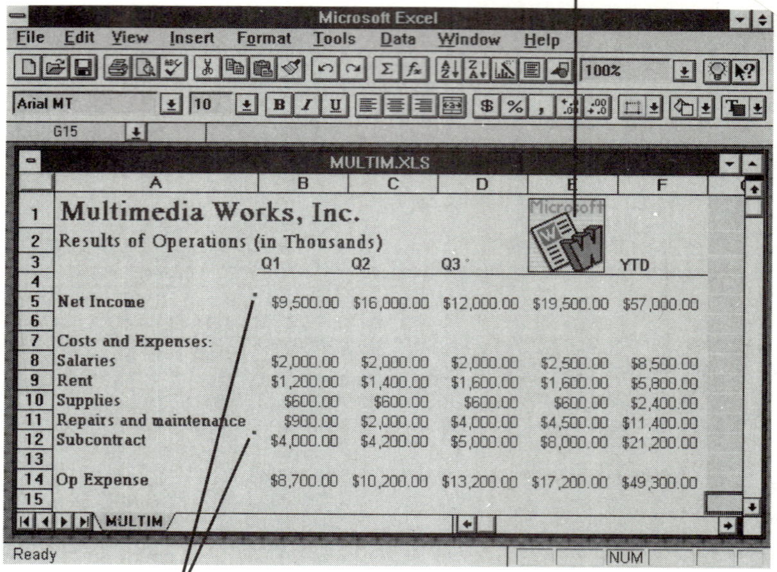

Embed text notes and sound recordings to document your work

Find out how to embed documents, notes, sound recordings, and other multimedia objects in Excel worksheets.

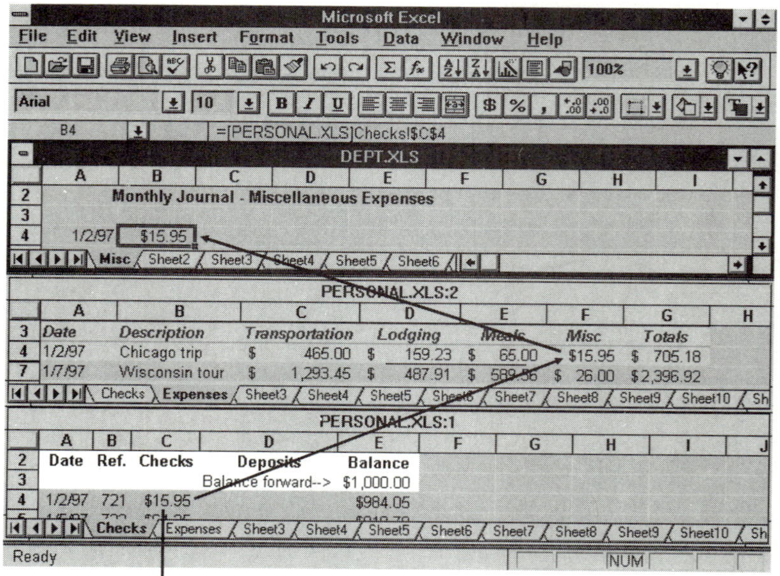

Share one piece of data among many sheets

Excel makes it easy to share data between sheets and workbooks. Errors due to retyping entries are eliminated, and updates are posted automatically so that all the files are always current.